JN025998

中小企業診断士2次試験

ふぞろいな
再現答案 6

2020〜2021年版

ふぞろいな合格答案プロジェクトチーム 編

同友館

は じ め に

　『ふぞろいな合格答案』の総集編である『ふぞろいな再現答案６』は、中小企業診断士２次試験の合格を目指す受験生のために作成しています。本書は他の書籍とは異なり、受験生の生の情報をもとにして作成された参考書であることが大きな特徴です。

　『ふぞろいな再現答案６』は、『ふぞろいな合格答案エピソード13』と『ふぞろいな合格答案エピソード14』の中でも人気の高い再現答案編（合格者答案と80分間ドキュメント）をまとめたものです。ぜひ受験勉強にお役立てください。

『ふぞろいな合格答案』の理念

１．受験生第一主義

　本書は、「受験生が求める、受験生に役立つ参考書づくりを通して、受験生に貢献していくこと」を目的としています。プロジェクトメンバーに２次試験受験生も交え、できる限り受験生の目線に合わせて、有益で質の高いコンテンツを目指しています。

２．「実際の合格答案」へのこだわり

　「実際に合格した答案には何が書かれていたのか」、「合格を勝ち取った人は、どのような方法で合格答案を作成したのか」など、受験生の疑問と悩みは尽きません。我々は実際に十人十色の合格答案を数多く分析することで、実態のつかみにくい２次試験の輪郭をリアルに追求していきます。

３．不完全さの認識

　採点方法や模範解答が公開されない中小企業診断士２次試験。しかし毎年1,000名前後の合格者は存在します。「合格者はどうやって２次試験を突破したのか？」、そんな疑問にプロジェクトメンバーが可能な限り収集したリソースの中で、大胆に仮説・検証を試みます。採点方法や模範解答を完璧に想定することは不可能である、という事実を謙虚に受け止め、認識したうえで、本書の編集制作に取り組みます。

４．「受験生の受験生による受験生のための」参考書

　『ふぞろいな合格答案』は、２次試験受験生からの再現答案やアンケートなどによって成り立っています。ご協力いただいた皆様に心から感謝し、お預かりしたデータを最良の形にして、我々の同胞である次の受験生の糧となる内容の作成を使命としています。

（一社）中小企業診断協会では、中小企業診断士試験にかかる個人情報の開示請求に基づき、申請者に対して得点の開示を行っています。『ふぞろいな合格答案』は、得点区分（合格、Ａ、Ｂ、Ｃ、Ｄ）によって重みづけを行い、受験生の多くが解答したキーワードを加点要素として分析・採点をしています。いただいた再現答案と試験場の答案との差異や本試験との採点基準の相違等により、ふぞろい流採点と得点開示請求による得点には差が生じる場合があります。ご了承ください。

合格一直線！『ふぞろいな再現答案６』徹底活用法

　『ふぞろいな合格答案』の総集編『ふぞろいな再現答案６』を手に取ってくださったみなさま、ありがとうございます。『ふぞろいな再現答案６』は、『ふぞろいな合格答案エピソード13』と『ふぞろいな合格答案エピソード14』の２冊の再現答案編（合格者答案と80分間ドキュメント）をまとめたものになります。今年発売予定の『ふぞろいな合格答案エピソード15』と併せてお使いいただけると、直近の過去問３年分の合格答案を活用した受験対策が可能になり、合格により近づけるものと思います。

　『ふぞろいな合格答案エピソード15』の発売前に、まずはこの『ふぞろいな再現答案６』を徹底活用していただき、合格答案作成のコツをつかみましょう。その前に効果的な活用のために、ふぞろいな理念が意味するものを押さえていきましょう。

『ふぞろい』の理念が意味するもの

　『ふぞろいな合格答案』の理念にもとづく本書の特徴です。

１．不完全さの認識
　正解が発表されない試験のため、答案分析「ふぞろい流採点基準」のキーワード採点や加点方式も「もし、こういう基準で採点がされていたとしたら」という、１つの仮説にすぎません。編集者は200を超える受験生の再現答案を分析して、一定の方向を導き出していますが、本書は「不完全」であるという認識のうえでお読みください。

２．受験生第一主義
　本書は、受験指導のプロではない、合格者や未合格者が中心となって編集しています。等身大の目線で編集できる強みを持つ一方で、受験指導を生業にしている方々とは異なるアウトプットになっています。

３．「実際の合格答案」へのこだわり
　「実際の合格答案」は、試験会場で回収されています。本書は、合格者が後日作成した再現答案の再現性が100％である前提で分析を行っていますが、実際の再現性は70〜90％程度と思われます。

４．「受験生の受験生による受験生のための」参考書
　データやアンケートの収集源は、『ふぞろい』をすでに認知している人たちが大半です。よって母集団に一定のバイアス（偏り）がありますので、予めご了承のうえでお読みください。

●合格答案のレベルを把握し、自分の解答との違いを探すには？

⇒合格者の答案を知る！

　第1章および第2章の「80分間のドキュメント」では、受験当日にどのように取り組んだのかを体感することができます。「80分ではどうしても時間が足りない…」などの悩みをもつ受験生の皆さんに特に参考にしていただきたいと思います。

　また、同じく「再現答案」では、合格者の再現答案を使って、答案の全体像や設問ごとの解答プロセスなどを確認することができます。「結論が先か」「①②などの使い方は」など、合格者が解答欄に解答をどのようにレイアウトしたのかを知り、参考にすることで、「書く力の安定」にお役立てください。

　読者の皆様なりの『ふぞろい』の活用法を見出していただき、ぜひとも合格を勝ち取っていただきたいと願っております。

ふぞろいな合格答案ブログ、更新中！

ストレート生・2年目生・多年度生それぞれの合格ナビゲーターによる、
受験生応援ブログを日々更新しています。冊子に載せきれなかった情報やセミナーなどの
イベント情報を発信していますので、ぜひ本書と合わせてご活用ください。

https://fuzoroina.com

| ふぞろい | 検索 |

第1章

令和2年度試験 再現答案
（2021年版）

第1章のトリセツ

　第1章では、令和2年度2次試験合格者のうち6名を取り上げ、各人が2次試験当日までどのような勉強をしてきたのか、当日は何を考えどのように行動したのかを詳細に紹介しています。ご自身と属性の近い合格者を探し、合格のヒントとしてご活用いただければ幸いです。

第1節　合格者6名の勉強方法と解答プロセス

　ふぞろいな合格者6名の紹介に続き、各メンバーの勉強への取り組み方、合格のために重視していたこと、勉強スケジュールなどを詳細なコメント付きで紹介します。

第2節　合格者の80分間のドキュメントと再現答案

　6名の合格者が2次試験本番にどのように臨み、どのように合格答案に至ったのかを、ドキュメント形式でお伝えします。予想外の難問・奇問や思わぬハプニングに翻弄されつつも、なんとか合格をつかみ取ろうとする6名の姿を、当日の間違った思い込みやリアルな感情の動きも含め記録しています。また、実際に当日作成した答案を後日再現し、ふぞろい流採点と得点開示結果を添えて掲載します。

第3節　ふぞろいな勉強スタイル

　中小企業診断士試験の勉強をする人にはさまざまな属性を持った人がいます。そのため、勉強できる時間はその人の置かれている状況によって大きく異なります。また、自分に合う勉強法、合わない勉強法もあります。本節では、6名の合格者が自身の学習スケジュールや取り組んだ勉強方法を振り返り、座談会形式で語ります。

第4節　得意？　不得意？　事例お悩み相談コーナー

　4つの事例でさまざまなテーマが問われる2次試験。さまざまなテーマがあるからこそ、合格者でもそれぞれ得意だと感じる事例やどうしても苦手意識が拭えない事例がありました。本節では、6名の合格者が得意・不得意の立場に分かれて、苦手な人が受験勉強中に感じていた悩みを赤裸々に暴露し、得意な人からの助言をもらうという座談会形式で語ります。

第1節　合格者6名の勉強方法と解答プロセス

1．ふぞろいな合格者6名のご紹介

再現答案を活用するために、自分と似たタイプの合格者を一覧表から見つけてね！

	のき	Nana	かもとも	イノシ	みっこ	しーだ
年齢	30歳	39歳	33歳	33歳	46歳	37歳
性別	男	女	男	男	女	男
業種	製造業	製造業	市場調査	製造業	専門サービス業	卸売業
職種	購買	技術	マーケティングリサーチャー	営業	事務職	営業
2次受験回数	1回	1回	1回	1回	2回	5回
2次勉強時間	450時間	400時間	200時間	300時間	1,200時間	1,700時間
学習形態	独学	予備校通学	独学	独学	予備校通信（直前期は予備校通学）	予備校通信
模試回数	0回	2回	2回	0回	2回	0回
模試成績	—	上位60%以内	上位20%以内	—	上位10%以内	—
得意事例	事例Ⅰ・Ⅳ	事例Ⅲ	事例Ⅲ・Ⅳ	事例Ⅲ・Ⅳ	事例Ⅱ・Ⅲ	事例Ⅲ
苦手事例	事例Ⅱ・Ⅲ	事例Ⅳ	事例Ⅰ・Ⅱ	事例Ⅰ・Ⅱ	事例Ⅳ	事例Ⅳ
文系／理系	文系	理系	文系	文系	文系	文系
過去問の取り組み方	質・量を重視	量を重視	PDCAと量を重視	量を重視	質・量を重視	質を重視
取り組み事例数	80事例	97事例	60事例	60事例	129事例	32事例
得点開示結果／ふぞろい予想点　Ⅰ	72/78	55/56	69/58	71/65	68/67	60/75
Ⅱ	58/63	68/61	54/63	47/66	59/71	43/65
Ⅲ	59/68	64/59	72/71	63/70	59/63	73/67
Ⅳ	55/76	55/55	63/64	87/87	58/66	70/73
2次試験攻略法	1次知識の定着＋過去問演習・復習の徹底	解答プロセスを体に染みこませる	背伸びせず80分で可能な解答プロセスと内容を意識	解答プロセスを体に染み込ませる＋事例Ⅳ偏重	過去問中心で解答プロセスを意識	要約力と書く力の向上
事例を解くのに有利な経験や資格	日商簿記2級	—	日商簿記2級	—	—	日商簿記2級

事例Ⅲのポイント・攻略法
　生産計画頻度短縮、全社的な生産計画／生産統制、OJT、マニュアル化／標準化。

２．勉強方法と合格年度の過ごし方

勉強方法と解答プロセス ✳■━━━━━━━━━━━━━━**のき 編**

（再現答案掲載ページ：事例Ⅰ p.26　事例Ⅱ p.54　事例Ⅲ p.82　事例Ⅳ p.112）

私の属性

【年　　齢】 30歳		【性　　別】 男	
【業　　種】 製造業		【職　　種】 購買	
【得意事例】 事例Ⅰ、事例Ⅳ		【苦手事例】 事例Ⅱ、事例Ⅲ	
【受験回数】 1次：1回　　2次：1回			
【合格年度の学習時間】 1次：850時間　　2次：450時間			
【総学習時間】 1次：850時間　　2次：450時間			
【学習形態】 独学			
【直近の模試の成績】 未受験		【合格年度の模試受験回数】 0回	

私のSWOT

S（強み）：ポジティブ、集中力　　　W（弱み）：やる気の乱高下、早起きが苦手
O（機会）：飲み会がない、家族の理解　T（脅威）：独学による情報不足、在宅勤務

効果のあった勉強方法

①過去問演習後の解き直しノート作成

　最初の5年分は問題の解き方や2次試験特有の思考を自分のものにすることを目的として、演習後、もう一度参考書を見ながら事例を解き直しました。具体的には、A4判の大きめのノートに解いた事例の問題を1問1ページで貼り付け、『ふぞろい』や『まとめシート流！　解法実況（事例Ⅰ～Ⅲ）』などを一緒に見ながら、与件文のどこに着目すべきだったのか、どのような論理で解答を作成すべきだったのかを考えながら最初から解き直しました。その際に理解不足な点や解答プロセスにおける問題点、知らないことなどもメモしていきました。

②勉強会の活用

　リモートでの開催が主で、比較的参加のハードルが低かったこともあり、参加を決めました。自分の解答へ客観的なコメントをもらうことで自分の書く文章の癖や欠点などに気づくことができました。また、他の受験生の解答に対してその場でコメントをすることで、論理的思考の瞬発力を鍛えることができたと思います。

③事例Ⅳの問題演習を毎日する

　事例Ⅳに苦手意識はなかったものの、過去の簿記の学習経験から数字を自在に操るためには、始めはある程度手を動かすべきだと考え、『事例Ⅳ（財務・会計）の全知識＆全ノウハウ』などの問題集で毎日演習することを心掛けました。

私の合格の決め手

　学習初期に多くの時間を割いて、ある程度自分の解答や思考のプロセスを固めたことだと思います。8月以降も細かい調整はしましたが、プロセスに悩まない分、論理構成や文章の可読性などの解答の作り込みに意識を向けることができたと思います。

合格年度の過ごし方～初年度受験生～
情報収集をした結果、基本的には1次試験同様に過去問を解いて解き方を固めることが有効だと理解したので、ひたすら過去問を解いて復習する学習方法を選択しました。学習初期はとにかく量を意識しましたが、解答プロセスが固まってからは質を重視する学習に徐々に変化していきました。

1月～4月	課題：1次試験合格への基礎固め		
	学習内容	1次試験の学習だけに注力しました。①インプット→②問題集でアウトプット→③間違えた論点の再インプットを繰り返しました。また、漠然と2次試験を意識して、関連する科目（企業経営理論、財務・会計、運営管理）の学習時間を気持ち多めに配分しました。	取り組み事例数：0事例 平均学習時間 平日：0時間 休日：0時間
5月～7月上旬	課題：1次試験合格		
	学習内容	4月末に受験した予備校の1次試験模試の結果を受けて、2次試験に関連する科目の得点力向上を狙って、取り組む1次試験の過去問の年数を増やしました。納得のいく点数で合格するために1次試験の学習に集中。	取り組み事例数：0事例 平均学習時間 平日：0時間 休日：0時間

1次試験！

7月下旬～8月	課題：2次試験の全体像の把握＆解答プロセスの確立		
	学習内容	受験生支援団体のセミナーに参加し、2次試験の概要を大枠で把握し、過去問に着手。解答・思考プロセス固めのため、まず「過去問を解く→解き直し」を5年分行い、自分に合った解答プロセスを模索しました。	取り組み事例数：20事例 平均学習時間 平日：5時間 休日：9時間
9月～10月中旬	課題：解答プロセスのブラッシュアップと読みやすい答案づくり		
	学習内容	5年分の事例を解いて解答プロセスがおおむね固まったので、平成23年度まで過去問をさかのぼるのと並行し、勉強会に参加。勉強会でもらうコメントを踏まえて、直近5年間の過去問を周回して思考を速くすることと読みやすい文章を書く練習を重ねました。	取り組み事例数：52事例 平均学習時間 平日：4時間 休日：8時間
直前1週間	課題：ファイナルペーパー作成＆本番感覚の醸成		
	学習内容	これまで解いた事例を見返しながら各事例で重要なポイントをファイナルペーパーに整理しました。また、本番感覚醸成のため、本番1週間前に令和元年度の過去問を、本番3日前に初見問題として予備校が公開している無料添削用の問題を解きました。	取り組み事例数：8事例 平均学習時間 平日：2時間 休日：5時間

2次試験！

学習以外の生活
学習中の3月に子供が生まれ、在宅勤務中心で一緒に家にいられる時間が長かったので、子供と遊ぶことやお風呂に入れることを気晴らしにしていました。緊急事態宣言が解除された後は、感染対策に注意を払いつつ運動（筋トレ）や子供と公園へ散歩、などで気分転換をしていました。また、どうしてもやる気が出ない日は開き直って一切勉強せず、ゲームや読書など好きなことをしていました。

仕事と勉強の両立
1次試験の直前に大きな仕事を任され、勉強時間の確保が難しくなりました。また、在宅勤務が始まった初期の頃は仕事とプライベートの切れ目を作ることがうまくできず、残業が多くなりがちでした。9月頃には在宅勤務にも慣れてきて、通勤時間を自宅で過ごせることは機会だと考え、どうやって事例演習や勉強会のためのまとまった時間を作るかを考えて仕事をしていました。

事例Ⅲのポイント・攻略法
　生産性が低い問題点を解決し、業界内で差別化するために今後の方向性を考えるという大前提で解く。

勉強方法と解答プロセス ＊ ━━━━━━━━ ▶Ｎａｎａ 編

（再現答案掲載ページ：事例Ⅰ p.30　事例Ⅱ p.58　事例Ⅲ p.86　事例Ⅳ p.116）

私の属性

【年　　齢】 39歳		【性　　別】 女	
【業　　種】 製造業		【職　　種】 技術	
【得意事例】 事例Ⅲ		【苦手事例】 事例Ⅳ	
【受験回数】 1次：1回　　2次：1回			
【合格年度の学習時間】　1次：800時間　　2次：400時間			
【総学習時間】　　　　　1次：800時間　　2次：400時間			
【学習形態】 予備校通学			
【直近の模試の成績】 上位60%以内、C判定		【合格年度の模試受験回数】　2回	

私のSWOT

S（強み）：コツコツ勉強する　　**W**（弱み）：財務・会計知識が壊滅的
O（機会）：家族の理解　　　　　**T**（脅威）：子供の「遊んで」攻撃、睡魔

効果のあった勉強方法

①事例Ⅳ問題集

　『30日完成！　事例Ⅳ合格点突破計算問題集』、『事例Ⅳ（財務・会計）の全知識＆全ノウハウ』と予備校の事例Ⅳ追加オプショントレーニングを何度も行い、学習時間の50%をここに使いました。事例Ⅰ～Ⅲと違い、正解しているかどうかが一目でわかる計算は理系としてはやはり安心。やってよかったですが、当日の結果は……（涙）。

②設問解釈練習シート（一発合格まとめシートのブログにて公開）

　設問の解釈を間違えて、聞かれていない答えを書いているパターンが多いことに気づき、設問だけが書かれたシートを使い、設問要求や時制、解答の型を書く練習を通勤時間に行いました。与件文を見ずに行うことで、何を聞かれているのかをしっかり考えて、設問者の意図に沿う解答を導くことができるようになっていきました。

③解答プロセス確立のため試行錯誤

　過去問を何度も解くにつれて、その事例との相性で得点差が大きいことが判明し、どのような事例が来ても一定の点数を取るためには、解答プロセスを確立して常に同じ行動をとることが有効と判断しました。いろいろな参考書を見て先輩のやり方を真似したりやめたり……、を繰り返しながら自分なりの解答プロセスを確立しました。これにより、初見の問題でも大きく点数が下がることはなくなっていきました。

私の合格の決め手

　苦手科目やミスをしやすい内容を特定し、それを克服するためにPDCAを繰り返し回したことです。苦手科目はなかなかできるようにならず、精神的にキツイこともありましたが、試験当日に「あれだけ勉強したからいけるはず」と思えたことは大きかったです。

事例Ⅳのポイント・攻略法 ─────────
　単位はマーカーで目立たせる（「千円」と「百万円」を取り違えないように）。

合格年度の過ごし方〜初年度受験生〜
1次試験もギリギリ通過で余裕がなく2次試験の勉強を始めたのは1次試験終了後。事例Ⅰ〜Ⅲは解答用紙を埋められるが点数にならず、事例Ⅳはそもそも与件文が何を言っているかわからないレベルからスタート。苦手な事例はⅣとⅠであることが明白だったので、集中的にケアしました。

前年9月〜5月上旬	課題：1次試験だけで満腹		
	学習内容	予備校通学講座の1次試験対策で手一杯。予備校の先生には2次試験を意識して勉強することがストレート合格への道、と強く言われたもののそんな余裕なし。	取り組み事例数：0事例 平均学習時間 平日：0時間 休日：0時間
5月中旬〜7月上旬	課題：引き続き1次試験に全集中		
	学習内容	GWに予備校模試を受けたものの、2次試験の勉強を一切していないため、見事なE判定。しかし1次試験の優先度のほうが高いため、結果とともにそっと押し入れにしまう。	取り組み事例数：0事例 平均学習時間 平日：0時間 休日：0時間
1次試験！			
7月中旬〜9月中旬	課題：事例Ⅳに対応した財務・会計知識のインプットと計算、解答プロセスの確立		
	学習内容	1次試験後すぐ2次試験勉強スタート。事例Ⅳは1次試験のテキストを読んでもさっぱり解けない。問題集をひたすら解く戦法。一方で事例Ⅰ〜Ⅲはどう解答したら点数が入るようになるかわからない。参考書を読みまくり、とにかくいろいろなやり方を試す。予備校は初見問題を試すだけの場所と割り切り、過去問を何度も解く。勉強会やセミナーは参加してみたかったが、結局参加せず。	取り組み事例数：65事例 平均学習時間 平日：3時間 休日：7時間 （土曜のみ）
直前1か月前	課題：本番へ向けた仕上げ、当日のシミュレーション		
	学習内容	事例Ⅳの解き方がやっとわかってきた気がするので、問題集を引き続き何度も解く。平日は過去問1事例＋事例Ⅳの計算を行うことが目標。本番当日を考え、休日は1日で4事例解く練習をする。	取り組み事例数：32事例 平均学習時間 平日：6時間 休日：8時間
2次試験！			

学習以外の生活
子供と遊ぶ・家事・勉強・仕事、の4軸のみでした。夫の協力のもと家事はだいぶ軽減させてもらいましたが、子供の好きな遊び≠夫ができる遊び、のパターンがあり、子供の遊んで攻撃が高まるときは困りました。集中して遊んであげられなくてごめん、家族に迷惑かけてごめん、という気持ちが強かったので、なんとか今年合格したいという気持ちだけで突き進みました。

仕事と勉強の両立
会社には受験について話していなかったため、仕事はいつものペースで行いました。新型コロナウイルスのため、在宅勤務が増えて通勤時間を勉強に回せるようになったのは助かりました。一方で新型コロナウイルスの影響で想定外の業務やトラブルが増え、予定の勉強時間が確保できない日々が続いたときにイライラしてしまうことが多くなり困りました。

事例Ⅳのポイント・攻略法
捨て問や解く順番の見極め。ミスをしないように赤のサインペン活用と電卓での計算は必ず2回！

勉強方法と解答プロセス ＊ ━━━━━━━━━━━━━━ かもとも 編

（再現答案掲載ページ：事例Ⅰ p.34　事例Ⅱ p.62　事例Ⅲ p.90　事例Ⅳ p.120）

私の属性

【年　　　齢】 33歳		【性　　　別】 男	
【業　　　種】 市場調査		【職　　　種】 マーケティングリサーチャー	
【得意事例】 事例Ⅲ、事例Ⅳ		【苦手事例】 事例Ⅰ、事例Ⅱ	
【受験回数】 1次：3回	2次：1回		
【合格年度の学習時間】 1次：210時間		2次：200時間	
【総学習時間】 1次：720時間		2次：200時間	
【学習形態】 独学（＋受験生支援団体の勉強会への参加）			
【直近の模試の成績】 上位20％以内	【合格年度の模試受験回数】 2回		

私のSWOT

S（強み）：文章の構成力には自信あり　　　W（弱み）：字が汚い、書くのが遅い

O（機会）：通常より1か月長い2次準備期間　　T（脅威）：平日の時間確保が困難

効果のあった勉強方法

①振り返りメモの作成

　事例を解くたびに、リングノートに1事例1シートで振り返りを記入していました。「この知識・観点が足りなかった」といった事例に関する情報だけでなく、「文字数が余る場合は要素漏れに注意」、「100字以上の場合は2文以上に分けて書く」といった細かな注意点も書き、当日のファイナルペーパーとして活用しました。

②過去問の「回転」はしないと決断

　限られた時間のなかで「直近の事例を複数回解く」か「なるべく遡って過去問を解く」かの二択を迫られ、後者を選びました。毎年手を替え品を替え、受験生を揺さぶってくるこの試験。なるべく「想定外」を多く体験しておきたく、『ふぞろいな合格答案10年データブック』で自己採点可能な平成19年度までの事例を1回ずつ解きました。

③再現答案の提出を早期に意識

　割と早い段階から、再現答案を作ろうと決めていました。理由は「『ふぞろい』に恩返ししたい」という、試験対策とは直接関係のないものです。精度の高い再現答案を作る方法を模索するなかで、文章構成の考え方や問題用紙へのメモの仕方が洗練され、間接的に解答作成の能力が向上したように思います。

私の合格の決め手

　2次試験の勉強開始後、早い時点で「解答がまとまらずモヤモヤしていても、40分経過したら解答用紙に記入する（完璧を求めない）」と意識できたのが奏功しました。どれだけ時間をかけても出題者以外に完璧な解答は書けませんし、書く必要もありません。また、なるべく多くの過去問に触れることで「このような聞き方をされるときもあるのか」と、初見問題に対する精神的なタフさを身につけられました。

事例Ⅳのポイント・攻略法
　計算を反復してこなす。

合格年度の過ごし方～初年度受験生～

私の弱みは「字を書くのが遅い」ことでした（単純に書くのが遅いのに加え、書きながら再び考えてしまうことも）。そのため、考えるだけでなく解答を書き終えるまでが2次試験だと捉え、過去問はほぼすべての事例について本試験と同様に80分以内で解く練習を重ねました。

1月～ 4月中旬	課題：2次試験を知る		
	学習内容	まずは1次試験突破が目標なので、2次試験対策はほぼ実施せず。2月初旬に『ふぞろい』のベスト答案の書き写しと、解答に引用されている与件文へのマーカー引きを行い、段落ごとに設問が紐づけられていることをなんとなく把握しました。	取り組み事例数：0事例 平均学習時間 平日：0時間 休日：1時間
4月下旬～ 7月上旬	課題：1次試験突破		
	学習内容	5月に予備校の2次試験模試を自宅受験。考えすぎると80分では書ききれないことを実感しました。GW以降は1次試験に注力。	取り組み事例数：0事例 平均学習時間 平日：0時間 休日：0時間
1次試験！			
7月中旬～ 9月下旬	課題：自身の強みと弱みの把握		
	学習内容	7月に受験生支援団体の勉強会に参加。他の受験生の解答と見比べて、自分に足りないのは知識で、文章構成力については問題なさそうだと判断し、以降は完全独学に切り替えました。80分で解く練習を重ねるとともに、事例Ⅳは毎日1問解くことを心掛けました。	取り組み事例数：28事例 平均学習時間 平日：1時間 休日：3時間
10月上旬～ 直前	課題：計画の修正、本番へ向けた仕上げ		
	学習内容	過去問演習の得点が安定しなかったので、当初目標としていた「2次試験までに80事例を解く」をリスケ。これまでに解いた過去問の『ふぞろい』での得点を設問ごとに振り返り、特定のテーマが苦手になっていないかを改めて確認しました。また休日は1日で4事例を解き、当日の行動のシミュレーションを行いました。	取り組み事例数：32事例 平均学習時間 平日：1.5時間 休日：8時間
2次試験！			

学習以外の生活

新型コロナウイルスの影響で仕事がほぼ在宅勤務になったため、通勤していた時間を学習時間に充てることができました。また5月に妻の妊娠が発覚し、「自分のためだけにがっつりと時間を使えるのは今年が最後」という程よい（？）緊張感を持って日々の勉強に取り組んでいました。

仕事と勉強の両立

平日は仕事メインでまとまった勉強時間を確保することが難しく、80分で1事例を解き、振り返りは翌日に行っていました（直前期は寝る時間を遅らせて時間を確保し、その日のうちに振り返りまで実施）。幸い休みは取得しやすい環境だったので、2次試験前日は有給休暇を取得し、最終調整に充てることができました。

事例Ⅰのおススメ勉強法

　メリット・デメリット暗記。先輩たちのペーパーを拝借して隙間時間に覚えていた。

勉強方法と解答プロセス ＊ ■━━━━━━━━━ ■イノシ 編

（再現答案掲載ページ：事例Ⅰ p.38 事例Ⅱ p.66 事例Ⅲ p.94 事例Ⅳ p.124）

私の属性

【年　　齢】 33歳		【性　　別】 男	
【業　　種】 製造業		【職　　種】 営業	
【得意事例】 事例Ⅲ、事例Ⅳ		【苦手事例】 事例Ⅰ、事例Ⅱ	
【受験回数】 1次：3回　　2次：1回			
【合格年度の学習時間】 1次：300時間　　2次：300時間			
【総学習時間】 1次：700時間　　2次：300時間			
【学習形態】 独学			
【直近の模試の成績】 未受験		【合格年度の模試受験回数】 0回	

私のSWOT

S （強み）：中小企業診断士の勉強が好き　　W （弱み）：勉強仲間がいない
O （機会）：飲み会に誘われる回数が減った　　T （脅威）：スマホゲーム、漫画

効果のあった勉強方法

①事例を1つずつ仕上げていく

過去問の取り組み方について、同じ年度を3回続けて取り組み、1つの年度分を仕上げてから次の年度の事例に取り掛かっていました。基礎がおろそかな時期に初見問題に続けて挑むのではなく、1つずつ反復練習を行い仕上げてから、次の事例に挑むといった進め方をしていました。これによって、一定の基準を持って初見問題に取り組むことができたので、こなした事例数は少ないながらも、基礎力向上と初見問題への対応力を同時並行で身につけることができました。

②『意思決定会計講義ノート』（以下：イケカコ）を3周する

1次試験合格後に本格的に2次試験の勉強を開始したので、試験まで時間がないことから事例Ⅰ～Ⅲの点数が安定しない可能性が高いと考え、確実な答えがある事例Ⅳの得点力を上げるために取り組みました。7～9月の平日は全てイケカコの演習に充て、事例Ⅳが簡単と思えるレベルまで引き上げました。

③過去問は直近3年間に絞って集中して取り組む

②のとおり時間がなかったため手を広げすぎずに、取り組む過去問を、直近3年間に絞りました。事例によっては、5回は解きました。これによって、各事例に深く関わることができました。また、解法を体に染み込ませることで、直前期に自信をつけることにもつながりました。

私の合格の決め手

いろいろなことに手を広げずに、一点突破で「やる」と決めたことをやりきったことです。直近の過去問3年間をとにかく「練習」し、体に染み込ませて、本番では「練習」したことを解答用紙に落とし込むことに徹しました。

━━ 事例Ⅰのおススメ勉強法 ━━

苦手な論点（成長戦略、事業戦略、人的資源など）を扱う設問だけを過去10年分する。

合格年度の過ごし方〜初年度受験生〜

1次試験の合格がわかってから、急いで情報を収集し、過去問を解いて解法を体に染み込ませる勉強方法が最適と考えました。いろいろな教材がありましたが、過去問は『ふぞろい』に絞って取り組むこととし、毎日の学習内容の計画を詳細に策定し進めることで、迷いをなくしました。

前年8月〜6月中旬	課題：1次試験の知識定着		
	学習内容	前年度の1次試験は2科目合格。残りの5科目について、継続して問題集を何周もすることに徹していました。2〜3月は2次試験対策で平成22〜24年度頃の過去問に挑戦しましたが、難しすぎて80分で解けるようになるとは思えなかったです。	取り組み事例数：12事例 平均学習時間 平日：1時間 休日：1時間
6月下旬〜7月初旬	課題：1次試験対策を通じた知識のインプット		
	学習内容	まったく2次試験のことは考えられず、1次試験の過去問に取り組んでいました。直近5年分の1次試験過去問を2周して出題傾向をつかむことを意識しました。問題集の周回で一定の基礎がついていたため、3周まではしませんでした。	取り組み事例数：0事例 平均学習時間 平日：0時間 休日：0時間
1次試験！（5科目のみ受験）			
7月中旬〜10月中旬	課題：2次試験用の知識整理、読み書きの力・計算力の向上		
	学習内容	7月から9月中旬までは、平日は事例Ⅳの問題集に取り組み、休日は過去問を解いていました。試験1か月前からは、毎日、過去問に取り組み、2次試験の解答手順を体に染み込ませることを意識していました。勉強内容は、いつまでに何ができているかをイメージして、試験日から逆算した計画を策定し、進捗に合わせて微調整していました。	取り組み事例数：36事例 平均学習時間 平日：2時間 休日：2時間
直前1週間	課題：本番へ向けた仕上げ		
	学習内容	本番に向けて仕上げていきました。直近3年間の過去問の4周目を行い、これまでに身につけてきた解答手順の再確認と自信を持つことに専念しました。また、この期間も毎日事例Ⅳ対策で計算問題に取り組み、計算力を錆びつかせないようにしていました。	取り組み事例数：12事例 平均学習時間 平日：3時間 休日：3時間
2次試験！			

学習以外の生活

子供と遊ぶことや家事を優先していましたが、2次試験勉強開始以降は、早朝に勉強をしていたため、妻にとって一番きつい夜の時間帯は睡魔との戦いに敗れることが多く、迷惑をかけてしまっていました。試験1か月前には温泉旅行に行って勉強の疲れを取り、リフレッシュしました。

仕事と勉強の両立

会社では一部の人だけに受験について話をしましたが、試験を理由に休暇は取得しませんでした。一方で、後輩に仕事を任せることが増えたことや新型コロナウイルスの影響により、自分の仕事に余裕が出てきたので、それを機に集中して勉強することを決め、今年で受かり切るつもりで計画を実行に移しました。

事例Ⅱのおススメ勉強法

フレーズストックならぬ施策ストックをノートいっぱいに書き溜めた。

勉強方法と解答プロセス ＊ ━━━━━━━━━━ みっこ 編

（再現答案掲載ページ：事例Ⅰ p.42　事例Ⅱ p.70　事例Ⅲ p.98　事例Ⅳ p.128）

私の属性

【年　　　齢】 46歳	【性　　　別】 女
【業　　　種】 専門サービス業	【職　　　種】 事務職
【得意事例】 事例Ⅱ、事例Ⅲ	【苦手事例】 事例Ⅳ
【受験回数】　1次：3回　　2次：2回（令和元年度　B57 B54 B52 D33→C）	
【合格年度の学習時間】　1次：　0時間　　2次：1,000時間（1次試験免除）	
【総学習時間】　1次：1,400時間　　2次：1,200時間	
【学習形態】　新型コロナウイルス感染症で通学から通信へ変更（直前期は通学）。	
【直近の模試の成績】　上位10％以内　　【合格年度の模試受験回数】　2回	

私のSWOT

S（強み）：受験指導のノウハウがある　　W（弱み）：事例Ⅳへの苦手意識
O（機会）：良い勉強仲間がいたこと　　T（脅威）：己の弱い心（誘惑と睡魔）

効果のあった勉強方法

①過去問を徹底活用した勉強会

　週1回の勉強会で、①お互いの解答に至るプロセスを説明、②『ふぞろい』に書かれた受験生の解答を確認しました。勉強会後は知識をより深め、自分の解答を作成し直すというサイクルを本番まで回しました。自分以外の解答も検討することで、多角的な視点で事例を見ることができ、かつ編集力が高まりました。やり直す際は、次に生かすために「起きたこと」や「修正方法」をプロセスと知識に分けてノートに記載し、事例を解く前に見直すことで同じようなミスを減らしました。

②過去問を毎日必ず1事例以上解く

　事例Ⅰ～Ⅲはどれか1日1事例解くことで、設問要求、与件文独特の表現や段落構成に対して研ぎ澄ました感覚を維持できました。また、これだけやったから大丈夫という本番当日の自信につながりました。8月頃までは試験時間80分にこだわらず丁寧に設問要求、与件文分析を行うことで傾向を体に覚え込ませることができました。

③日頃から課題と対応策、因果の訓練

　仕事や日常で起きたことについて「課題と対応策」、「因と果」に切り分ける訓練や、原因を掘り下げる訓練を、隙間時間を利用して行っていました。その際には5W1Hを活用して、MECEを意識したことが、与件文分析に効果的だったと思います。

私の合格の決め手

　身近な人の存在と、最後まで諦めない心です。1年間引っ張ってくれた仲間、到達点がわからず不安になったときにアドバイスしてくれた先輩合格者、壁にぶち当たったときに勉強方法などを教えてくれた予備校の講師に支えられました。そして当日どんな問題が出ても諦めない。みんなも同じ気持ちだ！　と自分を叱咤激励し続けたことです。

合格年度の過ごし方～多年度受験生～
2次試験の学習のみなので、余裕のある時期は経営戦略に関する書籍を読み、会計事務所で勤務し始めたので、中小企業の実態を聞き、事例問題に当てはめ、実践的な学習要素を加えることで飽きを防止しました。1次試験挑戦中とは異なり趣味の時間も復活させ、勉強以外の時間を作るようにしました。

1月～5月上旬	課題：過去問に慣れる		
	学習内容	12年分の事例Ⅰ～Ⅲの過去問を毎週水曜日に友だちと勉強会。与件文独特の表現に慣れ、因果関係、対比関係をつかみ、具体と抽象化するなどの訓練だったので量を重視。解答時間は無視。苦手なテーマは（たとえば人事制度など）予備校の演習問題を使い、集中的に解いた。	取り組み事例数：36事例 平均学習時間 平日：2時間 休日：6時間
5月上旬～7月	課題：解答プロセスの手順化		
	学習内容	過去問対策が2周目に突入。次は勉強会で論理的に説明することで、解答作成に至るまでのプロセスの手順化の確立を目指した。この時期は量より質を重視した。しかし、疲れが溜まり、勉強できない日がでてきた。	取り組み事例数：33事例 平均学習時間 平日：3時間 休日：6時間
1次試験！（受験せず）			
8月上旬～9月末	課題：タイムマネジメント力の向上、忍耐力強化		
	学習内容	過去問対策3週目なのに新たな視点を持てる過去問は奥が深い！80分以内で仕上げる練習（時短のメモの仕方や下線の引き方）を意識した。1日4事例に耐えうる体力、気力が必要なため、週1回ほど本番と同じ状況を設定。この時期にお昼ご飯や休憩時間の過ごし方を設定した。	取り組み事例数：36事例 平均学習時間 平日：3時間 休日：8時間
10月上旬～直前	課題：知識の復習、当日のシミュレーション		
	学習内容	試験前日を想定した就寝時間、当日と同じ飲み物、お菓子、音楽を聴くなど、当日を特別な日と認識させない対策を取った。空き時間や当日の休憩時間に確認するものを作成した。1次試験の知識を復習しながら、解答プロセスを言語化した。空き時間はずっと解答プロセスを呟いていた。	取り組み事例数：24事例 平均学習時間 平日：2時間 休日：8時間
2次試験！			

学習以外の生活
緊急事態宣言期間以外は趣味のテニスを週2回楽しんでいました。世間では新型コロナウイルス感染症で大変ですが、私にとっては堂々と引きこもれて、誘惑がない良い状態となりました。ただ、例年以上に体力が落ちそうだと感じ、家でヨガや筋トレを欠かさずしていました。

仕事と勉強の両立
直前期は勤務先の理解と協力を得て、打ち合わせはリモート、私の担当業務は減らしてもらうなど幸せな環境で、学習時間の確保には苦労しませんでした。プレッシャーは半端ではなかったですが、それが諦めない気持ちにつながったのだとも思います。

事例Ⅲのおススメ勉強法
「運営管理」の知識をしっかり理解することが有効だと思う。事例Ⅲは1次勉強との相性が良い。

勉強方法と解答プロセス ＊ ━━━━━━━━━ しーだ 編

（再現答案掲載ページ：事例Ⅰ p.46　事例Ⅱ p.74　事例Ⅲ p.102　事例Ⅳ p.132）

【 私の属性 】

【年　　　齢】 37歳		【性　　　別】 男	
【業　　　種】 卸売業		【職　　　種】 営業	
【得意事例】 事例Ⅲ		【苦手事例】 事例Ⅳ	
【受験回数】 1次：6回　　2次：5回（令和元年度 A66 B58 B54 C41→B）			
【合格年度の学習時間】 1次： 50時間　 2次： 230時間			
【総学習時間】 1次：1,300時間　2次：1,700時間			
【学習形態】 予備校通信（2次は3〜5年目に予備校通信講座を利用）			
【直近の模試の成績】 未受験　【合格年度の模試受験回数】 0回			

【 私のSWOT 】

S（強み）：意思が強い　　W（弱み）：語彙力が低い
O（機会）：家族の応援　　T（脅威）：受験期間が長いため家族に負い目を感じていた

【 効果のあった勉強方法 】

①平日は事例Ⅳ、土日は事例Ⅰ〜Ⅲを勉強

　事例Ⅰ〜Ⅲの勉強は、比較的まとまった時間が必要になりますが、事例Ⅳは短時間でも勉強ができるので、平日は事例Ⅳに充て、土日は事例Ⅰ〜Ⅲを中心に勉強をしました（土日も事例Ⅳの問題を1問解いていました）。事例Ⅳの強化は私の課題でもあったため、合格年度は勉強時間の多くを事例Ⅳに費やす時間配分としました。

②合格者のような解答を書くトレーニング

　自分と合格者の再現答案を比較した際に、合格者の解答はとても読みやすいと感じました。合格者の解答に近づけることが合格に近づく方法だと考え、『ふぞろい』の合格者の解答の書き写しを約10年分行いました。また、読みやすい文章にするために、文章の要約に関する本を数冊読み、書く力を高めるトレーニングをしました。

③事例企業の社長の思いを大事にする

　合格者の再現答案を読んでいると、与件文に散りばめられた社長の思いを的確に捉えているように感じました。それからは、与件文中の社長の思いは蛍光ペンでマークをし、解答にも反映させることを心掛けました。事例企業の社長の思いを意識することは、事例を解く際のモチベーションの向上にもつながりました。

【 私の合格の決め手 】

　私の合格の決め手は、諦めなかったことだと思います。第一子が生まれたときに、子供に誇れる仕事をするためにも診断士になろうと心に決め、勉強を始めました。何度も不合格になり、辛い思いもたくさんしましたが、第二子が生まれ「諦めるな！」と言われているようで勇気づけられました。そして、諦めず勉強を継続した結果、なんとか合格することができました。支えてくれた妻にも、感謝の気持ちでいっぱいです。

事例Ⅳのおススメ勉強法
　　『意思決定会計講義ノート』（通称イケカコ）を鬼周回して、計算力を上げる。

> 合格年度の過ごし方～多年度受験生～
> 2次試験の受験は5回目となるため、今年は、これ以上家族に負担をかけないようにということを第一に考えました。そのため、弱点の克服だけに注力することになり、結果として効率的に合格レベルに近づくことができたと思います。

5月	課題：勉強習慣を取り戻す、事例Ⅳの強化		
	学習内容	2次試験の勉強を開始。勉強習慣を取り戻すため、予備校通信講座を申し込み、自分の背中を押す。事例Ⅳを強化するため『事例Ⅳ（財務・会計）の全知識＆全ノウハウ』を購入し、事例Ⅳの過去問をテーマ別に数年分解き、解法を勉強し直す。	取り組み事例数：8事例
			平均学習時間 平日：1時間 休日：3時間
6月～ 7月上旬	課題：2次試験に使える1次知識の復習と中小企業白書情報のアップデート		
	学習内容	1次試験（全科目）を受けるが、2次試験に関連性が高い企業経営理論、財務・会計、運営管理、中小企業白書に注力し、1次試験を通過。中小企業白書は、2次試験の事例企業に関連性が高いキーワード（女性・シニアの活躍、事業承継など）も含まれるため、毎年情報をアップデートしていた。	取り組み事例数：0事例
			平均学習時間 平日：0時間 休日：0時間
1次試験！			
7月中旬～ 8月	課題：事例Ⅳの強化、書く力を高める		
	学習内容	5月に引き続き『事例Ⅳ（財務・会計）の全知識＆全ノウハウ』を中心に、テーマ別の過去問を解き続けた（2周程度）。『事例Ⅳ（財務・会計）の全知識＆全ノウハウ』以外では、日商簿記検定1級、2級の「連結会計」の論点を勉強した。9月以降に『ふぞろい』の合格者答案の書き写しを始めるため、事前に要約力を高めたほうが効果的と考え、文章の要約に関する本を数冊読み、要約力の重要性を再認識。	取り組み事例数：4事例
			平均学習時間 平日：1時間 休日：3時間
9月～ 直前	課題：書く力を高める、事例Ⅳを解く感覚を忘れない		
	学習内容	ここからは、本番へのピーキングを意識していった。妻に相談して勉強時間を少し増やさせてもらうことになり、本番に向けて意識を高めた。 書く力を高めるために、『ふぞろい』の「解答キーワード」と合格者の「再現答案」を約10年分書き写した。また、事例Ⅳの問題を定期的に解くことで、感覚を鈍らせないようにした。 2次試験の1週間前には、直近2年分の過去問（事例Ⅰ～Ⅳ）を各事例80分で解き、本番を迎えた。	取り組み事例数：20事例
			平均学習時間 平日：1.5時間 休日：5時間
2次試験！			

学習以外の生活

> 試験本番1か月前以外は、子供が起きている時間は家族との時間を最優先にしました。そのため、会社の同僚や友人との集まりなどにはほとんど行かずに過ごしました。2020年はステイホームで勉強も図書館ではなく自宅でしていたので、休憩のたびに子供と触れ合うことができて良かったです。

仕事と勉強の両立

> 会社の上司は部下のキャリアを大事にしてくださる方で、中小企業診断士試験の受験も応援してくれました。そのため、比較的早めに帰宅して勉強時間を確保することができました。試験を受けることだけではなく、その後のキャリアプランもしっかりと伝えることが大事だと感じました。

事例Ⅳのおススメ勉強法

とにかく毎日解くこと。計画を立てるのが苦手な人も「何か1問解く！」ならできると思う。

第2節 合格者の80分間のドキュメントと再現答案

▶ 事例Ⅰ（組織・人事）◀

令和2年度 中小企業の診断及び助言に関する実務の事例Ⅰ（組織・人事）

> 【注意事項】
> 新型コロナウイルス感染症（COVID-19）とその影響は考慮する必要はない。

A社は、わが国を代表する観光地として知られる温泉地にある老舗の蔵元である。資本金は2,000万円、売上は約5億円で、中小の同業他社と比べて売上が大きい。A社の軒下には杉玉がぶら下がり壁際に酒樽などが並んではいるものの、店の中に入るとさまざまな土産物が所狭しと並んでいる。中庭のやや燻した感じの石造りの酒蔵（さかぐら）だけが、今でも蔵元であることを示している。

A社の売上のうち約2億円は昔ながらの酒造事業によるものであるが、残りの3億円はレストランと土産物店の売上である。現在、この老舗の当主は、40代前半の若いA社長である。A社の4名の役員は全て親族であるが、その中で直接A社のビジネスに関わっているのはA社長一人だけである。A社長、従業員40名（正規社員20名、非正規社員20名）、それにA社の社員ではない杜氏を加えて、実質42名体制である。

実は、江戸時代から続く造り酒屋のA社は、現在のA社長と全く血縁関係のない旧家によって営まれていた。戦後の最盛期には酒造事業で年間2億円以上を売り上げていた。しかし、2000年代になって日本酒の国内消費量が大幅に減少し、A社の売上高も半分近くに落ち込んでしまった。そこで、旧家の当主には後継者がいなかったこともあって廃業を考えるようになっていた。とはいえ、屋号を絶やすことへの無念さに加えて、長年にわたって勤めてきた10名の従業員に対する雇用責任から廃業を逡巡していた。近隣の金融機関や取引先、組合関係者にも相談した結果、地元の有力者の協力を仰ぐことを決めた。

最終的に友好的買収を決断したこの有力者は、飲食業を皮切りに事業をスタートさせ次々と店舗開拓に成功しただけでなく、30年ほど前には地元の旅館を買収して娘を女将にすると、全国でも有名な高級旅館へと発展させた実業家である。蔵元として老舗の経営権を獲得した際、前の経営者と経営顧問契約を結んだだけでなく、そこで働いていたベテラン従業員10名も従来どおりの条件で引き継いだ。

インバウンドブームの前兆期ともいえる当時、日本の文化や伝統に憧れる来訪者にとっ

ても、200年の年月に裏打ちされた老舗ブランドは魅力的であるし、それが地域の活性化につながっていくといった確信が買収を後押ししたのである。そして、当時首都圏の金融機関に勤めていた孫のＡ社長を地元に呼び戻すと、老舗酒造店の立て直しに取り組ませた。

　幼少時から祖父の跡を継ぐことを運命づけられ、自らも違和感なく育ってきたＡ社長は金融機関を退職し帰郷した。経営実務の師となる祖父の下で、3年近くに及ぶ修行がスタートした。酒造りは、経営顧問と杜氏、そしてベテランの蔵人たちから学んだ。

　修行の合間を見ながら、敷地全体のリニューアルにも取り組んだ。以前、製品の保管や居住スペースであった建物を土産物店に改装し、また中庭には古民家風の建物を新たに建て地元の高級食材を提供するレストランとした。1階フロアは個人客向け、2階の大広間は団体観光客向けである。また、社員の休憩所なども整備した。さらに、リニューアルの数年後には、酒蔵の横の一部を改装して、造りたての日本酒を堪能できる日本酒バーも開店している。

　こうした新規事業開発の一方で、各部門の責任者と共に酒造、レストラン、土産物販売といった異なる事業を統括する体制づくりにも取り組んだ。酒造りは杜氏やベテランの蔵人たちが中心になり、複雑な事務作業や取引先との商売を誰よりも掌握していたベテランの女性事務員が主に担当した。また、Ａ社長にとって経験のないレストラン経営や売店経営は、祖父に教えを請いながら徐々に仕事を覚えていった。

　他方、酒造以外の各部門の責任者となる30代から40代半ばまでの経験のある人材を正規社員として、またレストランと土産物店の現場スタッフには地元の学生や主婦を非正規社員として採用した。正規社員として採用した中からレストラン事業、土産物販売事業や総務部門の責任者を配置した。その間も、Ａ社長は酒造りを学びながら、一方でこれらの社員と共に現場で働き、全ての仕事の流れを確認していくと同時に、その能力を見極めることにも努めた。

　レストラン事業と土産物販売事業は責任者たちが手腕を発揮してくれたことに加えて、旅館などグループ企業からの営業支援もあって、インバウンドの追い風に乗って順調に売上を伸ばしていった。レストランのフロアでは、日本の大学を卒業後、この地域の魅力に引かれて長期滞在していたときに応募してきた外国人数名も忙しく働いている。

　そして、現在、Ａ社長の右腕として重要な役割を果たしているのは、酒の営業担当の責任者として敏腕を発揮してきた、若き執行役員である。ルートセールスを中心とした古い営業のやり方を抜本的に見直し、直販方式の導入によって本業の酒造事業の売上を伸長させた人材であり、杜氏や蔵人と新規事業との橋渡し役としての役割も果たしている。典型的なファミリービジネスの中にあって、血縁関係がないにもかかわらず、Ａ社長の頼りがいのある参謀として執行役員に抜擢されている。また、総務担当責任者も前任のベテラン女性事務員と2年ほど共に働いて知識や経験を受け継いだだけでなく、それを整理して情報システム化を進めたことで抜擢された若い女性社員である。

　Ａ社長は、この10年、老舗企業のブランドと事業を継いだだけでなく、新規事業を立

ち上げ経営の合理化を進めるとともに、優秀な人材を活用して地元経済の活性化にも大いに貢献してきたという自負がある。しかしながら、A社の人事管理は、伝統的な家族主義的経営や祖父の経験や勘をベースとした前近代的なものであることも否めない。社員の賃金を同業他社よりやや高めに設定しているとはいえ、年功序列型賃金が基本である。近い将来には、自身が総帥となる企業グループ全体のバランスを考えた人事制度の整備が必須であるとA社長は考えている。

第1問 （配点40点）

　以下は、老舗蔵元A社を買収する段階で、企業グループを経営する地元の有力実業家であるA社長の祖父に関する設問である。各設問に答えよ。

（設問1）

　A社の経営権を獲得する際に、A社長の祖父は、どのような経営ビジョンを描いていたと考えられるか。100字以内で答えよ。

（設問2）

　A社長の祖父がA社の買収に当たって、前の経営者と経営顧問契約を結んだり、ベテラン従業員を引き受けたりした理由は何か。100字以内で答えよ。

第2問 （配点20点）

　A社では、情報システム化を進めた若い女性社員を評価し責任者とした。ベテラン事務員の仕事を引き継いだ女性社員は、どのような手順を踏んで情報システム化を進めたと考えられるか。100字以内で答えよ。

第3問 （配点20点）

　現在、A社長の右腕である執行役員は、従来のルートセールスに加えて直販方式を取り入れ売上伸長に貢献してきた。その時、部下の営業担当者に対して、どのような能力を伸ばすことを求めたか。100字以内で答えよ。

第4問 （配点20点）

　将来、祖父の立ち上げた企業グループの総帥となるA社長が、グループ全体の人事制度を確立していくためには、どのような点に留意すべきか。中小企業診断士として100字以内で助言せよ。

Column　立ち止まることの大切さ

　令和元年度の１次試験では、７科目トータルで６割以上の得点があったものの、経営法務が１マーク足りずに無念の敗退を経験しました。全員に一律８点の加点がされた悪名高い（？）平成30年度の経営法務ではなく、その翌年、易化した年の話です。敗因は、「底上げ」の意識が足りなかったことです。得意な科目を解くほうが楽しくなってしまい、苦手科目に割く時間がおろそかになっていました。令和２年度はその反省を生かし、苦手科目に傾斜させた時間配分で勉強を続け、７科目すべて60点超えで１次試験を通過できました。この「底上げ」の考え方は、２次試験にも通じるものだと思います。１次試験に比べて科目（事例）数が少ないため、ポートフォリオによるリスク分散を図りにくいのが２次試験の特徴です。つまり、「苦手科目を得意科目で補う」よりも「苦手科目の苦手具合をマシにする」ことのほうが重要だと考えました。過去問を解く時間の確保はもちろん大切ですが、自分の苦手がどこなのか（できれば「事例ⅣのCVP」など、事例よりも細かい単位で）、立ち止まって考える時間をどこかで設けてみてはいかがでしょうか。　　　　（かもとも）

Column　つるかめ算の利用

　つるかめ算はご存じですか？　鶴と亀、合計で５匹（羽）で足が14本、鶴は何羽でしょう。このような問題ですね。解法は、５羽とも鶴と仮定して、足が10本、足りない４本を亀の多い分２本で割った２匹が亀の数となります。鶴は３羽ですね。もちろん逆から計算しても同じ解答になります。ところで令和２年度の事例Ⅳで出題されたCVPの算出問題を見てください。当期の売上高は60百万円、変動費は39百万円、固定費は28百万円。変動費率は売上高70百万円までは当期の水準と変わらず、70百万円を越えた分は60％。固定費は一定との条件のもと、損益分岐点売上高を聞かれている問題です。解法はこうです。①まず当期の変動費率は$39 \div 60 = 65\%$、②売上高70百万円の場合を変動費率65％で、変動費45.5百万円、固定費28百万円で利益は△3.5百万円、③利益の不足分を売上高70百万円超の限界利益率で除算、3.5百万円$\div 40\% = 8.75$百万円、④すると70百万円+8.75百万円=78.75百万円と解答が出ます。厳密に言えばつるかめ算とは少し違いますが、片方の条件でいけるところまで計算し、条件を変えて残りを算出するところが共通しています。ちなみにグラフを書いても同じ解法になります。連立方程式いらずのシンプルな計算でケアレスミスも防げる。つるかめ算、使えますよ。　　　　（さち）

～２次試験で学んだ人生哲学～
人生で起こる出来事は、「あるべき姿に対して課題と対応策」を考えると好転する。

■ 80分間のドキュメント　事例Ⅰ

のき 編（勉強方法と解答プロセス：p.8）

1．当日朝の行動と取り組み方針

　前日夜にいろいろ準備をしていたら12時を超えてしまい、起きられるか不安だったが、5時半に無事起床。最大の関門をクリアして一安心。6時半には会場近くの喫茶店に入って軽めの朝食をとりつつ、全ての事例のファイナルペーパーをゆっくり見返して、知識を引き出す予行演習。事例Ⅰ用の音楽をかけて気分を事例Ⅰモードに切り替えつつ9時頃に試験会場へ。検温前に軽く深呼吸をして臨戦態勢。いざ戦場へ！

2．80分間のドキュメント

【手順0】開始前（〜0分）

　試験会場の立教大学の机は狭いが、これは一発合格道場のブログで予習済み。持参した過去問の用紙を机上に置いてペンや解答用紙などの置き場所を事前に検討する。事例Ⅰの王道は成長戦略。これにつながる解答を意識して書けば大丈夫。さあ、こい！

【手順1】準備（〜1分）

　まず解答用紙に受験番号を書く。そして初めての問題用紙破り。定規をあてて、うまくできた。出鼻はくじかれずにすんだ。解答する文字数は5問×100字で例年どおり。さあ、今年はどんな事例企業が出てくるのだろう、楽しみだ。

【手順2】与件文第1段落・最終段落確認と設問解釈（〜13分）

　[与件文]　まず、1段落目。今年は酒造メーカーか、なんだか情緒溢れる与件文でちょっと面白いな。観光地という点は注目しておこう。次は最終段落。社長がやってきたことで重要そうなのは人材の活用と地元経済の活性化。ただ、人事制度には問題あり、と。「経験や勘」は設問での解答要素になるのでは？

　[第1問]（設問1）　設問要求は「ビジョン」か。1問目から変化球。ビジョンは戦略の上位にあった考え方だったと思うので、少し抽象度を高めたような書き方がいいかも。企業グループとあるので、「グループの成長」とかかな？　目標っぽいけど。

　[第1問]（設問2）　設問要求は「前経営者などを引き受けた理由」ね。今回の買収は人を受け入れているから友好的買収になると考えよう。「ノウハウの獲得」と「買収先の理解」がパッと思いついたので、メモしておこう。

　[第2問]　設問要求は「情報システム化の手順」。これは何を答えればいいんだ？　事例Ⅰだから情報システム構築の話ではないはず。具体的な作業を、順序立てて書く感じかな？「ヒアリング」くらいしか思い浮かばないけど、与件文を読んでから考えよう。

　[第3問]　設問要求は「求めた能力」か。ルートセールスから直販方式に変わるから、直接消費者との接点が生じることを考えると「ニーズ把握」は必要かも。あとはわからん。

　[第4問]　設問要求は「グループ全体の人事制度確立の留意点」。ようやく事例Ⅰらしい問

題が出てきた。グループ全体というのがあるから、「一体感」とかかな。与件文に人事制度の話があったから「納得感」も必要かな。

【手順3】与件文読解（〜25分）

[2段落目]　役員が全員親族だけど、直接関わっているのはA社長のみか。不平不満が社内にでていないか、気をつけて与件文を読んでいこう。

[3段落目]　A社の成り立ちが書いてある。また、前経営者の思いが書いてある。屋号を絶やすことの無念さと雇用責任。第1問で使えそうかな。

[4段落目]　「友好的買収」ってはっきり書いてある。これは使えるな。この有力者がA社長の祖父か。飲食業や旅館を経営する敏腕経営者ってことか。

[5段落目]　「インバウンドブーム」、「老舗ブランド」、「地域の活性化」といった答案で使えそうなキーワード盛りだくさんの段落。

[6段落目]　酒造りはA社の社員から習うと。「ノウハウ獲得」だね。

[8段落目]　ここで女性事務員登場。レストラン経営や売店経営は祖父に教われる環境か。

[9段落目]　A社長は現場で働いて業務を理解した。素晴らしい社長だ。

[10段落目]　グループ企業からの営業支援があると。外国人社員もいるのね。

[11段落目]　若き執行役員と、女性社員がここで登場か。「杜氏や蔵人と新規事業との橋渡し役」は解答に使えそうだ。「システム化」はここか。まずは一緒に働くことからか。

【手順4】解答作成（〜70分）

[第1問]（設問1）　まずは与件文にある「地域の活性化」だろう。あとはグループの既存事業との「シナジー創出」。「インバウンドブーム」のための「老舗ブランド活用」をそれっぽく整理しよう。

[第1問]（設問2）　「友好的買収」で「従業員の理解」は確定。あとは「ノウハウ獲得」として杜氏や蔵人を解答に使おう。あとは前経営者の思いを汲むとかにしておくか。

[第2問]　ベテラン従業員からの知見の共有……、SECIモデルか！　Sは与件文にあったな。Eってなんだっけ？　見える化とかかな？　Cは……業務フローに落とし込むとかかな？　知識との紐づけがあやふやだけど、今回はこの程度で逃げるしかないな。

[第3問]　設問解釈のときに思いついた「ニーズ把握」は使える。あとは与件にあった「橋渡し役」か。もう1要素書くなら……、「接客能力」を書いてごまかそう。

[第4問]　「幸の日も毛深い猫」を使うと、評価と権限委譲かな。評価は経験や勘による評価の是正。権限委譲は執行役員のように抜擢すれば経営人材の育成ができそうだ。あともう1つは悩ましいけど成果主義導入かな。そういえば設問要求は施策じゃなく、留意点か。じゃあ、今挙げた施策を通じた士気向上と組織活性化を留意点として書こう。

【手順5】解答作成・見直し（〜80分）

　ざっと答案全体を見直した限りでは、論理の破綻はなさそう。読みにくい字を書き直しておこう。

3．終了時の手ごたえ・感想

　ビジョンやSECIモデルといった変わり種もあったけど、全体的にはオーソドックスな事例Ⅰだった気がする。立ち上がりとしてはまずまずの対応ができた気がする。

電車の中での2次試験の勉強方法
　スマホ学習（テキストのPDF化）。

合格者再現答案＊（のき 編）　　　　　　　　事例Ⅰ

第1問（配点40点）
（設問1）　　　　　　　100字

ビ	ジ	ョ	ン	は	①	イ	ン	バ	ウ	ン	ド	ブ	ー	ム[3]	の	需	要	取	込
み	の	た	め	の	20	0	年	の	歴	史	を	持	つ	老	舗	ブ	ラ	ン	ド[3]
の	取	得	・	活	用	、	②	既	存	の	飲	食	業	や	旅	館	等	の	事
業[2]	と	の	シ	ナ	ジ	ー	創	出[3]	に	よ	る	グ	ル	ー	プ	全	体[2]	の	成
長[3]	、	③	老	舗	復	興	に	よ	る	地	域	の	活	性	化[4]	、	で	あ	る	。

【メモ・浮かんだキーワード】　成長、シナジー

【当日の感触等】　要素としては与件文をうまく使って書けているし、グループ全体についても触れていて、多面性は確保できているはず。論理展開も違和感はなし。合格点レベルは取れている気がする。

【ふぞろい流採点結果】　19/20点

（設問2）　　　　　　　100字

理	由	は	①	屋	号	の	維	持	や	雇	用	責	任[2]	と	い	っ	た	前	経
営	者	の	想	い	を	汲	ん	で	、	友	好	的[1]	買	収[5]	と	し	て	買	収
先	の	従	業	員	の	理	解	と	協	力	を	得	る	た	め	、	②	新	規
事	業	へ	の	進	出	と	な	る	た	め	、	前	経	営	者[1]	や	ベ	テ	ラ
ン	の	蔵	人[1]	の	ノ	ウ	ハ	ウ	を	獲	得[5]	・	活	用	す	る	た	め	。

【メモ・浮かんだキーワード】　ノウハウ獲得、買収先の理解

【当日の感触等】　友好的買収と与件文にはっきりと書いてあるので、それをヒントに知識を引き出せた。これも与件文の内容を盛り込みながら合格レベルの解答が書けている気がする。

【ふぞろい流採点結果】　15/20点

第2問（配点20点）　　　100字

①	ベ	テ	ラ	ン	従	業	員[3]	と	共	に	現	場	で	働	き	、	複	雑	な
事	務	作	業[3]	や	取	引	先	と	の	商	売[3]	等	の	仕	事	の	流	れ	を
把	握	し	、	②	ベ	テ	ラ	ン	従	業	員	の	持	つ	知	見	の	見	え
る	化[4]	を	行	い	、	③	一	般	的	な	業	務	フ	ロ	ー	に	落	と	し
込	み	シ	ス	テ	ム	化	す	る	、	と	い	う	手	順	を	踏	ん	だ	。

【メモ・浮かんだキーワード】　SECIモデル

【当日の感触等】　SECIモデルのS、E、Cで書くのはわかったけど、それを日本語にできない。「見える化」とか「業務フローに落とし込む」とか苦しい気がするが、今の自分の実力ではこれが精一杯。

【ふぞろい流採点結果】　13/20点

　　よくまとまった事例Ⅳの問題集をやる（某大手予備校の事例Ⅳ特訓用の問題集が即効性あり）。

第 3 問（配点20点）　100字

求	め	た	能	力	は	①	新	規	顧	客	と	の	接	点	に	お	い	て	好
感	を	得	る	た	め	の	接	客	能	力	、	②	新	規	顧	客	獲	得	を
推	進	す	る	た	め	の	**顧**¹	**客**	ニ	ー	ズ⁴	を	聴	取	す	る	能	力	、
③	**杜**	**氏**	や	**蔵**	**人**²	等	の	酒	造	り	に	関	わ	る	人	員	に	顧	客
ニ	ー	ズ	を¹	伝	え	る	**意**	**思**	**疎**	**通**	の	**能**	**力**³	、	で	あ	る	。	

【メモ・浮かんだキーワード】　ニーズ把握、接客能力、橋渡し役

【当日の感触等】　求めた能力というなんともとらえどころのない設問要求だけど、ニーズ聴取と橋渡し役のためのコミュニケーション能力は必要だと思う。接客能力は無理矢理な感じがあるけれど、少しでも加点されたらラッキーくらいに思っておこう。

【ふぞろい流採点結果】　11/20点

第 4 問（配点20点）　100字

留	意	点	は	①	**経**	**験**	や	**勘**	に	よ	ら	な	い³	**公**	**平**	・	**公**	**正**	な
評	**価**	**制**	**度**⁵	の	整	備	、	②	優	秀	な	人	材	を	グ	ル	ー	プ	内
で	発	掘	・	抜	擢	し	、	**権**	**限**	**委**	**譲**²	の	実	施	に	よ	る	経	営
人	材	の	育	成	、	③	**成**	**果**	に	**連**	**動**	し	た	**賃**	**金**	**制**	**度**⁵	、	を
通	じ	た	**士**	**気**	**向**	**上**⁵	と	**組**	**織**	**活**	**性**	**化**³	、	で	あ	る	。		

【メモ・浮かんだキーワード】　評価制度、権限委譲、年功序列型賃金→成果型

【当日の感触等】　与件文に書いてあるキーワードをもとに施策を考えたが、すごく一般化した解答で、あまりA社固有の留意点っぽくはないな。また、施策から考えて無理矢理留意点のような書き方に方向転換したので、若干文章的に怪しいか。ただ、丸ごと書き直す時間はないからこれで諦めるしかない。

【ふぞろい流採点結果】　20/20点

【ふぞろい評価】　78/100点　　　【実際の得点】　72/100点

　全体的に重要なキーワードを用いて、各設問で要求されていることに適切な対応をし、因果を明確にした解答になっています。本人の当日の感触にもあるように、現場でできる最大限の対応をした結果、ふぞろい流の採点でも高い得点となっています。

Column

試験会場での心得・応援メッセージ

　試験会場に行くと、（特に独学の人は）改めて「こんなに診断士の受験生がいるのか！」と驚くとともに、そのようななかで合格できるのかと不安になる人もいるかもしれません。

　でも、よく考えてみてください。周りの受験生の人たちも全員が一堂に会した会場にいることは経験がほとんどないはずです。きっと同じように不安なはずです。

　そのようななか、何を拠り所にすればよいのか。それは「自分自身」です。自分を徹底的に信じて、最高の成果を試験中に上げましょう。

（のき）

短時間で効果のある勉強方法 ────

　毎週、勉強会に参加すること。1次試験後は本業が多忙すぎて、週に1事例を解くのが精一杯でした。

Ｎａｎａ編（勉強方法と解答プロセス：p.10）

1．当日朝の行動と取り組み方針

　朝6時に起床。睡眠時間をしっかり取らないとキツイことがわかっているので、1週間前から22時睡眠～6時起床を心掛け、1か月前から禁酒を行った。夜はマインドフルネスを取り入れてリラックス睡眠をする。朝食もいつもと一緒。持ち物チェックリストも作り、最終確認。基本的な方針は、ルーティーン化できるものはできるだけ行い、当日の緊張とわからない問題が出てきたときのパニック感を低減させること。

　お気に入りの音楽をヘッドフォンで聴きながら会場へ向かう。電車のなかでファイナルペーパーは読むものの、ほとんど頭には入らないので、ここは音楽を聴きながら気持ちを高めることを優先する。試験会場へは事前に2回散歩に訪れた（注：会場内の下見は厳禁なので、あくまで近くを散歩するのにとどめた）ので、道に迷ったりすることなく裏道から到着できてよかった。会場入りは早めに。

　「新型コロナウイルス感染症」（以下、新型コロナウイルス）のため、私が通っていた予備校の先生は応援に来られない方針を取っていて寂しかった。しかし、他の予備校の先生に「頑張ってください！」と言ってもらえて嬉しくなる。緊張で不安なときは、こういう言葉が効く。

2．80分間のドキュメント

【手順0】開始前（～0分）

　机が想定よりかなり小さくて驚く。鉛筆派で筆記用具が多く、机の上にどう筆記用具を並べるか悩みつつ、事例Ⅰを解くときのルーティーンを思い出して気持ちを落ち着かせる。

【手順1】準備（～1分）

　問題用紙のホチキスを外し、ページを破って分離。メモ欄を準備。設問の上に「SWOT」、「5フォース」、「4P」、「幸の日も毛深い猫」、「ヒト・モノ・カネ・情報・ブランド」、「ダナドコ」と書く。わからなくなったらこの辺を使ってなんとかしよう。

　与件文の上には青鉛筆で「強み・機会」、赤鉛筆で「弱み・脅威」、橙鉛筆で「社長の思い」、緑鉛筆で「怪しい」、黄鉛筆で「その他」と書き、各色が何を意味するかわからなくならないようにする。

【手順2】設問解釈＆解答型のメモ（～25分）

第1問（設問1）　A社が老舗蔵元でその祖父についての設問か。となると「地元への思い」があるのかな。解答型は「ビジョンは①～、②～である」とメモ。

第1問（設問2）　前経営者やベテラン従業員を引き受けて良い会社だなー。となると「ノウハウ引き継ぎ」や「買収先社員の士気を下げない」とかかな。解答型には「理由は①～、②～によって、～を図りたかったため」とメモ。

短時間で効果のある勉強方法
　解答骨子作成⇒『ふぞろい』にてズレの確認を繰り返す。

[第2問]　若い女性を評価し責任者、良い会社だなー。「データ化」、「標準化」かな。解答型には「手順は①〜、②〜、③〜を行った」とメモ。

[第3問]　直販方式とルートセールスの違いが、いまいちイメージできない。これは与件文でしっかりと確認しよう。解答型は「部下に対して①〜、②〜の能力を伸ばすことで〜を図った」とメモ。

[第4問]　「今の人事制度」「A社長が何をしたいのか」を与件文で見よう。解答型は「留意点は①〜、②〜、③〜で、〜を図ること」とメモ。

【手順3】与件文読解＆気になるワード・思いついたワードを記載（〜50分）

[1〜4段落目]　同族会社のメリット・デメリット、祖父が実業家、M&Aのメリット・デメリット。

[5段落目]　インバウンドブーム、地元活性化、老舗酒造の立て直し。

[6段落目]　もともとA社と縁があるわけではないA社長→従業員との仲は大丈夫？

[7段落目]　敷地全体のリニューアル→多角化、レストランなどとシナジー効果。

[8〜10段落目]　IT活用、正規社員vs非正規社員、若い社員が多い→組織の活性化、A社長は人材についてとても気にしている、外国人従業員→インバウンド対応。

[11段落目]　酒の営業担当責任者→コミュニケーション能力が優れた若き執行役員、ルートセールスが古い、若い優秀な人材の登用進む。

[12段落目]　前近代的な経営、年功序列型賃金vs成果主義、透明性・公平性、評価方法。

【手順4】解答作成（〜78分）

[第1問]（設問1）　実業家であること以外祖父の話があまり出てこなくて悩む。しかし地元の実業家だからここは地域貢献や活性化かな。

[第1問]（設問2）　人材を大事にしている印象のA社長。それを書こう。

[第2問]　与件文にヒントがあまりない。過去問でもこんな問題があったような？？　事例Ⅲ用に覚えていたDRINKと5S、ECRSを活用して書いてみよう。データの5Sだ！

[第4問]　優秀な若手のために士気をあげる方法だ。「幸の日も毛深い猫」からA社で使えそうなものを選んで複数個書こう。

[第3問]　直販方式って店舗で売るってことでいいの？　他の方法ってあるの？　わからない、やばい……。店のなかで売るってことを考えて提案してみよう。事例Ⅱっぽくなっちゃったけど大丈夫？

【手順5】解答作成・見直し（〜80分）

誤字脱字を確認。不安しかない解答ができたが、時間もないので諦める。

3．終了時の手ごたえ・感想

与件文に書かれていないことが質問されていたように感じ、困った。しかも事例Ⅱ・Ⅲで助言するような内容を使ってしまった。心配……。が、心配しても仕方ないので次に行こう。

合格者再現答案＊（Ｎａｎａ 編） 事例Ⅰ

第1問（配点40点）
（設問1） 100字

ビ	ジ	ョ	ン	は	、	温	泉	地	に	あ	る	老	舗	の	蔵	元	を	発	展
さ	せ	**老**	**舗**	**ブ**	**ラ**	**ン**	**ド**³	を	使	う	こ	と	で	①	イ	ン	バ	ウ	ン
ド	ブ	ー	ム³	に	の	り	②	**地**	**域**	**貢**	**献**	・	**地**	**元**	**活**	**性**	**化**⁴	に	寄
与	し	③	**地**	**元**	**の**	**旅**	**館**²	と	の	シ	ナ	ジ	ー	効	果³	を	図	る	こ
と	で	あ	る	。															

【メモ・浮かんだキーワード】 地元活性化、地域貢献、観光客需要
【当日の感触等】 結論が中途半端な解答になってしまった。部分点が入るといいな。
【ふぞろい流採点結果】 14/20点

（設問2） 100字

理	由	は	①	買	収	先	社	員	を	大	事	に	す	る	と	印	象	付	け
る	②	**前**	**の**	**経**	**営**	**者**¹	と	経	営	顧	問	契	約	を	結	ぶ	こ	と	で
A	社	長	と	買	収	先	社	員	の	橋	渡	し	を	し	て	も	ら	う	こ
と	で	、	安	心	し	て	ノ	ウ	ハ	ウ⁵	を	引	き	継	ぎ	**酒**	**造**²	り	を
引	き	続	き	行	う	事	を	示	し	た	か	っ	た	た	め	。			

【メモ・浮かんだキーワード】 買収の長所と短所、ベテラン従業員、技術継承、M&A
【当日の感触等】 人を大事にしている社長の気持ちに寄り添えた気がする。
【ふぞろい流採点結果】 8/20点

第2問（配点20点） 100字

手	順	は	①	**複**	**雑**	**な**	**事**	**務**	**作**	**業**³	の	整	理	②	**取**	**引**	**先**	と	の
情	**報**³	を	整	理	③	事	務	作	業	を	簡	素	化	④	整	理	し	簡	素
化	し	た	内	容	を	デ	ー	タ	化⁴	し	⑤	ネ	ッ	ト	ワ	ー	ク	に	て
共	**有**	**化**²	す	る	こ	と	に	よ	り	情	報	シ	ス	テ	ム	化	を	進	め
た	。																		

【メモ・浮かんだキーワード】 DRINK（データ活用・リアルタイム・一元管理・ネットワーク・共有化）、5Ｓ（整理・整頓・清掃・清潔・しつけ）、ECRS
【当日の感触等】 与件文にヒントがない分、知識でなんとかしてしまった。部分点が入るかな。
【ふぞろい流採点結果】 12/20点

第3問（配点20点）　100字

部	下	に	対	し	て	①	接	客	力	②	**提**	**案**	**力**	を	伸	ば	す	よ	う
に	求	め	た	。		具	体	的	に	は	①	店	舗	で	の	試	飲	サ	ー
ビ	ス	を	行	い	販	売	に	繋	げ	る	②	**来**	**店**	**し**	**た**	**顧**	**客**	が	商
品	に	興	味	を	持	つ	よ	う	配	列	を	工	夫	す	る	③	Ｓ	Ｎ	Ｓ
で	配	信	し	て	も	ら	え	る	よ	う	店	舗	デ	ザ	イ	ン	を	工	夫 。

【メモ・浮かんだキーワード】　ダナドコ

【当日の感触等】　直販方式が何かわからず、最後まで悩む。一般論っぽいんだけどいいの？

【ふぞろい流採点結果】　7/20点

第4問（配点20点）　100字

留	意	点	は	①	年	功	序	列	型	賃	金	か	ら	報	酬	の	一	部	を
業	**績**	**連**	**動**	**型**	に	変	更	す	る	こ	と	で	**士**	**気**	**を**	**上**	**げ**	**る**	②
経	営	方	針	を	今	ま	で	の	**前**	**近**	**代**	**的**	な	方	法	か	ら	デ	ー
タ	を	重	視	し	た	方	針	に	**変**	**更**	**す**	**る**	③	評	価	を	適	切	に
行	い	士	気	を	上	げ	る	④	**権**	**限**	**委**	**譲**	を	行	う	。			

【メモ・浮かんだキーワード】　幸の日も毛深い猫

【当日の感触等】　ヒントがあまりない分、自由に書いた。どれかは点数に結びついているといいな。

【ふぞろい流採点結果】　15/20点

【ふぞろい評価】　56/100点　　【実際の得点】　55/100点

　第1問（設問2）では、出題の趣旨である「買収側企業の被買収側企業に対する条件提示の意図」から離れてしまいました。また第3問では、求められる能力を多面的に捉えることができませんでした。ただし、そのほかの問題では安定した多面的な解答ができており、ふぞろい流の採点では合格水準となっています。

Column

みんな違って、それがいい

　診断士試験（特に1次）のバラエティの豊かさは、資格試験のなかでも群を抜いているのではないでしょうか。合格後に出会った方々と話していると、「経理部にいるから財務・会計は得意だった」とか「製造業で毎日やってることだから、運営管理は勉強しなくても理解できた」など、その人のキャリアによって得意分野は十人十色。私はこれこそが、診断士の多様性・面白さにつながっているのではないかと思っています。

　会計の資格では会計に、法律の資格では法律に、それぞれ特化した能力・経歴の達人たちが集い、より濃くより深くその道を極めていく印象がありますが、診断士の世界では真逆。オンリーワンな人材が集まり、自分の強みを最大限に発揮し、足りないところは得意な人に助けてもらう。どちらも大切なことですが、私には後者のほうが性に合っている気がします。みんな違って、それがいい。まさに「ふぞろい」な仲間たちと、診断士の世界でともに活躍できる日を、今から楽しみにしています。　　　　　　　　（たまちゃん）

かもとも 編 （勉強方法と解答プロセス：p.12）

1．当日朝の行動と取り組み方針

　試験開始の1時間前には会場に到着できるように起床。家から最寄り駅までの道中のコンビニでおにぎり、お茶（カフェインレス）、コーヒー、ラムネ、チョコ、ソフトキャンディを購入。飲み物とお菓子は、気分に応じて補給できるように、複数の種類を選んでいる。1次試験や模擬試験でも同じものを買っている、お馴染みのメニュー。いつもより早く起きて小腹が空きそうだったので、試験会場の最寄りのコンビニでカロリーメイトも買っておく。会場に着いて検温を突破し、座席を確認したところ、なんと部屋の一番前の扉側。他の受験生が目に入らないから雰囲気に飲まれないし、トイレにもすぐに行ける。「一歩リード」と勝手に思い込んでカロリーメイトを食べる。

2．80分間のドキュメント

【手順0】開始前（～0分）

　ファイナルペーパーに目を通し、これまでの過去問演習で間違えたポイントをおさらい。とりあえず、受験番号を忘れずに書けば一歩リードだ。

【手順1】準備・設問解釈（～10分）

　受験番号の記入後、解答用紙を見て文字数をチェック。100字×5ね。平成19年度みたいに700字以上も書かせるパターンじゃなくてよかった。字を書くのが遅い自分にとっては有利な展開だ。

第1問（設問1）「昔のこと」とメモ。文章構成は「ビジョンは①～、②～、③～、である」を使おう。

第1問（設問2）（設問1）と同様に「昔のこと」とメモ。文章構成は「理由は～」で始めて列挙の形とする。M&Aの、買収する側のメリットが与件文に出てくるんだろう。

第2問「昔のこと」とメモ。構成はとりあえず「手順は①～、②～、③～、である」にしておくけど、設問文を読むだけやとどんな内容が来るのか想像できんな。

第3問　昔から今につながる成功要因に関することかな。「昔－今」、「求めた能力は①～、②～、③～、である」とメモ。

第4問「未来」とメモ。助言系で自分が手札として持っている構成は「○○に留意する。具体的には①～、②～、である」か、「①～、②～、これらにより○○に留意する」の2パターン。どっちで書くかは与件文を読んでから決めよう。

【手順2】与件文読解（～20分）

1段落目　観光地か。インバウンドに関する情報があとから出てくるのかな。「老舗の蔵元」に赤ボールペンで下線、「S」とメモ（SWOTのS）

2段落目　正規社員と非正規社員の人数が書いてあるけど、この情報だけじゃ強みとも弱みとも取れないな。オレンジボールペン（SWOTのどの項目に分類するかはわからないが、大事そうな表現の目印）で下線。

[3段落目]　「戦後の最盛期」「2000年代」といった時系列に関する表現に緑ボールペンで丸。脅威を何かしらの工夫で乗り越えたんだろう。

[4、5段落目]　「30年ほど前」に緑丸、さらに「1990年」とメモ。5段落目に2回ある「当時」には「2000年」とメモ。「地域の活性化」と、予想どおり出てきた「インバウンド」に関する記述に赤ボールペンで下線、「O」とメモ（SWOTのO）。この辺りの段落は過去のことやから、第1問に紐づけられそう。

[6段落目]　4段落目に続き2度目の「ベテラン」表現。第1問の（設問2）に使うんだろう。地元有力者が主人公のように書かれているけど、この人はA社長じゃないのね。主語が誰であるかに気をつけながら読み進めよう。

[7段落目]　いろいろな取り組みをしているのでとりあえず赤ボールペンで下線、「S」とメモ（SWOTのS）。どの設問に使うんやろう。

[8段落目]　「ベテランの女性事務員」とあるから第2問に関連するんだろう。2文目（「酒造りは～主に担当した」）の主語がわからずモヤモヤする……。

[9、10段落目]　中途社員や学生、外国人の雇用についての記述。新卒採用については書かれてないな。

[11段落目]　「若き執行役員」は第3問、「総務担当責任者」は第2問に紐づけ。

[12段落目]　「経験や勘をベースとした前近代的なものである」に青ボールペンで下線、「W」とメモ（SWOTのW）。第4問はこの段落とつながった内容にする。

【手順3】解答骨子作成（～40分）

　下線を引いた与件文のキーワード（SWOT＋気になった表現）を各設問に紐づけ。設問ごとに割り当てた異なる色のマーカーを与件文に引いていく。

[第1問]（設問1）　買収前のA社の強み（1～3段落目）と5段落目の機会を盛り込む。

[第1問]（設問2）　3～5段落目のキーワードと、買収のメリットを盛り込むが、マス目が余りそう。一般的な知識や類推がもう少し必要？

[第2問]　うろ覚えだが、SECIのこと？　8、11段落目のキーワードに一般論を加え、順序立てて解答を構成。

[第3問]　部下に関する記述が与件文にない。とりあえず11段落目と、日本酒に関する3段落目の記述を根拠とする。

【手順4】解答作成・見直し（～80分）

　第4問の骨子作成前に40分が経過したので、第1～3問を解答用紙に書き込む。残り10分で第4問に対応。12段落目を根拠としつつ、知識を盛り込んだ。最後数分で読みにくい文字を1文字ずつ消し、書き直す。

3．終了時の手ごたえ・感想

　第4問の解答骨子をほとんど作成できずに書くことになったが、書き終わらないという最悪の事故は防げた。最初の事例ということで少し緊張したが、走り出しとしては上等かな。

平日の勉強方法
　通勤時間がメイン。リモート勤務の場合は始業前の時間。

合格者再現答案＊（かもとも 編） ── 事例Ⅰ

第1問 （配点40点）

（設問1）　　　　　　100字

ビ	ジ	ョ	ン	は	①	江	戸	時	代	か	ら	続	く	老	舗	ブ	ラ	ン	ド³
を	生	か	し	イ	ン	バ	ウ	ン	ド	ブ	ー	ム³	に	乗	っ	た	、	日	本
の	文	化	や	伝	統	に	憧	れ	る	来	訪	者	需	要	の	獲	得	②	地
域	活	性	化⁴	の	実	現	③	既	存	の	旅	館	事	業²	と	の	シ	ナ	ジ
ー	発	揮³	④	A	社	長	へ	の	事	業	継	承	、	で	あ	る	。		

【メモ・浮かんだキーワード】 老舗ブランド、インバウンド需要、地域活性化、シナジー、継承

【当日の感触等】 抜粋、列挙系の設問だから大外しはしていないだろう。

【ふぞろい流採点結果】 14/20点

（設問2）　　　　　　100字

理	由	は	①	前	経	営	者¹	や	ベ	テ	ラ	ン	従	業	員¹	の	酒	造	り²
の	ノ	ウ	ハ	ウ	活	用⁵	の	た	め	②	杜	氏	や	ベ	テ	ラ	ン	蔵	人
に	A	社	長	を	教	育	さ	せ	る	た	め	③	前	経	営	者	の	従	業
員	に	対	す	る	雇	用	責	任	を	果	た	す²	た	め	、	で	あ	る	。

【メモ・浮かんだキーワード】 A社長を教育、ベテラン従業員のノウハウ活用、雇用責任

【当日の感触等】 与件文のキーワードだけだと全然マス目が埋まらない。類推が必要？

【ふぞろい流採点結果】 11/20点

第2問 （配点20点）　　　100字

シ	ス	テ	ム	化	の	手	順	は	①	複	雑	な	事	務	作	業³	や	取	引
先	と	の	商	売	に	関	す	る	情	報³	を	ベ	テ	ラ	ン	女	性	事	務
員³	と	共	に	働	く	中	で	O	J	T	で	教	わ	り	②	体	系	化	し
て	整	理	し	③	異	な	る	事	業	を	統	括	す	る	体	制	づ	く	り
に	活	用	で	き	る	よ	う	マ	ニ	ュ	ア	ル	化⁴	・	共	有	化²	し	た。

【メモ・浮かんだキーワード】 SECI、OJT、知識や経験の整理、体系化、体制づくり

【当日の感触等】 手順を答えるの？ 与件文に根拠がなさすぎる……。

【ふぞろい流採点結果】 15/20点

第3問（配点20点）　100字

求	め	た	能	力	は	①	杜	氏	や	蔵	人	と	新	規	事	業	を	つ	な
ぐ	た	め	の	コ	ミ	ュ	ニ	ケ	ー	シ	ョ	ン	能	力	・	マ	ネ	ジ	メ
ン	ト	能	力	②	古	い	や	り	方	で	は	な	く	日	本	酒	の	国	内
消	費	量	減	に	対	し	て	新	た	な	需	要	を	探	す	開	拓	力	③
イ	ン	バ	ウ	ン	ド	需	要	に	対	応	す	る	た	め	の	語	学	力	。

【メモ・浮かんだキーワード】　コミュニケーション能力、開拓能力、マネジメント能力

【当日の感触等】　第2問と同じく根拠がなさすぎる。なんとなく、リーダーに必要そうなのでマネジメント能力を入れてみる。最後にインバウンド需要に気づき、語学力をねじ込んだ。

【ふぞろい流採点結果】　10/20点

第4問（配点20点）　100字

①	ト	ッ	プ	に	よ	る	ビ	ジ	ョ	ン	提	示	で	全	社	的	な	一	体
感	を	持	た	せ	る	②	新	卒	採	用	で	将	来	の	幹	部	候	補	を
育	成	す	る	③	長	期	的	視	点	を	評	価	に	導	入	し	事	業	部
間	の	セ	ク	シ	ョ	ナ	リ	ズ	ム	を	防	ぐ	④	経	験	や	勘	に	頼
っ	た	管	理	を	是	正	し	透	明	・	納	得	・	公	平	性	を	保	つ	。

【メモ・浮かんだキーワード】　一体感、セクショナリズム、新卒採用、透明・納得・公平性

【当日の感触等】　①だけ少しレベル感が違うのと、①～④のまとめである「これらにより○○に留意する」の表現が入れられていないのは気になるが、消して書き直す時間ロスが怖いので妥協した。

【ふぞろい流採点結果】　8/20点

【ふぞろい評価】　58/100点　　【実際の得点】　69/100点

　全体的に大きな得点源となった設問はないものの、ほとんどが与件文に寄り添い適切に対応できています。ただし、本人の当日の感触にもあるように第4問では設問の要求からやや外れてしまい、ふぞろい流の採点では得点が大きくは伸びませんでした。

Column

入念な事前準備で不安を少しでも取り除こう

　令和元年度は1次試験、2次試験とも、試験中に水分補給できるよう、足元に飲み物を置くことが認められていました。私は1次試験のとき、お気に入りのお茶を水筒に入れて試験会場に出かけました。水筒を足元に置いていたところ、試験監督の方から「水筒は試験中に足元に置けないので、カバンのなかにしまってください」と言われてしまい、慌ててカバンのなかに。受験票に書いてある注意事項をよく読むと「ふた付きペットボトル（700ml以内）の飲料を飲むことは認められます。水筒は不可」と書いてあるではないですか。注意事項をしっかり読んだうえで、当日持っていくカバン、お昼ご飯、時計、筆記用具、電卓、本人確認書類、暑さ・寒さ対策など、事前に準備できることはすべて準備しておくことをお勧めします。

（くろ）

平日の勉強方法

　「事例のなかから1設問解いて『全知識』で関連事項を確認」を1日1セット、1時間集中してこなす。

イノシ編（勉強方法と解答プロセス：p.14）

1．当日朝の行動と取り組み方針

　7時起床。試験前までは毎日5時起きで勉強していたこともあり、2時間遅い起床で幸せな気分になりながら、布団から出る。和の風情のある朝食を済ませ、妻と子に「頑張ってくる！」と伝えてから自宅を出る。試験会場へは歩いて20分程度の道のりだが、途中でコンビニに寄って、おにぎりとサンドウィッチを購入。昼食を買っている暇がないから事前に購入すべしとインターネットに書いてあったので、そのまま実践する。昼食購入後、試験会場へ向かう。この時期の札幌は少し肌寒く、気が引き締まる思いになる。会場では仕事関係の知人に出会い少し会話をしたことで、少し緊張がほぐれる。知人とは、教室が違うようなので別々になり自分の席に向かう。机は狭いと聞いていたが、新型コロナウイルス感染症（以下、新型コロナウイルス）の影響もあり、1人に1つの長机が割り当てられていた。せっかくなので、広く使ってしまおう。

2．80分間のドキュメント

【手順0】開始前（～0分）

　とにかく、レイヤーを意識して人的資源関連は「幸の日もケ（採用・賃金・能力開発・評価・モチベーション・権限委譲）」、組織関連は「毛深い猫（権限委譲・部門・階層・ネットワーク・コミュニケーション」だけでいい！　あとは、与件どおりだ！　と思いながら開始時間を待つ。

【手順1】準備（～2分）

　最初に受験番号を記入。次にホチキスを取って問題用紙を破る。焦って意外と手間取る。与件文が2ページ半もあるのに少し驚きつつも、まずはいつもどおり、設問に目を移す。

【手順2】設問解釈（～7分）

　第1問（設問1）　レイヤーは「どのような経営ビジョンを描いていた」とあるので戦略かな？　「考えられるか」とあるので、1次知識も使うかも。「ビジョンは～」から書き出そう。

　第1問（設問2）　レイヤーは（設問1）同様、戦略と推測し、横に「メリット」とメモ。「理由は何か」と直接的な聞き方なので、与件文からのみか。「理由は～」で書き出そう。

　第2問　「どのような手順を踏んで情報システム化を進めた」とな？　事例Ⅲっぽいな……。これは他の受験生も戸惑っているだろうし、事例Ⅲは得意だし逆にラッキーと考え、いったん自分を落ち着かせる。「手順は～」で書き出そう。

　第3問　人的資源管理の視点でいいかな？　基本的には与件文から引っ張ってみて、物足りなかったら「幸の日もケ」で見つけていけばいいだろう。「能力は～」で書き出そう。

　第4問　「人事制度を確立」とあるので、これも人的資源管理？　直接的に人事制度を聞かれているから、「幸の日もケ」はこれで使うのか？　「中小企業診断士として助言」とあ

るので、１次知識 OK とメモ。

【手順３】与件文読解（〜25分）

[2]段落目　蔵元なのに土産物のほうが売上大きいのかい！　事例Ⅰあるあるのファミリー経営、正規社員と非正規社員もチェック。

[3]段落目　定番の「しかし」「そこで」「とはいえ」のわざわざ表現発見。

[4]段落目　グループ企業の強みは使えるかな。

[5]段落目　日本の文化や伝統に憧れる来訪者、老舗ブランド、地域の活性化をチェック。

[6]段落目　「酒造りを学んだ」は使えるかな。

[7]段落目　グループ企業のノウハウが生きているね。休憩所は何かに使うかな？

[8]段落目　ベテラン従業員を引き受けた理由は、ここに記載か。

[10]段落目　「外国人数名も忙しく働いている」にチェック。

[11]段落目　第３問の話だ。与件文から引っ張ろうと思っていたところなのに、詳細が全然書かれていない。困った。第２問の記載もある。第２問のほうは、なんとか使えるネタは書いてくれているな。

[12]段落目　「しかしながら」以降、すべてマーク。第４問のネタにしよう。

【手順４】骨子作成（〜40分）解答作成（〜78分）

[第1問]（設問１）　いつもと問われ方は異なるが、強みを生かした戦略を書けばいいと解釈。ターゲットを決めて祖父のグループ企業の強みとA社の強みを連携させて、A社を立て直す方向で記載。文字数が余ったので、地域活性化も追加しよう。

[第1問]（設問２）　与件文に記載されているとおりに、経営・事務・商売・酒造りのノウハウを引き継いで、A社を早期に立て直す方向で文章を作成しよう。

[第2問]　与件文のヒントが少ないが、少ないなかで書くしかない。複雑な作業や取引を一緒に働いて引継ぎしながら業務を整理。整理したものをDB化して情報共有、作業標準化・マニュアル化につなげる方向にしよう。事例Ⅲみたい……。

[第3問]　全然わからん。パス。

[第4問]　「幸の日もケ」をフル動員！　賃金（成果主義）、能力開発、評価、権限委譲することで、モチベーション向上からの組織活性化の定番の流れで解答を作成しよう。字数が余ったので、地域活性化も追加しておこう。

[第3問]　全然わからないし時間もないので、与件文に記載のある内容でお茶を濁そう。とても冗長な解答となってしまったが、何も書かないよりマシだろう。

【手順５】解答作成・見直し（〜80分）

時間がほとんど余らなかったので、誤字の確認程度で終了。

3．終了時の手ごたえ・感想

第３問で撃沈。組織関連でも人的資源管理でもないものは、全て与件文を頼りにする作戦だったので、こういうこともあると頭を切り替え、次の事例で取り返すことにした。

勉強時間を作るコツ

過去問を解くにはまとまった時間が必要だが、復習はいつでもできる。そこをスキマ時間に充てる。

合格者再現答案＊（イノシ 編） 事例Ⅰ

第1問（配点40点）
（設問1） 100字

ビ	ジ	ョ	ン	は	強	み	で	あ	る	①	**飲**	**食**	**業**	や	**旅**	**館**²	で	の	**成**
功	**ノ**	**ウ**	**ハ**	**ウ**³	②	20	0	年	の	年	月	に	裏	打	ち	さ	れ	た	**老**
舗	**ブ**	**ラ**	**ン**	**ド**³	を	連	携	す	る	事	で	日	本	の	文	化	や	伝	統
に	憧	れ	る	**来**	**訪**	**者**³	を	標	的	と	し	、	酒	造	店	の	立	直	し
を	図	り	、	**地**	**域**	**活**	**性**	**化**⁴	に	繋	げ	て	い	く	事	。			

【メモ・浮かんだキーワード】 成功体験やブランド力、日本の文化や伝統に憧れ、地域活性化

【当日の感触等】 祖父のグループ企業の成功体験と200年のブランド力を組み合わせれば問題ないだろう。6割は取れたと思う。

【ふぞろい流採点結果】 14/20点

（設問2） 100字

理	由	は	①	**経**	**営**	**顧**	**問**¹	か	ら	蔵	元	の	**経**	**営**²	**ノ**	**ウ**	**ハ**	**ウ**⁵	を
学	ぶ	為	②	**複**	**雑**	な	事	務	作	業	や	**取**	**引**	**先**	と	の	**商**	**売**	を
引	**継**	**ぐ**	**為**¹	③	**熟**	**練**	**蔵**	**人**	か	ら	**酒**	**造**	**り**²	を	学	ぶ	為	④	新
事	業	の	酒	造	り	の	中	心	と	な	っ	て	も	ら	う	事	で	ス	ム
ー	ズ	に	A	社	を	立	て	直	す	為	で	あ	る	。					

【メモ・浮かんだキーワード】 ノウハウ継承

【当日の感触等】 4つも要素を入れられたので十分だろう。7割くらいは取れているかな。

【ふぞろい流採点結果】 11/20点

第2問（配点20点） 100字

手	順	は	①	**複**	**雑**	な	事	務	作	業³	や	取	引	先	と	の	商	売³	を
2	年	程	共	に	働	き	②	知	識	や	経	験	を	受	継	ぎ	③	整	理
し	て	D	B	化⁴	す	る	事	で	**情**	**報**	**共**	**有**²	を	図	り	、	**作**	**業**	**標**
準	**化**	・	**マ**	**ニ**	**ュ**	**ア**	**ル**	**化**⁴	を	進	め	る	事	で	、	業	務	の	簡
素	化	に	繋	が	る	情	報	シ	ス	テ	ム	化	を	行	っ	た	。		

【メモ・浮かんだキーワード】 DB化で情報共有、作業標準化・マニュアル化

【当日の感触等】 事例Ⅲのような解答になったが、大きく外してはいないだろう。6割は取れていると思う。

【ふぞろい流採点結果】 16/20点

第3問（配点20点）　100字

能力は①杜氏や蔵人[2]と上手く連携する能力[3]②日本酒について、日本の文化や伝統に憧れる来訪者とコミュニケーションを取る能力③外国語での会話能力を伸ばし売上伸長に貢献することを求めた。

【メモ・浮かんだキーワード】　コミュニケーション

【当日の感触等】　直近ではあまりなかった変化球問題。試験中はさっぱり解答が思いつかなかった。本業が営業だから、シンプルに考えればよかった。4割くらいしか取れてないだろう。

【ふぞろい流採点結果】　5/20点

第4問（配点20点）　100字

①ベテラン蔵人や外国人を考慮した[2]バランスの取れた評価制度とし、成果主義[5]を導入②優秀な社員への権限委譲[2]を進める③外国人向けの研修制度[2]を充実する事で、士気向上[5]し組織活性化[3]に繋げ、地域活性化に貢献していく。

【メモ・浮かんだキーワード】　公平な評価制度、成果主義、権限委譲、研修、士気向上、組織活性化、地域活性化

【当日の感触等】　定番のキーワードをこれでもかとねじ込んだので、それなりに期待できるかな。7割は取れただろう。

【ふぞろい流採点結果】　19/20点

【ふぞろい評価】　65/100点　　【実際の得点】　71/100点

　ほとんどの問題で重要なキーワードを的確に解答に入れることができ、高い得点が獲得できています。ただし、第3問については本人の感触にもあるように「提案力」や「営業力」といった多くの合格＋A答案に見られたシンプルなキーワードが漏れてしまい、多面的な解答にはなっていません。

Column

模試の結果は悪ければ悪いほどいい！

　模試を受ける派、受けない派、両方いらっしゃると思いますが、私は受ける派です。しかも、タイトルのとおり「模試の結果は悪ければ悪いほどいい派」です。ある程度の危機感というものは成功のためにはプラスに働くものと思っていて、「模試を受けたけれど結果が悪かった」というのは最高。頑張るしかないわけですから。お勧めは2次試験直前期にもう一度同じ模試の問題を解いてみること。「あのとき解けなかった模試が、今の自分なら解ける!!」と自信に満ち溢れたそのままの勢いで2次試験本番に挑みましょう!!

（ひろくる）

勉強時間を作るコツ ─────

　意地でも早朝に確保。夜は残業などが発生して勉強できない可能性あり。

みっこ 編 （勉強方法と解答プロセス：p.16）

1．当日朝の行動と取り組み方針

　前日は「寝られなかったらどうしよう？」という心配をよそに意外としっかりと眠れた。就寝時間を1か月前から試験前日と同じにしていた効果があった。大学が会場なので、建物や席まで時間を要したり、検温の混雑で焦るのは嫌なので、開場前に大学の門に着くように設定した。会場で雰囲気に飲まれないように、あえて教室の前で受験生たちの顔を見て、「みんなも私と同じだ」と言い聞かせ、心を落ち着かせた。筆記用具を出し、トイレに行くなど準備している最中も、「いつもどおりにやれば大丈夫」と呟き続けていた。

2．80分間のドキュメント

【手順0】開始前（〜0分）

　試験の説明が始まると、試験前ルーティーンを始める。「今回はどんな社長さんのお困りごとが聞けるのかしら」とわくわくすることを考えた。社長に寄り添い、80分後には「A社はこれで存続、成長できますね」と言うために、戦略、組織、人事に関する課題解決をするんだ。深呼吸、さぁ、いこう！

【手順1】準備（〜1分）

　解答用紙に受験番号を書く。2回確認。ホチキスを外して表紙をメモ用紙にする。解答文字数は500字、与件文2ページ半なのでいつもどおりのタイムマネジメントでいける。

【手順2】設問解釈（〜8分）

第1問 買収？ 企業グループ？ どんな設定？ と逸る気持ちを抑えるためここで深呼吸。いつもと同じだから大丈夫と言い聞かせ、時制は「A社長の祖父」を青で印。

第1問（設問1） 経営ビジョンか。いつもと違う。でも「買収先の強みで良い効果を得られる、目標が達成できると考えたから」が解答の骨組みだろう。

第1問（設問2） 理由を問われたときのプロセスは、効果がある、課題解決、変化に対応できる、だ。だから買収のメリットの享受、デメリットの回避だろう。前の経営者とベテラン従業員の2つの視点で探すとメモ。

第2問 手順？ 落ち着けぇ。時制は、「過去」。システム化前後の対比だな。「現状把握→課題抽出→対応策」とメモ。情報システム化の具体的な説明も必要とメモした。

第3問 求めた能力？ また違う。作問ご苦労様です。時制は、「過去」とメモして、青で印。直販方式の具体的な内容を与件文から探そう。「戦略の変更に伴う必要な新たな能力＝プレゼン力、ニーズ把握力、コミュ力」とメモ。

第4問 人事制度か。いつもと同じや、ほっ。時制は「将来（未来）」とメモして、青で印。「確立していくための」だから、制度確立前の整備なども含むのだろう。現状のグループ企業とA社の対比をして、人事制度がうまく機能するようアドバイスしよう。

効果的な過去問の使い方

　解いた過去問（メモなどそのままの与件文と設問文）をホチキスでまとめて、何度も読み直す。各事例の癖が自然と身につく。

【手順3】与件文読解、設問の紐づけ（〜20分）

時制は青で囲む。SWOT要素、解答要素、問題点、内的・外的変化に赤で下線を引く。設問と関連しそうな箇所は設問番号を記載する。強調語は赤で囲む。

[1〜3段落目]　A社の概要。経営資源は「観光地」、「老舗」、「売上も大きい」。同族会社は問題点になるだろうか？　印をしとこう。「雇用責任」は第1問と紐づけておこう。

[4、5段落目]　A社長の祖父の説明。「インバウンドブーム」、「老舗ブランド」、「地域の活性化」とこれも第1問と紐づきそうだ。

[6段落目]　ノウハウの承継をしてるな。前の経営者とベテラン従業員を引き継いだんだ。

[8段落目]　女性事務員あった。「異なる事業を統括する体制」はA社の強みかも。

[9〜11段落目]　A社長の考え方がいいな！　現場主導で、有能な人材を見極め、一任できている。成果主義を採用している可能性があるな。第4問と関係してくるかもな。

[12段落目]　えっ、年功序列型？　若手のモチベーションは大丈夫？　若い総帥となるとグループ企業のベテラン従業員の理解も得なきゃ。

【手順4】解答骨子検討（〜55分）

[第1問]（設問1）　与件文に確信が後押しとあるので、まずは「地元の学生と主婦を雇用」による「地域の活性化」と「老舗ブランド」による「インバウンド」獲得でまとめよう。

[第1問]（設問2）　従業員面では第6段落の「ノウハウの承継」。与件文に明記はないが、知識で考えると経営者面は取引先との良好な関係構築、従業員は継続雇用だから両企業の従業員の不満を減らすかな。

[第2問]　与件文にシステム化の手順は明示されていない……。手順はメモどおりで解答を作ろう。字数が余るな。システム化の目的を経験や勘の解消として具体化しておこう。

[第3問]　また直販方式の明示がない……。まず私の考える「直販方式」を書いて、能力と整合性を合わせていこう。少しでも加点を狙いにいこう。

[第4問]　制度上の留意点ではなく、設問解釈どおり人事制度確立前に整備、検討することを中心に書こう。社長から総帥になるため「権限委譲」をする、「全体のバランス」とあるから異なる事業の差を解消するため「評価方式の検討」にしておこう。

【手順5】解答作成・見直し（〜80分）

解答作成の前に、解答に使う要素が使用されているかの確認。A社の抱える問題点は全て解決しているかを確認。解答に与件文の表現を使って作成をする。

3．終了時の手ごたえ・感想

設問の聞き方を変えてきているけど、結局は従来の事例Ⅰと同じことを問われているんだろう。前年度の事例Ⅰよりは設問に沿ってキーワードを盛り込んで、解答できた。気になるけど、忘れてしまおう！

効果的なノートの作り方
キーワードごとにメリット・デメリット、デメリットの解決策を書き出す。

合格者再現答案＊（みっこ 編）　　　　　　　　　　　　　　事例Ⅰ

第1問（配点40点）

（設問1）　　　　　　　　100字

二	百	年	の	**老**	**舗**	ブ	ラ	ン	ド³	を	活	か	し	日	本	文	化	を	好
む	**イ**	**ン**	**バ**	**ウ**	**ン**	**ド**	を	**獲**	**得**³	で	き	る	。	地	元	の	学	生	や
主	婦	を	雇	用	す	る	事	で	認	知	度	が	向	上	し	、	信	頼	を
得	ら	れ	、	**地**	**元**	**経**	**済**	**活**	**性**	**化**⁴	に	貢	献	で	き	た	上	で	関
連	多	角	化	で	の	**事**	**業**	**拡**	**大**³	が	可	能	と	考	え	た	か	ら	。

【メモ・浮かんだキーワード】　課題解決、ビジョン達成、関連多角化、ブランド力

【当日の感触等】　与件文に明記されている祖父のビジョンを軸に書いたから外してはいない。差がつかない問題だろうから、わかりやすい文章にしたかったが、その時間的余裕はなかった！

【ふぞろい流採点結果】　13/20点

（設問2）　　　　　　　　100字

理	由	は	**前**	**経**	**営**	**者**¹	の	**経**	**営**²	ノ	ウ	ハ	ウ⁵	や	**取**	**引**	**先**	と	の
良	**好**	**な**	**関**	**係**¹	を	**継**	**承**⁵	で	き	、	買	収	側	と	買	収	さ	れ	る
側	の	従	業	員	同	士	の	摩	擦	を	減	ら	す	事	が	出	来	る	為 。
ベ	**テ**	**ラ**	**ン**	**従**	**業**	**員**¹	に	よ	る	**酒**	**造**	**り**²	品	質	維	持	や	複	雑
な	事	務	作	業	の	円	滑	化	を	図	る	為	。						

【メモ・浮かんだキーワード】　経路依存性の高いノウハウの承継、買収による摩擦の軽減

【当日の感触等】　買収の知識をもとに考えたが、与件文には明確に記載がない気がする。事例に寄り添った解答になっているのか不安だ。

【ふぞろい流採点結果】　16/20点

第2問（配点20点）　　100字

属	人	化	し	た	知	識	・	経	験	を	承	継	し	た	上	で	、	項	目
別	に	整	理	し	、	**マ**	**ニ**	**ュ**	**ア**	**ル**	**化**	・	**標**	**準**	**化**⁴	を	行	う	。
継	続	的	に	蓄	積	し	、	全	社	で	誰	で	も	リ	ア	ル	タ	イ	ム
に	**共**	**有**²	出	来	る	様	に	、	経	験	や	勘	で	な	い	デ	ー	タ	ベ
ー	ス	**化**⁴	を	基	に	し	た	シ	ス	テ	ム	化	を	お	こ	な	っ	た	。

【メモ・浮かんだキーワード】　問題抽出、課題設定と対応策、5S、見える化、標準化

【当日の感触等】　思いつく解答が事例Ⅲに寄っているな。事例Ⅰっぽくするには、承継や組織運営の円滑化でまとめることだろうが、うまく表現できなかったな。

【ふぞろい流採点結果】　10/20点

効果的なノートの作り方

電子書籍化してタブレット端末に入れて直接書き込み。ノートは時間がかかるので作りませんでした。

事例Ⅰ

第3問（配点20点）　100字

個	別	の	顧	客³	に	直	接	営	業	を	行	う	方	式	へ	変	更	を	し
た	為	、	新	規	顧	客	開	拓	の	為¹	の	プ	レ	ゼ	ン	力⁴	が	必	要
と	な	る	。	又	、	顧	客¹	ニ	ー	ズ	収	集	力⁴	と	そ	れ	を	反	映¹
し	た	製	品	開	発¹	力	や	蔵	人²	と	情	報	共	有	す	る	為	の	コ
ミ	ュ	ニ	ケ	ー	シ	ョ	ン	力³	を	求	め	た	。						

【メモ・浮かんだキーワード】　提案営業、顧客ニーズ収集、製品開発
【当日の感触等】　少しでもキーワードで加点される方向性にしたけど、かなり不安だ。
【ふぞろい流採点結果】　20/20点

第4問（配点20点）　100字

今	後	も	地	元	経	済	活	性	化	に	貢	献	し	て	い	く	為	社	長
は	戦	略	的	意	思	決	定	に	注	力	で	き	る	様	に	人	材	を	育
成	し	、	権	限	委	譲²	を	行	う	。	各	グ	ル	ー	プ	企	業	の	経
営	成	績	か	ら	必	要	な	能	力	を	持	つ	人	材	、	人	数	配	置
に	留	意⁴	す	る	。	非	正	規	社	員	を	効	率	的	に	活	用²	す	る。

【メモ・浮かんだキーワード】　権限委譲、グループ間格差の解消（人員配置、採用、評価、
　　給与）
【当日の感触等】　設問解釈では自信がなかったけど、解答を作成すると逆に自信がでてきた
　　わ。非正規社員は字数が余ったから加点狙いで書いておこう。
【ふぞろい流採点結果】　8/20点

【ふぞろい評価】　67/100点　　　【実際の得点】　68/100点
　各設問の得点には幅があるものの、特に第1問（設問1）は1次知識を有効に活用し、また第3問は与件に寄り添いながら、それぞれ多面的な解答ができています。一方、第4問はビジョンについて字数を割いてしまったため、配点キーワードをあまり多く盛り込めませんでした。

Column

1人合宿のすゝめ

　社会人になり、家庭を持つと、自分だけのために時間を使うことが難しくなってきます。仕事に、家事に、子供の相手などなど（とか言いつつ、妻におんぶにだっこかも……。妻すまん！）。そのなかで勉強時間を確保し、モチベーションを維持し続けるのは容易ではありません。私の場合、出だしはよいのですが、仕事で勉強の時間が取れない日が続くと、仕事が落ち着いても、勉強していた日常になかなか戻ることができません。
　そのような状況を打破するために私は「1人合宿」しています！　1人合宿で長時間一気に勉強することで、日々の短い時間の勉強が楽なものに思え、また勉強していた日常に戻ることができるんです。「Go To トラベル」を利用して江の島のゲストハウスに宿泊し、カフェで勉強し、たまに海を眺めに出歩いて、美味しいもの食べってって感じです（笑）。
　こう書いてみると楽しんでいるようにしか思えませんね（苦笑）。　　　　　（しまちゃん）

効果的なノートの作り方
　　与件文、設問文、自分の解答、間違ったポイントを事例ごとにノートにまとめる。

しーだ 編（勉強方法と解答プロセス：p.18）

1．当日朝の行動と取り組み方針

　地方在住のため、試験前日に名古屋のホテルに宿泊。前日は朝5時に起床しておいたため、22時頃には就寝でき、当日も6時に起床して十分な睡眠を確保。起床後、湯船にお湯をためて音楽を聴きながら入浴。眠気を覚ますと同時にリラックス。ファイナルペーパーを眺めながら朝食をとり、家族に電話した後に子供の発表会の動画を見て勇気をもらう。予定どおりにホテルを出発。何度も落ちているから……と、自分を見失い、守りに入ったら負けると考え、攻めの気持ちで会場に向かう。あれだけ勉強したし、なんとかなるら！（「なんとかなるら」は、方言で「なんとかなるでしょう」の意味）

2．80分間のドキュメント

【手順0】開始前（～0分）

　試験官の説明が始まるまで、音楽を聴きながらファイナルペーパーを眺める。事例Ⅰの知識や心構えの振り返りは移動中に済ませ、会場に入ってからは、心を落ち着かせて力を発揮できるように気持ちをもっていくことを意識。子供が発表会で声を張り上げていた「ピピー、ヤー！」の掛け声を頭に浮かべて気合を入れる。さぁ、やったるか！

【手順1】準備（～1分）

　まず解答用紙に受験番号を記入。解答用紙のマス目は100字っぽいのが5つ。例年どおりな感じだ。問題用紙を開くと「【注意事項】新型コロナウイルス……」と、見慣れない注意事項が目に入った。少し驚いたが、いつもどおりやれ、ということか。

【手順2】与件文第1段落、第2段落の確認、設問解釈（～11分）

与件文　1段落目を読むが、A社の従業員規模などの情報が若干足りないように感じ、2段落目に読み進めると従業員規模などの情報があった。老舗だが若い社長の下、多角化に取り組んでいるってとこか。同族企業ということがどう作用するかな？

第1問（設問1）　あれ、A社って買収されたの？　買収された側が主役の事例か……。状況把握に若干戸惑った。経営ビジョンが問われているが、描いていた経営ビジョンをM&Aで実現する、ともとれるな。M&Aのメリットは意識したほうがよいかもしれない。

第1問（設問2）　A社長の祖父が買収時に策を講じた理由か。（設問1）と関連して、M&Aのデメリットを懸念してのことかな？　混乱とか？

第2問　情報システム化の手順か。ベテランのノウハウを引き継いだ感じだから、経営資源でもある「ナレッジ」に関することかな？

第3問　右腕の執行役員が部下に伸ばすことを求めた能力か。人事関連の能力開発ともちょっと違うか。「直販」はキーワードになりそうだ。でも、これだけじゃわからない。与件文にヒントはないかな。いつかの中小企業白書に「右腕」の話がでていた気がする。

第4問　グループ全体の人事制度を確立するうえでの留意点か。これは人事に関する策を

事例の効果的な復習方法

　なるべく抽象的な観点で振り返りメモを作成する（具体的すぎると、解いた事例そのものの反省にしかならず、他に生かせない）。

複数挙げる感じになりそうだな。妥当性が高い人事制度を選ばないと。

【手順3】与件文読解、与件文と設問の紐づけ、解答骨子メモ作成（〜35分）

3段落目　「日本酒の国内消費量が大幅に減少」の脅威は今も継続しているのかな？　「雇用責任」は、第1問（設問2）と関係あるな。

4段落目　A社グループには「全国でも有名な高級旅館」があるのか、頼もしいな。シナジーが関係しそうだ。ここも第1問（設問1、2）と関係あるな。

5段落目　「インバウンドブーム」の機会に「老舗ブランド」の強みが生きるな。「買収を後押しした」か、第1問と紐づけよう。「地域の活性化」は外せないだろうな。

6段落目　従業員を引き継いだことで、ノウハウを獲得し、無事に事業が継続できたのかな。中小企業白書でも事業承継や事業継続については記載があったな。

7段落目　レストラン事業、日本酒バーもあるのか。設備投資をして設備資源もあるか。

8段落目　事業別の組織のようだ。このベテラン女性は第2問のベテラン女性社員かな。

9段落目　中途採用や非正規社員など人事だな。A社長、現場理解に努めて凄いな。

10段落目　「グループ企業からの営業支援」、「インバウンドの追い風に乗って」、A社長祖父の狙いどおりなのかな。外国人社員もいるなら、インバウンド客の対応は可能かな。

11段落目　若き執行役員、第3問かな。女性社員、第2問はここか。第2問、第3問の解答は、与件だけではなく、一般知識も含めて展開する必要がありそうだな。

12段落目　社長の思いやA社の問題が書いてある、重要だ。第4問と紐づけよう。

【手順4】解答作成（〜72分）

第1問（設問1）　インバウンド増加の機会と老舗の強みによる「地域の活性化への貢献」と、M&Aのメリットの「グループ企業とのシナジー発揮」を中心に解答しよう。

第1問（設問2）　中小企業白書にあった「事業承継」や「事業継続」の観点を取り入れて、「人脈の引き継ぎ」や経営資源の「ノウハウ」を解答しよう。

第2問　ノウハウの可視化とかかな？　自信が持てる切り口がない。人事に関連する教育としてのOJTなどを含めて解答しよう。なんか事例Ⅲっぽくなってしまった……。

第3問　直販とルートセールスの差を切り口に解答するか。一般知識で水増ししよう。

第4問　第12段落に記載があった問題点を中心に人事施策のなかで妥当性が高そうなものを選んで解答しよう。親族外の抜擢や成果主義要素を入れた公平な評価あたりかな。「企業グループ全体のバランスを考えた人事制度」は意識しないと。

【手順5】見直し（〜80分）

思ったより早く終わってしまった。しっかりと見直そう。

3．終了時の手ごたえ・感想

試験日最初の事例なので、点数が気になるというより、まずまずな解答ができたことで少し安心した。第2問、第3問は解きにくかったが、他の人も同様と考え、気分よく事例Ⅱに気持ちを切り替えられた。

事例の効果的な復習方法

オンライン勉強会での指摘事項を踏まえて予備校解答と『ふぞろい』を見比べ、足りなかった点をリストアップ。

合格者再現答案＊（しーだ 編）　　　　　　　　　　　事例Ⅰ

第1問（配点40点）

（設問1）　　　　　　　100字

ビ	ジ	ョ	ン	は	①	日	本	の	文	化	や	伝	統	に	憧	れ	る	イ	ン
バ	ウ	ン	ド	客³	に	対	し	、	**老**	**舗**	**ブ**	**ラ**	**ン**	**ド**³	を	訴	求	し	て
イ	ン	バ	ウ	ン	ド	客	を	取	込	む	事	で	、	**地**	**域**	**を**	**活**	**性**	**化**⁴
さ	せ	る	②	**他**	**の**	**事**	**業**	**と**	**連**	**携**²	し	、	シ	ナ	ジ	ー	を	発	揮³
さ	せ	、	**グ**	**ル**	**ー**	**プ**	**全**	**体**²	の	収	益	を	高	め	る³	、	で	あ	る。

【メモ・浮かんだキーワード】　M&Aのメリット（シナジー効果）、インバウンド客、老舗、
地域活性化
【当日の感触等】　与件文5段落目を中心に、A社長の祖父の思いを踏まえ、設問に素直に解
答ができている気がする。この設問は大丈夫そうだ。
【ふぞろい流採点結果】　19/20点

（設問2）　　　　　　　100字

理	由	は	①	人	脈	や	**経**	**営**²	**ノ**	**ウ**	**ハ**	**ウ**⁵	を	引	継	ぎ	、	A	社
長	の	経	営	管	理	能	力	を	高	め	る	た	め	②	**ベ**	**テ**	**ラ**	**ン**¹	の
ノ	ウ	ハ	ウ	を	活	か	し	、	**事**	**業**	**継**	**続**⁵	性	を	確	保	す	る	た
め	③	**雇**	**用**	**責**	**任**	**を**	**果**	**た**	**す**²	事	で	従	業	員	に	心	理	的	安
全	を	与	え	モ	ラ	ー	ル	を	**向**	**上**¹	す	る	た	め	、	で	あ	る	。

【メモ・浮かんだキーワード】　M&A、多角化、社長の教育・引き継ぎ、ノウハウ、雇用責任
【当日の感触等】　（設問1）からの流れでわかりやすく、書きやすかった。与件文にそれほ
どヒントがあるわけではないけど、妥当な内容が書けていると思う。大丈夫かな。
【ふぞろい流採点結果】　16/20点

第2問（配点20点）　　　　100字

手	順	は	①	ベ	テ	ラ	ン	**事**	**務**	**員**³	と	若	手	社	員	が	コ	ン	ビ
を	組	み	、	現	場	で	共	に	働	く	OJT	を	実	施	し	て	、	知	
識	や	経	験	を	引	き	継	い	だ	②	**複**	**雑**	**業**	**務**³	や	**取**	**引**	**先**	と
の	**商**	**売**³	の	フ	ロ	ー	を	可	視	化	し	、	マ	ニ	ュ	ア	ル	化⁴	し
た	。	こ	れ	ら	を	実	施	す	る	こ	と	で	IT	化	を	進	め	た	。

【メモ・浮かんだキーワード】　ノウハウ形式知化（マニュアル化）、OJT、業務の可視化
【当日の感触等】　暗黙知の形式知化の流れを意識して書いたが、なんとなく事例Ⅲっぽい解
答になってしまった。大丈夫か？　不安だ。
【ふぞろい流採点結果】　13/20点

第3問（配点20点）　100字

執	行	役	員	は	①	Ａ	社	の	老	舗	ブ	ラ	ン	ド	と	伝	統	的	な
製	法	を	訴	求	す	る	**提**	**案**	**力**⁴	②	社	内	の	各	部	門	と	連	携
が	で	き	る	コ	ミ	ュ	ニ	ケ	ー	シ	ョ	ン	能	力³	③	イ	ン	バ	ウ
ン	ド	**客**³	に	対	応	で	き	る	英	語	力	、	を	向	上	す	る	こ	と
を⁰	求	め	、	御	用	聞	き	営	業	を	脱	却	さ	せ	た	。			

【メモ・浮かんだキーワード】　直販、社内連携のハブ

【当日の感触等】　直販営業をルートセールスと対比するかたちで書いてみた。その他は無理矢理感があるが、与件文にヒントはないので、多面的に書いて少しでも加点されればよしとしよう。

【ふぞろい流採点結果】　10/20点

第4問（配点20点）　100字

留	意	点	は	①	優	秀	な	人	材	は	親	族	外	で	も	責	任	あ	る
立	場	に	登	用	し	、	**権**	**限**	**委**	**譲**²	で	**士**	**気**	**を**	**向**	**上**⁵	②	成	果
主	**義**	**的**	**要**	**素**⁵	を	い	れ	、	性	別	や	国	籍	に	関	係	な	く	平
等	に	評	価	し	**公**	**平**	**性**⁵	を	高	め	る	③	事	業	部	間	の	人	材
交	流	を	し	、	事	業	部	の	壁	を	取	り	払	う	、	で	あ	る	。

【メモ・浮かんだキーワード】　親族外登用、権限委譲、成果主義、ダイバーシティ、事業部間人事交流

【当日の感触等】　人事施策は選択肢が多数あり、いろいろと書けてしまうけど、与件文12段落目の社長の思いや考えに寄り添った解答になった気がする。

【ふぞろい流採点結果】　17/20点

【ふぞろい評価】　75/100点　　【実際の得点】　60/100点

　全体的に設問要求に対応しながら多面的に解答できており、高い得点となっています。ただし、第3問は営業に関するキーワードにやや偏り、ニーズの把握や製品開発などを踏まえた多面的な解答にはなりませんでした。

Column　災い転じて福となす

　2次試験前日はできるだけ早く寝ることだけを意識して日中を過ごしていました。受験票、シャーペン、色ペン、消しゴム、時計、財布、飲み物、マスク、消毒液、ウェットティッシュ……。持ち物の用意も早めに済ませ、あとは本番で学習成果を発揮するだけと意気込んで布団に入りました。本番当日、試験会場に着くと周りの人たちが小袋を抱えているのが目につき、自分がスリッパを忘れていることに気づきました。受験票の会場案内に「上履き・靴袋をご持参下さい」と書かれているのを見落としていたのです。近くのコンビニに急いで駆け込みましたが売っておらず万事休す。10月の少し冷えた会場の床を靴下で踏みしめながら、仕方ないと割り切って試験に臨みました。しかし、試験開始前の無駄な焦りと割り切りのおかげで試験自体は平常心で取り組むことができ、結果は無事合格。　（だいき）

事例の効果的な復習方法

隅々まで搾り取るように考え抜く。ネット上にいろいろな人の解説が載っているので腹落ちするまで読み漁る。

▶事例Ⅱ（マーケティング・流通）◀

令和2年度　中小企業の診断及び助言に関する実務の事例Ⅱ（マーケティング・流通）

> **【注意事項】**
> 新型コロナウイルス感染症（COVID-19）とその影響は考慮する必要はない。

　B社は、資本金450万円、社長をはじめ従業者10名（パート・アルバイト含む）の農業生産法人（現・農地所有適格法人）である。ハーブの無農薬栽培、ハーブ乾燥粉末の一次加工・出荷を行っている。

　B社は、本州から海を隔てたX島にある。島は車で2時間もあれば一周できる広さで、島内各所には海と空、緑が鮮やかな絶景スポットがある。比較的温暖な気候で、マリンスポーツや釣りが1年の長い期間楽しめ、夜は満天の星空が広がる。島の主力産業は、農業と観光業である。ただし島では、若年層の人口流出や雇用機会不足、人口の高齢化による耕作放棄地の問題、農家所得の減少などが深刻化し、地域の活力が低下して久しい。

　B社の設立は10年ほど前にさかのぼる。この島で生まれ育ち、代々農業を営む一家に生まれたB社社長が、こうした島の窮状を打開したいと考えたことがきっかけである。B社設立までの経緯は以下のとおりである。

　社長は、セリ科のハーブY（以下「ハーブ」と称する）に目を付けた。このハーブはもともと島に自生していた植物で、全国的な知名度はないが、島内では古くから健康・長寿の効能があると言い伝えられてきた。現在でも祝いの膳や島のイベント時に必ず食べる風習が残り、とくに高齢者は普段からおひたしや酢みそあえにして食べる。社長はこのハーブの本格的な栽培に取り組み、島の新たな産業として発展させようと考えた。

　まず社長が取り組んだのは、ハーブの栽培手法の確立であった。このハーブは自生植物であるため、栽培ノウハウは存在しなかった。しかし、社長は農業試験場の支援を得て実験を繰り返し、無農薬で高品質のハーブが同じ耕作地で年に4〜5回収穫できる効率的な栽培方法を開発した。一面に広がるハーブ畑は、生命力あふれる緑の葉が海から吹く風に揺れ、青い空と美しいコントラストを生み出している。

　一般的にハーブの用途は広く、お茶や調味料、健康食品などのほか、アロマオイルや香水などの原材料にもなる。社長は次に、このハーブを乾麺や焼き菓子に練りこんだ試作品をOEM企業に生産委託し、大都市で開催される離島フェアなどに出展して販売を行った。しかし、その売上げは芳しくなかった。社長は、このハーブと島の知名度が大消費地では著しく低いことを痛感し、ハーブを使った自社による製品開発をいったん諦めた。社長はハーブの販売先を求めて、試行錯誤を続けた。

―― ～資格を取ってやりたかったこと～ ――
　1次試験の「中小企業経営・中小企業政策」を勉強して、起業や事業承継のお手伝いをしたいと思うようになった。

事例
Ⅱ

　Ｂ社設立の直接的な契機となったのは、社長が大手製薬メーカーＺ社と出合ったことである。消費者の健康志向を背景にますます拡大基調にあるヘルスケア市場では、メーカー間の競争も激しい。Ｚ社は当時、希少性と効能を兼ね備えた差別的要素の強いヘルスケア製品の開発可能性を探っており、美しい島で栽培された伝統あるハーブが有するアンチエイジングの効能と社長の高品質かつ安全性を追求する姿勢、島への思い入れを高く評価した。社長もＺ社もすぐに取引を開始したかったが、軽い割にかさばるハーブを島から島外の工場へ輸送するとなるとコストがかかることがネックとなった。

　そこで社長自ら島内に工場を建設し、栽培したハーブを新鮮なうちに乾燥粉末にするところまで行い、輸送コスト削減を図ろうと考えた。Ｚ社もそれに同意した。その結果、Ｂ社はハーブの栽培・粉末加工・出荷を行うための事業会社として、10年ほど前に設立された。

　Ｚ社は予定どおり、Ｂ社製造のハーブの乾燥粉末を原材料として仕入れ、これをさらに本州の工場で加工し、ドリンクやサプリメントとして全国販売した。これらの製品は、島の大自然とハーブからもたらされる美を意識させるパッケージで店頭に並び、主として30～40歳代の女性層の支持を獲得した。この島の空港や港の待合室にも広告看板が設置され、島とハーブの名前が大きく明示されている。そのため、とくにヘルスケアに関心の高い人たちから、このハーブが島の顔として認知されるようになってきた。こうした経緯もあって、島民は昨今Ｂ社の存在を誇りに感じ始めている。

　ただし、Ｚ社のこの製品も発売から約10年の歳月を経て、売れ行きが鈍ってきた。このところ、Ｂ社とＺ社とのハーブの取引量は徐々に減少している。Ｚ社担当者からは先日、ブランド刷新のため、あと2～3年でこの製品を製造中止する可能性が高いことを告げられた。

　現在のＢ社は、このハーブ以外に、6～7種類の別のハーブの栽培・乾燥粉末加工を行うようになっている。最近ではこのうち、安眠効果があるとされるハーブ（Ｙとは異なるハーブ）が注目を集めている。Ｚ社との取引実績が安心材料となり、複数のヘルスケアメーカーなどから安眠系サプリメントなどの原材料として使いたいと引き合いが来るようになった。しかし、取引が成立しても、Ｚ社との取引に比べるとまだ少量であり、Ｂ社の事業がＺ社との取引に依存している現状は変わらない。

　最近になって、社長は自社ブランド製品の販売に再びチャレンジしたいという思いや、島の活性化への思いがさらに強くなってきた。試しに、安眠効果のあるハーブを原材料とした「眠る前に飲むハーブティー」というコンセプトの製品をOEM企業に生産委託し、自社オンラインサイトで販売してみたところ、20歳代後半～50歳代の大都市圏在住の女性層から注文が来るようになった。

　島の数少ない事業家としての責任もあるため、社長は早期に事業の見直しを行うべきだと考え、中小企業診断士に相談することにした。

第1問（配点20点）

　現在のB社の状況について、SWOT分析をせよ。各要素について、①〜④の解答欄にそれぞれ40字以内で説明すること。

第2問（配点30点）

　Z社との取引縮小を受け、B社はハーブYの乾燥粉末の新たな取引先企業を探している。今後はZ社の製品とは異なるターゲット層を獲得したいと考えているが、B社の今後の望ましい取引先構成についての方向性を、100字以内で助言せよ。

第3問（配点30点）

　B社社長は最近、「眠る前に飲むハーブティー」の自社オンラインサイトでの販売を手がけたところ、ある程度満足のいく売上げがあった。

（設問1）

　上記の事象について、アンゾフの「製品・市場マトリックス」の考え方を使って50字以内で説明せよ。

（設問2）

　B社社長は自社オンラインサイトでの販売を今後も継続していくつもりであるが、顧客を製品づくりに巻き込みたいと考えている。顧客の関与を高めるため、B社は今後、自社オンラインサイト上でどのようなコミュニケーション施策を行っていくべきか。100字以内で助言せよ。

第4問（配点20点）

　B社社長は、自社オンラインサイトのユーザーに対して、X島宿泊訪問ツアーを企画することにした。社長は、ツアー参加者には訪問を機にB社とX島のファンになってほしいと願っている。

　絶景スポットや星空観賞などの観光以外で、どのようなプログラムを立案すべきか。100字以内で助言せよ。

　職場内の業務改革。

事例
Ⅱ

Column

タイムマネジメントとメンタルタフネスが重要な2次試験

　1次試験後に2次試験対策を本格的に始めた私は、「知識量で勝負することは難しく、持てる力を100%発揮しないと合格は難しい」と認識していました。そのため、80分間×4事例のトータルで安定したパフォーマンスを本番で発揮するための戦略を試行錯誤しました。タイムマネジメントについては（1）準備（2）企業概要把握（3）設問分析（4）与件分析（5）解答骨子作成（6）解答記入、の手順での最適な時間配分を試行錯誤しました。その結果、普段書く習慣がなかったこともあり、解答記入には少なくとも45分は必要であることや、事例Ⅲ以降は握力がなくなって字が汚くなること、おにぎりを食べると眠くなること、などの問題点がわかりました。対応策として、時間短縮のためのプロセスの精査、最適な文具の選定、最適な休み時間の食べ物、飲み物などを再検討しました。加えて、本番想定のトレーニングとして模試を3回受験しました。会場受験ができなかったため、ホテルの日帰りプランを利用し、YouTubeの「80分タイマー、試験会場のような騒音」という動画を使いました。休憩時間の過ごし方を含めてイメージトレーニングできたことが大きな自信となり、本番も緊張することなく実力を発揮することができたと思います。休憩中のグッズやトラブル想定での荷物が大きくなりすぎたため、会場までの移動で疲れたことだけが想定外でした。　　　　　　　　　　　　　　　　　　　　　　　　（くろひょう）

Column

アウトプットの訓練

　2次試験では、知識をインプットしつつ、アウトプットすることが求められます。簡単なようで非常に難しいことです。しかも、働きながら筆記試験対策の勉強時間を確保することはなおさら困難です。そこで、アウトプットの訓練の一環として、インプットした知識を職場で生かすようにしていました。（覚えたての知識を使って、後輩への指導を行っていました。後輩のみんな、付き合わせてごめん……）。また、覚えた知識を使って、業務改革を行いました（改革しすぎたかもしれない……）。アウトプットの機会を意識的に確保することで、知識が定着しました。独学だったため、職場をアウトプットの場としましたが、受験仲間がいる人は、相手に教えることで自分の中に知識を定着できるかもしれません。　　　　　　　　　　　　　　　　　　　　　　　　　　　　　（こーへい）

~資格を取ってやりたかったこと~
社会課題を解決する企業の支援。

■ 80分間のドキュメント　事例Ⅱ

のき 編（勉強方法と解答プロセス：p.8）

1．休み時間の行動と取り組み方針

　得意な事例Ⅰはそれなりに納得のいく答案を書けた気がするので、この調子でいこう。まずは事例Ⅱ用の音楽を聴いて気持ちを事例Ⅱへ。ファイナルペーパーを持ってトイレに行く。男子トイレが長蛇の列になっていてびっくり。トイレから戻ったら、勉強中に愛飲していたレモンティーとラムネを食べて糖分補給。事例Ⅱではターゲット候補や協業相手を区別するように他の事例よりも1本多くマーカーを使うので準備。「ダナドコ」、「4P」といった基本的なキーワードを確認しながら、過去問で解いたときの使い方を思い出していく。事例Ⅱは書ける要素が与件文にたくさんあってどう使っていいか迷うことが多かったから、悩みすぎないように気をつけないと。

2．80分間のドキュメント

【手順0】開始前（～0分）

　事例Ⅱは苦手な事例なので、なんとか合格点ギリギリ取るのを目標に、守りの姿勢で解いていこう。

【手順1】準備（～1分）

　まずは受験番号を記入っと。第1問は去年と同じSWOTか。第2問が30点で配点が大きいから気をつけないと。第3問の（設問1）が妙に解答字数が短い。なんの問題だ？

【手順2】与件文第1段落・最終段落確認と設問解釈（～13分）

[与件文]　さて1段落目、ハーブの無農薬栽培か。毎回特色のある事例企業を見つけてきて出題担当の先生すごいよなぁ。次は最終段落。自社ブランド製品の販売と島の活性化、事業家としての責任が社長の思い。20歳代後半～50歳代の大都市圏在住の女性層はターゲット候補。かなり熱い思いを持った社長のようだ。よし、設問解釈に移行しよう。

[第1問]　SWOT分析はとりあえず与件文を読んでから判断しよう。「現在の」という点だけ注意しよう。

[第2問]　設問要求は「今後の望ましい取引先構成」、なんだそれ？　「Z社の製品とは異なるターゲット層」とあるので「ダナドコ」を使うのかな？

[第3問]（設問1）　アンゾフぅ？　寝る前に飲むハーブティーの特性によるけど、新製品かな？　オンラインサイトでの販売は新市場？　与件文を読んでから判断だな。

[第3問]（設問2）　設問要求は「コミュニケーション施策」。「顧客を製品づくりに巻き込む」ということは双方向のコミュニケーションは必須だろう。そのための施策はアンケートや口コミ投稿あたりだろう。効果は愛顧獲得あたりか？

[第4問]　「プログラムを立案する」か。B社とX島のファン獲得ということで効果は愛顧

獲得かな？　前の設問と効果が被るけどいいのかな？　観光以外という制約条件があるので、使えそうな経営資源は与件文を読んでから考えよう。

【手順3】与件文読解（～25分）

2、3段落目　離島の企業か、珍しい事例だな。X島の自然は経営資源、一方、地域活力の低下は脅威。農業や観光業は協業候補。島の窮状の打開は社長の思いとしてマーク。

4段落目　健康・長寿の効能は強み。イベント時には祝いの膳を食べる。これをうまく活用できないかな？　おひたしや酢みそあえ、自分はあまり好きじゃない料理だな……。

6段落目　ハーブの用途が広いのは強み、ハーブと島の知名度が低いのは弱みだね。

7段落目　消費者の健康志向は機会。アンチエイジング、高品質と安全性は強み。

9段落目　B社の存在を島民が誇りに感じているということで協力が得られるかも。「30～40歳代の女性層」、「ヘルスケアに関心の高い人」はターゲット候補。

10段落目　Z社のブランド刷新で製造中止か、B社大ピンチ。脅威としてメモ。

11段落目　安眠効果、Z社との取引実績を強みとしてマーク。複数のヘルスケアメーカーを協業候補としてマーク。取引はまだ少量なのでこれを拡大すれば成長できないか？

【手順4】解答作成（～75分）

第1問　40字なのでそれぞれ2要素ずつ入れよう。強みは要素が絞れない。後回し。弱みは離島にあるという Place の視点。機会は市場のニーズを与件文に沿って書く。脅威は地域活力の低下とZ社のブランド刷新だろう。自社でコントロールできないし。

第2問　「望ましい取引先構成の方向性」ってなんだろう？　Z社との取引量が減っていくのだからそれに対応する必要があるのはわかるけども……。取引先の数を増やすなら今引き合いが来ているヘルスケアメーカーがいいかな。消費者への直販は含めていいのかな？　取引先といえば取引先だけど。字数も余りそうだし書いとくか。

第3問（設問1）　与件文を読んだ限りでは、設問解釈のときと同じで新市場＋新製品で多角化戦略だと思うが、そもそもオンラインサイトでの販売って販売チャネルの変更だよな。それって新市場になるのか？　大都市圏が市場になる？　うーん、字数の割にどの戦略か悩む。いいや、「説明」とあるのであえて戦略名を書かないことにしよう！

第3問（設問2）　「オンラインサイト上で」とあるので、BBS などを活用した施策がいいかな。施策はどれも「双方向の交流」、これは事例Ⅱでは重要な言葉。最後の締めの効果は愛顧と……、そういや社長の思いに自社ブランドの製品があった、それも使おう。

第4問　「観光以外」という制約があるけど、釣りはダメなのか？　とりあえず自社のハーブ畑見学は鉄板。島のファンづくりには島の情報提供の機会が必要。島のイベント参加で島民と交流できるか？　最後の効果は社長の思いの「島の活性化」も入れておこう。

【手順5】第1問のS（強み）記述＆見直し（～80分）

強みの要素が絞れない！　時間がない！　とりあえずなんか書いとけ！　第2問と第3問にも不安が残るが、そこを直している時間はない。

3．終了時の手ごたえ・感想

いまいち手ごたえを感じにくく、不安感が拭えない事例ではあったが、少しずつでも点数を積み上げて50点くらいにはなる答案に仕上げられたのではないだろうか？

───────

おススメ疲労回復法

仮眠、昼寝（20分程度でよいので）。眠気が飛び、頭がスッキリ。

合格者再現答案＊（のき 編） 事例Ⅱ

第1問 （配点20点）

①S 40字

製	品	が	島	内	で	認	知	さ	れ	、	島	の	顔	と	し	て	広	告	設
置	さ	れ	、	自	社	サ	イ	ト	で	販	売	も	し	て	い	る	点	。	

②W 40字

本	州	か	ら	海	で	隔	て	た	X	島	に	あ	り	、		ハ	ー	ブ	の	認
知	度	が	大	消	費	地	で	著	し	く	低	い²	点	。						

③O 40字

消	費	者	の	健	康	志	向³	が	高	ま	り	、		複	数	の	ヘ	ル	ス	ケ
ア	メ	ー	カ	ー	か	ら	引	き	合	い²	が	あ	る	点	。					

④T 40字

X	島	の	若	年	層	の	人	口	流	出	と	高	齢	化¹	に	よ	る	地	域
活	力	の	低	下²	と	Z	社	の	ブ	ラ	ン	ド	刷	新²	。				

【メモ・浮かんだキーワード】 経営資源は有形、無形どちらも書く、外部環境

【当日の感触等】 強みは最後まで悩んだが、正直自信がない。それ以外は大外ししていない
はず。どうせそれぞれ5点だろう。半分ちょっと取れていれば6割いくし大丈夫。

【ふぞろい流採点結果】 ①0/5点 ②2/5点 ③5/5点 ④5/5点

第2問 （配点30点） 100字

20	代	後	半	と	50	代	の	ヘ	ル	ス	ケ	ア	に	関	心	の	高	い⁴	女
性²	を	狙	っ	て	、	①	現	在	少	量	取	引	の	ヘ	ル	ス	ケ	ア	メ
ー	カ	ー	へ	の	原	材	料	供	給	取	引	、	②	自	社	オ	ン	ラ	イ
ン	サ	イ	ト²	を	通	じ	た	消	費	者	へ	の	直	接	取	引¹	、	を	拡
大	さ	せ⁵	、	Z	社	と	の	取	引	減	少	に	対	応⁵	す	る	。		

【メモ・浮かんだキーワード】 ダナドコ、BtoB、BtoC

【当日の感触等】 Z社のターゲットとは別ということを明確に示せた。ただ、BtoCは取引
先構成に含めていいのだろうか……。

【ふぞろい流採点結果】 18/30点

第3問（配点30点）
（設問1）　　　　　50字

従	来	か	ら	栽	培	し	て	い	た	ハ	ー	ブ	の	用	途	の	広	さ	を
活	用	し	、	自	社	で	新	製	品³	を	開	発	し	、	大	都	市	圏¹	の
市	場	を	開	拓³	し	た	。												

【メモ・浮かんだキーワード】　新市場開拓、新製品開発、多角化

【当日の感触等】　どの戦略か絞れず、戦略名を明示するのを避けたが、吉と出るか凶と出るか……。

【ふぞろい流採点結果】　7/10点

（設問2）　　　　　100字

施	策	は	①	製	品	購	入	者	に	対	し	て	BB	S³	や	SN	S²	へ	の
口	コ	ミ	投	稿	の	喚	起	、	②	顧	客	ニ	ー	ズ	把	握⁴	の	た	め
の	ア	ン	ケ	ー	ト	の	実	施¹	、	③	ハ	ー	ブ	を	使	用	し	た	お
ひ	た	し	等	の	レ	シ	ピ	公	開³	、	等	の	双	方	向	の	交	流⁴	に
よ	る	愛	顧	獲	得²	と	自	社	ブ	ラ	ン	ド	の	確	立	で	あ	る	。

【メモ・浮かんだキーワード】　BBS、SNS、双方向の交流、社長の思い、アンケート

【当日の感触等】　事例Ⅱお得意の双方向コミュニケーション。個々の施策はイマイチかもしれないけど、大きな方向性は外していないはず。

【ふぞろい流採点結果】　14/20点

第4問（配点20点）　　100字

①	島	内	の	自	然	の	豊	か	さ	と	B	社	製	品	の	無	農	薬	栽
培¹	を	訴	求	す	る	ハ	ー	ブ	畑	見	学	、	②	X	島	の	風	習²	と
島	の	ハ	ー	ブ	の	歴	史	を	紹	介	す	る	島	の	イ	ベ	ン	ト	参
加	ツ	ア	ー¹	、	を	催	行	し	、	島	民	と	の	交	流⁴	を	通	じ	た
B	社	と	X	島	へ	の	愛	顧	獲	得²	と	島	の	活	性	化⁴	を	図	る	。

【メモ・浮かんだキーワード】　B社自体と島の良さの両方を訴求。

【当日の感触等】　①でB社のこと、②で島のことを書いているので、多面的な解答になっているように見えるな。施策→効果と書けているし、これまで過去問でやってきた論理展開にうまく持ち込めた。

【ふぞろい流採点結果】　12/20点

【ふぞろい評価】　63/100点　　　【実際の得点】　58/100点

　　第3問（設問1）では戦略名を明示しませんでしたが、市場と製品に言及したことで得点できています。それ以外の設問でも題意に沿った多面的な解答をすることで合格水準点に達しています。

おススメ疲労回復法
とにかく寝ること。昼寝、夜寝、仮眠……、睡眠に勝る疲労回復なし。

Nana 編（勉強方法と解答プロセス：p.10）

1．休み時間の行動と取り組み方針

まずはお手洗いへ。他の受験生の会話を聞かないようにノイズキャンセリング機能付ヘッドフォンを使って、お気に入りの音楽を聴きながら家から持ってきた温かいコーヒーを飲んでリラックス。事例Ⅱは「効果」を書き忘れがちなので、気をつけよう。ファイナルペーパーをひととおり確認して気持ちを落ち着かせる。

2．80分間のドキュメント

【手順0】開始前（～0分）

鉛筆を削りつつ、事例Ⅱでいつもやるルーティーンを思い浮かべる。開始直前は目を閉じて大きく深呼吸を繰り返す。事例Ⅱはイメージしやすい会社が多いのでB社がどんな会社なのか少し楽しみ。

【手順1】準備（～1分）

問題用紙のホチキスを外し、ページを破って分離。メモ欄を準備。設問の上に「SWOT」、「ダナドコ」、「5フォース」、「4P」と書く。

与件文の上には青鉛筆で「強み・機会」、赤鉛筆で「弱み・脅威」、橙鉛筆で「社長の思い」、緑鉛筆で「怪しい」、黄鉛筆で「その他」と書き、各色が何を意味するかわからなくならないようにする。

【手順2】設問解釈＆解答型のメモ（～25分）

第1問　SWOTを全部書かせるのか。しかも各40字以内。文字数とのせめぎあいの予感。

第2問　今までのターゲット、どういう市場があるのか、Z社との関係など何を与件文に探しに行けばよいのかイメージができた。解答型として「取引先の構成は①～、②～になることで、～と～を図る」とメモ。

第3問（設問1）　アンゾフ‼　あわー、記憶があいまいなやつが来てしまった。

第3問（設問2）　顧客関与は過去問でもあった気がするな。解答型として「施策として①～、②～を行うことで、相互コミュニケーションを行い、顧客の関与を高め固定客を増やす」とメモ。

第4問　X島の良いところを書きつつ、B社とコラボできそうなものを与件文から探してみよう。解答型として「プログラムとして①～、②～を行うことで、～を図る」とメモ。

【手順3】与件文読解＆気になるワード・思いついたワードを記載（～50分）

1～3段落目　農業生産法人、豊かな観光資源、地域の活力低下、高齢化、B社社長のX島への思い。

4、5段落目　健康・長寿の効能があるハーブY→メインターゲットは高齢者？　栽培ノウハウの確立→商業化、美しいハーブ畑→新たな観光資源。

6段落目　生産委託→自社製品開発能力が低い。Ｘ島認知度が低い。

7〜9段落目　Ｚ社との取引→アンチエイジング、輸送コスト、原材料として売るだけ？付加価値が低い。ターゲットは30〜40歳代の女性層、Ｘ島民はＢ社ラブ。

10、11段落目　経営リスクの分散化→安眠ハーブ、Ｚ社以外と取引、ハーブＹを他社と取引。

12段落目　自社ブランド、島の活性化、眠る前に飲むハーブティー→ターゲット層がＺ社製品と少し違う？　自社オンラインサイト→顧客との相互コミュニケーション。

【手順４】解答作成（〜78分）

第１問　SWOT が与件文に散りばめられているから、拾ってきて詰め込もう。

第２問　もともと島のおじい・おばあ（勝手に沖縄の島だと想像していた）が食べていて、長寿の効能があると言われているのだから、ここは高齢者向け市場にターゲットを広げたらいいのでは。

第３問（設問２）　Ｂ社はマーケティングや自社による製品開発はあまりやってきていない印象。とすれば、顧客に欲しいものを聞くのが一番良いのでは。

第４問　地域の活力が低下している部分も拾いたいな。オンラインサイトのユーザーとなると SNS で拡散してもらう作戦が採れそう。

第３問（設問１）　ハーブティーは新製品だと思うが、20歳代後半〜50歳代の大都市圏在住の女性層って新市場？　それとも既存市場？　Ｚ社のドリンクやサプリは30〜40歳代の女性層だから一部被っているし……どうしよう。点数は加点方式で減点方式ではないという噂だけど、新製品か新市場どちらかに点数つけばラッキーと思って、新製品新市場開拓と書いてみる？　どうする⁉

【手順５】見直し（〜80分）

　アンゾフの製品・市場マトリックスがどれに当たるか自信がなく不安で何度も書き直す。こういうときは最初に書いた答えが合っていることが多い、という経験則に基づき「新製品新市場開拓」と書いて一息ついたところでタイムアップ。

3．終了時の手ごたえ・感想

　多角的にいろいろな提案ができたと思う。いろいろ書いたものが少しでも配点のあるキーワードに引っかかっているといいな。出来は上々。

モチベーションアップの方法
　診断士になった状態を鮮明にイメージできるように、診断士の活動をインターネットで調査する。

合格者再現答案＊（Ｎａｎａ 編） 事例Ⅱ

第1問（配点20点）

①S　　　　40字

無	農	薬¹	で	高	品	質¹	の	健	康	・	長	寿	の	効	能	が	あ	る	ハ
ー	ブ	生	産¹	。	年	4	～	5	回¹	収	穫	が	可	能	。				

②W　　　　40字

島	か	ら	の	輸	送	コ	ス	ト	と	輸	送	時	間	が	か	か	る	。	島
の	認	知	度	が	大	消	費	地	で	は	著	し	く	低	い²	。			

③O　　　　40字

安	眠	効	果	の	あ	る	ハ	ー	ブ	が	注	目¹	を	集	め	て	い	る	。
新	し	い	顧	客	や	販	路	が	得	ら	れ	る	可	能²	性	あ	り	。	

④T　　　　40字

Ｚ	社	と	の	ハ	ー	ブ	取	引	量	が	徐	々	に	減	少¹	、	2	～	3
年	以	内	に	製	造	中	止	に	な	る	可	能	性²	が	あ	る	。		

【メモ・浮かんだキーワード】 詰め込めるだけ詰め込む。

【当日の感触等】 網羅はできていないけど、点数は一定数入っているだろう。

【ふぞろい流採点結果】 ①3/5点　②2/5点　③3/5点　④2/5点

第2問（配点30点）　100字

健	康	に	強	い	関	心	の	あ	る⁴	高	齢	者⁴	を	タ	ー	ゲ	ッ	ト	と
し	、	高	齢	者	向	け	健	康	サ	プ	リ	メ	ン	ト	製	造	を	行	う
ヘ	ル	ス	ケ	ア	メ	ー	カ	ー	な	ど	に	健	康	サ	プ	リ	の	原	材
料	と	し	て	売	り	込	み	取	引	を	行	い⁵	、	Ｚ	社	と	の	取	引
縮	小	し	て	も	ハ	ー	ブ	Ｙ	の	製	造	を	続	け	る	様	に	す	る⁵ 。

【メモ・浮かんだキーワード】 ターゲットマーケティング、市場開拓

【当日の感触等】 これはちゃんと書けた気がする。ダナドコも使えたぞ。

【ふぞろい流採点結果】 18/30点

第3問（配点30点）

（設問1）　　　　　　　50字

> 20歳代後半～50歳代の大都市圏在住の女性[1]をターゲットとし新市場[3]。ハーブティは新製品[3]。新製品新市場開拓[1]

【メモ・浮かんだキーワード】　縦軸は市場、横軸は製品だけど、各戦略の名前が出てこない。

【当日の感触等】　何が正解だったかわからない。少し点が入ればよいと思おう。

【ふぞろい流採点結果】　9/10点

（設問2）　　　　　　　100字

> 施策として①ハーブを使った新商品コンテスト[2]を実施②ハーブティのおすすめ飲み方紹介コーナー[1]を作ることで、顧客との相互コミュニケーション[4]が取れる様にする事で顧客の関与を高め固定客増加[2]を図る。

【メモ・浮かんだキーワード】　ダナドコ、SNS

【当日の感触等】　効果が高い、相互コミュニケーションが書けた気がする。

【ふぞろい流採点結果】　9/20点

第4問（配点20点）　　　100字

> ①ハーブ収穫体験会[4]②青い空と美しいコントラストを生み出しているハーブ畑での写真撮影会[1]を実施しSNSで情報拡散を促す③高齢者とのハーブを使った伝統[2]料理教室[4]を行う事で島民と触れ合う[4]事で島のファンを増やす[2]。

【メモ・浮かんだキーワード】　ダナドコ、SNS、顧客との関係強化

【当日の感触等】　体験して、SNSに投稿してもらい、高齢者と触れ合うのは島の活性化にも
　つながるし、なかなか良い案じゃないかな。

【ふぞろい流採点結果】　15/20点

【ふぞろい評価】　61/100点　　　**【実際の得点】**　68/100点

　第1問において、配点の高いキーワードが少なくやや点数が伸びませんでしたが、以降は
バランスよく多面的な解答で得点を積み重ね、合格点を超える結果となりました。

モチベーションアップの方法
　試験に合格した後の活動を、頭のなかで好き勝手に思い描いていました。

かもとも 編 （勉強方法と解答プロセス：p.12）

1．休み時間の行動と取り組み方針

　休み時間のうちに、事例Ⅰの再現答案をスマホに打ち込む。10分ほどかかるが、考える作業ではなく無心でできるので、よいクールダウンになる。水分補給をするとともに、ラムネで糖分も補給。その後は、事例Ⅰのときと同様にファイナルペーパーで過去に失敗したポイントを確認する。

2．80分間のドキュメント

【手順1】準備・設問解釈（〜10分）

　受験番号の記入後、文字数をチェック。事例Ⅰ同様、たくさん書かせる感じではなさそうで、よかった。

第1問　お馴染みのSWOT分析。設問文の「現在の」を丸で囲み、「昔じゃない」とメモする。与件文に弱みの記述があっても、現在解消されているものは書かないように気をつけよう。

第2問　「新規」とメモ。取引先構成とあるので、新規取引先増によるZ社依存からの脱却、リスク分散の流れなのかなと予想。「ターゲットは〜、取引先構成は〜」の構成にしよう。

第3問（設問1）　アンゾフって何やったっけー。設問文で悩んでもしょうがないので、とりあえず先に進む。

第3問（設問2）　「既存」とメモ。オンラインでのコミュニケーション施策なので、受信と発信の双方向の内容が書けるように与件文からヒントを探そう。

第4問　「絶景スポットや星空観賞などの観光以外で」は制約条件だが、「などの」ってどの範囲なんやろう。広めに解釈して、「観光全般×」とメモしておく。基本的にはアイデア提案なので、慎重になりすぎる必要はないかな。

【手順2】与件文読解（〜20分）

1、2段落目　観光資源は機会なのに使えないのかー、と思いつつ、とりあえず「絶景スポット」と「満点の星空」に赤ボールペンで下線、「O」とメモ（SWOTのO）。脅威となる「人口流出」や「地域の活力が低下」に青ボールペンで下線、「T」とメモ（SWOTのT）。

3段落目　「島の窮状を打開したい」にオレンジボールペンで下線。社長の思いに沿うように、解答作成時は留意しよう。

4段落目　ハーブをイベント時に食べる風習や、普段から食べていることは機会だろう。第4問のヒントになりそう。

5段落目　第1問に紐づけ。

6段落目　ハーブの用途が広いことは機会。ハーブと島の知名度が低いことは解決すべき

課題だろう。もしくは、この課題が現在に至るまでで解決されるのか。

[7、8段落目]　第1問に紐づけ。輸送コストは青ボールペンで下線、「W」とメモ（SWOTのW）するが、現在でも弱みなのかは注意して読み進めないといけないな。

[9段落目]　弱みや課題が解決されていっている。ターゲットに関する情報もあるので、この段落は複数の設問の根拠になりそう。

[10段落目]　脅威に関する記述。やっぱり脱依存、リスク分散やな。

[11〜13段落目]　新たなハーブ登場。第3問に紐づけ。3段落目に続いて島の活性化に関する記述があるので、第4問の内容に盛り込もう。

【手順3】解答骨子作成（〜40分）

[第1問]　与件文に散らばっているSWOTの要素を列挙する形で構成。観光資源は農業生産法人にとって機会になるのか？　同様に島の活力低下は脅威なのか？　わからないが、とりあえず入れる方向で進める。

[第2問]　リスクの分散をテーマにするものの、ターゲットに関する記述が見つからない……。あ！　ハーブYって最初に作ったハーブのほうか。てっきり安眠効果があるほうかと思ってしまった（Y＝2番目という先入観）。危ない危ない。自分以外にも勘違いする人がいそうやなー。ターゲットについては保留にして先に進もう。

[第3問]（設問1）　アンゾフについては思い出せないから、開き直るしかない。安眠効果のある新製品を、新たな顧客に広げたから市場拡大としておく（新製品×新市場は多角化だが、勘違いをしている）。

[第3問]（設問2）　100字の内訳を、受信と発信の2方向に切り分ける。受信については知識を盛り込み、発信については第4問や社長の思いに応える形でまとめる。

[第4問]　プログラムの具体的な内容と、それによる効果（B社にもたらされるメリットと、B社長の思いの実現）を書こう。プログラムの根拠としては、4段落目にある機会の要素を使おう。

【手順4】解答作成・見直し（〜80分）

　骨子に基づいて淡々とマス目を埋めていく。第1問、B社の強みは40字以内にまとめるのが難しく、「自社オンラインサイトの保有」は泣く泣く割愛。残り10分を切っても第2問のターゲットがわからない。「とにかく何か書かねば」と残り10秒で1文を書き殴り、試験終了。

3．終了時の手ごたえ・感想

　試験が終了して解答用紙の回収中、与件文6段落目の「お茶や調味料、健康食品などのほか、アロマオイルや香水などの原材料にもなる」という表現に気づく（下線もマーカーも引いていなかった）。第2問のターゲットの根拠はここか。なんで気づかんかったんやろう……。足切りにならないことを祈る。

モチベーションアップの方法
　1曲全力で歌いスッキリした状態で机へ向かう。ただし、家族からはクレームの嵐、涙。

合格者再現答案＊（かもとも 編）　　　　　　　　事例Ⅱ

第1問 （配点20点）

①S　　　　　　　40字

①	島	の	顔	と	な	る	ア	ン	チ	エ	イ	ジ	ン	グ	効	果	の	あ	る
ハ	ー	ブ	と	栽	培	方	法[1]	の	保	有	②	Z	社	と	の	取	引	実	績[1]。

②W　　　　　　　40字

①	Z	社	へ	の	依	存[3]	体	質	②	ハ	ー	ブ	の	知	名	度	が	ヘ	ル
ス	ケ	ア	に	関	心	の	高	い	層	に	留	ま	っ	て	い	る[2]	こ	と	。

③O　　　　　　　40字

①	ハ	ー	ブ	の	広	範	な	用	途	②	豊	か	な	自	然	等	の	X	島
の	観	光	資	源	③	安	眠	効	果	の	あ	る	ハ	ー	ブ	へ	の	注	目[1]。

④T　　　　　　　40字

①	ハ	ー	ブ	の	売	上	減	・	Z	社	と	の	取	引	減	少[1]	②	人	口
流	出	や	農	家	所	得	の	減	少[1]	に	よ	る	X	島	の	活	力	低	下[2]。

【メモ・浮かんだキーワード】　現在のB社の状況（昔じゃない）

【当日の感触等】　機会に観光資源、脅威に島の活力低下を入れたのは間違いかな？　強みと弱みは問題ないはず。

【ふぞろい流採点結果】　①2/5点　　②5/5点　　③1/5点　　④4/5点

第2問 （配点30点）　　100字

取	引	先	構	成	は	、	Z	社	と	の	取	引	実	績	を	訴	求	し	て
複	数	社	と	の	関	係	構	築	を	図	る[5]。	こ	れ	に	よ	り	一	社	
へ	の	依	存	に	よ	る[7]	リ	ス	ク	の	分	散	を	図	る[5]。	ま	た	ハ	
ー	ブ	の	広	範	な	用	途[2]	を	生	か	し	て	タ	ー	ゲ	ッ	ト	を	決
め	る	。																	

【メモ・浮かんだキーワード】　脱依存、リスク分散

【当日の感触等】　ターゲットに関する記述に気づけなかった。無念。

【ふぞろい流採点結果】　19/30点

第3問（配点30点）

（設問1）　　　50字

安	眠	効	果[1]	の	あ	る	新	製	品[3]	で	、	市	場	を	30	～	40	歳	代
女	性	か	ら	20	歳	代	後	半	～	50	歳	代	女	性	に	広	げ	た	市
場	拡	大	戦	略	で	あ	る	。											

【メモ・浮かんだキーワード】　新規、既存、製品、ターゲット、市場拡大

【当日の感触等】　わからない。でも配点は10点くらいだろうから気にしすぎない。

【ふぞろい流採点結果】　4/10点

（設問2）　　　100字

施	策	は	顧	客	と	の	双	方	向	の	や	り	取	り[4]	が	可	能	な	も
の	と	す	る	。	具	体	的	に	は	①	掲	示	板[3]	を	置	き	顧	客	の
ニ	ー	ズ	収	集[4]	や	顧	客	間	の	や	り	取	り	を	誘	発	し	、	関
係	性	を	高	め	て[3]	ロ	イ	ヤ	リ	テ	ィ	を	向	上[2]	す	る	②	X	島
の	豊	か	な	自	然	を	訴	求	し	て	島	へ	の	訪	問	を	促	す	。

【メモ・浮かんだキーワード】　発信、受信、顧客間、掲示板、施策、効果

【当日の感触等】　解答が多面的になるように心掛けたが、島への訪問は第4問で書くべき内容で、この設問での加点はないかもしれない。

【ふぞろい流採点結果】　16/20点

第4問（配点20点）　　　100字

プ	ロ	グ	ラ	ム	は	①	祝	い	の	膳	や	島	の	イ	ベ	ン	ト	、	お
ひ	た	し	や	酢	み	そ	あ	え	な	ど	普	段	食	の	体	験	イ	ベ	ン
ト[4]	②	ハ	ー	ブ	収	穫	体	験	イ	ベ	ン	ト[4]	で	あ	る	。	イ	ベ	ン
ト	時	に	B	社	製	品	も	販	売	し	、	B	社	の	売	上	増	と	X
島	活	性	化[4]	へ	の	寄	与	を	図	る	。								

【メモ・浮かんだキーワード】　観光全般NG、売上増、X島活性化への寄与

【当日の感触等】　観光以外という制約の範囲がどこまでかわからず怖い。B社の売上増は取って付けたような内容になってしまった。

【ふぞろい流採点結果】　12/20点

【ふぞろい評価】　63/100点　　　【実際の得点】　54/100点

　第3問（設問1）の得点が伸びず、第4問ではプログラム以外の要素で得点を伸ばせませんでしたが、それ以外の設問では多面的な解答でバランスよく得点できています。

事例Ⅱ

イノシ 編（勉強方法と解答プロセス：p.14）

1．休み時間の行動と取り組み方針

　まずは、1つ目の事例を終え、ホッと一息つく。受験生の熱気で熱くなった教室を出て、トイレへ向かう。噂で聞いていたトイレ待ちは、札幌ではないようだ。多少並ぶが5分も待てば用を足せそうな雰囲気ではあるものの、気分転換も兼ねて受験会場の隣にある創生スクエアで過ごすこととした。次は、昨年度の過去問演習で自信を失った事例Ⅱだ。施策問題は「ダナドコ」、ターゲット問題は「ジオ・デモ・サイコ」、それ以外が出たら、与件文を拠り所に何でもいいから書くようにしよう。

2．80分間のドキュメント

【手順0】開始前（〜0分）

　施策問題で困ったときに使うキーワード（固定客化・愛顧向上など）を10個ほど、頭のなかで繰り返して、事例Ⅱの頭にする。

【手順1】準備（〜2分）

　まずは受験番号を解答用紙に記入する。次に、問題用紙のホチキスを外し、問題用紙を破る。やっぱり手間取るものの、他の受験生よりも作業数が多い（他の受験生はどっちかしかやらないはず）からしょうがないと開きなおる。ずっとこれでやってきたので今更変えられない。

【手順2】設問解釈（〜7分）

第1問　前年度と同じ、「SWOT」の各要素について解答する問題か。時制である「現在」をマークする。

第2問　ターゲットを解答する問題だ。「ジオ・デモ・サイコ」で考えればいいかな？取引先構成ってどう解答すればいいんだ？

第3問（設問1）　設問文短いなぁ……⁉⁉　アンゾフ⁉　知識問題⁉　最近会社の研修でやったから考え方はわかるけど、どう解答すればいいんだ？

第3問（設問2）　やっと、「ダナドコ」問題だ。「誰」は既存顧客かな？　「何」は設問文からはわからないから与件文に書いているだろう。「どのように」が解答すべき内容で、「効果」は顧客の関与を高めるような書き方でよいだろう。

第4問　これも、「ダナドコ」でOK。「誰」は自社オンラインサイトユーザーでこちらも既存顧客でよいのか？　「何」は観光以外か、「どのように」が解答すべき内容で、「効果」は与件文から引っ張ってくればよいだろう。

【手順3】与件文と設問の紐づけ（〜25分）

2段落目　島の主力産業は農業と観光業か。ここと連携する感じかな。

3段落目　社長の理念が書かれているのでマーク。こういう人、好きだなあ。

4段落目　「島内では健康・長寿の効能があると」は、「強み」でマーク。

5段落目　「しかし」以降を「強み」でマーク。「一面に広がる〜」は4問目と紐づけ。

6段落目　「ハーブの用途は広く」は第1問の機会かな。いろんなものの原材料になることは、第2問、第3問で使えるか。

7段落目　「メーカー間の競争が激しい」は「脅威」でマーク。Z社によるB社評価は「強み」で、ハーブの輸送コストは「弱み」でマーク。

9段落目　「島の大自然と〜支持を獲得した」を第3問（設問1）と紐づける。

10段落目　おいおい、また逆境ですか。段落全体を「脅威」でマークする。

11段落目　安眠効果があるハーブと複数の企業からの引き合いを「機会」でマーク。Z社との取引実績は「強み」でマーク。

12段落目　自社ブランド・島の活性化に関する社長の思いを第4問と紐づける。安眠ハーブティーは、第1、2、3問と紐づけて横に「成功体験」とメモ。

【手順4】骨子作成（〜40分）解答作成（〜76分）

第1問　40字制限だからキーワードの羅列で書こう。強みは、影響度が大きそうなものから書こう。機会は、ハーブの用途が広いことと安眠効果のあるハーブでよいだろう。弱みと脅威は、1つずつしか思いつかない。なんとか与件文から持ってこよう。

第2問　成功体験を生かして、安眠ハーブの売上拡大方向で考えよう。与件文に従って、ジオ・デモ・サイコで考えればよいだろう。ジオは大都市圏在住、デモは20〜50代女性、サイコは安眠したい顧客をターゲットとする方向性かな。あとは、理由を添えて出来上がり。機会を生かして強みで差別化といった感じで〆よう。

第3問（設問2）「誰」は書く必要なさそうかな。「何」は与件文のものを使おう。「どのように」は、暗記していた施策問題で困ったときに使うキーワードを思い出そうにも、イベント開催とBBS設置、顧客ニーズくらいしか思いつかない。顧客ニーズを製品開発に生かす方向で書こう。字数が余ったので困ったときのキラーワードである「関係性強化」で「愛顧向上」して「固定客化」を「効果」として書いておこう。

第4問　これも「誰」は不要かな。「何を、どのように」はハーブ畑の見学、ハーブ栽培体験、ハーブを使った食べ物の提供、島のイベントへの参加など、島との連携を中心に考える。「効果」は、島の地域活性化を実現でき、B社としても既存顧客は固定客化、新規顧客は口コミで増やせる方向で書こう。

第3問（設問1）考え方はわかるが、各マトリックスの〜戦略の名前を忘れてしまった。とりあえず、製品面で「強みを生かして、新市場を開拓した」と書いておこう。

【手順5】見直し（〜80分）

　誤字脱字をチェック。弱みの字数が余っていたので、地域活力が低下していることを追記したところでタイムアップ。

3．終了時の手ごたえ・感想

　解答は埋めたがジャストミートした印象はないし、冗長になってしまった。アンゾフも雰囲気で書いてしまったし、第4問はハーブに固執しすぎて農業との連携を失念。でも、終わったことは、どうしようもないので、得意の事例Ⅲに向けて切り替えていこう。

合格者再現答案＊（イノシ 編）　事例Ⅱ

第１問（配点20点）

①S　40字

| ハ | ー | ブ | は | 高 | 品 | 質 | ・ | 安 | 全 | 性 | が | 高 | 評 | 価 | で | 効 | 率 | 的 | に |
| 栽 | 培 | 、 | Ｚ | 社 | と | の | 取 | 引 | 実 | 績 | 、 | 女 | 性 | 層 | の | 支 | 持 | 高 | い |

②W　40字

| Ｚ | 社 | と | の | 取 | 引 | に | 依 | 存 | 、 | 輸 | 送 | 費 | 高 | く | 島 | 内 | で | 加 | 工 |
| 要 | 、 | 人 | 口 | ・ | 農 | 家 | 減 | で | 地 | 域 | 活 | 力 | 低 | 下 | | | | | |

③O　40字

| ハ | ー | ブ | の | 用 | 途 | 広 | い | 、 | 安 | 眠 | ハ | ー | ブ | は | 注 | 目 | 集 | め | 複 |
| 数 | 企 | 業 | か | ら | 引 | 合 | 有 | 、 | 健 | 康 | 志 | 向 | の | 人 | の | 認 | 知 | 高 | い |

④T　40字

| 健 | 康 | 市 | 場 | は | 競 | 争 | が | 厳 | し | い | 、 | Ｚ | 社 | と | の | 取 | 引 | 量 | 減 |
| 少 | 、 | ２ | ～ | ３ | 年 | で | 製 | 造 | 中 | 止 | の | 可 | 能 | 性 | 高 | い | | | |

【メモ・浮かんだキーワード】 強みは高品質・高評価、弱みは取引依存、脅威は取引量減少

【当日の感触等】 脅威は、同じようなものを書いてしまった。①5/5点 ②4/5点 ③4/5点 ④3/5点の感触

【ふぞろい流採点結果】 ①4/5点 ②3/5点 ③5/5点 ④4/5点

第２問（配点30点）　100字

方	向	性	は	①	大	都	市	圏	在	住	で	②	安	眠	し	た	い	と	考
え	る	③	20	～	50	代	の	女	性	を	顧	客	と	す	る	企	業	を	標
的	と	す	る	。	理	由	は	①	安	眠	ハ	ー	ブ	が	注	目	さ	れ	て
い	る	②	強	み	の	高	品	質	・	安	全	性	③	女	性	の	支	持	の
高	さ	を	活	か	し	差	別	化	し	て	い	け	る	か	ら	。			

【メモ・浮かんだキーワード】 ジオ・デモ・サイコ、強みを生かしてニーズに応える

【当日の感触等】 昨年度の第３問（設問１）同様、ターゲットを書く問題。確か昨年度は、強みを生かしてニーズに応えることを理由として書くと加点されていたはずだからそれを書いた。取引先構成の方向性という題意に合っていないと途中で気づくも時間切れ。６割くらいは取れている感触。

【ふぞろい流採点結果】 15/30点

第3問（配点30点）

（設問1）　　　　　　50字

製	品	面	で	強	み	の	高	品	質	・	安	全	性	を	活	か	し	、	市
場	面	で	は	20	～	50	代	女	性¹	ま	で	市	場	を	開	拓³	す	る	こ
と	が	で	き	た	。														

【メモ・浮かんだキーワード】　強みを生かす

【当日の感触等】　〇〇戦略をまったく覚えていなかったが、「アンゾフの製品・市場マトリックス」がどのようなものかは覚えていたので、なんとかひねり出して書いた。半分くらいは点数をもらえるだろう。

【ふぞろい流採点結果】　4/10点

（設問2）　　　　　　100字

①	お	茶	や	調	味	料	の	コ	ン	セ	プ	ト	を	考	え	て	も	ら	う
イ	ベ	ン	ト	を	開	催²	②	ア	ロ	マ	オ	イ	ル	や	香	水	の	ニ	ー
ズ	を	回	答	し	て	も	ら	う⁴	B	B	S³	を	設	置	す	る	事	で	、
女	性	客	の	ニ	ー	ズ	を	製	品	に	反	映³	す	る	事	で	関	係	性
強	化³	に	よ	る	愛	顧	向	上²	で	固	定	客	化²	を	目	指	す	。	

【メモ・浮かんだキーワード】　誰に・何を・どのように・効果、イベント開催、顧客ニーズを製品に反映、BBS、関係性強化、愛顧、固定客化

【当日の感触等】　もう1つくらい施策を書きたかったが思いつかなかった。内容も冗長だし、点数は低いだろうなあ。愛顧向上まではよいが固定客化までは書きすぎたかな……。点数は6割くらいの感触。

【ふぞろい流採点結果】　17/20点

第4問（配点20点）　　　100字

プ	ロ	グ	ラ	ム	は	①	ハ	ー	ブ	畑	の	見	学	②	ハ	ー	ブ	栽	培
体	験⁴	③	島	の	イ	ベ	ン	ト	へ	の	参	加¹	④	ハ	ー	ブ	を	使	っ
た	食	べ	物	を	提	供	す	る	事⁴	で	、	B	社	と	X	島	の	フ	ァ
ン	に	な	っ	て	も	ら	い	、	固	定	客	化²	、	口	コ	ミ	に	よ	る
新	規	顧	客	増	、	地	域	活	性	化⁴	を	目	指	す	。				

【メモ・浮かんだキーワード】　農業や宿泊業との連携、固定客化、口コミ活用、地域活性化

【当日の感触等】　施策は4つ書けており、効果は新規・既存両方の視点だけでなく地域活性化も書けているので、6割は取れているのでは？（帰宅後、「ハーブ栽培体験」を「島の農家と連携した農業体験」にすればよかったと悶絶していたが）

【ふぞろい流採点結果】　14/20点

【ふぞろい評価】　66/100点　　　【実際の得点】　47/100点

　キーワードを数多く盛り込んだ答案が、ふぞろい流での高得点につながったようです。

勉強を諦めそうになった自分を奮い立たせた一言 ───────────

　　資格とって意味あるの？　⇒合格してから言え！

みっこ 編（勉強方法と解答プロセス：p.16）

1．休み時間の行動と取り組み方針

　事例Ⅰを終えたら緊張と力みで手が硬直している。2週間前から考えた休憩時間シミュレーションに沿い、行動をする。これで緊張しない！　と暗示をかけてきた行動だ。まず、眠気対策のために昼ご飯（消化がよく腹持ちがよいスープとバナナ）を半分この時間で食べる。ファイナルペーパーで事例Ⅱ脳へ。ファイナルペーパーを片手にトイレへ。女性は少ないので、周りの目を気にせず、ストレッチを行う。席に戻り、お気に入りの飲み物とお菓子で気持ちを上げ、「私は社長に寄り添うコンサルタントだ！」とつぶやく。

2．80分間のドキュメント

【手順0】開始前（～0分）

　「誰に、何を、どのように、効果で書く」、「与件文に出てくる製品は丁寧に拾う」、「ターゲットは細かく分類する」など自分の抜けやすい点を頭で反芻する。試験開始後にすることをイメージし、深呼吸を数回行う。

【手順1】準備（～1分）

　受験番号を記入し、受験票と照合しながら、問題のホチキスを外し、メモできる状態にする。解答字数510字、与件文2ページ半。タイムマネジメントはいつもどおりだ。配点を確認し、高得点に星印で注意を促す。解答作成に入る時間を「12：25」とメモ。

【手順2】設問解釈（～7分）

第1問　2年連続のSWOTだ。時制は「現在」。切り口は「Sは継続性」、「Wは課題」「Oは新しいニーズ」「Tは市場縮小、競合」。他の設問と関わるから最後にしよう。

第2問　取引先でなく、構成の方向性？　時制は「今後（未来）」なので現状との対比。制約は「ハーブY」、「Z社と異なるターゲット層」、型は「～を対象に……を行い、取引先構成を変えて課題を解決する」。切り口は「脅威の回避」「機会をつかむ」。

第3問　時制は「最近（現代）」。「眠る前に飲むハーブティー」の評価とターゲットは？

第3問（設問1）　アンゾフ？　戦略名を記載するのか？　50字で「考え方を使って説明」だから戦略名は書かなくてすむだろうか。

第3問（設問2）　時制は「今後（未来）」。「継続」だから現状の把握も必要だ。製品開発が課題なのかも。「双方向」、「顧客との関係性強化」がキーワードになりそうだ。

第4問　設問要求はファンを増やすプログラムを立案すること。時制は「未来」。制約は「観光以外」。切り口は「地域課題解決」と「B社の成長戦略」かな。キーワードは「体験型」、「連携」、「強み、機会、経営資源の活用」だろう。

【手順3】与件文読解と設問の紐づけ（～20分）

2段落目　X島の現状。やはり地域課題だ。第4問と紐づけておこう。

勉強を諦めそうになった自分を奮い立たせた一言

　1次に受かっただけでは何にもならない（1次の合格を無駄にしたくない気持ちが強められた）。

3段落目　「島の窮状を打開したい」これがB社長の思いだな。赤線を引く。

4段落目　「全国的な知名度はない」は問題点かも。第3問、第4問と紐づくかな。

5段落目　「農業試験場の支援」や「効率的な栽培方法を開発」は強み候補だな。

6段落目　自社ブランド失敗か。製品開発力がない？　ニーズ把握力がない？　弱み候補発見！　用途は新製品候補になりそうだから、印をしておこう。機会候補にもなる。

7段落目　出た！　高評価・高品質は強み候補だな。ヘルスケア市場の競争激化は脅威候補だろう。そして第2問の「脅威の回避」の候補にしよう。

8、9段落目　原材料供給が中心で、自社製品はないんだな。

10段落目　製造中止？　絶対に自社ブランドの新製品開発が必要になるわ。

11段落目　Z社への高依存は脅威候補だ。新しいハーブが出てきたけど、うまくいってなさそうだから、第3問で解決するのかもな。

12、13段落目　B社長の思いだ。これらにアドバイスできないと事例は終わらない！

【手順4】解答骨子検討（～55分）・解答作成（～79分）

第2問　方向性は脅威の回避でZ社依存度低下、ヘルスケア市場の競争回避かな。「新たな取引先」だから、Z社と競合しない健康・長寿の効能を活かそう。だからターゲットは高齢者だ。

第3問（設問2）　与件文に具体的記載はなし。「双方向」の発信は情報提供、受信は製品開発に必要なニーズ収集だろう。効果として「関係性強化」が図れる。そしたら製品開発力も活かせるで。

第4問　プログラムの具体的内容と解決する地域課題を書く方向だが、地域課題のどれに焦点を当てるのか？　具体的に考え出すと、実現可能性に疑問が浮かび、どれも違うような……。時間をかけすぎた！　えい、「～など地域活性化」で幅を持たせよう。

第1問　第2問以降で活用した解答要素を優先的にSWOTに振り分けよう。やっぱり強みは候補が多いな。弱みと脅威は決まってるな。

第3問（設問1）　迷っていたから検討を最後にした。市場軸は新市場に間違いない。けど、既存原材料で製品アイテムが違うと新製品に当たるのか？　加点が高いキーワードを盛り込む方向にしよう。

【手順5】見直し（～80分）

　時間がギリギリ、見直しほぼできず……。

3．終了時の手ごたえ・感想

　解答字数が少なく、設問要求に沿って骨子が絞れても、うまくまとめられなかったな。でも重要なキーワードはしっかりと盛り込んだ。ターゲット候補も少なく、切り分けミスはないだろうから得点は取れているはず。事例Ⅱで得点を稼ぎたかったけど、あまり貢献できていないかもしれない。

事例Ⅱ

合格者再現答案＊（みっこ 編）　　　　　事例Ⅱ

第1問 （配点20点）

①S　　　　　　　　40字

希	少	性	あ	る	高	品	質¹	な	ハ	ー	ブ	の	効	率	的¹	な	栽	培	方
法¹	を	確	立	し	、	Ｚ	社	と	の	取	引	実	績¹	が	あ	る	事	。	

②W　　　　　　　　40字

製	品	開	発	力	と	販	売	力	が	弱	い²	。	全	国	で	の	島	と	B
社	の	知	名	度	が	低	い²	事	。										

③O　　　　　　　　40字

ハ	ー	ブ	の	効	能	が	健	康	・	長	寿	等³	と	多	く	、	用	途	も
健	康	食	品	等	と	幅	広	い	。	島	民	の	信	頼	を	得	て	い	る。

④T　　　　　　　　40字

Ｚ	社	へ	の	依	存	度	が	高	い	が	、	ヘ	ル	ス	ケ	ア	市	場	の
競	争	激	化²	に	よ	り	製	造	中	止	の	可	能	性²	が	あ	る	事	。

【メモ・浮かんだキーワード】　強みは存続の根拠。弱みはB社の課題。機会でB社社長の今後のビジョンを達成できる。脅威は新たな戦略を考える要因。

【当日の感触等】　要素が複数あるけど、以降の解答と整合性を合わせたから大きくは外してないはず！

【ふぞろい流採点結果】　①4/5点　　②4/5点　　③3/5点　　④4/5点

第2問 （配点30点）　　100字

Ｚ	社	と	異	な	る	健	康	・	長	寿	の	ニ	ー	ズ⁴	を	持	つ	高	齢
者⁴	を	対	象	と	す	る	。	高	品	質²	で	高	い	安	全	性	の	商	品
で	あ	る	事	を	訴	求	し	、	健	康	食	品¹	等	の	メ	ー	カ	ー	を
新	規	開	拓⁵	を	す	る	。	以	上	よ	り	ヘ	ル	ス	ケ	ア	市	場	の
競	争	回	避⁵	と	Ｚ	社	へ	の	依	存	度	低	下⁷	を	図	る	。		

【メモ・浮かんだキーワード】　誰に＋機会を活かして＋変化に対応して＋課題を解決

【当日の感触等】　考えられるターゲット候補が少ないから課題解決（＝効果）から考えることで要素を漏れなく盛り込めたはずだ。

【ふぞろい流採点結果】　27/30点

第3問 （配点30点）

（設問1）　　　　　　50字

安	眠	効	果	の	既	存	原	材	料	で	**製**	**品**	**ア**	**イ**	**テ**	**ム**[1]	を	増	や
し	、	大	消	費	地	の	**20**	**〜**	**50**	**歳**	**代**	**女**	**性**[1]	を	対	象	に	**新**	**市**
場[3]	を	開	拓	し	た	戦	略	。											

【メモ・浮かんだキーワード】　市場と製品の軸。市場浸透戦略、新製品開発戦略、新市場開
　　拓戦略

【当日の感触等】　事象名が1つ出てこず。戦略名ではなく、「考え方を使って」説明し、リ
　　スク回避型の解答に……大丈夫かな。

【ふぞろい流採点結果】　5/10点

（設問2）　　　　　　100字

定	期	的	に	ハ	ー	ブ	栽	培	の	安	全	性	や	効	能	な	ど	**情**	**報**
を	**自**	**社**	**サ**	**イ**	**ト**	**で**	**発**	**信**	**す**	**る**[3]	。	**問**	**い**	**合**	**わ**	**せ**[1]	等	個	別
に	や	り	取	り	で	き	、	試	作	品	の	モ	ニ	タ	ー[1]	制	度	も	導
入	し	、	大	都	市	圏	の	顧	客	と	**双**	**方**	**向**	**コ**	**ミ**	**ュ**	**ニ**	**ケ**	**ー**
シ	**ョ**	**ン**[4]	に	よ	り	**関**	**係**	**性**	**強**	**化**[3]	を	図	っ	て	い	く	。		

【メモ・浮かんだキーワード】　受信と発信、双方向コミュニケーション、顧客関係性強化

【当日の感触等】　顧客を製品づくりに巻き込んだ後の買上点数、頻度増加などの効果よりも
　　巻き込むことで生まれる効果の優先度を上げた。設問（社長）に寄り添い、素直に解答す
　　ることが大切なはず。

【ふぞろい流採点結果】　12/20点

第4問 （配点20点）　　100字

大	消	費	地	の	農	業	に	関	心	の	あ	る	女	性	を	対	象	に	農
業	**体**	**験**[4]	と	ハ	ー	ブ	を	使	っ	た	**郷**	**土**	**料**	**理**	を	食	す	ツ	ア
ー[4]	を	立	案	す	る	。	農	家	所	得	向	上	や	若	年	層	還	流	に
寄	与	で	き	**地**	**域**	**活**	**力**	**向**	**上**[4]	を	図	る	。	島	と	B	社	の	全
国	知	名	度	を	向	上	し	、	売	上	拡	大	に	つ	な	げ	る	。	

【メモ・浮かんだキーワード】　地域課題の解決、地域連携、B社への効果

【当日の感触等】　このプログラムで若年層をX島に還流できるか?!　と自問自答しながら
　　も、加点が高いであろう結論は外してないはずと思い切った。

【ふぞろい流採点結果】　12/20点

【ふぞろい評価】　71/100点　　　【実際の得点】　59/100点
　　第1問では配点の高いキーワードを盛り込んでおりバランスよく得点できています。また、
第2問において題意を的確に捉えた多面的な解答が高得点につながりました。

勉強を諦めそうになった自分を奮い立たせた一言 ─────────────
　　まだ可能性があることは自分自身がわかっている。今年はピンチでなくチャンスなのだとマインドセットせよ。

しーだ 編（勉強方法と解答プロセス：p.18）

１．休み時間の行動と取り組み方針

休憩開始と同時に、ゼリー飲料を飲む。そして、音楽を聴きながら、事例Ⅱファイナルペーパーを眺め、頭を事例Ⅱモードに切り替える。周囲の人や前の事例のことは気にならないタイプなので、目の前の事例に集中。

２．80分間のドキュメント

【手順０】開始前（～０分）

「誰に、何を、どのように、効果」と「売上＝客数×客単価」、この２つだけは絶対に意識していこう。

【手順１】準備（～１分）

開始後すぐに解答用紙に受験番号を書く。解答用紙にSWOTを書く欄があるな。

【手順２】与件文第１段落、第２段落、設問解釈（～11分）

与件文　農業生産法人？　あまり馴染みがないが、気にしないようにしよう。従業員規模10名か。何か施策を提案するときは、意識しないとな。社外リソースの活用とかもあるかも。Ｂ社は島にあるのか。それにしても、Ｘ島は大変な状況だな。これは、脅威かな？

第１問　やっぱりSWOTか。「現在の」とある。時制に気をつけなきゃ。ここで書いたSWOTがすべての設問に影響する可能性は高いから、ここは大事だな。

第２問　配点が30点！　ここは外せないな。「新規顧客開拓」がテーマかな。Ｚ社との取引内容はまだわからないけど、「Ｚ社の製品とは異なるターゲット層を獲得したい」は制約条件になると思うから注意しよう。でも、「取引先構成の方向性」となっているから、Ｂ社の今後のターゲット層を顧客に持つ取引先と取引を拡大させるとかかな？

第３問（設問１）　アンゾフ！　どの戦略を選択するかは、解釈の仕方次第で割れそうだな。戦略の選択に時間をかけすぎるのは危険かもしれない。

第３問（設問２）　Ｚ社との取引の話があったけど、オンラインでの直販もやっているのか。「オンライン」、「コミュニケーション戦略」、「顧客の関与を高める」、このあたりを意識しよう。マーケティング戦略のプロモーションや新製品開発戦略が関係しそうだな。

第４問　え、Go to トラベル？　いや、そんなこと考えている場合じゃない！　顧客関係性向上につながる施策を考えるのか。「Ｂ社とＸ島のファンに」ということは、自社のリソースだけでなく、Ｘ島のリソースも活用していく感じかな？

【手順３】与件文読解、与件文と設問の紐づけ、解答骨子メモ作成（～41分）

１、２段落目　Ｘ島の情報が書いてあるな。島の活力低下は第１問の脅威の候補かな。

３段落目　「島の窮状を打開したい」は、Ｂ社長の思いだな。ペンでマークしよう。

４段落目　ハーブＹは島内ではこんなにメジャーなのに、島外では知名度がないか。

本番力の磨き方

近くの図書館などで、１人模試。本番と同じ時間で全事例を解く。

⑤段落目　「栽培ノウハウは存在しなかった」、「実験を繰り返し」「栽培方法を開発」、これらからすると、模倣困難性が高いな。優先度の高い強みになりそうだ。

⑥段落目　ハーブの知名度が低いのは記載があったが、Ｘ島も知名度が低いのか。これは、弱みになりそうだな。新製品開発力の低さも弱みの候補かな。

⑦、⑧段落目　「消費者の健康志向」「拡大基調にあるヘルスケア市場」は機会かな。あ、3〜8段落までは、10年ほど前のことか……。第1問の時制に「現在」とあったな。改めて気をつけないと。粉末加工の技術も優先度は低くても強みになるかも。

⑨、⑩段落目　Ｚ社がでてきたな。第2問はＺ社が関係するから注意して読もう。「30〜40歳代の女性の支持」は、Ｚ社向けのハーブＹの標的顧客かな？　Ｚ社との取引が終了する可能性があるのは、完全に脅威だな。でも、Ｘ島の知名度が向上してよかった。

⑪段落目　安眠効果のあるハーブが注目を集めているのは、機会だな。時制も問題ない。「Ｚ社との取引実績が安心材料となり」は、新規取引をする際に訴求できる強みになるな。「Ｚ社との取引に依存」か、Ｚ社との取引終了の可能性は優先度の高い脅威だな。

⑫段落目　新製品開発に手ごたえがあったようだ。チャネルも今までと違うな。標的顧客の層もデモグラフィック変数的には違うな。第3問（設問1）は、どう解答しよう。

【手順4】解答作成（〜75分）
第1問　与件文を読みながらあたりをつけたSWOTを解答用紙に記入。時制に注意。
第2問　「安眠効果があるとされるハーブの注目度向上」「ヘルスケア市場の活況」の機会を生かして、「Ｚ社への取引依存」の弱みを克服するシナリオにしよう。
第3問（設問1）　多角化戦略……といえるだろうか？　ハーブ（製品群）は同じで、最終消費者（市場）が違うだけではないだろうか？　そうなると「新市場開拓戦略」？　他の人も悩むのでは？　何を選ぶより、どう書くかのほうが重要な気がする……。
第3問（設問2）　与件に目立ったヒントはなかったな。一般知識でいく感じか。
第4問　Ｘ島でしかできないハーブ関連の体験などはどうだろう。コト志向が大事かな。ハーブの日常使いが浸透すれば、リピートにもつながり、既存顧客の売上が向上して顧客生涯価値が高まりそうだ。

【手順5】見直し（〜80分）
　終了1分前、安眠効果のあるハーブのことを「ハーブＹ」と記載していたことに気づいたが、どう修正しようかかなり迷った。ペンを持つ手が震え、字がガタガタに……。

3．終了時の手ごたえ・感想
　受験生や予備校の評価は「難易度は例年どおり」となりそうな気がするが、個人的には「コミュニケーション施策」や「ファン増加のためのツアープログラム」など、一般知識をベースに提案を考える内容が若干重くてしんどかった。配点の大きい第2問の出来が気になるが、大外しはしていないと思う。

本番力の磨き方
　過去問を解くとき、これが解けなきゃ本番でも解けない、と自分の気持ちを追い込む。本番で緊張しなくなる。

合格者再現答案＊（しーだ 編）　　　　　　　　　　　　　事例Ⅱ

第1問（配点20点）

①S　　　　　　　　40字

希	少	ハ	ー	ブ	を	安	全	・	効	率	的[1]	・	高	品	質[1]	に	栽	培[1]	・
加	工	す	る	ノ	ウ	ハ	ウ[1]	。	Z	社	と	の	取	引	実	績[1]	。		

②W　　　　　　　　40字

売	上	を	Z	社	に	依	存[3]	し	て	お	り	、		直	販	ノ	ウ	ハ	ウ	が
な	い	。	製	品	開	発	力	が	低	い[2]	。								

③O　　　　　　　　40字

消	費	者	の	健	康	志	向[3]	で	ヘ	ル	ス	ケ	ア	市	場	が	活	況	。
安	眠	効	果	が	あ	る	別	ハ	ー	ブ	が	注	目[1]	さ	れ	て	い	る	。

④T　　　　　　　　40字

Z	社	の	製	品	が	製	造	中	止	の	可	能	性[2]	が	あ	り	、	取	引
終	了	の	可	能	性	が	あ	る	。	X	島	の	地	域	活	力	が	低	下[2]

【メモ・浮かんだキーワード】　VRIO（模倣困難性）、外部環境

【当日の感触等】　弱みが書き辛かった。「売上高のZ社依存」以外は、抽象的になってしまった。

【ふぞろい流採点結果】　①5/5点　　②5/5点　　③5/5点　　④4/5点

第2問（配点30点）　　100字

B	社	は	、	今	後	、	20	～	50	歳	代	の	安	眠	を	求	め	る	女
性[2]	を	顧	客	に	持	つ	ヘ	ル	ス	ケ	ア	メ	ー	カ	ー	と	の	取	引
を	拡	大[5]	さ	せ	、	B	社	の	安	眠	効	果	の	あ	る	ハ	ー	ブ	を
提	供	す	る	こ	と	で	、	Z	社	と	の	取	引	比	率	を	低	下[7]	さ
せ	る	こ	と	が	望	ま	し	い	。										

【メモ・浮かんだキーワード】　新規顧客開拓、Z社依存からの脱却、標的顧客（ジオ、デモ、サイコ）

【当日の感触等】　「望ましい取引先構成」について、「Z社依存からの脱却」の方向性は書けたので、大外しはしていないと思う。

【ふぞろい流採点結果】　14/30点

2次試験の敗因

苦手事例の克服に時間がかかったため（得意事例を伸ばすのには限界がある）。

第3問（配点30点）
（設問1）　　　　　50字

既	存	の	ハ	ー	ブ	を	、	安	眠	を	求	め	る	大	都	市	圏	の	20
～	50	歳	代	に	提	供	す	る	事	で	、	新	市	場	が	開	拓	で	き
売	上	が	向	上	し	た	。												

【メモ・浮かんだキーワード】　新市場開拓戦略
【当日の感触等】　できた気はしないが、悩んだのは自分だけではないはず、と自分に言い聞かせた。
【ふぞろい流採点結果】　6/10点

（設問2）　　　　　100字

施	策	は	①	新	商	品	情	報	を	発	信	し	、	顧	客	か	ら	意	見
を	も	ら	い	、	製	品	改	良	や	開	発	に	活	用	す	る	②	ハ	ー
ブ	の	効	用	や	情	報	を	発	信	し	、	顧	客	が	ハ	ー	ブ	に	求
め	る	こ	と	や	新	製	品	の	ア	イ	デ	ア	を	募	る	。	以	上	に
よ	り	、	顧	客	関	係	向	上	と	新	製	品	開	発	を	す	る	。	

【メモ・浮かんだキーワード】　消費者参画型、VOC、双方向性、顧客関係性
【当日の感触等】　「顧客の関与を高めるため」という制約条件を考慮すると、あまりできた気がしない。
【ふぞろい流採点結果】　15/20点

第4問（配点20点）　　　100字

X	島	の	高	齢	者	宅	で	の	料	理	教	室	を	提	案	す	る	。	X
島	の	高	齢	者	を	講	師	と	し	、	ハ	ー	ブ	の	伝	統	の	言	い
伝	え	や	日	常	使	い	の	調	理	方	法	を	教	え	る	。	以	上	に
よ	り	、	X	島	の	フ	ァ	ン	化	及	び	ハ	ー	ブ	の	普	段	使	い
に	よ	る	消	費	量	増	加	を	狙	う	。								

【メモ・浮かんだキーワード】　ファン、体験、コト志向、顧客関係性
【当日の感触等】　施策と効果を盛り込めたと思うが、「日常使いを促し、リピート購入による顧客生涯価値を高める」というようなシナリオは、この設問で求められていないような気がした。これを記載した分、ほかのことが記載できなかったことを考えると、あまりできた気がしない。
【ふぞろい流採点結果】　11/20点

【ふぞろい評価】　65/100点　　【実際の得点】　43/100点
　第1問は要素を網羅した解答でほぼ満点に近い得点でした。そのほかの設問もキーワードをバランスよく盛り込んでおり、ふぞろい流での高得点につながったと考えられます。

試験中の集中力アップの方法
　子供の顔を思い出す。焦りや不安が消えて集中力が回復。

▶事例Ⅲ（生産・技術）◀

令和2年度　中小企業の診断及び助言に関する実務の事例Ⅲ（生産・技術）

【注意事項】
新型コロナウイルス感染症（COVID-19）とその影響は考慮する必要はない。

【C社の概要】

　C社は、1955年創業で、資本金4,000万円、デザインを伴うビル建築用金属製品やモニュメント製品などのステンレス製品を受注・製作・据付する企業で、従業員は、営業部5名、製造部23名、総務部2名の合計30名で構成される。

　C社が受注しているビル建築用金属製品の主なものは、出入口の窓枠やサッシ、各種手摺、室内照明ボックスなどで、特別仕様の装飾性を要求されるステンレス製品である。またモニュメント製品は、作家（デザイナー）のデザインに従って製作するステンレス製の立体的造形物である。どちらも個別受注製品であり、C社の工場建屋の制約から設置高さ7m以内の製品である。主な顧客は、ビル建築用金属製品については建築用金属製品メーカー、モニュメント製品についてはデザイナーである。

　創業時は、サッシ、手摺など建築用金属製品の特注品製作から始め、特に鏡面仕上げなどステンレス製品の表面品質にこだわり、溶接技術や研磨技術を高めることに努力した。その後、ビル建築内装材の大型ステンレス加工、サイン（案内板）など装飾性の高い製品製作に拡大し、それに対応して設計技術者を確保し、設計から製作、据付工事までを受注する企業になった。

　その後、3代目である現社長は、就任前から溶接技術や研磨技術を生かした製品市場を探していたが、ある建築プロジェクトで外装デザインを行うデザイナーから、モニュメントの製作依頼を受けたことを契機として、特殊加工と仕上げ品質が要求されるステンレス製モニュメント製品の受注活動を始めた。

　モニュメント製品は受注量が減少したこともあったが、近年の都市型建築の増加に伴い製作依頼が増加している。受注量の変動が大きいものの、全売上高の40%を占め、ビル建築用金属製品と比較して付加価値が高いため、今後も受注の増加を狙っている。

【業務プロセス】

　ビル建築用金属製品、モニュメント製品の受注から引き渡しまでの業務フローは、以下のとおりである。

　受注、設計、据付工事施工管理は営業部が担当する。顧客から引き合いがあると、受注

製品ごとに受注から引き渡しに至る営業部担当者を決め、顧客から提供される設計図や仕様書などを基に、製作仕様と納期を確認して見積書を作成・提出し、契約締結後、製作図および施工図を作成して顧客承認を得る。通常、製作図および施工図の顧客承認段階では、仕様変更や図面変更などによって顧客とのやりとりが多く発生する。特にモニュメント製品では、造形物のイメージの摺合わせに時間を要する場合が多く、図面承認後の製作段階でも打ち合わせが必要な場合がある。設計には2次元CADを早くから使用している。

　その後、製作図を製造部に渡すことにより製作指示をする。製作終了後、据付工事があるものについては、営業部担当者が施工管理して据付工事を行い、検査後顧客に引き渡す。据付工事は社外の協力会社に依頼し、施工管理のみ社内営業部担当者が行っている。

　契約から製品引き渡しまでのリードタイムは、平均約2か月である。最終引き渡し日が設定されているが、契約、図面作成、顧客承認までの製作前プロセスに時間を要して製作期間を十分に確保できないことや、複雑な形状など高度な加工技術が必要な製品などの受注内容によって、製作期間が生産計画をオーバーするなど、納期の遅延が生じC社の大きな悩みとなっている。

　C社では、全社的な改善活動として「納期遅延の根絶」を掲げ、製作プロセスを含む業務プロセス全体の見直しを進めている。また、その対策の支援システムとしてIT化も検討している。

【生産の現状】

　製作工程は切断加工、曲げ加工、溶接・組立、研磨、最終検査の5工程である。切断加工工程と曲げ加工工程はNC加工機による加工であり、作業員2名が担当している。溶接・組立工程と研磨工程は溶接機や研磨機を用いた手作業であり、4班の作業チームが受注製品別に担当している。この作業チームは1班5名で編成され、熟練技術者が各班のリーダーとなって作業管理を行うが、各作業チームの技術力には差があり、高度な技術が必要な製作物の場合には任せられない作業チームもある。

　ビル建築用金属製品は切断加工、曲げ加工、溶接・組立までは比較的単純であるが、その後の研磨工程に技術を要する。また、モニュメント製品は立体的で複雑な曲線形状の製作が多く、全ての工程で製作図の理解力と高い加工技術が要求される。ビル建築用金属製品は製作完了後、製造部長と営業部の担当者が最終検査を行って、出荷する。モニュメント製品は、デザイナーの立ち会いの下、最終検査が行われ、この際デザイナーの指示によって製品に修整や手直しが生じる場合がある。

　生産計画は、製造部長が月次で作成している。月次生産計画は、営業部の受注情報、設計担当者の製品仕様情報によって、納期順にスケジューリングされるが、溶接・組立工程と研磨工程は加工の難易度などを考慮して各作業チームの振り分けを行いスケジューリングされる。C社の製品については基準となる工程順序や工数見積もりなどの標準化が確立しているとはいえない。

~試験1週間前からの過ごし方~

　とにかく体調を崩さないように23時までには就寝して睡眠時間を確保することを心掛けた。

　工場は10年前に改築し、個別受注生産に適した設備や作業スペースのレイアウトに改善したが、最近の加工物の大型化によって狭隘な状態が進み、溶接・組立工程と研磨工程の作業スペースの確保が難しく、新たな製品の着手によって作業途中の加工物の移動などを強いられている。

　製造部長は、全社的改善活動のテーマである納期遅延の問題点を把握するため、作業時間中の作業者の稼働状態を調査した。それによると、不稼働の作業内容としては、「材料・工具運搬」と「歩行」のモノの移動に関連する作業が多く、その他作業者間の「打ち合わせ」、営業部担当者などとの打ち合わせのための「不在」が多く発生していた。

第1問（配点20点）

　C社の（a）強みと（b）弱みを、それぞれ40字以内で述べよ。

第2問（配点40点）

　C社の大きな悩みとなっている納期遅延について、以下の設問に答えよ。

（設問1）

　C社の営業部門で生じている（a）問題点と（b）その対応策について、それぞれ60字以内で述べよ。

（設問2）

　C社の製造部門で生じている（a）問題点と（b）その対応策について、それぞれ60字以内で述べよ。

第3問（配点20点）

　C社社長は、納期遅延対策として社内のIT化を考えている。C社のIT活用について、中小企業診断士としてどのように助言するか、120字以内で述べよ。

第4問（配点20点）

　C社社長は、付加価値の高いモニュメント製品事業の拡大を戦略に位置付けている。モニュメント製品事業の充実、拡大をどのように行うべきか、中小企業診断士として120字以内で助言せよ。

〜試験1週間前からの過ごし方〜
　疲れが溜まっていたので1週間前に1日オフにしてパフェを食べた。

事例Ⅲ

Column

ストレート受験生の学習戦略について

　私は、1次試験合格後に本格的に2次試験の勉強に取り掛かりましたが、3カ月で合格できるレベルに達することができないと思っていました。理由は、初めて事例Ⅰ～Ⅲの過去問を解いてみたときに、事例Ⅰ～Ⅲ特有の難しさを体感し、絶対に80分で60点を取れるようにはなれないと感じたからです。そこで、学習計画を定めるにあたっては、答えがなく、つかみどころのない事例Ⅰ～Ⅲよりも、確実な正解がある事例Ⅳで高得点を目指す戦略を取ることにしました。具体的には、事例Ⅰ～Ⅲは平均55点、事例Ⅳで80点を取る方向性で戦略を立案することとしました。弱者の戦略といえば一点突破です。織田信長が少ない兵数で今川義元の大軍を破ったときのように、事例Ⅳを総大将に見据えて、勝利をもぎ取ることを目指しました。平日はすべて事例Ⅳの基礎固め、計算力の向上に時間を費やし、事例Ⅰ～Ⅲは土日に過去問演習をするといったように、大半を事例Ⅳの勉強に費やす学習計画を立案し、日々愚直に実行しました。試験1カ月前からは、さすがに毎日過去問演習を行う計画としましたが、計算練習だけは毎日欠かさず行っていました。その結果戦略が見事ハマり、事例Ⅳでは87点を獲得し、2次試験合格をすることができました。私の戦略について、ふぞろいメンバーからは、「極端」「ギャンブル」「劇薬注意」などと揶揄されましたが、これも1つの方法ですので、あなたの学習計画も事例企業同様、ビジョンと戦略をしっかり持って、臨んでみてはいかがでしょうか？　　　　　　　　　　　　　　（イノシ）

Column

原動力は応援と感謝

　1次試験の直前に次女が誕生し、我が家は「私、妻、長女、次女」の4人家族になりました。次女を抱っこひもで抱えながら勉強したこともありましたが、比べものにならないくらい妻には苦労を掛けたと思います。妻が子供2人の世話をしているのに書斎にこもる夫。どう考えても腹が立つ状況であっても文句ひとつ言わず応援してくれた妻。さすがに何年もこの苦労をさせるわけにはいかないと思い、今回の試験でなんとしても合格しなければ!!　と考えるようになりました。

　受験生の大半を社会人が占めるこの試験。家族との時間や友人との時間を少なからず犠牲にして試験に臨んでいることと思います。「大切な人からの応援」や「大切な人への感謝」、それはとても大きな原動力になると思います。妻と2人の娘に最大の感謝を込めて。

　　　　　　　　　　　　　　　　　　　　　　　　　　　　　　　　　　（ひろくる）

80分間のドキュメント 事例Ⅲ

のき 編（勉強方法と解答プロセス：p.8）

1．昼休みの行動と取り組み方針

お昼ご飯の後は、点数が安定させられず苦手意識の強い事例Ⅲ。ここをどう凌ぐかが正念場。パン1つとチョコレートの軽めの昼食を教室内で済ませたら、ファイナルペーパーを持ち、事例Ⅲ用の音楽を聴きながら外へ。軽くストレッチをしながら会場内をざっと一周して気分転換。教室に戻ったら事例Ⅱで使用したマーカーをしまって事例Ⅲに向けて気持ちを切り替えていく。

2．80分間のドキュメント

【手順0】開始前（〜0分）

事例Ⅲの大きな方向性は「QCDを維持する体制」と「営業活動の強化」を通じた「成長戦略の実現」。そのための生産計画と生産統制。それらに影響を与える問題点の解消が事例Ⅲの王道パターン。事例Ⅲだけは解答字数が多く、前の2事例より答案作成開始を早くする必要があるので、45分経ったら解答用紙に書き始める。よし、後半戦開始！

【手順1】準備（〜1分）

解答字数は560字でほぼ例年どおりなので、予定どおりのスケジュールで解いていこう。受験番号を最初に記入して、午前中と同じように問題用紙を半分に切り分ける。

【手順2】与件文第1段落、最終段落確認と設問解釈（〜8分）

与件文 第1段落は企業概要。金属製品の製作・据付ができる体制をもった企業ね。ん？ 人員構成に設計がいないのはどうしてだろう？ 最終段落は問題点の列挙。納期遅延、不稼働の発生の原因と、重要なキーワードがたくさん。

第1問 強みと弱みの情報整理。与件文を読んでから書くことを決めよう。

第2問 （設問1） 問題点と対応策を分けて書くのか。それぞれ60字なので問題点を2点挙げてそれに合わせて対応策を書くことにしよう。営業面なのでメモ用紙に「エイギョウ」と大きく注意喚起のメモ。解答要素は与件文を読んで考えよう。

第2問 （設問2） （設問1）と同じ方式か。同じように要素はそれぞれ2点、メモ用紙に「製造」と大きくメモ。解答要素は与件文を読んでから抽出しよう。

第3問 設問要求は納期遅延解消のためのIT活用施策。第2問は生産計画や生産統制だと判断したので、生産性向上で解決できないだろうか。生産性向上は「標準化」と「DRINK」で考える。各要素を書いていけば、120字くらいなら埋まるだろう。

第4問 設問要求はモニュメント製品事業の充実、拡大のための施策。典型的な事例Ⅲの最終問題だな。意識する点は4M＋I、QCD、高付加価値化と思うのでメモ。

【手順3】与件文読解（〜19分）

2段落目 モニュメント製品はデザイナーの指示に従って製作するということで、生産

リードタイムが長期化しがちな気がする。

③段落目　溶接技術や研磨技術、設計技術者の確保と、強みがたくさん書いてある。

⑦段落目　設計と施工管理を営業部が担当って営業の負荷高すぎないか？　仕様変更や図面変更による顧客とのやりとりが多く、時間を要している。第2段落で予想したとおり。「2次元CAD」導入済みということでこれはIT化のところで活用できるはず。

⑧段落目　設計から製造、据付への業務の流れが書いてあるが、部門間のバトンタッチが多い。これは時間がかかるな。据付工事は社外の協力会社に依頼とのことで外注管理が適切かどうかも意識して与件文を読んでいこう。

⑨段落目　製作前プロセスに時間を要しているのは8段落目で感じたとおりだな。受注内容によって製作期間が生産計画をオーバーするのはなんでだろう？　営業が製造部の製造能力や技術力を正しく把握できていないからだろうか。

⑩段落目　業務プロセス全体の見直しやIT化を検討中か。

⑪段落目　チーム間での技術力に差があるから、標準化やマニュアル化が必要かな。高度な技術に対応できないチームがあるとモニュメント製品の拡大にネックになるかな。

⑬段落目　基準となる工程順序や工数見積もりの標準化が確立していないのは問題点。

⑭段落目　溶接・組立工程と研磨工程のスペース確保が難しくなっているようだけど、機能別レイアウトを活用して改善できないだろうか？

【手順4】解答作成（〜71分）

第1問　強みは技術と据付まで対応できる体制。これは迷わない。弱みは納期遅延だけど、理由はなんだろう？　与件文を読む限りでは生産計画自体に問題がありそう。あとは工場が大きな製品に対応できないのは今後の事業展開においての弱みになるだろうな。

第2問（設問1）　図面のやりとりをしているのは営業なので製作前プロセスの問題点は営業の話とする。加えて、いくらなんでも営業の業務量多すぎ。図面のやりとりを減らす方法……標準図面とか？　あと、設計業務は専門化するために他部門に移そう。

第2問（設問2）　問題点は与件文にあったとおり、作業スペースの確保と、工程順序や工数見積もりの標準化をしていないことだろう。対応策は作業スペースならSLP、工程順序などの標準化は生産計画がきちんと作れるようになる、と書いておこう。

第3問　DRINK＋標準化に忠実に書いていく。CADデータをデータベース化すれば設計が楽できるはず。チーム間の技術格差解消のための標準化。もう1要素書けるな……。取ってつけたような話だけど、作業計画のリアルタイム更新とか書いとくか。

　うわ、もう45分経っちゃった。とりあえず第3問までは解答用紙に書いていこう。

【手順5】第4問解答作成（〜80分）

第4問　時間がない……。とりあえず設計面、製造面、営業面の3点でパッと思いつくものを書いていこう。なんとかあと1分のところで書き上げることができた。よかった。

3．終了時の手ごたえ・感想

　いやぁ、今日一番で自信がない。とにかくどの設問に何を書こうか終始悩んでいた記憶しかない。とにかくギリギリとはいえ時間内で答案を書き終えたことが唯一の救い。最後の事例Ⅳに向けて気持ちを切り替えよう。

合格者再現答案＊（のき 編） 事例Ⅲ

第1問（配点20点）

（a）強み 　　　　　40字

強	み	は	①	高	い	溶	接	・	研	磨	技	術	、	②	設	計	・	製	造
・	据	付	ま	で	一	貫	し	て	対	応	で	き	る	体	制	。			

（b）弱み 　　　　　40字

弱	み	は	①	生	産	計	画	の	不	備	に	よ	る	納	期	遅	延	発	生	、
②	加	工	物	の	大	型	化	に	対	応	で	き	な	い	工	場	。			

【メモ・浮かんだキーワード】 技術、据付まで対応可能、納期遅延、工場が狭い。

【当日の感触等】 ここはみんな同じようなことを書くんじゃないかな？

【ふぞろい流採点結果】 （a）10/10点 　　（b）8/10点

第2問（配点40点）

（設問1）

（a）問題点 　　　　　60字

問	題	点	は	①	設	計	打	合	せ	を	含	む	製	作	前	プ	ロ	セ	ス
の	長	期	化	に	よ	る	後	工	程	の	圧	迫	、	②	社	内	打	合	せ
や	立	会	等	の	受	注	活	動	以	外	の	業	務	過	多	、	で	あ	る	。

（b）対応策 　　　　　60字

対	応	策	は	①	標	準	図	面	を	用	い	る	こ	と	に	よ	る	設	計
打	合	せ	の	短	縮	化	、	②	立	会	や	設	計	業	務	の	他	部	へ
の	移	管	に	よ	る	受	注	活	動	へ	の	専	念	、	で	あ	る	。	

【メモ・浮かんだキーワード】 設計打ち合せ短縮、標準図面、業務移管

【当日の感触等】 問題点は大外ししている気はしないが、対応策はかなり苦しい印象。みんなどうしているんだろう？ 悩んだのが自分だけじゃないことを祈ろう。

【ふぞろい流採点結果】 （a）7/10点 　　（b）6/10点

（設問2）

（a）問題点 　　　　　60字

問	題	点	は	①	主	要	工	程	の	作	業	ス	ペ	ー	ス	が	確	保	で
き	ず	、	モ	ノ	の	移	動	が	多	い	点	、	②	基	準	と	な	る	工
程	順	序	や	工	数	見	積	り	の	標	準	化	未	実	施	、	で	あ	る	。

（b）対応策　　　60字

対	応	策	は	①	SL	P	に	よ	る	機	能	別	レ	イ	ア	ウ	ト	採	用³
で	ス	ペ	ー	ス	確	保	、	②	標	準	工	程	や	標	準	工	数	の	設
定²	に	よ	る	生	産	計	画	の	精	度	向	上²	、	で	あ	る	。		

【メモ・浮かんだキーワード】　生産工程、作業方法、作業者

【当日の感触等】　（設問1）と同じく問題点は与件文に書いてあるからコピペでいけるけど、対応策を考えるとなるとなんだか苦しい解答になってしまう。これが今の実力。諦めるしかないな。

【ふぞろい流採点結果】　（a）6/10点　　（b）7/10点

第3問（配点20点）　　120字

①	CA	D	図	面	の	デ	ー	タ	ベ	ー	ス³	化	に	よ	る	設	計	業	務
の	省	力	化	、	②	熟	練	技	術	者	の	持	つ	ノ	ウ	ハ	ウ	を	標
準	化	し	、	デ	ー	タ	ベ	ー	ス	化	で	共	有⁵	す	る	こ	と	に	よ
る	チ	ー	ム	間	の	技	術	力	の	是	正	、	③	受	注	情	報	の	リ
ア	ル	タ	イ	ム	の	共	有	で	生	産	計	画	・	作	業	計	画	へ	の
反	映⁴	、	に	よ	り	生	産	性	向	上	を	図	る	。					

【メモ・浮かんだキーワード】　DRINK、標準化、3D-CAD

【当日の感触等】　書き終わってから納期遅延解消に生産性向上だけでいいのかという疑問が生じたが、書き直している時間はない。

【ふぞろい流採点結果】　13/20点

第4問（配点20点）　　120字

①	設	計	業	務	の	専	属	化	に	よ	る	様	々	な	顧	客	ニ	ー	ズ
に	対	応	で	き	る	設	計	力	の	強	化	、	②	製	作	図	理	解	や
加	工	技	術	の	向	上²	を	通	じ	た	複	雑	な	形	状	に	生	産	体
制	の	構	築	、	③	様	々	な	顧	客	ニ	ー	ズ	に	対	し	、	自	社
の	技	術	力	を	踏	ま	え	た	提	案	が	で	き	る	営	業	体	制	の
構	築⁵	、	に	よ	り	他	社	と	差	別	化⁴	を	図	る	。				

【メモ・浮かんだキーワード】　設計面、製造面、営業面、差別化

【当日の感触等】　一般論的で思いつきの答案な気がする、この事例は全体的に不安が残ったな……。

【ふぞろい流採点結果】　11/20点

【ふぞろい評価】　68/100点　　　【実際の得点】　59/100点

　丁寧な与件文の解釈のおかげで各設問においてキーワードの取りこぼしが少なかったため、ふぞろい流の採点ではしっかり点数を確保できています。第4問において、ポイントをコンパクトにまとめて異なる切り口のキーワードを追加できれば、さらに点数が伸びたと考えられます。

試験前に行ったゲン担ぎやジンクス

地元の有名な神社で、年始にご祈祷を受けました！

Ｎａｎａ 編（勉強方法と解答プロセス：p.10）

1．昼休みの行動と取り組み方針

　昼休みは会場近くにある公園まで行き、夫に作ってもらった小さなおにぎり１個とゼリー飲料を食べる。昼食を食べすぎると眠くなってしまうし、パワーナップはうまくコントロールできないので、少なめのお昼ご飯で対応。いいお天気だな〜。公園を少し歩いてリラックス。緊張とリラックスをしっかり切り替えないと疲れてしまう。

　事例ⅠとⅡともに大荒れはしなかった。事例Ⅲは得意だけど事例Ⅳは大の苦手なので、事例Ⅲで点数を稼いで事例Ⅳの点数を補う作戦を採りたい。

2．80分間のドキュメント

【手順0】開始前（〜0分）

　心のなかで苦手なジャストインタイム方式が出題されないことを祈る。

【手順1】準備（〜1分）

　問題用紙のホチキスを外し、ページを破って分離。メモ欄を準備。設問の上に「SWOT」、「DRINK」、「５フォース」、「４Ｐ」と書く。

　与件文の上には青鉛筆で「強み・機会」、赤鉛筆で「弱み・脅威」、橙鉛筆で「社長の思い」、緑鉛筆で「怪しい」、黄鉛筆で「その他」と書き、各色が何を意味するかわからなくならないようにする。

【手順2】設問解釈＆解答型のメモ（〜20分）

|第1問| 強みと弱みを40字以内。事例Ⅱでも出たし、大丈夫そう。

|第2問|（設問1） 営業部門は何が問題なのかを与件文へ探しにいこう。納期遅延と営業が関係あるとなると、納期の決め方がよくない可能性があるかも。

|第2問|（設問2） 製造部門は何が問題なのかを与件文へ探しにいこう。（設問1）と（設問2）の切り分けが難しいかも。ボトルネックは何？　生産管理方法はどうしている？

|第3問| IT化……DRINKを使おう。工数管理や工程順序の決め方はどうしているのだろう。解答型として「①〜、②〜を行う事で、〜ができるようになる。そのため、①〜、②〜をデータ化する」とメモ。

|第4問| 付加価値の高いモニュメントってどういう製品か与件文へ探しにいこう。SWOTをうまく関連づけたいな。解答型として「①〜、②〜を充実し、③〜、④〜を拡大することで高付加価値製品事業の拡大が図れる」とメモ。

【手順3】与件読解＆気になるワード・思いついたワードを記載（〜50分）

|1〜3段落目| 個別受注生産の特徴、溶接技術と研磨技術高い→装飾性の高い製品製作→高付加価値？　一貫生産可能。

|4、5段落目| ステンレス製モニュメント製品→高付加価値、製作依頼増加→今後の主力

製品？

6〜8段落目　営業部の担当範囲が広い、2D-CAD vs 3D-CAD、立体的で曲面の多いモニュメント製品→摺合わせ時間多い→2D-CADで行うのは限界がありそう。

9、10段落目　最終引き渡し日が設定済→顧客との摺合わせ多い→納期遅延発生、摺合わせの締切日や摺合わせが終わった段階で納期変更調整していない？　高度な加工技術が必要→製造手順はある？　工数管理方法は？　IT化→DRINK。

11段落目　4班の作業チームで技術力の差があり→技術力の差をなくさないと。チームでの作業範囲や忙しさにばらつきが多そう。

12段落目　デザイナーの指示で修整や手直しが発生→納期遅れの原因？

13段落目　バックワードスケジューリング vs フォワードスケジューリング、工程順序・工数見積りなどの標準化必須、難易度を考慮して各作業チームの振り分け→チームの技術力差異でスケジューリングが難しい。

14段落目　SLP、レイアウト改善したけどまだ狭い→再改善？

15段落目　不稼働作業の改善→レイアウト改善？　→打ち合わせは3D-CAD導入で減らせそう。

【手順4】解答作成（〜78分）

第1問　技術力はあるけど生産管理が苦手な、事例Ⅲでよくある会社のように感じる。与件文に書いてある強みと弱みをそのまま写して字数に入れるイメージで。

第2問（設問1）　顧客とのやりとりやイメージの摺合わせが大変そう。仕様変更が生じているのに、そこで納期調整をしていないのでは納期を守るのは辛いだろう。

第2問（設問2）　チームの技術力に差があるのは改善余地が多そうだ。

第3問　デザイナーと行う造形物のイメージの摺合わせに2D-CADを使うのは時間がかかってしまうように感じる。かといって3D-CADは簡単に導入できるものでもないと思う。けど3D-CADを使ったら打ち合わせ時間も少なくできるはず……。うーん、ほかに思いつかないから3D-CADって書いちゃえ。

第4問　充実と拡大ってどういうことだ？　あまり深く考えずにモニュメント製品事業の仕事を増やすためにはどうしたらよいか、第2問（b）で解答していない内容を書こう。

【手順5】見直し（〜80分）

　解答の誤字脱字を確認して終了。結構ギリギリになっちゃった。

3．終了時の手ごたえ・感想

　事例Ⅲを得点源にしたかったけど、モヤモヤしたまま終了。大きな失点はしていないと思うけど。

事例
Ⅲ

合格者再現答案＊（Ｎａｎａ　編）　　　事例Ⅲ

第１問（配点20点）

（ａ）強み　　　　　40字

設	計	～	据	付	工	事	ま	で^3	一	貫	生	産^3	が	可	能	。	高	い	溶
接	技	術^3	と	研	磨	技	術^3	の	あ	る	ス	テ	ン	レ	ス	製	品	。	

（ｂ）弱み　　　　　40字

納	期	遅	延^6	が	発	生	し	が	ち	。	作	業	チ	ー	ム	に	よ	り	技
術	力	に	差	が	あ	る^4	。	標	準	化	が	確	立	出	来	て	い	な	い^1

【メモ・浮かんだキーワード】　一貫生産、受注生産、工数管理、納期管理

【当日の感触等】　特に問題ないかな。６割は大丈夫だと思う。

【ふぞろい流採点結果】　（ａ）10/10点　　　（ｂ）10/10点

第２問（配点40点）

（設問１）

（ａ）問題点　　　　　60字

顧	客	図	面	承	認	が	予	定	通	り	に	終	わ	ら	ず^3	納	期	遅	延
が	発	生	す	る	原	因	と	な	っ	て	い	る	。	工	数	見	積	り	が
適	切	で	な	い	為	、	実	際	工	数	が	多	く	か	か	っ	て	い	る	。

（ｂ）対応策　　　　　60字

納	期	か	ら	逆	算	し	て	顧	客	図	面	承	認	締	切	日	を	設	定
し	、	納	期	遅	延	発	生	防	止	。	工	数	見	積	り	標	準	化	確
立	、	予	定	通	り	作	業	完	了	出	来	る	計	画	を	た	て	る	。

【メモ・浮かんだキーワード】　納期管理、図面承認方法、摺合わせ

【当日の感触等】　営業の担当範囲が広くて忙しいのも原因の１つのような気がするけど、60字しか書けないから諦めよう。顧客図面承認を早期化するほうが大事だと思う。

【ふぞろい流採点結果】　（ａ）3/10点　　　（ｂ）0/10点

（設問２）

（ａ）問題点　　　　　60字

作	業	チ	ー	ム	で	技	術	力	の	差^5	が	あ	り	、	高	度	な	技	術
が	必	要	な	製	作	物	を	担	当	出	来	な	い	チ	ー	ム	が	あ	る	。
工	程	順	序	が	標	準	化	さ	れ	て	い	な	い^3	。					

前日に神社に行こうかと思っていたが、あっさりやめて疲労回復に努めた（笑）。

（b）対応策　　　　60字

工	程	順	序	の	標	準	化 ²	及	び	教	育	を	実	施 ³	し	、	チ	ー	ム
で	技	術	力	の	差	異	が	な	い	様	に	し	、	生	産	効	率	を	上
げ	て	納	期	遅	延	を	防	止	す	る	。								

【メモ・浮かんだキーワード】　標準化、教育、スキルアップ

【当日の感触等】　製造部門の問題点と対応策としてOKなレベルではないか。

【ふぞろい流採点結果】（a）7/10点　　（b）5/10点

第3問（配点20点）　　120字

①	3D	CA	D	を	導	入	し	図	面	の	顧	客	承	認	早	期	化	を	目
指	す	。	作	業	者	の	打	ち	合	わ	せ	に	も	使	用	し ³	製	作	方
法	を	掴	み	や	す	く	し	て	打	ち	合	わ	せ	時	間 ¹	及	び	不	稼
働	時	間	削	減	を	行	い	生	産	効	率	を	上	げ	る ¹	②	見	積	り
情	報	や	工	程	順	序	な	ど	を	従	業	員	が	情	報	共	有 ⁵	し	て
確	認	出	来	る	よ	う	に	す	る	事	で	製	造	効	率	を	あ	げ	る。

【メモ・浮かんだキーワード】　2D-CAD vs 3D-CAD、生産効率、工数、工程順序

【当日の感触等】　3D-CADは自信ないけどほかに思いつかないから書いちゃえ。あとは
　　DRINKを変形して書いたけど、大きく外してはないと思う。

【ふぞろい流採点結果】　10/20点

第4問（配点20点）　　120字

①	作	業	ス	ペ	ー	ス	と	レ	イ	ア	ウ	ト	の	最	適	化	を	行	い、
溶	接	・	組	立	・	研	磨	工	程	の	ス	ペ	ー	ス	確	保	を	行	い、
作	業	効	率	を	上	げ	て ³	新	し	い	受	注	に	対	応	出	来	る	よ
う	に	す	る	②	工	数	見	積	り	標	準	化 ³	を	行	う	事	で	、	適
切	な	納	期	を	提	示 ⁴	出	来	る	様	に	し	、	顧	客	の	信	頼	を
掴	み	新	規	受	注	に	繋	げ	る ⁴	。									

【メモ・浮かんだキーワード】　ダナドコ、SLP

【当日の感触等】　「充実」・「拡大」という言葉がうまく使えないし、「レイアウト改善した」
　　と与件文に書いているのに同じようなことを提案するのはダメな気がする。②で少し点数
　　が取れればいいな。

【ふぞろい流採点結果】　14/20点

【ふぞろい評価】　59/100点　　【実際の得点】　64/100点

　第2問（設問1）の（b）対応策で加点要素が欠けたため、点数が伸びませんでした。そ
のほかの問題では多面的な解答ができているため、リカバリーができています。

かもとも 編 （勉強方法と解答プロセス：p.12）

1．昼休みの行動と取り組み方針

　事例Ⅱの再現答案をスマホに打ち込んでクールダウン。おにぎりを2つ食べて、ファイナルペーパーに目を通す。事例Ⅱはやらかしてしまったが、午後の2事例はそこまで苦手ではないから、4事例トータルで6割の得点はまだ届くはず。ファイナルペーパーに目を通して試験開始を待つ。

2．80分間のドキュメント

【手順1】準備・設問解釈（～10分）

　受験番号の記入後、文字数を確認。事例Ⅲも、書くボリュームは多くなさそうでよかった。

第1問 オーソドックスな強みと弱みを書かせる設問。

第2問（設問1） 問題点と対応策で書く欄が分かれているのか。過去問では140字のなかで問題と対応策の内訳をどうしようか悩むことがあったが、その心配はしなくてよいので安心。一方で書く要素の切り分けを間違えると大失点やから、慎重に考えないと。解答の構成は「問題点は①～、②～」、「対応策は①～、②～」にして、問題点の①に応える形で対応策の①が書けたらきれいかな。

第2問（設問2） （設問1）と同じく、切り分けに注意。また（設問1）は営業部門、（設問2）は製造部門について答える、ということも間違えないようにしよう。

第3問 第2問にも記載はあったが、納期遅延が大きな課題か。助言なので、具体的な施策＋効果（納期遅延の解決）の構成にしよう。与件文を読んでから改めて考えるけど、営業部門と製造部門間でのスケジュールや情報の同期化を書けばよさそう。

第4問 第1問の強みを生かす、もしくは弱みを改善する内容を盛り込むんやろう。「付加価値の高いモニュメント製品事業」の詳細がわからないから、与件文を読んでからしっかり考えることにする。

【手順2】与件文読解（～20分）

1段落目 営業部門5名って少なくない？ 業務内容要確認やな。

2段落目 「個別受注製品」にオレンジボールペンで下線、「納期大事」とメモ。

3段落目 強みの記述だから第1問に紐づけ。

4、5段落目 モニュメント製品の説明か。「受注量の変動」を解消させればよいのかな。「今後も受注の増加を狙っている」にオレンジボールペンで下線。

6～10段落目 営業部門が設計もするの？ やっぱり対応業務が多すぎる気がする。そして「"2次元"CAD」という思わせぶりな表現が気になる。弱みの内容は、過去問でもよく見るような内容やね。第2問の（設問1）はこのあたりの情報を根拠にしよう。

11、12段落目 製造部門に熟練技術者がいて、技術力には差がある。これも過去問でよく

見てきた内容やね。第2問の（設問2）に紐づけ。「製作図の理解力と高い加工技術が要求される」とあるので、モニュメント製品の受注増のためには対応が必要やな。

[13段落目]　「基準となる工程順序や工数見積もりなどの標準化が確立しているとはいえない」に青ボールペンで下線、「W」とメモ（SWOTのW）。

[14、15段落目]　「個別受注生産に適した設備や作業スペースのレイアウトに改善した」とあるけど、基本的には弱みについての情報が並んでいる。第2問の（設問2）と紐づけ。

【手順3】解答骨子作成（～40分）

[第1問]　弱みの記述がありすぎて渋滞している……。たくさんあるけど、後々設問に出てくる「問題点」は「弱み」にカウントしてもよいのかな。迷いつつも、設問間の切り分けミスが起こるリスクもあるから同じ弱みを複数設問に重複させて書くことにする。

[第2問]（設問1）　手戻りを防止するためには、最初の段階で打合せを綿密にすればよいよね。フロントローディングって書いてしまってもよいのかな？　閃き解答（悪い意味での）かもしれんけど、フロントローディングは自分の仕事経験じゃなくて1次試験で学んだ知識やからよしとしよう。そして「"2次元"CAD」はツッコんで（言及して）おくことにする。

[第2問]（設問2）　製造部門は、情報量は多いが「工場が狭い、稼働時間が確保できない、技術力に差がある」に集約されるから、素直にこの3つを問題点として指摘して、対応策は知識を盛り込もう。

[第3問]　与件文を読んでなお、何を答えればよいのかわからない。根拠となるのが13段落目なのかな？　情報量が足りないけど、とにかく納期改善になることを書こう。

[第4問]　営業部門と製造部門それぞれについて、強みを機会にぶつける、もしくは弱みや課題を解決するような施策を書いて、その効果として今後の受注増を図る、という構成にしよう。2段落目の情報から、C社が製造可能なのは7m以内の製品であることがわかる。一方、14段落目には「最近加工物が大型化している」と書かれている。SLPを実施しても、高さの制約は解消されないよね。とはいえ工場の建て替えは多大な費用がかかって現実的ではない気がする。建て替えの提案はしないでおこう。

【手順4】解答作成・見直し（～80分）

　第2問（設問2）の（a）はいざ書いてみると60字に収まらず、表現の試行錯誤を何度か重ねる。それ以外の設問はそれほど迷うことなくマス目を埋められたので、余裕をもって試験終了を迎える。

3．終了時の手ごたえ・感想

　第3問がよくわからなかった。1問くらいはそんな問題もあるやろうし、他の人もできていないと思って気にしないことにする。リスク回避のため、複数設問で同じキーワードを重複させて書いてしまったけどよしとしよう。とりあえずハッタリでも構わないから「できたつもり」の気分を最後まで保つことが大切。

模試の活用法 ─────
解説と、赤ペンでの指摘内容を理解する。

事
例
Ⅲ

合格者再現答案＊（かもとも 編） ━━ 事例Ⅲ

第1問 （配点20点）

（a）強み 40字

強	み	は	①	溶	接³	・	研	磨	技	術³	の	高	さ	②	設	計	か	ら	据
付	ま	で³	の	一	貫	生	産	体	制³	③	熟	練	技	術	者	の	存	在¹	。

（b）弱み 40字

弱	み	は	①	納	期	遅	延⁶	の	発	生	②	営	業	部	門	の	業	務	内
容	過	多	③	チ	ー	ム	の	技	術	力	の	差⁴	④	狭	隘	な	工	場¹	。

【メモ・浮かんだキーワード】 迷ったら他の設問と重複させてリスク分散。

【当日の感触等】 弱みに関する記述多すぎじゃないか？

【ふぞろい流採点結果】 （a）10/10点 （b）10/10点

第2問 （配点40点）

（設問1）

（a）問題点 60字

問	題	は	①	仕	様	・	図	面	変	更	に	よ	る⁴	顧	客	と	の	や	り
取	り	多	発³	②	モ	ニ	ュ	メ	ン	ト	製	品	の	図	面	承	認	後	の
打	合	せ	発	生¹	③	2	次	元	C	A	D	の	使	用	、	で	あ	る	。

（b）対応策 60字

対	応	策	は	①	フ	ロ	ン	ト	ロ	ー	デ	ィ	ン	グ	に	よ	る	手	戻
り	抑	制²	②	3	次	元¹	C	A	D	導	入³	に	よ	る	設	計	業	務	の
短	縮	・	品	質	向	上	、	で	あ	る	。								

【メモ・浮かんだキーワード】 フロントローディング、手戻り防止、3次元CAD

【当日の感触等】 フロントローディングは冒険やったかな。その他の要素は、大きく外していないはず。

【ふぞろい流採点結果】 （a）8/10点 （b）6/10点

（設問2）

（a）問題点 60字

問	題	は	①	工	場	が	狭	く	モ	ノ	の	移	動	に	関	連	す	る	作
業	が	多	い³	②	打	合	せ	が	多	く	稼	働	時	間	を	確	保	で	き
な	い	③	技	術	力	の	差	に	よ	る	対	応	可	能	作	業	の	偏	り⁵

（b）対応策　　60字

対	応	策	は	①	Ｓ	Ｌ	Ｐ	・	５	Ｓ	の	実	施	②	営	業	部	と	連
携	し	た	全	社	的	な	視	点	で	の	生	産	計	画	策	定	③	マ	ニ
ュ	ア	ル	化	に	よ	る	熟	練	技	術	者	の	ノ	ウ	ハ	ウ	共	有	。

【メモ・浮かんだキーワード】　SLP、５S、マニュアル化、情報共有

【当日の感触等】　特に問題ないはず。（a）と対応させて連番も振って、きれいにまとめられた。

【ふぞろい流採点結果】　（a）8/10点　　　（b）5/10点

第3問（配点20点）　　120字

①	営	業	部	と	製	造	部	が	連	携	し	て	策	定	し	た	全	社	的
な	生	産	計	画	や	、	営	業	部	の	受	注	、	納	期	、	仕	様	、
設	計	図	、	製	作	図	、	施	工	図	、	製	造	部	の	進	捗	状	況
や	余	力	を	リ	ア	ル	タ	イ	ム	で	共	有	で	き	る	よ	う	に	す
る	②	業	務	内	容	を	Ｄ	Ｂ	化	し	工	程	順	序	や	工	数	見	積
を	標	準	化	す	る	。	こ	れ	に	よ	り	生	産	性	を	向	上	す	る。

【メモ・浮かんだキーワード】　リアルタイムでの情報共有、生産性向上

【当日の感触等】　標準化はこの設問に書く内容やったんかな？　あまり自信がない。

【ふぞろい流採点結果】　15/20点

第4問（配点20点）　　120字

①	３	次	元	Ｃ	Ａ	Ｄ	の	導	入	・	ノ	ウ	ハ	ウ	蓄	積	で	モ	ニ
ュ	メ	ン	ト	製	品	の	立	体	的	で	複	雑	な	曲	線	形	状	の	製
作	に	対	応	す	る	②	営	業	部	を	営	業	部	門	と	設	計	部	門
に	分	け	、	そ	れ	ぞ	れ	の	専	門	性	を	高	め	る	。	こ	れ	に
よ	り	都	市	型	建	築	需	要	に	対	応	し	て	受	注	量	の	変	動
を	解	消	し	、	高	付	加	価	値	製	品	の	売	上	拡	大	を	図	る。

【メモ・浮かんだキーワード】　３次元CAD、営業部門の過負荷是正、受注量の変動解消

【当日の感触等】　７ｍ以上のモニュメントへの対応は切り捨てたけど、その是非やいかに。

【ふぞろい流採点結果】　9/20点

【ふぞろい評価】　71/100点　　　【実際の得点】　72/100点

　どの設問でも因果を意識しながら多面的にキーワードを盛り込んで記載できており、高得点につながっています。第4問で、より顧客ニーズに沿った施策を記載できていれば、さらに得点が獲得できていたと思われます。

この資格を目指して変わったこと
　人生の目標ができたこと。今勤めている会社での目標ができたこと。

イノシ 編（勉強方法と解答プロセス：p.14）

1．昼休みの行動と取り組み方針

　事例Ⅰ、事例Ⅱはなんともいえない手ごたえだったが、大ポカはしていないので良しとしよう。残るは得意の事例Ⅲと『イケカコ』で自信をつけた事例Ⅳなので、気合を入れていこう！　朝コンビニで買ってきたサンドウィッチを教室で食べ、食べ終わった後は、リフレッシュのため隣の創生スクエアのおしゃれなベンチに座ってボーっとする。トイレを済ませ、試験開始20分前には教室に戻る。さあ！　問題点を探しまくるぞ！

2．80分間のドキュメント

【手順0】開始前（〜0分）

　事例Ⅲ脳にするために、過去問のキーワードを眺める。事例Ⅲは、明らかな問題点を与件文から素直に拾ってきて、定型的な解決策を解答するだけ。落ち着いていつもどおりを意識して取り組もう。

【手順1】準備（〜2分）

　先の事例同様、受験番号を解答用紙に記入する。次に問題用紙のホチキスを外し、問題用紙を破る。もはや遅さは気にならなくなってきた。ここでの作業が遅くても、事例Ⅰ・事例Ⅱは時間どおり解けたことが自信になっていた。

【手順2】設問解釈（〜7分）

第1問　強みだけでなく弱みもか。40字制限だし、キーワードの羅列で対応。

第2問　定番問題だけど、問題点と対応策が分かれているのか。（設問1）は営業部、（設問2）は製造部からそれぞれ書くようだが、与件文を見てみないとわからないな。

第3問　これも定番の社内のIT化。IT化に必要な情報をどのように整理するかがポイントになるのかな？　与件文を見て考えよう。

第4問　いつもどおり、最後は戦略問題か。ダナドコをベースに、第1問の強みを生かして、高品質な製品を短納期で、効率的に提供することで付加価値を高める流れだろう。

【手順3】与件文と設問の紐づけ（〜20分）

2段落目　工場建屋の制約から設置高さ7m以内の制限は弱みとして第1問に紐づけ。

　基本的には、個別受注製品を取り扱っているのか。

3段落目　来ました！　事例Ⅲのあるあるキーワードである、表面品質にこだわり、溶接技術や研磨技術を高める努力、設計から製作、据付工事までを受注する企業。第1問に紐づけ。

5段落目　モニュメント製品について、「製作依頼が増加」、「付加価値が高い」、「受注増加を狙っている」は、第4問に紐づけ。特に「受注増加を狙っている」は社長の思いだ。「受注量の変動が大きい」は弱みだから第1問と紐づけ。

[7段落目]　問題点が目白押しで、めちゃめちゃテンションが上がるなぁ。今回の事例Ⅲ、楽しすぎる。この段落はすべてマーキングし、第2問（設問1）と紐づけ。

[8段落目]　営業が施工管理までしてるのか。スーパーマンだな、この会社の営業は。これも第2問（設問1）と紐づけ。

[9、10段落目]　問題点とその問題点を原因とする結果が書かれている。第2問（設問1）、（設問2）と紐づけ。

[11～13段落目]　製造部側も問題点が目白押しで、楽しさに拍車がかかる。ほとんどマーキングして第2問（設問2）と紐づけ。

[14段落目]　ここはほとんど弱みなので、第1問と紐づけ。

[15段落目]　まだ問題点出てくるのか。もうおなかいっぱいだよ。

【手順4】解答骨子作成（～30分）・解答作成（～65分）

[第1問]　強みは直近年度の過去問と同じような内容になるが、そのまま書いてしまおう。技術力の高さと一貫生産体制は定番だな。弱みは5、14段落目の内容を書こう。

[第2問]（設問1）　問題点は与件文からそのまま引っ張ってくるだけ。対応策は、過去問でよく見た、営業は専任、標準化、定例会によるフォローで解決。

[第2問]（設問2）　問題点は与件文から持ってくるだけ。対応策も過去問でよく見た、生産計画の日次化、作業標準化、OJT、生産統制で解決。

[第3問]　営業部、製造部それぞれの問題点のうち、IT化で解決できそうなものをピックアップして解決していこう。重複しているところがあるかもしれないが、リスクヘッジと割り切ることにする。2次元CADとわざわざ書いているので3D-CADを活用しよう。立体造形物にはぴったりな気がするし。あとは定番のDB化での情報共有で案件フォローして納期遅延根絶といった感じかな。

[第4問]　「誰」はデザイナー、「何」はモニュメント製品、「どのように」は第1問の強み＋納期遅延対策で得たノウハウとしよう。効果は、これも定番の高品質・短納期・高効率を実現して、付加価値の高い製品を提供でOKかな。字数が余ったので、売上向上も入れておこう。

【手順5】見直し（～80分）

　想像以上に時間が余ったので誤字脱字を見直し。見直しが終わった後に、与件文を眺めていたら、15段落目の問題点を第2問（設問2）でピックアップしていないことに気づく。なんとか文字数を調整し、問題点に「移動関連作業が多い」、対応策に「SLPによる配置検討」をねじ込むことに成功。時間ギリギリだった……。

3．終了時の手ごたえ・感想

　これはかなりの高得点を期待できるのではないか？　事例Ⅰと事例Ⅱの微妙な点数をひっくり返せたかも！　このまま事例Ⅳも突っ走って合格目指せるかも！　とはいえ油断禁物なので、いったんこの事例は忘れて、事例Ⅳに頭を切り替えよう。

この資格を目指して変わったこと

　独立開業に興味を持ち始めた。

合格者再現答案＊（イノシ 編） ━━━━━━━━━━ 事例Ⅲ

第1問（配点20点）

（a）強み 40字

製	品	の	表	面	品	質¹	に	こ	だ	わ	り	、	溶	接³	・	研	磨	技	術³
高	い	、	設	計	～	据	付	ま	で³	一	貫	生	産	体	制³				

（b）弱み 40字

モ	ニ	ュ	メ	ン	ト	製	品	の	受	注	変	動	量	大	き	い²	、	工	場
は	ス	ペ	ー	ス	狭	く¹	無	駄	な	作	業	、	受	注	品	に	制	限	有

【メモ・浮かんだキーワード】　こだわり、高い技術力、一貫生産体制、強みは第4問で使う、スペース狭く無駄な作業が発生、受注品に制限がある。

【当日の感触等】　強みに関しては、3年連続くらいで同じようなキーワードが出てきているが、それでいいのだろうか？　でもほかに思いつかないからこれでいこう。全体で8割は固いだろう。

【ふぞろい流採点結果】（a）10/10点　　（b）3/10点

第2問（配点40点）

（設問1）

（a）問題点 60字

①	営	業	が	設	計	や	施	工	管	理	ま	で	担	当¹	②	仕	様	変	更
多	く⁴	顧	客	と	の	や	り	取	り	や	打	合	せ	多	い³	③	案	件	の
情	報	共	有	で	き	て	お	ら	ず	製	作	指	示	が	遅	れ	て	い	る

（b）対応策 60字

①	設	計	・	施	工	管	理	の	各	々	の	専	門	部	署	を	設	置²	②
仕	様	標	準	化	を	進	め	仕	様	変	更	を	削	減²	③	定	例	会	等
で	遅	延	し	そ	う	な	案	件	フ	ォ	ロ	ー	し	遅	延	を	減	ら	す

【メモ・浮かんだキーワード】　営業・設計・施工管理は専門部署を設置、仕様標準化、定例会の開催

【当日の感触等】　問題点は与件文のとおり、対応策も定番の内容で書けているし、7割は取れていると思う。

【ふぞろい流採点結果】（a）8/10点　　（b）4/10点

（設問2）

（a）問題点 60字

①	生	産	計	画	が	月	次¹	②	チ	ー	ム	ご	と	の	技	術	力	に	差
が	あ	る⁵	③	工	程	順	序	の	標	準	化	さ	れ	ず³	④	移	動	関	連
の	作	業	多	く³	納	期	遅	延	が	発	生	し	て	い	る	。			

この資格を目指して変わったこと ━━━━━━━━━━━━━━━━━

　落ち込むことがなくなった。物事を客観視して、未来志向が強くなれたと思う。

（b）対応策　　　60字

①	生	産	計	画	を	日	次	と	す	る^2	②	作	業	標	準	化^2	や	OJ	T^3
で	技	術	力	向	上	・	均	一	化	③	SL	P	で	配	置	検	討^3	④	生
産	統	制	で	生	産	計	画	超	過	に	よ	る	納	期	遅	延	を	防	ぐ

【メモ・浮かんだキーワード】　生産計画を日次、作業標準化、OJT、SLP、生産統制

【当日の感触等】　これも問題点は与件文のとおり、対応策も定番の内容。（設問1）より自信があるので8割は取れたかな？

【ふぞろい流採点結果】　（a）10/10点　　　（b）10/10点

第3問（配点20点）　　120字

①	3D	CA	D	導	入	し	仕	様	変	更	を	削	減	②	3D	プ	リ	ン	タ
導	入	し	最	終	検	査	後	の	手	直	し	削	減	③	受	注	情	報	を
DB	化	す	る	事	で	情	報	共	有^5	を	行	い	遅	延	が	発	生	し	そ
う	な	案	件	フ	ォ	ロ	ー	を	行	う	事	で	、	納	期	遅	延	の	根
絶	を	目	指	す	。														

【メモ・浮かんだキーワード】　3D-CAD、3Dプリンタ、DB化

【当日の感触等】　3D-CADはまだしも、3Dプリンタって1次試験で出てきたかな？　飛躍しすぎたかも。定番のDB化で情報共有は書けているから6割は取れたはず。

【ふぞろい流採点結果】　5/20点

第4問（配点20点）　　120字

戦	略	は	デ	ザ	イ	ナ	ー	を	標	的	と	し	、	強	み	で	あ	る	①
表	面	品	質	の	こ	だ	わ	り	②	研	磨	技	術	の	高	さ^5	③	一	貫
生	産	体	制^3	④	納	期	遅	延	対	策	で	得	た	ノ	ウ	ハ	ウ	を	生
か	し	、	高	品	質	な	製	品	を	短	納	期^4	で	効	率	的^3	に	生	産
す	る	事	で	付	加	価	値	を	高	め^4	売	上	向	上	を	目	指	す^4	。

【メモ・浮かんだキーワード】　技術の高さ、一貫生産体制、高品質・短納期・高効率、高付加価値

【当日の感触等】　ターゲットを確定して、強みを生かして、高付加価値な製品を提供するといった定番の流れで書けているので、8割くらいは取れたかな。

【ふぞろい流採点結果】　20/20点

【ふぞろい評価】　70/100点　　　【実際の得点】　63/100点

　第3問では「生産統制の実施」や「工数管理・工程管理の標準化」などの論点や効果への言及が不十分で、点数が伸びませんでした。第2問の（設問2）や第4問では、与件文や設問文に沿った多面的な解答が書けており、トータルで合格水準の点数が取れています。

この資格を目指して変わったこと
　勤務する会社の動きに対するアンテナが敏感に。

事例Ⅲ

みっこ 編 （勉強方法と解答プロセス：p.16）

1．昼休みの行動と取り組み方針

　事例Ⅰ、Ⅱとも大コケはしていないが、周りの出来に左右される相対的評価の試験だ。何が起こるかわからないので、得意な事例Ⅲで得点を稼ぎたい。お昼ご飯の残りを食べ、音楽を聴き、ファイナルペーパーを手に、太陽に当たりに散歩に行った。とにかく今できることは体力回復と気分転換しかない！　今私が持っている全てを出し切れば合格点には達するはず。特別なことは何もいらない。

2．80分間のドキュメント

【手順0】開始前（〜0分）

　最近の傾向の、「与件文に根拠が明確じゃないパターン」だと苦しいが……とドキドキしながらも、頭のなかを事例Ⅲ脳にする。QCD向上のため、生産管理の徹底、作業改善をする。また強み・機会を活かして、受注拡大を図る、と呟きながら心を落ち着かせる。

【手順1】準備（〜1分）

　受験番号を書き、ホチキスを外す。解答字数は560字とほぼ例年どおり、与件文2ページ半以上。図表もなしで、これは多い！　いつもどおりのタイムマネジメントではうまくいかない可能性があるため、余白に解答作成開始時刻のリミットの「14：45」と大きく書いた。

【手順2】設問解釈（〜7分）

第1問　制約は特になし。切り口は「営業面」や「生産面」で、強みは第4問と、弱みはその他問題とそれぞれ整合性を取ろう。

第2問　問題点と対応策をしっかりと対比させなきゃな。製造部門と営業部門の切り分けに注意や。2つの設問はまとめて考えよう。製造部門と営業部門の間の工程で問題発生しているなら製造部門に入れよう。

第3問　「活用について」ってえらいざっくりな気がする。切り口を「整備段階」、「活用方法」、「IT化の具体的内容」にして与件文の情報を整理しよう。

第4問　助言だから強みを活かす。そして、外部環境変化へ対応するためにさらにスキルを強化という考え方だろう。切り口は「営業面」と「生産面」。

【手順3】与件文読解と設問の紐づけ（〜20分）

2段落目　装飾性、デザイン性が差別化要件か。第1問、第4問と紐づけよう。7m以内ってわざわざ書くということはあとで何かあるかも？　印をしておこう。

3段落目　強みがたくさん書いてある。第1問、第4問だな。

4、5段落目　モニュメント製品の受注量の変動が大きいのはC社の問題点なのかな？受注増加を狙っているのは社長の思いだから下線を引こう。

7〜10段落目　「顧客とのやりとりが多い」、「2次元CAD」など事例Ⅲあるあるキーワードだ。印つけとこう！　どうも納期遅延解消の直接的な課題は「製作期間の確保」と「高度な加工技術が必要な受注に対応」かも。これらを候補に第2問を検討しよう。

11段落目　「技術力に差」は事例Ⅲでは過去問でも絶対に放置禁止だ。現状の納期遅延が今後の戦略課題になりそうだ。第1問、第2問、第4問と紐づけておこう。

12段落目　「製作図の理解力」は強み候補だ。「修整や手直しが生じる」に対する原因は第2問、対応策は第2、3問と紐づく可能性があるから切り分けに注意だな。

13〜15段落目　まだまだC社の問題が出てくる。標準化されていない、生産計画が納期順、狭い、不稼働、これらも事例Ⅲあるあるキーワードだ。これらを第2問と第3問で整理しないといけないな。スッキリと切り分けられるだろうか？

【手順4】解答骨子検討（〜55分）

第1問　第4問との整合性を取る必要があるので、キーワードを挙げるだけ挙げて、最後に解答作成しよう。挙げた要素を40字にまとめるには言葉の羅列にするしかない。

第2問　営業部門での問題点は「製作期間が十分に確保できない」のだから、3次元CADを第3問でも使うのか迷うが、スッキリと問題点と対応策が書ける。しかし製造部門での問題点は「技術力に差がある」、「標準化していない」、「不稼働が多い」、「スペースが狭い」か。140字〜160字なら2つほど書けるが、120字では1つになりそうだな。難しい……。先に他の問題をやろう。

第3問　IT化は知識だ。「全社的にリアルタイムで共有や管理」で、打ち合わせなどの不稼働を抑制できるだろう。「標準化」も生産計画のデータ化には必要だったよな（自信がないから知識も曖昧になる）。リスク軽減のため第3問と第2問の両方に入れてみよう。

第4問　受注拡大するには技術格差をなくすことだな。受注量を安定させるために営業体制確立・営業力強化だろう。事例Ⅲで投資するのはご法度といわれるが、字数もあるし、スペース拡大入れちゃおう！

第2問　第2問になんとか時間を残せた。第3問、第4問と解答骨子を決めることで、なんとなく絞れてきた。もう一度落ち着いて整理しよう。製造部門では生産計画・統制面も問題になりやすい。生産計画の立て方はどうだろう？　はっ！　納期順だから納期遅延を起こしてるのか！

【手順5】解答作成（〜78分）・見直し（〜80分）

誤字・脱字の確認。読み直すとわかりにくい文章になっている……大丈夫かな。

3．終了時の手ごたえ・感想

第2問（設問2）の情報を整理するなかで、解答方針が定まらず焦った。あとでよく考えると、そもそもの納期遅延解消という大きな課題がすっ飛んでおり、製造部門の問題点に焦点が合ってしまっていたことで起きてしまったと思う。そのようななか、思い切って次の問題に移ったことでリスク回避できたのかもしれない。

ストレート受験生あるある
1次も2次も受かると思ってなかった。

合格者再現答案＊（みっこ　編）　　　　　　　　　　事例Ⅲ

第1問（配点20点）

（a）強み　　　　　40字

一	貫	生	産	体	制³	で	高	い	溶	接³	や	研	磨	技	術³	力	、	デ	ザ
イ	ン	力	、	製	作	図	の	理	解	力	等	で	高	付	加	価	値	化	。

（b）弱み　　　　　40字

製	作	期	間	の	確	保	が	十	分	で	な	く	、	納	期	遅	延⁶	が	発
生	し	、	チ	ー	ム	間	で	の	技	術	力	に	差	が	あ	る⁴	事	。	

【メモ・浮かんだキーワード】（a）第4問と関連、（b）第4問以外と関連するだろう。
【当日の感触等】　言葉の羅列になったけど伝わるかしら？
【ふぞろい流採点結果】（a）9/10点　　　（b）10/10点

第2問（配点40点）
（設問1）

（a）問題点　　　　60字

仕	様	や	図	面	変	更⁴	、	イ	メ	ー	ジ	の	摺	合	せ	等	顧	客	と
の	や	り	取	り	が	多	く³	、	製	作	前	プ	ロ	セ	ス	に	時	間	を
要	し³	、	製	作	期	間	を	十	分	に	確	保	で	き	て	い	な	い²	。

（b）対応策　　　　60字

3	次	元	CA	D	を	導	入³	し	て	、	顧	客	と	イ	メ	ー	ジ	共	有
を	容	易	に	す	る¹	事	で	変	更²	や	や	り	取	り	を	抑	制⁴	し	、
製	作	期	間	を	十	分	に	確	保	す	る	。							

【メモ・浮かんだキーワード】　仕様確定、技術営業
【当日の感触等】　3D-CADが第3問でなくてよいかと迷ったけど、ほかに候補がないから
　大丈夫！
【ふぞろい流採点結果】（a）8/10点　　　（b）10/10点

（設問2）

（a）問題点　　　　60字

複	雑	な	形	状	や	高	度	な	加	工	技	術	が	必	要	な	受	注	内
容	に	よ	り	、	製	作	期	間	が	生	産	計	画	を	オ	ー	バ	ー¹	し
て	納	期	遅	延	が	生	じ	て	い	る	。								

（b）対応策　　　　60字

生	産	計	画	作	成	基	準	を	納	期	順	に	加	え	て	、	技	術	難
度	も	考	慮	し	、	**週**	**次**	**で**	**計**	**画**	**修**	**正**	**日**	**を**	**設**	**定**	**す**	**る**[2]	事
で	納	期	遅	延	を	解	消	す	る	。									

【メモ・浮かんだキーワード】　生産計画・統制、標準化
【当日の感触等】　最後の最後でまさかのひらめきでの解答……。白紙じゃないから、少しは
　　点数が入ることを祈ろう。不安だ……。
【ふぞろい流採点結果】　（a）1/10点　　　（b）2/10点

第3問（配点20点）　　120字

工	程	順	序	や	工	数	見	積	の	標	準	化[4]	を	行	い	、	生	産	計
画	を	デ	ー	タ	化	す	る	。	設	計	図	も	デ	ー	タ	ベ	ー	ス	化
を	図	る	。	全	社	で	**受**	**注**	**内**	**容**	**や**	**進**	**捗**	**等**	**一**	**括**	**管**	**理**	を
行	い	、	**情**	**報**	**共**	**有**[5]	で	き	る	シ	ス	テ	ム	を	構	築	す	る	。
以	上	よ	り	作	業	者	間	、	製	造	部	と	営	業	部	の	**打**	**合**	せ
を	**抑**	**制**[1]	し	て	納	期	遅	延	を	解	消	す	る	。					

【メモ・浮かんだキーワード】　データベース化、全社一元管理、共有
【当日の感触等】　大きな問題点が納期遅延1つだから、どうしても第2問とスッキリ分けら
　　れない感があり、モヤモヤするな。
【ふぞろい流採点結果】　10/20点

第4問（配点20点）　　120字

各	作	業	チ	ー	ム	の	技	術	力	の	差	を	解	消[2]	し	、	加	工	技
術	力	を	向	上	さ	せ	て	複	雑	な	形	状	を	多	数	対	応	で	き
る	様	に	す	る	。	近	年	の	**加**	**工**	**物**	**大**	**型**	**化**	に	伴	い	7	m
以	上	の	**製**	**品**	を	**製**	**作**	で	き	る	様	に	工	場	の	ス	ペ	ー	ス
拡	**大**	を	**図**	**る**[2]	。	モ	ニ	ュ	メ	ン	ト	製	品	へ	の	営	業	力	強
化[5]	、	体	制	確	立	し	、	**受**	**注**	**拡**	**大**	を	**図**	**る**[4]	。				

【メモ・浮かんだキーワード】　強み・機会を生かす、外部環境変化に対応
【当日の感触等】　どの問題よりもスッキリ解答できた気がするな。ご法度の投資をしてし
　　まったが、大枠は外していないはず。
【ふぞろい流採点結果】　13/20点

【ふぞろい評価】　63/100点　　　【実際の得点】　59/100点
　　第2問（設問2）では多くの受験生が解答しているキーワードを盛り込むことができてい
ませんが、ほかの設問は多面的かつ因果が明確な解答であり、トータルでは合格水準の解答
となっています。

ストレート受験生あるある
　試験本番、初めて4事例ぶっとおしで解いた。

事例Ⅲ

しーだ 編 （勉強方法と解答プロセス：p.18）

1．昼休みの行動と取り組み方針

　事例Ⅱの終了1分前にミスを発見して慌てて修正したため、そのときの動揺がまだ収まらない。ファイナルペーパーを読むことよりも、気持ちを落ち着けることを優先。音楽を聴きながら、おにぎりを1個食べた。少し経ち気持ちが落ち着いたので、ファイナルペーパーを眺めた。事例Ⅲは過去3回、A評価をもらっている。落ち着いていこう。

2．80分間のドキュメント

【手順0】開始前（～0分）

　頭を切り替え、事例Ⅲモードにするため、「QCDの最適化」と「なぜなぜ分析で本質的な原因をつかむこと」を自分に言い聞かせた。

【手順1】準備（～1分）

　事例Ⅲは時間がかかるので解答用紙に受験番号を書き、すぐに与件文の確認を始めた。

【手順2】与件文第1段落、第2段落、設問解釈（～10分）

与件文　受注生産と見込生産では、生産方式や課題などすべてが違うため、「ビル建築用金属製品」と「モニュメント製品」のどちらも受注生産ということを頭に叩き込む。

第1問　強みと弱みか。生産・営業・設計など、多面的に検討しよう。

第2問（設問1）　納期遅延の営業部門に関する問題点と対応策か（この時点では、設計技術者が営業部に所属していることを知らない）。

第2問（設問2）　納期遅延の製造部門に関する問題点と対応策か。

第3問　また納期遅延か。第2問でも「対応策」があったが、そこではITを活用した解答はしないほうがよいかもしれないな。

第4問　「モニュメント製品事業の充実、拡大」か。戦略寄りの設問だな。与件文を読むときには、モニュメント製品事業の内容に注意して対応しよう。

【手順3】与件文読解、与件文と設問の紐づけ、解答骨子メモ作成（～43分）

3段落目　時制は過去だが「溶接技術や研磨技術」と一貫受注体制は強みになりそうだ。

4、5段落目　モニュメント製品には機会がありそうだ。しかし、全売上高の40%を占めているにもかかわらず、受注変動が大きいのは、あまりよくないな。なぜだろう。

7～9段落目　営業部には設計がいるのか。「営業部」の記載が、営業・設計のどちらを指すかは気をつけないと。「仕様変更や図面変更」の記載がある。工数がかかりそうだな。2次元CADを使いこなしている感はあるが、3次元じゃなくても大丈夫なの？　据付工事は外注か。外注管理は問題ないかな？　7段落目から9段落目をまとめると、製作前プロセスに時間を要して製作期間が確保できず、納期遅延になっているようだ。第2問（設問1）はここを深掘りして解答しよう。

10段落目　「製作プロセスを含む業務プロセス全体の見直し」の「対策の支援システム」

としての IT 化か。製作プロセスだから、営業と製造どちらも含むな。第3問かな。

11、12段落目　「技術力に差」か。平準化しなければ、受注内容によっては高度な技術を持つチームに作業が偏り、ボトルネックになる可能性があるな。ん？　第9段落に「複雑な形状など（中略）製作期間が生産計画をオーバーする」という記述があったな。この記述は、営業部の話の流れだったので、営業部の話（基準日程が未整備で実際の製作期間より短い納期を顧客に提示している可能性がある）だと思っていた。第9段落の話は製造部の話（技術力の差によるボトルネックの発生）だったか。与件文と設問の紐づけを見直そう。混乱してきた……。

13段落目　生産計画は、納期順にスケジューリングされている点は問題なさそうだ。基準となる工程順序や工数見積などの標準化が確立していないことは、どう対応をしよう。

14段落目　工場内の作業場の問題点が記載されている。生産が非効率のため、第2問（設問2）の納期遅延に関係しているのか？　それとも、第4問のモニュメント製品事業の拡大につなげることに関係しているのか？　判断がつかない……。

15段落目　畳み掛けるように情報がくるな……。想定より書き始めが遅れている。時間がない。ここは、解答を書きながら考えよう。

【手順4】解答作成（～79分）

第1問　弱みに「納期遅延」は確実に入れないと。

第2問（設問1）　最大の問題は「製作指示の遅れ」かな。その原因は、顧客やデザイナーとの摺合わせに時間がかかり過ぎている、というところかな。対策に「3D-CAD」を含めてもよいだろうか？　第3問と被ってしまうが……。無理に切り分けるより、書いてしまえ！　「一貫性のある解答」と評価してくれることを願おう（笑）。

第2問（設問2）　「作業者のスキルのバラツキ」は書いたほうがよいと思うが、これ以外に自信を持って書ける内容がない……。苦しいが、とりあえず思いつくものを書くか。

第3問　「3D-CAD」、「生産管理システム」を書こう。でも、こんなに投資できるか？

第4問　製造効率を高めて効率的な生産体制とする生産面と、提案力や体制構築で受注を拡大する営業面の両面から解答したら多面的になるかな。7ｍよりも大型品の受注も考えるべきかもしれないが、工場は10年前に改築したばかりだし、IT 投資もするし、ちょっと厳しいのでは？　まずは、工場への投資よりも、５Ｓなどの自社内でできることから取り組んだほうがよいかもしれないな。

【手順5】見直し（～80分）

見直しの時間がない。誤字がないかだけは確認しよう。

3．終了時の手ごたえ・感想

いつもより書き始めの時間が遅かったが、なんとか書ききれて本当によかった……。第2問の「対応策」と第3問の「IT 活用」の切り分けが難しかった……。事例Ⅲは得意科目なだけに、事例Ⅲを落とすと合格は遠退いてしまう。結果が気になる……。

多年度受験生あるある

得意科目と思っていた事例でＣ評価。苦手科目でＡ評価。

合格者再現答案＊（しーだ 編） ──────── 事例Ⅲ

第1問 （配点20点）
（a）強み　　　　　　40字

ス	テ	ン	レ	ス	の	溶	接	・	研	磨	の	高	い	技	術	力	。	設	計
か	ら	据	え	付	け	ま	で	の	一	括	受	注	体	制	。				

（b）弱み　　　　　　40字

売	上	の	40	％	を	占	め	る	事	業	の	受	注	変	動	が	大	き	い
基	準	日	程	等	が	未	整	備	で	納	期	遅	延	が	起	き	て	い	る。

【メモ・浮かんだキーワード】　納期遅延
【当日の感触等】　強みはよさそうだが、弱みはどうかな……。
【ふぞろい流採点結果】（a）10/10点　　（b）8/10点

第2問 （配点40点）
（設問1）
（a）問題点　　　　　　60字

問	題	点	は	①	顧	客	と	の	す	り	合	わ	せ	に	時	間	が	か	か
る	②	受	注	後	も	打	ち	合	わ	せ	が	多	い	、	に	よ	り	製	造
部	へ	の	製	作	指	示	が	遅	れ	て	い	る	点	で	あ	る	。		

（b）対応策　　　　　　60字

対	策	は	①	設	計	が	営	業	と	顧	客	同	行	し	、	打	合	せ	の
場	で	CA	D	デ	ー	タ	を	修	正	す	る	②	3D	CA	D	を	導	入	し、
顧	客	と	の	す	り	合	わ	せ	を	合	理	化	す	る	、	で	あ	る	。

【メモ・浮かんだキーワード】　すり合わせ、製作指示の遅れ、3D-CAD
【当日の感触等】　第3問でも使う予定の「3D-CAD」を使ってしまった。だいぶ迷ったう
　　えでの決断なので仕方ないが、大丈夫か？　時間をだいぶ使ってしまった……。
【ふぞろい流採点結果】（a）4/10点　　（b）8/10点

（設問2）
（a）問題点　　　　　　60字

問	題	点	は	①	製	作	期	間	が	十	分	に	確	保	で	き	て	い	な
い	②	高	度	な	加	工	技	術	が	必	要	な	製	品	は	作	業	者	の
ス	キ	ル	の	バ	ラ	ツ	キ	に	よ	り	ネ	ッ	ク	工	程	が	生	じ	る。

（b）対応策　　　　60字

対	策	は	①	製	造	と	営	業	が	連	携	し	て	**基**	**準**	**日**	**程**	や	見
積	**方**	**法**	**を**	**見**	**直**	**す**²	②	OJ	T³	・	**標**	**準**	**化**²	に	よ	り	技	術	の
平	準	化	・	多	能	工	化	で	ネ	ッ	ク	工	程	を	な	く	す	。	

【メモ・浮かんだキーワード】　スキルのバラツキ、平準化

【当日の感触等】　第 2 問（設問 1 ）同様、苦しい……。多能工化は必要だったか？

【ふぞろい流採点結果】　（a）5/10点　　　（b）7/10点

第 3 問（配点20点）　　120字

IT	化	は	①	3D	CA	D	の	導	入	・	教	育	に	よ	り	、	造	形	イ
メ	ー	ジ	の	打	合	せ	・	変	更	を	ス	ム	ー	ズ	に	し	て	顧	客
と	の	す	り	合	わ	せ	を	改	善	す	る	②	生	産	管	理	シ	ス	テ
ム	を	導	入	し	、	日	次	の	**生**	**産**	**計**	**画**	**立**	**案**	と	**進**	**捗**	**管**	**理**⁴
を	行	い	、	納	期	遅	れ	は	応	援	対	応	す	る	。	事	前	に	工
程	**順**	**序**	や	**工**	**数**	**見**	**積**	**手**	**法**	の	**標**	**準**	**化**⁴	を	確	立	す	る	。

【メモ・浮かんだキーワード】　3D-CAD、すり合わせの改善

【当日の感触等】　「3D-CAD」はよいとして、生産管理システムは無理矢理感があるな……。

【ふぞろい流採点結果】　8/20点

第 4 問（配点20点）　　120字

C	社	は	①	SL	P	で	工	場	レ	イ	ア	ウ	ト	を	見	直	し	、	大
型	**製**	**品**	の	**作**	**業**	**ス**	**ペ**	**ー**	**ス**	の	**確**	**保**²	や	**作**	**業**	**効**	**率**	**性**	を
高	**め**³	、	付	加	価	値	の	高	い	大	型	品	の	製	造	効	率	を	高
め	る	②	3D	CA	D	を	活	用	し	、	**提**	**案**	**力**	**を**	**強**	**化**⁵	し	て	受
注	**を**	**拡**	**大**⁴	す	る	③	**技**	**術**	**の**	**共**	**有**	**化**³	で	、	高	難	易	度	案
件	の	受	注	体	制	を	構	築	し	、	事	業	拡	大	を	図	る	。	

【メモ・浮かんだキーワード】　SLP、生産面（生産効率化）、営業面（売上拡大）

【当日の感触等】　7 mより大きな製品の受注を狙うか狙わないかで、解答が割れそうだな。
　　迷った。

【ふぞろい流採点結果】　17/20点

【ふぞろい評価】　67/100点　　　【実際の得点】　73/100点

　第 1 問や第 4 問では、多面的にキーワードを盛り込んで記載できており、それぞれの設問で高得点につながっています。第 3 問で、データベース化による共有など、よりITを生かした施策を記載できればさらに点数が伸びたと思われます。

多年度受験生あるある

　たまに会う知人に「え、まだやってるの？」と言われる。

▶事例Ⅳ（財務・会計）◀

令和2年度　中小企業の診断及び助言に関する実務の事例Ⅳ（財務・会計）

【注意事項】
新型コロナウイルス感染症（COVID-19）とその影響は考慮する必要はない。

　D社は、約40年前に個人事業として創業され、現在は資本金3,000万円、従業員数106名の企業である。連結対象となる子会社はない。

　同社の主な事業は戸建住宅事業であり、注文住宅の企画、設計、販売を手掛けている。顧客志向を徹底しており、他社の一般的な条件よりも、多頻度、長期間にわたって引き渡し後のアフターケアを提供している。さらに、販売した物件において引き渡し後に問題が生じた際、迅速に駆け付けたいという経営者の思いから、商圏を本社のある県とその周辺の3県に限定している。このような経営方針を持つ同社は、顧客を大切にする、地域に根差した企業として評判が高く、これまでに約2,000棟の販売実績がある。一方、丁寧な顧客対応のための費用負担が重いことも事実であり、顧客対応の適正水準について模索を続けている。

　地元に恩義を感じる経営者は、「住」だけではなく「食」の面からも地域を支えたいと考え、約6年前から飲食事業を営んでいる。地元の食材を扱うことを基本として、懐石料理店2店舗と、魚介を中心に提供する和食店1店舗を運営している。さらに、今後1年の間に、2店舗目の和食店を新規開店させる計画をしている。このほか、ステーキ店1店舗と、ファミリー向けのレストラン1店舗を運営している。これら2店舗については、いずれも当期の営業利益がマイナスである。特に、ステーキ店については、前期から2期連続で営業利益がマイナスとなったことから、業態転換や即時閉店も含めて対応策を検討している。

　戸建住宅事業および飲食事業については、それぞれ担当取締役がおり、取締役の業績は各事業セグメントの当期ROI（投下資本営業利益率）によって評価されている。なお、ROIの算定に用いる各事業セグメントの投下資本として、各セグメントに帰属する期末資産の金額を用いている。

　以上の戸建住宅事業および飲食事業のほか、将来の飲食店出店のために購入した土地のうち現時点では具体的な出店計画のない土地を駐車場として賃貸している。また、同社が販売した戸建住宅の購入者を対象にしたリフォーム事業も手掛けている。リフォーム事業については、高齢化の進行とともに、バリアフリー化を主とするリフォームの依頼が増えている。同社は、これを事業の拡大を図る機会ととらえ、これまで構築してきた顧客との

優良な関係を背景に、リフォーム事業の拡充を検討している。

　D社および同業他社の当期の財務諸表は以下のとおりである。

事例Ⅳ

貸借対照表
（20X2年3月31日現在）

（単位：百万円）

	D社	同業他社		D社	同業他社
＜資産の部＞			＜負債の部＞		
流動資産	2,860	3,104	流動負債	2,585	1,069
現金及び預金	707	1,243	仕入債務	382	284
売上債権	36	121	短期借入金	1,249	557
販売用不動産	1,165	1,159	その他の流動負債	954	228
その他の流動資産	952	581	固定負債	651	115
固定資産	984	391	社債・長期借入金	561	18
有形固定資産	860	255	その他の固定負債	90	97
建物・構築物	622	129	負債合計	3,236	1,184
機械及び装置	19	—	＜純資産の部＞		
土地	87	110	資本金	30	373
その他の有形固定資産	132	16	資本剰余金	480	298
無形固定資産	11	17	利益剰余金	98	1,640
投資その他の資産	113	119	純資産合計	608	2,311
資産合計	3,844	3,495	負債・純資産合計	3,844	3,495

損益計算書
（20X1年4月1日～20X2年3月31日）

（単位：百万円）

	D社	同業他社
売上高	4,555	3,468
売上原価	3,353	2,902
売上総利益	1,202	566
販売費及び一般管理費	1,104	429
営業利益	98	137
営業外収益	30	26
営業外費用	53	6
経常利益	75	157
特別利益	—	—
特別損失	67	4
税金等調整前当期純利益	8	153
法人税等	△27	67
当期純利益	35	86

第1問（配点25点）

（設問1）

　D社および同業他社の当期の財務諸表を用いて比率分析を行い、同業他社と比較した場合のD社の財務指標のうち、①優れていると思われるものを1つ、②劣っていると思われるものを2つ取り上げ、それぞれについて、名称を(a)欄に、計算した値を(b)欄に記入せよ。(b)欄については、最も適切と思われる単位をカッコ内に明記するとともに、小数点第3位を四捨五入した数値を示すこと。

（設問2）

　D社の当期の財政状態および経営成績について、同業他社と比較した場合の特徴を60字以内で述べよ。

第2問（配点30点）

（設問1）

　ステーキ店の当期の売上高は60百万円、変動費は39百万円、固定費は28百万円であった。変動費率は、売上高70百万円までは当期の水準と変わらず、70百万円を超えた分については60％になる。また、固定費は売上高にかかわらず一定とする。その場合の損益分岐点売上高を求めよ。(a)欄に計算過程を示し、計算した値を(b)欄に記入すること。

（設問2）

　このステーキ店（同店に関連して所有する資産の帳簿価額は35百万円である）への対応を検討することとした。D社の取りうる選択肢は、①広告宣伝を実施したうえでそのままステーキ店の営業を続ける、②よりカジュアルなレストランへの業態転換をする、③即時閉店して所有する資産を売却処分する、という3つである。それぞれの選択肢について、D社の想定している状況は以下のとおりである。

～当日、試験終了後の過ごし方～ ─────────
　打ち上げということで、妻とカフェへ。

①	・広告宣伝の契約は次期期首に締結し、当初契約は3年間である。広告料は総額15百万円であり、20X2年4月1日から、毎年4月1日に5百万円ずつ支払う。 ・広告宣伝の効果が出る場合には毎年35百万円、効果が出ない場合には毎年△5百万円の営業キャッシュ・フロー（いずれも税引後の金額である。以下同様）を、契約期間中継続して見込んでいる。なお、この金額に広告料は含まない。 ・効果が出る確率は70％と想定されている。 ・効果が出る場合、広告宣伝の契約を2年間延長する。広告料は総額10百万円であり、毎年4月1日に5百万円ずつ支払う。延長後も広告宣伝の効果は出続け、営業キャッシュ・フローの見込み額は同額であるとする。その後、20X7年3月31日に閉店し、同日に、その時点で所有する資産の処分を予定している。資産の処分から得られるキャッシュ・フローは24百万円を予定している。 ・効果が出ない場合、3年後の20X5年3月31日に閉店し、同日に、その時点で所有する資産の処分を予定している。資産の処分から得られるキャッシュ・フローは28百万円を予定している。
②	・業態転換のための改装工事契約を次期期首に締結し、同日から工事を行う。改装費用（資本的支出と考えられ、改装後、耐用年数を15年とする定額法によって減価償却を行う）は30百万円であり、20X2年4月1日に全額支払う。 ・改装工事中（20X2年9月末日まで）は休店となる。 ・改装後の営業が順調に推移した場合には毎年25百万円、そうでない場合には毎年15百万円の営業キャッシュ・フローを見込んでいる。ただし、営業期間の短い20X2年度は、いずれの場合も半額となる。 ・改装後の初年度における営業キャッシュ・フローがその後も継続する。 ・営業が順調に推移する確率を40％と見込んでいる。 ・いずれの場合も、5年後の20X7年3月31日に閉店し、同日に、その時点で所有する資産の処分を予定している。資産の処分から得られるキャッシュ・フローは27百万円を予定している。
③	・20X2年4月1日に、30百万円で処分する。

　以上を基に、D社が次期期首に行うべき意思決定について、キャッシュ・フローの正味現在価値に基づいて検討することとした。①の場合の正味現在価値を(a)欄に、②の場合の正味現在価値を(b)欄に、3つの選択肢のうち最適な意思決定の番号を(c)欄に、それぞれ記入せよ。(a)欄と(b)欄については、(i)欄に計算過程を示し、(ii)欄に計算結果を小数点第3位を四捨五入して示すこと。

　なお、将来のキャッシュ・フローを割り引く必要がある場合には、年8％を割引率として用いること。利子率8％のときの現価係数は以下のとおりである。

	1年	2年	3年	4年	5年
現価係数	0.926	0.857	0.794	0.735	0.681

第3問（配点20点）

　D社は、リフォーム事業の拡充のため、これまで同社のリフォーム作業において作業補助を依頼していたE社の買収を検討している。当期末のE社の貸借対照表によれば、資産合計は550百万円、負債合計は350百万円である。また、E社の当期純損失は16百万円であった。

（設問1）

　D社がE社の資産および負債の時価評価を行った結果、資産の時価合計は500百万円、負債の時価合計は350百万円と算定された。D社は50百万円を銀行借り入れ（年利4％、期間10年）し、その資金を対価としてE社を買収することを検討している。買収が成立した場合、E社の純資産額と買収価格の差異に関してD社が行うべき会計処理を40字以内で説明せよ。

（設問2）

　この買収のリスクについて、買収前に中小企業診断士として相談を受けた場合、どのような助言をするか、60字以内で述べよ。

第4問（配点25点）

　D社の報告セグメントに関する当期の情報（一部）は以下のとおりである。

（単位：百万円）

	戸建住宅事業	飲食事業	その他事業	合　計
売上高	4,330	182	43	4,555
セグメント利益	146	△23	△25	98
セグメント資産	3,385	394	65	3,844

　※内部売上高および振替高はない。
　※セグメント利益は営業利益ベースで計算されている。

　D社では、戸建住宅事業における顧客満足度の向上に向けて、VR（仮想現実）を用い、設計した図面を基に、完成予定の様子を顧客が確認できる仕組みを次期期首に導入することが検討されている。ソフトウェアは400百万円で外部から購入し、5年間の定額法で減価償却する。必要な資金400百万円は銀行借り入れ（年利4％、期間5年）によって調達する予定である。このソフトウェア導入により、戸建住宅事業の売上高が毎年92百万円上昇することが見込まれている。以下の設問に答えよ。

（設問1）

(a)戸建住宅事業および(b)D社全体について、当期のROIをそれぞれ計算せよ。解答は、％で表示し、小数点第3位を四捨五入すること。

（設問2）

各事業セグメントの売上高、セグメント利益およびセグメント資産のうち、このソフトウェア導入に関係しない部分の値が次期においても一定であると仮定する。このソフトウェアを導入した場合の次期における戸建住宅事業のROIを計算せよ。解答は、％で表示し、小数点第3位を四捨五入すること。

（設問3）

取締役に対する業績評価の方法について、中小企業診断士として助言を求められた。現在の業績評価の方法における問題点を(a)欄に、その改善案を(b)欄に、それぞれ20字以内で述べよ。

事例
Ⅳ

80分間のドキュメント　事例Ⅳ

のき 編（勉強方法と解答プロセス：p.8）

1．休み時間の行動と取り組み方針

　苦手な事例Ⅲが足を引っ張ってしまった気がしたので、得意な事例Ⅳである程度挽回しないといけない。とりあえず他の事例同様、事例Ⅳ用の音楽を流す。ラムネとチョコレートで脳に栄養補給。事例Ⅳだけは得点源にするため他の事例よりも力を入れてやってきたし、自分を信じて最後までやり切るだけ。

2．80分間のドキュメント

【手順0】開始前（〜0分）

　事例Ⅳは経営分析、CVP は確実に得点する。NPV は難易度によるので問題文をざっと見たときに判断。記述問題は難しくても何か捻り出してとりあえず書く。それが基本戦略。最初の20分で経営分析を終わらせられるかが第1ステップ。

【手順1】準備（〜1分）

　問題用紙を裁断し、計算用紙と問題用紙に分離する。解答用紙を見ると妙に解き方を書く欄が大きい問題が見える。おそらく NPV だろう。結構、分量あるなぁ。

【手順2】問題確認（〜5分）

　問題全体にざっと目を通す。第1問はいつもどおり経営分析、第2問は CVP と NPV。第3問はのれんの記述問題。第4問は ROI に関する計算問題と記述問題。ROI ってなんだっけ？　問題文がやたら長い NPV は後回しにして頭から解いていくか。

【手順3】与件文・財務諸表読解および経営分析（〜22分）

　与件文　事業内容把握のためにまずは与件文から。主な事業は戸建住宅事業。「引き渡し後のアフターケアを提供」で顧客満足は得られるけど、費用負担が重い。飲食事業は業績が悪いと。ROI の計算方法が書いてある、ラッキー。具体的な出店計画のない土地を賃貸しているけど、有形固定資産の効率性はどうだろう？　リフォーム事業は伸びてきている。　財務諸表　まずは損益計算書（以下、P／L）。明らかに販管費が同業他社と比べて異常。アフターケアの費用はここに計上されていると思われる。続いて貸借対照表（以下、B／S）。数字だけを見たところの特徴は、純資産が少ない、借入金が多い、固定資産が多いと。　第1問　設問要求は優れている点1つと劣っている点2つ。まずはセオリーどおり収益性・効率性・安全性から1つずつ選ぶようにしよう。P／L で気になった販管費を収益性で採用して、売上高営業利益率を劣った指標にしよう。B／S を見たときに明らかに安全性には問題がありそうだったので、効率性は優れた指標にしようかな。固定資産が多いから除外して、売上債権か、棚卸資産か。あれ、棚卸資産がない。あ、販売用不動産が棚卸

資産になるのかな？　戸建住宅事業自体は調子がよいのだから棚卸資産回転率でも説明はつくだろう。安全性は負債比率にするのがよさそうだけど、固定資産が妙に多い点がどうしても引っかかる。なんとかして織り込めないかな？　う〜ん、固定比率は同業他社よりも低いし、大丈夫かな。まぁ、劣っているのは事実だし部分点は入るだろう。

【手順4】第2問（設問1）、第3問、第4問の計算および答案作成（〜65分）

第2問（設問1）（〜32分）

CVPは公式を使って……。あれ、途中で変動費率が変わるぞ。このタイプは初めて見るぞ。要求は損益分岐点売上高なので、多少強引でも変化前後で利益がゼロになる点を手作業で見つけよう。変化前は赤字。変化後は……、あ、ゼロになった。よかった。

第3問（〜42分）

（設問1）　買収価格のほうが時価より安いのは負ののれん。これはちょうど1年前に簿記2級でやったなぁ。あれ、どこに計上するんだっけか？　のれんは純資産に計上するからB／Sの反対側の資産の部としておくか。ここを間違えても0点にはならないだろう。

（設問2）　助言って難しいな。単純に事業として赤字なのだから収益性とか安全性は落ちるだろうな。あと、買収なら簿外債務くらいかな？　買収をやめるまで書くかどうかは悩ましいけど、助言なのではっきりやめたほうがいいと書いておくか。

第4問（〜65分）

（設問1）　ROIの計算方法は与件文にあったな。それに従って計算をすれば、この問題は易しいな。絶対に間違えてはいけないので、この場で検算を3回してしまおう。

（設問2）　利益は営業利益ベースなので減価償却費を考慮しないといけないな。結構面倒くさい。銀行借り入れは考慮に入れなくても大丈夫だよな？　なんでわざわざ書いたんだろう？　一応数値は出したけど、正解している手ごたえはないな……。

（設問3）　知識がないので、考えないと。20字の字数制限って厳しいなぁ。レストランは設備投資をしたからといって収益性が向上するとは限らないと思うんだよね。それをどう表現するかだな。「労働集約的事業」とか？　対策は事業特性を踏まえて評価するとしよう。

【手順5】（〜80分）

第2問（設問2）、（設問3）

（設問2）　15分しかないので、すべて解き終わる気がしない。とりあえずできるところまでやって、部分点狙いだ。①は最初デシジョンツリーかと思ったけど、なんだ普通の期待値計算か。広告費の発生タイミングと期末の時期がズレるのでその点を考慮して計算。一応出した。まぁ、計算は間違っているだろうな。②はもう時間がない。白紙で出そう。

（設問3）　見たところ②はキャッシュインの時期が遅いからNPVは低そう。①に賭ける。

3．終了時の手ごたえ・感想

例年の過去問と比べると手ごたえがない。NPVはどうせ計算ミスをしているので、50点いくかといった感じか。周りを見渡すとみんな憔悴しきったような感じだし、難しいと感じたのは自分だけじゃなかったはずだ。とりあえず、夜は焼き肉を食べに行こう。

受験予備校生あるある

模試や演習の結果に一喜一憂。

合格者再現答案＊（のき 編） — 事例Ⅳ

第1問（配点25点）
（設問1）

	（a）	（b）		（a）	（b）
①	棚卸資産回転率²	3.91（回²）	②	売上高営業利益率²	2.15（%²）
				固定比率	161.84（%）

（設問2）　　　　　　60字

顧	客	志	向	徹	底³	の	戸	建	住	宅	事	業	の	好	調¹	で	効	率	性
が	高	い¹	、	長	期	間	の	ア	フ	タ	ー	ケ	ア²	と	自	己	資	本	
を	上	回	る	過	剰	投	資¹	で	収	益	性¹	と	安	全	性	が	低	い¹	。

【メモ・浮かんだキーワード】 収益性・効率性・安全性、多面的な説明

【当日の感触等】 安全性を固定比率にするのはリスクが高い気がしたが、営業利益率を劣った指標にしたので、固定資産の多さの説明には、これしかなかった。実際劣っているし、部分点狙い。

【ふぞろい流採点結果】（設問1）8/12点　　（設問2）10/13点

第2問（配点30点）
（設問1）

（a）	当期の変動費率は39÷60＝0.65 **売上高70百万円での利益は、70－70×0.65－28＝－3.5⁶で70百万円以上の売上**が必要。3.5百万円の利益を生むための売上は3.5÷（1－0.6）＝8.75⁴百万円。 よって、70＋8.75＝78.75百万円
（b）	**78.75⁵　百万円**

（設問2）
（a）

（i）	①効果が出る場合の各期CFは　X2：△5、X3〜X7：△5＋35＝30¹ NPV＝△5¹＋30×（0.926＋0.857＋0.794＋0.735＋0.681¹）＝131.04（百万円） ②効果が出ない場合の各期CFは　X2〜X4：△10、X5：△5＋28＝23 NPV＝△10＋△10×（0.926＋0.857）＝△4.558 よって131.04×0.7＋△4.558×0.3＝90.41（百万円）
（ii）	90.41　百万円

（b）

（i）	
（ii）	

（c）	①³

【メモ・浮かんだキーワード】　CVP分析、NPV、デシジョンツリー、期待値
【当日の感触等】　（設問1）は検算したし合っているだろう。最後に慌てて解いた設問2は絶対計算ミスや条件漏れがあるはずなので、得点は期待できないな。（c）はお願いだから当たってくれ。
【ふぞろい流採点結果】　（設問1）15/15点　　（設問2）（a）3/6点　（b）0/6点　（c）3/3点

第3問（配点20点）

（設問1）　　40字

純	資	産	の	時	価²	と	買	収	価	格	の	差	異	の	10	0	百	万	円²
を	負	の	の	れ	ん⁴	と	し	て	資	産	の	部	に	計	上	す	る	。	

（設問2）　　60字

助	言	は	①	E	社	の	低	い	収	益	性⁵	が	D	社	の	収	益	性⁵	と
安	全	性	に	悪	影	響	を	与	え	る⁵	、	②	簿	外	債	務	の	存	在
の	リ	ス	ク	が	あ	る	、	た	め	買	収	は	避	け	る	べ	き	。	

【メモ・浮かんだキーワード】　負ののれん、簿外債務
【当日の感触等】　負ののれんの計上先は自信がないけど、部分点は入るはず。助言はここまで明言してよかったかは悩ましいけど、字数も余ったしまぁいいか。
【ふぞろい流採点結果】　（設問1）8/8点　　（設問2）10/12点

第4問（配点25点）

（設問1）

（a）	4.31⁶　％
（b）	2.55⁶　％

（設問2）

1.74　％

（設問3）

（a）　　20字

労	働	集	約	的	事	業	が	正	し	く	評	価	で	き	な	い⁴	。		

（b）　　20字

事	業	特	性	を	考	慮	し	た	評	価	指	標	を	別	途	設	け	る³	。

【メモ・浮かんだキーワード】　事業特性、設備事業でない事業、労働集約的事業
【当日の感触等】　（設問1）は絶対に間違えられない問題、（設問2、3）は正解かどうか全く自信がない。
【ふぞろい流採点結果】　（設問1）12/12点　　（設問2）0/5点　　（設問3）7/8点

【ふぞろい評価】　76/100点　　**【実際の得点】**　55/100点

　大きく失点することがなく、全体を通して満遍なく得点しています。特に第3問と第4問の記述問題で高得点を獲得したことで、ふぞろい流採点では合格ラインを大きく上回っています。簿記2級の学習や現場対応力が功を奏したといえるでしょう。

『ふぞろい』を読んで衝撃を受けたこと
2次試験の奥深さ。

Ｎａｎａ編（勉強方法と解答プロセス：p.10）

1．休み時間の行動と取り組み方針

　ついに来た鬼門の事例Ⅳ。2次試験対策の50％は事例Ⅳに費やしたといっても過言ではない。それでも苦手意識は抜けなかった。目標は、難しい問題が来てもパニックにならないことと、全部の問題を時間内に解こうとしないことだ。糖分補給にダークチョコレートを食べてリラックス。ファイナルペーパーに書いた式をひととおり読み返す。

　お気に入りの大きい電卓を持ってきた。皆さんどういう電卓を使っているか気になりチラっと見てみる。大きい電卓使っている人多いのね。しかし机が小さすぎて、どこに配置したらいいのだろう。

2．80分間のドキュメント

【手順0】開始前（〜0分）

　鉛筆を削りつつ、使うであろう計算式を思い出す。緊張で手が震える。

【手順1】準備（〜1分）

　問題用紙のホチキスを外し、ページを破って分離。メモ欄を準備。第1問の上に「収益性」、「安全性」、「効率性」と書く。

【手順2】設問確認＆与件文読解（〜10分）

　問題を軽く確認して解く順番を決める。第1問は典型的な経営分析だ。優先度「高」にする。第2問（設問1）は損益分岐点売上高、優先度「高」。第2問（設問2）は一番苦手な投資の意思決定、迷わず優先度「低」にする。第3問（設問1）（設問2）は知識問題か、計算よりは気が楽なので先にやろう、優先度「高」。第4問（設問1）は難しい計算じゃなさそう、優先度「高」。第4問（設問2）は問題文自体は短いけどややこしい予感、優先度「中」。第4問（設問3）の文章問題は時間がかからなさそうだから、優先度「高」。解答順は難易度も踏まえて第1問→第2問（設問1）→第3問（設問1）→第3問（設問2）→第4問（設問1）→第4問（設問3）→第4問（設問2）→第2問（設問2）としよう。

　与件文は強みと機会を青色鉛筆、弱みと脅威を赤色鉛筆で塗る程度に抑える。戸建住宅事業と飲食事業を営むって面白い組み合わせだな、と思う。

【手順3】経営分析（〜25分）

第1問　収益性、安全性、効率性の3つの観点で答える。使う指標は『事例Ⅳ（財務・会計）の全知識＆全ノウハウ』で挙げられていた主要11指標のみで進める。収益性は売上高総利益率でいこう。評判が高く販売実績も多いってあるし、収益性は良い。安全性は自己資本比率でいこう。負債比率は計算式がちょっと怪しいのでやめとく。効率性は有形固定資産回転率でいこう。うーん、顧客対応の費用負担が重いところを使いたかったけど、

うまく経営分析で表せない。あまり時間もかけられないので少し点数が入るのを期待して次に行こう。

【手順４】第２問以降の計算および答案作成（～80分）

第２問

（設問１）「その場合の損益分岐点売上高を求めよ」の「その場合」ってどの場合⁉　変動費率60％の使い方がわからない。公式を書いて部分点を狙おう。

第３問

（設問１）　のれん、の反対って何だっけ⁉　逆ののれん？　のれんばっかり気にしてた。

（設問２）　他の評価方法も使ったほうがよいと思うけど、言葉が出てこない。部分点狙いで何か書いてみよう。

第４問

（設問１）　これ単純にセグメント利益÷セグメント資産でいいの？　よくわからないぞ。

（設問３）　業績評価の問題点といえば、短期ばかり気にしてしまうところか。

（設問２）　計算過程を書かせてよー。計算結果が合う自信がまったくない。丁寧に何度も計算し直しながら計算結果を出すしかない。少しずつ焦ってきた……。

第２問

（設問２）　やばい……。焦らないこととパニックにならないことを目標にしたけど、完全に焦ってパニック。なんじゃこの問題は⁉　図式化してみるけど、わからないことが多くて全然進まない。こりゃ終わらないぞ。先に（ｃ）の解答を書いてからあとは途中まで計算を書いて部分点を狙う作戦に変更。今までの過去問だと②のパターンが多かった気がするけど……。コロコロコロ（鉛筆を転がす音）①でいこう。あとは部分点狙いで計算式を書いている間に終了、見直す時間はなし。

３．終了時の手ごたえ・感想

　終わった……。事例Ⅲまではなんとなく解けた気がしたけど、やっぱり事例Ⅳでつまずいてしまった。あれだけ問題集をやったけど、まだまだレベルが低かったか。事例Ⅳで足切りになっていなければ、事例Ⅰ～Ⅲでなんとか挽回できないか？　どうだろう。

　モヤモヤな気持ちを抱えながら帰路につく。夫がお疲れ様会として焼き肉に連れて行ってくれて嬉しい気持ちの反面、事例Ⅳがダメで申し訳ない気分でいっぱいになる。

　ひとまず明日から養成課程の資料集めを開始しよう。

事例Ⅳ

『ふぞろい』を読んで衝撃を受けたこと
みんな勉強時間を記録していること。自分はまったくノーカウントでした。

合格者再現答案＊（Ｎａｎａ 編） ━━━ 事例Ⅳ

第1問 （配点25点）
（設問1）

	（a）	（b）		（a）	（b）
①	売上高総利益率[1]	26.39（％[1]）	②	自己資本比率[1]	15.82（％[1]）
				有形固定資産回転率[1]	5.30（回[1]）

（設問2）　　　　　60字

顧	客	志	向	徹	底	に	よ	り	評	判	が	高	く	**収**	**益**	**性**	**高**	**い**[1]	。
資	金	調	達	を	**借**	**入**	に	**依**	**存**[3]	、	**安**	**全**	**性**	**低**	**い**[1]	。	土	地	が
有	効	活	用	出	来	て	お	ら	ず	**効**	**率**	**性**	**低**	**い**[1]	。				

【メモ・浮かんだキーワード】 収益性・安全性・効率性

【当日の感触等】 しっくりこない。これでよいのか超不安。

【ふぞろい流採点結果】 （設問1）6/12点　　（設問2）6/13点

第2問 （配点30点）
（設問1）

（a）	変動費率：39÷60＝65% 損益分岐点売上高＝固定費÷（1－変動費率）＝28÷（1－0.65）＝80.00[4]（百万円）
（b）	80.00　百万円

（設問2）

（a）

（ⅰ）	正味現在価値＝将来CFの現在価値合計－投資額 効果が出る場合の現在価値＝（35－5）×（0.925＋0.857＋0.794＋0.735）
（ⅱ）	

（b）

（ⅰ）	
（ⅱ）	

（c）	①[3]

【メモ・浮かんだキーワード】　CVP分析

【当日の感触等】　できるだけ式を丁寧に書いて部分点を狙うしかない。時間がない。

【ふぞろい流採点結果】　（設問1）4/15点　　（設問2）（a）0/6点　　（b）0/6点　　（c）3/3点

第3問（配点20点）

（設問1）　　　　　　　40字

E	社	の	**純**	**資**	**産**	**額**	15	0	**百**	**万**	**円**	と	**買**	**収**	**価**	**格**	50	**百**	**万**
円[1]	の	差	10	0	**百**	**万**	**円**[2]	を	**逆**	の	の	**れ**	**ん**[4]	と	し	て	計	上	

（設問2）　　　　　　　60字

E	社	は	**当**	**期**	**純**	**損**	**失**	が	マ	イ	ナ	ス[5]	で	あ	る	た	め	、	将
来	CF	を	得	ら	れ	な	い	可	能	性	が	あ	る	。	シ	ナ	ジ	ー	効
果[2]	が	あ	る	か	等	、	多	角	的	に	評	価	す	べ	き	で	あ	る	。

【メモ・浮かんだキーワード】　のれん

【当日の感触等】　のれんの処理は覚えていたけどその反対は覚えていなかった。部分点は入る？

【ふぞろい流採点結果】　（設問1）7/8点　　（設問2）7/12点

第4問（配点25点）

（設問1）

（a）	4.31[6]	％
（b）	2.55[6]	％

（設問2）

4.17[2]	％

（設問3）

（a）　　　　　　　20字

短	期	的	な	利	益	増	大	を	目	標	に	し	て	し	ま	う[4]	。		

（b）　　　　　　　20字

長	期	的	視	野[4]	や	シ	ナ	ジ	ー	効	果	も	評	価	す	る	。		

【メモ・浮かんだキーワード】　短期的 vs 長期的、シナジー効果、評価方法

【当日の感触等】　一般論しか思いつかない。部分点は入る？

【ふぞろい流採点結果】　（設問1）12/12点　　（設問2）2/5点　　（設問3）8/8点

【ふぞろい評価】　55/100点　　　【実際の得点】　55/100点

　　第2問の計算問題で大きく失点したものの、第3問、第4問で大きな粘りを見せ、合格ラインに近くに達しています。第2問で部分点を着実に獲得したこと、書けそうな問題に優先的に取り組んだことが奏功しました。タイムマネジメントは重要です。

私が陥ったスランプ

　事例Ⅳの勉強、やってもやってもできるようにならないよ〜（涙）。

かもとも 編（勉強方法と解答プロセス：p.12）

1．休み時間の行動と取り組み方針

　10分程度で事例Ⅲの再現答案をスマホに打ち込む。あと1事例で終わり！　休日に1日かけて4事例を解いていたから、疲労感は問題ない。集中力が途切れていないのはアドバンテージになっているはず。糖分補給にチョコとラムネを食べて、ファイナルペーパーに目を通す。

2．80分間のドキュメント

【手順1】準備（〜5分）

　受験番号の記入後、与件文と設問文の単位表記にマーカーを引いていく（文章は読まず、機械的に処理していく）。「千円」と「百万円」を取り違えるといったミスは起こさないように、慎重に進めよう。このひと手間で、一歩リードできるはず。

【手順2】経営分析（計算のみ）（〜15分）

　与件文を読むと引っ張られてしまうので、機械的に計算のみを進める。B／Sは単年のみだから、平均を出す必要はないよね。収益性（売上高総利益率、売上高営業利益率、売上高経常利益率）、効率性（売上債権回転率、棚卸資産回転率、有形固定資産回転率）、安全性（流動比率、固定比率、自己資本比率）の9指標を算出。

【手順3】設問文・与件文読解（〜25分）

第1問　（設問1）は優れているものを1つ、劣っているものを2つか。解答欄を間違えないようにしよう。（設問2）は、収益性、効率性、安全性について端的に説明せんなんな。

第2問　（設問1）は変動費率が途中で変わる？　解いたことがないパターンやけど、時間をかければ理解できそうやから、これは落とさないようにしよう。（設問2）はNPV、かつ設問文が長すぎるので、後回しにしよう。これはまともにとりあってはいけない。

第3問　（設問1）はのれんのことかな？　知識問題なので、それほど時間はかけなくてもよさそう。（設問2）も知識問題なので、空欄にはしないようにしよう。

第4問　（設問1）は単純な計算問題か。これは落としてはいけない。（設問2）は第2問の（設問1）と同様、少しひねられていそうな印象。あとでしっかり読もう。（設問3）は知識問題やから空欄にしないようにしよう。

与件文　売上総利益は良いが営業費用や借入金が多く、営業利益や経常利益が悪いというよくあるパターンかな。5段落目に「現時点では具体的な出店計画のない土地」とあるから、有効活用できていない過大な固定資産があるんやろうな。

【手順4】経営分析（解答作成）（〜35分）

　計算した指標をD社と同業他社で見比べる。安全性は3指標いずれもD社のほうが悪いから、劣っているとみなして問題ないだろう。収益性と効率性はどうしようか。収益性は

悪そうやけど、そうすると与件文に記載のない売上債権回転率が優れている指標になる（棚卸資産回転率は同業他社に比べて優れているが、差が小さいため除外）。一方、効率性が劣っているとすると、営業利益と経常利益がダメダメなのに収益性を優れている指標として挙げることになる。第2問以降が収益性改善に関連するテーマのようだから、収益性を劣っている指標として挙げよう。

【手順5】第2問以降の計算および解答作成（〜80分）

第2問

（設問1）　改めて設問文を読む。70百万を売上げた時点で固定費28百万円のうちいくら回収できているか、残った固定費を回収するためにいくらの売上が必要かを変動費率60％で求めればよいよね。この考えをそのまま過程の欄に記入し、解答を求める。

第3問

（設問1）　のれんしか浮かばない。とりあえず、簿価ではなく時価で計算したことが伝わるように表現しよう。

（設問2）　デューデリジェンスしか浮かばない。まだ他の問題もあるので、一旦先へ進む。

第4問

（設問1）　与件文を読み、ROIは投下資本営業利益率であること、投下資本は各セグメントの期末資産の金額を用いることを確認し、素直に計算する。

（設問2）　銀行借入れの利息支払いは営業利益ではなく経常利益の算出に関わることから、設問には関係ないフェイントかな。費用の増加分は減価償却費の80百万円のみのはず。取得したソフトウェア分400百万円を資産に加えてROIを計算したところ、（設問1）で計算した値よりも低くなる。おかしいな。新しい取り組みで収益性を改善するストーリーなのでは？　もしかして年度末に資産から減価償却費分を控除するから、資産の増分が400百万円ではなく320百万円になるのか。どちらで計算しても前問よりは低い値になってしまう。わからんけど、悩んでも仕方がないから後者で解答を記入してしまおう。

（設問3）　部門間対立が発生する、短期的視点の経営に陥るといった事例Ⅰ的なキーワードしか浮かばない。NPVが未着手やから、もうこの要素で解答を作成するしかない。

第2問

（設問2）　あと10分しか時間がない。条件整理もろくにせず（a）のみ解答を記入。（b）は部分点狙いで減価償却費のみ計算し、（c）は山勘で当たる可能性に懸けて②と記入。

3．終了時の手ごたえ・感想

　事例Ⅳは得意なつもりでいたけど、NPVの出し方が独特、かつ後半の知識問題で馴染みのないテーマが出題されてしまった。再考するつもりだった第3問（設問2）にも時間を割けず、いろいろとよくない方向に転んでしまったな。事例ⅡとⅣの足切りが怖いけど、終わったことは気にしない。帰りの電車のなかで事例Ⅳの再現答案を作って、今日は打ち上げ。妻と外食！

受験勉強中に起きた面白エピソード
　ファミレスで勉強中、メガネをはずしてトイレへ。勘で元の席へ戻る→違う席だった。

合格者再現答案＊（かもとも 編） ───────── 事例Ⅳ

第1問（配点25点）
（設問1）

	（a）	（b）		（a）	（b）
①	売上債権回転率[1]	126.53（回[1]）	②	売上高経常利益率[2]	1.65（%[2]）
				自己資本比率[1]	15.82（%[1]）

（設問2）　　　　　　60字

特	徴	は	①	売	上	債	権	が	少	な	く[1]	経	営	の	効	率	性	が	高
い[1]	②	受	注	は	多	い	が	コ	ス	ト	高[3]	、	不	採	算	事	業	、	借
入	金[3]	や	利	息	の	負	担[1]	で	収	益	性[1]	・	安	全	性	が	低	い[1]	。

【メモ・浮かんだキーワード】　収益性、効率性、安全性

【当日の感触等】　収益性と効率性、どちらが優れているんやろう？

【ふぞろい流採点結果】（設問1）8/12点　　（設問2）11/13点

第2問（配点30点）
（設問1）

（a）	①売上高70百万の時の限界利益は24.5百万。 ②上記により固定費の24.5百万は回収済。 ③残りの**固定費の3.5百万**[6]を回収するための追加売上高を求める。 追加売上高＝3.5÷（1－0.6）＝8.75[4]
（b）	78.75[5]　百万円

（設問2）

（a）

（ⅰ）	X2〜X4年までの各年の広告効果の期待値は、35×0.7－5×0.3＝23 X2〜X4年までの各年の費用は5百万。　∴CF＝23－5＝18[1] X5年のCFの期待値は、（35－5）×0.7＋28×0.3＝29.4 X6年のCFの期待値は、（35－5）×0.7＋24[1]×0.7＋0×0.3＝37.8 ∴NPV＝18×**（0.926＋0.857＋0.794＋0.735＋0.681**[1]**）**＋29.4×0.681×0.926＋ 37.8×0.681×0.857＝99.231
（ⅱ）	99.23　百万円

（b）

（ⅰ）	減価償却費：2百万円
（ⅱ）	

（ c ）	②

【メモ・浮かんだキーワード】　固定費の回収

【当日の感触等】　NPVは得意なつもりだったのに、この出し方は意地悪すぎる……。

【ふぞろい流採点結果】　（設問1）15/15点　　（設問2）（a）3/6点　（b）0/6点　（c）0/3点

第3問（配点20点）

（設問1）　　　　　40字

純	資	産	額	15	0	百	万	と	買	収	価	格	50	百	万[1]	の	差	額	1
百	万	を	の	れ	ん[2]	と	し	て	固	定	資	産	に	計	上	す	る	。	

（設問2）　　　　　60字

デ	ュ	ー	デ	リ	ジ	ェ	ン	ス	を	行	い[1]	簿	外	債	務	が	な	い	か
を	検	討	す	べ	き	。													

【メモ・浮かんだキーワード】　のれん、時価評価、デューデリジェンス

【当日の感触等】　（設問2）で他の観点も盛り込みたかったが、NPVに時間を取られたため妥協。

【ふぞろい流採点結果】　（設問1）3/8点　　　（設問2）1/12点

第4問（配点25点）

（設問1）

（ a ）	4.31[6]　　　　%
（ b ）	2.55[6]　　　　%

（設問2）

4.26[3]　　　　%

（設問3）

（ a ）　　　　　20字

①	短	期	的	視	点[4]	の	経	営	と	部	門	間	対	立	が	発	生	す	る	。

（ b ）　　　　　20字

評	価	に	長	期	的[4]	・	部	門	横	断	的	な	観	点	を	導	入	す	る	。

【メモ・浮かんだキーワード】　短期的視点、セクショナリズム

【当日の感触等】　事例Ⅰみたいな解答になってしまった。

【ふぞろい流採点結果】　（設問1）12/12点　　（設問2）3/5点　　（設問3）8/8点

【ふぞろい評価】　64/100点　　　【実際の得点】　63/100点

　　第3問のリスクへの助言で大きく失点しましたが、第1問での丁寧な経営分析で確実に得点し、第4問のROI業績評価についての設問でも高得点を獲得し、合格ラインを確保しています。集中力を切らさなかったことが粘り勝ちを引き寄せました。

試験開始直後にすること

　受験番号を解答用紙に記入しました。

イノシ 編 （勉強方法と解答プロセス：p.14）

1．休み時間の行動と取り組み方針

　事例Ⅲで高得点の感触を得られたが、いったん忘れて気持ちを落ち着けよう。最後の関門の事例Ⅳは、わかっていても計算間違いで事故る可能性があるので、気を引き締めて臨もう。『イケカコ』信じて、自分の計算を疑って最後まで油断せず突き進もう。

2．80分間のドキュメント

【手順0】開始前（～0分）

　事例Ⅳの脳に切り替えるために、経営分析の指標の計算式を再確認。確認が終わったら、「俺は『イケカコ』を回したんだ」と頭のなかでつぶやき、「自分はできる」と暗示をかける。検算するための時間を確保するため、とにかく素早く解答していくことを心掛ける。

【手順1】準備（～2分）

　まずは、受験番号を解答用紙に記入する。次に、問題用紙のホチキスを外し、問題用紙を破る。わかっていたけど、事例Ⅳの枚数多いな。迷子にならないようにしないと。

【手順2】問題確認（～10分）

　各問題の配点の半分の数値をその問題にかける時間としていたので、配点の横にその分数を記載していく。次に、設問要求をオレンジで、制約条件を緑でマーキングしていく。

【手順3】与件文確認（～15分）

　与件文を読みながら、強み、弱み、課題をマーキングしていく。

【手順4】計算および答案作成（～70分）

第1問　（～22分）

　いつもどおりの経営分析。同業他社との比較か。間違えないように、B／SとP／LのD社を丸で囲む。良い指標が1つ、悪い指標が2つね。まずは収益性の売上高総利益率と売上高営業利益率を計算。売上高総利益率は良いが、売上高営業利益率が悪い。丁寧な顧客対応で費用負担が重いと与件文にもあるので、悪い指標に売上高営業利益率を選択。次に安全性は明らかに自己資本比率が悪いので、それを選択。最後に効率性だが、良い指標しか残っていないので、少し困惑する。棚卸資産回転率が良い指標だったので、そちらを採用。同業他社と同程度の棚卸資産（販売用不動産）に対して、顧客志向で評判が良く売上が大きいことから、与件文にも沿っており問題ないだろう。計画より5分余ったな。

第2問　（～42分）

（設問1）　売上高が増えると変動費率が変わるCVP分析か。『イケカコ』で似たようなのがあったような。『イケカコ』と比べると平易な問題だから計算間違いに注意しよう。

（設問2）　期待値のNPV分析も『イケカコ』でやったな。2連続だからちょっとニヤついてしまう。これも『イケカコ』と比べると平易だけど、時間が少ないなかで読み込み

ながら、たくさん計算しないといけないから大変だ。第1問で節約した5分を使い切ってしまった。終わってないけど、次の設問に移ろう。

[第3問]　（～52分）

（設問1）　E社の純資産額と買収価格の差異についての会計処理？　ナニコレ？　こんなことってあるのか？　E社の株主かわいそうじゃない？　全然わからないけど、とりあえず何か書いておけば、点数が入る可能性があるので、純資産額150百万円と買収価格50百万円の差異は100百万円と書いておこう。この会計処理はまったくわからないので、とりあえず思いついた減損処理とでも書いておこう。

（設問2）　買収のリスクについてか。「買収したらこういうことが起きる可能性がある」という書き方にしよう。ん？　設問文と（設問1）に書いていることがそのまま使えるな。借入金が増えるし、損失を出しているし、いいことないな。字数が余ったので営業レバレッジに触れておこう。

[第4問]　（～60分）

（設問1）　当期のROIを求めるだけ？　第4問でこんな簡単な問題出る？　セグメント利益÷セグメント資産だけの計算で本当にいいのか？　引っ掛けか？

（設問2）　変動費率がまったく予想できないから、売上が上がっても変動費は変わらないということにしよう。セグメント利益が名指しで値が一定とあるし……。92百万円増えて減価償却費80百万円だからセグメント利益は12百万円増、資産は400百万円増えて減価償却で80百万円減るから、320百万円増で計算しよう。

（設問3）　取締役＝事業部長と考える。事業部長の評価は営業利益での評価は不適当で、減価償却費のような費用を抜いた貢献利益で評価するべきではなかったっけ？　そんな感じのことを書こう。

[第2問]　（～70分）

　さあ、計算の続きを始めよう。第3問、第4問の記述がボロボロだからここで取り返すぞ！

【手順5】見直し（～80分）

　すべての解答の誤字・脱字や計算間違いをチェック。大丈夫そうだけど本当に大丈夫か心配。全体のチェックが終わったところでタイムアップ。

3．終了時の手ごたえ・感想

　計算問題はそんなに難しくなかったが、記述問題が全然わからなかった。空白ではないので何かしら点数が入るだろうが、全然予想できない。これで計算間違いをしていればジ・エンドだ。まぁ、1次試験から3か月でここまで仕上げることができたのだから、良しとしよう。大ポカもしてないし、期待はできる程度に終わらせることができてよかった。そう思いながら、会場を後にしようとすると妻子が迎えに来てくれており、2次試験が終わったことを実感した。

試験開始直後にすること

　手のひらに「人」と3回書いて飲み込む。緊張をほぐすために昔からやっているルーティーン。

合格者再現答案＊（イノシ 編） ▬▬▬▬▬▬ 事例Ⅳ

第1問 （配点25点）
（設問1）

		（a）	（b）		（a）	（b）
①		棚卸資産回転率[2]	3.91（回[2]）	②	売上高営業利益率[2]	2.15（%[2]）
					自己資本比率[1]	15.82（%[1]）

（設問2）　　　　　　60字

収	益	性	は	丁	寧	な	顧	客	対	応[2]	で	費	用	負	担	大	き	く[3]	低
い[1]	、	安	全	性	は	出	店	計	画	の	な	い	土	地	保	有[1]	の	為	借
入	金	多	く[3]	低	い[1]	、	効	率	性	は	顧	客	志	向	評	判[3]	で	高	い[1]

【メモ・浮かんだキーワード】 収益性・効率性・安全性

【当日の感触等】 売上高総利益率が良いのは引っ掛けかな。有形固定資産回転率も悪かったけど、それだと3指標すべて悪くなるので不採用。満点近く取れていると思うけど……。

【ふぞろい流採点結果】 （設問1）10/12点　　　（設問2）13/13点

第2問 （配点30点）
（設問1）

（a）	39÷60＝65%　70×65%＝45.5　70－45.5＝24.5 28－24.5＝3.5[6]　3.5÷（1－60%）＝8.75[4]　70＋8.75＝78.75
（b）	78.75[5]　百万円

（設問2）

（a）

（ⅰ）	上手くいくNPV＝－5[1]＋30[1]×3.993[1]＋29[1]×0.681＝134.539 上手くいかないNPV＝－5＋（－10×1.783）＋23×0.794＝－4.568 134.539×70%＋（－4.568×30%）＝92.8069
（ⅱ）	92.81[2]　百万円

（b）

（ⅰ）	上手くいくNPV＝－30[1]＋12.5×0.926[1]＋25[1]×3.067＋27[1]×0.681＝76.637 上手くいかないNPV＝－30＋7.5×0.926＋15×3.067＋27×0.681＝41.337 76.637×40%＋41.337×60%＝55.457
（ⅱ）	55.46[2]　百万円

（c）	①[3]

【メモ・浮かんだキーワード】　CVP分析

【当日の感触等】　今年はひねりがない？　見落としがあるかもしれないが５割は取れたはず。

【ふぞろい流採点結果】　（設問１）15/15点　　（設問２）（ａ）6/6点　（ｂ）6/6点　（ｃ）3/3点

第３問（配点20点）

（設問１）　　　　　　40字

E	社	の	純	資	産	額	15	0	百	万	円	と	買	収	価	格	50	百	万
円[1]	の	差	10	0	百	万	円[2]	を	減	損	処	理	す	る	必	要	が	あ	る

（設問２）　　　　　　60字

①	借	入	金	増	え[5]	財	務	を	圧	迫	す	る	②	E	社	の	純	損	失[5]
に	よ	り	利	益	が	減	少[5]	す	る	③	利	息	支	払	い	増	え[3]	イ	ン
ス	タ	ン	ト	レ	シ	オ	や	営	業	レ	バ	レ	ッ	ジ	が	悪	化	す	る

【メモ・浮かんだキーワード】　減損処理、借入金増、インスタントレシオ（本当はインスタント・カバレッジ・レシオ）、営業レバレッジ

【当日の感触等】　（設問１）は全然わからないので、とりあえず設問文にある数字だけ書いておく（設問２）は財務上の観点から悪くなるものをリスクとして挙げよう。

【ふぞろい流採点結果】　（設問１）3/8点　　（設問２）10/12点

第４問（配点25点）

（設問１）

（ａ）	4.31[6]　　　％
（ｂ）	2.55[6]　　　％

（設問２）

4.26[3]　　　％

（設問３）

（ａ）　　　　　　20字

営	業	利	益	で	の	評	価	で	支	配	不	能	費	用	含	ん	で	い	る[2]

（ｂ）　　　　　　20字

貢	献	利	益[4]	・	限	界	利	益	で	支	配	可	能	な	範	囲	で	評	価

【メモ・浮かんだキーワード】　（設問２）ROI算出のために減価償却費を考慮、（設問３）貢献利益、限界利益、支配不能費用（←間違い。管理不能固定費）

【当日の感触等】　（設問２）は減価償却費まで考慮するのがポイントのはず。（設問３）は、ROIでの評価⇒セグメント利益（営業利益ベース）が算出要素である⇒事業部長（取締役）の評価は営業利益ですべきではない⇒貢献利益で評価すべきと無理やりひねり出したが、何も書かないよりマシだろう。

【ふぞろい流採点結果】　（設問１）12/12点　　（設問２）3/5点　　（設問３）6/8点

【ふぞろい評価】　87/100点　　　【実際の得点】　87/100点

　第３問の会計処理記述問題で失点はあるものの、計算問題はほぼ完璧に解答しています。見直す時間の余裕があったため計算ミスもなく、着実に得点を積み上げ、高得点で合格しています。

試験開始直後にすること

　設問ページを破る。裏に与件文があるときは時々迷子になる（笑）。

みっこ 編（勉強方法と解答プロセス：p.16）

1．休み時間の行動と取り組み方針

　事例Ⅲが心残りだが、次に全集中！　しかも苦手な事例Ⅳだ。とにかく諦めないこと。予備校講師が「事例Ⅳは、自分が落ち着き、いつもどおりやっていれば、周りが点を落としていくある意味怖い科目」とよく言ってたな。とにかく丁寧に、どんな難問でも諦めないことだ。ラムネ、バナナで糖分補給。計算機も動くことを確認。

2．80分間のドキュメント

【手順0】開始前（〜0分）

　事例Ⅳは苦手だから、どんな問題も難問に見えるだろう。投資の経済性計算とCVP問題、経営分析は出るはずだから、問題を整理すれば解けるはず。何の問題か判断がつかないものは、周りも解けていないから、関連する何かを記載する！　と心に決め、深呼吸。

【手順1】準備（〜1分）

　受験番号を記入。問題用紙のホチキスを外し、メモを作成。解答用紙の問題数と枠を確認。意外と記述問題が多いな。計算過程付きなのは少し安心だ。もう一度、深呼吸。

【手順2】問題確認（〜5分）

　第1問は経営分析で同業他社比較か。第2問（設問2）は長くて整理に時間がかかるから、最後に時間を残し、慎重にやるパターンも想定しよう。第3問は買収だからのれんかな。第4問……ROI？　記憶にない！

【手順3】与件文確認（〜15分）

　与件文を読みながら、財務諸表の項目を余白に記載する。強み、問題点に赤線を引く。

【手順4】計算および答案作成（〜75分）

第1問　（〜25分）

　同業他社との比較か。優れた指標、劣った指標を書き間違えないよう解答欄①の横に「優」、②、③の横に「悪」と記載した。まずは収益性から検討。顧客志向で営業費用が多いから売上高営業利益率は「悪」かな。借入金が多いため支払利息に関連する売上高経常利益率も「悪」と想定した。そしたら安全性の負債比率も「悪」に該当するかもな。次に効率性を検討。有形固定資産回転率も悪い。全部悪いやん⁉　（深呼吸をして、）収益性を見直そう。顧客からの高評価、リフォーム需要増なら売上高総利益率がよいのではないかと思い直した。最後は（設問1）の3つの指標の根拠が（設問2）で表現できていれば加点されるはずと信じ、時間もないので、これらで決定。

第2問（設問1）　CVP分析の変化版？　焦るが意外とこういう問題は中学校レベルの数学の考え方でクリアできるかも。数値を少しずつ変化させて比較すると公式が立てられるだろう。計算過程を書くのが難しいな。

試験開始直後にすること

　自分を落ち着かせるためにあえてゆっくり表紙を切り離す。

第3問 （設問1）　のれん計算だよな。時価で計算するからひっかけ問題やけど他にひっかけはないかな？　純損失の扱いってどうするの？　休憩時間に見ていた論点だから負ののれんは特別利益扱いであることは間違いない。数値は違っても会計処理の説明も要求されているから、そちらの配点が高いことを祈る。

（設問2）　買収は投資でもあるから、将来性を財務面とそれ以外から判断だよね。事例Ⅳだけど対外的な評価とか書いていいのかしら？　財務面ではキャッシュフロー（以下、CF）以外は思いつかないので、これでいこう！　加点を祈る。

第4問 （設問1）　ROIが与件文に表記されていたからよかった。しかし当期のROIを求めるだけ？　簡単すぎるけどひっかけ問題？　与件文にROIに関する条件がないことを確かめ、「迷ったら素直に解く」と決めていた方針で解答した。

（設問2）　売上高は92百万、支払利息の16百万を差し引き、利益は76百万増加。資産は400百万増える。これで計算。なんか見落としてない？　これまた単純すぎる気がする。

（設問3）　取締役の業績評価？　与件文を確認。D社では事業部長的な存在だった。資産には非資金が含まれているから、純粋な営業量にかかる費用と個別固定費を差し引いた貢献利益だよね。

第2問 （設問2）　残り20分ほどある。（めちゃくちゃ疲れた。頭が文字を拒否する。深呼吸。みんな同じだ。諦めなかった者が勝つ！　と鼓舞する。）デシジョンツリー？　出題可能性低いからやらないと言った人もいたけど、やっていてよかった。機会損失や節税効果に注意だ。減価償却費はCFが与えられているから関係なかったよな。不安になるわ。次の計算に行く前に絶対に検算しよう。大丈夫、時間はある。

（c）は明らかにNPVに差が出るみたいだ。これは外しちゃいけない問題だな。

【手順5】見直し（～80分）

　想定よりギリギリになった。見直す時間がないから記述問題の誤字・脱字と経営分析の数値だけ最後に検算した。

3．終了時の手ごたえ・感想

　空欄箇所はない。とにかく書いた。しかし、祈ってばかりの80分で「解けた」という実感があるのは第3問（設問1）と第4問（設問1）だけ。多くの受験生が第2問を解答できていると私は40点ないかも。まったく受かる気がしない。おそらく私は受かってもボーダーライン上だろう。

合格者再現答案＊（みっこ 編） ━━━━━━━━━━━ 事例Ⅳ

第1問（配点25点）
（設問1）

	（a）	（b）		（a）	（b）
①	売上高総利益率[1]	26.39（％[1]）	②	有形固定資産回転率[1]	5.30（回[1]）
				負債比率[2]	532.24（％[2]）

（設問2） 　　　　　　60字

高	評	価	と	住	宅	事	業	好	調[1]	で	収	益	性	が	高	い[1]	。	営	業
費	用	等	運	転	資	金	の	借	入	金	が	多	く[3]	、	売	上	が	有	形
固	定	資	産	に	見	合	わ	ず	効	率	性[1]	・	安	全	性	が	低	い[1]	。

【メモ・浮かんだキーワード】　収益性・効率性・安全性

【当日の感触等】　予備校の模範解答では別解があるパターンではないだろうか。（設問1）
　　と（設問2）の整合性が取れれば合格点のはず。

【ふぞろい流採点結果】（設問1）8/12点　　　（設問2）7/13点

第2問（配点30点）
（設問1）

（a）	売上高70百万まで39÷60＝0.65　限界利益率 1−0.65＝0.35 売上高70百万超え 1−0.6＝0.4（70×0.35）＋〔（S−70）×0.4〕＝28[4+6]　S＝78.75
（b）	78.75[5] 百万円

（設問2）
（a）

（ⅰ）	効果が出る場合の正味現在価値 〔35×（0.735＋0.681）−10〕＋〔35×（0.926＋0.857＋0.794）〕＝129.755 効果が出ない場合の正味現在価値　△5×（0.926＋0.857＋0.794）＋28＝15.115 正味現在価値　（129.755×0.7−15.115×0.3）−15＝71.294≒71.29
（ⅱ）	71.29　百万円

（b）

（ⅰ）	営業が順調に推移する場合 （25×0.5×0.926）＋〔25[1]×（0.857＋0.794＋0.735＋0.681[1]）＋27[1]×0.681〕＝106.637 営業が順調に推移しない場合 （15×0.5×0.926）＋〔15×（0.857＋0.794＋0.735＋0.681）＋27×0.681〕＝71.337 正味現在価値　（106.64×0.4）＋（71.34×0.6）−30[1]＝55.46
（ⅱ）	55.46[2] 百万円

（ c ）	①[3]

【メモ・浮かんだキーワード】　CVP分析、NPV、デシジョンツリー

【当日の感触等】　受験生の疲労した心をさらにへし折る感じの問題だな。頭を動かし続けた者の勝ちだな。

【ふぞろい流採点結果】　（設問1）15/15点　　（設問2）（a）0/6点　（b）6/6点　（c）3/3点

第3問（配点20点）

（設問1）　　　　　40字

純	資	産	額	と	買	収	価	額	と	の	差	異	84	百	万	円	を	**負**	の
の	**れ**	**ん**[4]	と	し	て	当	年	度	**特**	**別**	**利**	**益**	**に**	**計**	**上**[1]	す	る	。	

（設問2）　　　　　60字

E	社	の	財	務	状	況	に	加	え	て	対	外	的	な	評	価	も	精	査
す	る	。	**純**	**損**	**失**	**を**	**計**	**上**	**し**	**て**	**い**	**る**[5]	が	**将**	**来**	**キ**	**ャ**	**ッ**	**シ**
ュ	**フ**	**ロ**	**ー**	**を**	**得**	**ら**	**れ**	**る**	**か**[1]	算	出	し	て	評	価	を	行	う	。

【メモ・浮かんだキーワード】　のれん

【当日の感触等】　（設問1）の数値以外は完璧に書けたはず。（設問2）はCF以外が思いつかず、これが明暗を分けたらどうしよう。

【ふぞろい流採点結果】　（設問1）5/8点　　（設問2）6/12点

第4問（配点25点）

（設問1）

（ a ）	4.31[6]	％
（ b ）	2.55[6]	％

（設問2）

5.87	％

（設問3）

（ a ）　　　　　20字

各	営	業	量	に	対	し	て	の	利	益	の	評	価	で	は	な	い	事	。

（ b ）　　　　　20字

共	通	固	定	費	を	含	め	な	い	**貢**	**献**	**利**	**益**	**で**	**評**	**価**	**す**	**る**[4]	。

【メモ・浮かんだキーワード】　貢献利益

【当日の感触等】　（設問1）は絶対間違えられないな。3回検算したから大丈夫だろう。

【ふぞろい流採点結果】　（設問1）12/12点　　（設問2）0/5点　　（設問3）4/8点

【ふぞろい評価】　66/100点　　　【実際の得点】　58/100点

　　第3問の会計処理記述問題で失点はあるものの、第2問のCVPを着実に得点したことで、ふぞろい流採点では合格ラインを確保しています。CVPの応用問題に中学校の数学の考え方を使うなど臨機応変に対応したことが功を奏しました。

合格してから知って驚いたこと
　　合格者のモチベーションの高さ。

しーだ 編（勉強方法と解答プロセス：p.18）

1．休み時間の行動と取り組み方針

　事例Ⅲの情報整理に、脳が疲れた感じがする。音楽を聴いて、おやつでも食べながら、事例Ⅳのファイナルペーパーを眺めるか……と思ったら、事例Ⅳのファイナルペーパーのノートを、コインロッカーに入れた鞄に置いてきてしまった！　やっちゃったな〜。代わりに、間違って持ってきた簿記の内容をまとめたノートで「連結会計」でも復習するか。「負ののれん」は特別利益に計上か。そういえばそうだったな。あ！　電卓が鞄のなかで潰れて、液晶が真っ黒だ！　しょうがない、予備の電卓でいこう。事例Ⅳ、不吉だ……。

2．80分間のドキュメント

【手順0】開始前（〜0分）

　今年は、事例Ⅳを重点的にやってきたんだ。なんとか60点は取りたいな。

【手順1】準備（〜1分）

　解答用紙に受験番号を記入。よし、全事例、受験番号の記入漏れはない。

【手順2】与件文第1段落、第2段落、設問確認（〜9分）

|与件文| 「連結対象となる子会社はない」……よかった（笑）。事業内容を確認。

|第1問| 経営分析か。例年どおりかな。

|第2問|（設問1）　CVPか。ここも例年どおりかな（この時点では、売上高が一定額以上になると、変動費率が変わることに気づいていなかった……）。

|第2問|（設問2）　投資の意思決定かな？　取替投資には注意しよう。でも、この問題は条件が多くて正解を導くのは難しそうだ。他の受験生も同じでは？　これは後回しかな。

|第3問|（設問1）　あれ？　これ「負ののれん」じゃない？　まじか！　ラッキー♪

|第3問|（設問2）　「買収のリスク」か。いろいろとありそうだけど、何を解答しよう。

|第4問|（設問1）　VR！　今っぽい（笑）。戸建住宅以外にも事業があるのか。経営分析がややこしそうだな。ROIか。あまり取り組んだことがない内容だな。取り組む順番はどうしよう。少しやってみてわからなかったら後回しにするようにしよう。

|第4問|（設問2）　これは少し読んだだけじゃわからないな。あとで解答するときにしっかり読むようにしよう。

|第4問|（設問3）　事例Ⅳの記述問題は必ず何か書かなくては。

【手順3】与件文確認、B／SおよびP／Lの確認（〜20分）

　与件文を確認し、ポジティブ（強み、機会）、ネガティブ（弱み、脅威）をマーク。マークした内容が経営分析でどの項目に影響を与えるかを横に記載（例：「顧客対応のための費用負担が重い」は「売営×」と記載し、売上高営業利益率が悪いことを表現する）。

　B／Sは、資産の規模の違いの確認と「流動資産」など、各項目の合計されたものはマー

クして、計算ミスを防止。Ｐ／Ｌは、売上規模の違いの確認と「売上総利益」や「営業利益」など、計算された各種利益をマークし、経営分析時の計算ミスを防止する。

【手順４】計算および答案作成（～72分）

第1問　優れた点は「売上高総利益率」と「棚卸資産回転率」と迷ったが、「売上高総利益率」が良くても、その後の収益性が低いので、結果的に「収益性は低い」と判断。劣っている点は、与件文に「顧客対応の費用負担が重い」とあるので「売上高営業利益率」、Ｂ／Ｓに借入金が目立つため、収益性が低く借入体質と判断し「自己資本比率」を記載。

第2問（設問１）　単純に、固定費を限界利益率で除して、損益分岐点売上高を算出。

第3問（設問１）　偶然にも休憩中に確認した内容だったため、さくっと処理をする。

第3問（設問２）　書けることはいろいろとありそうだが、何を書いたら正解なのかがよくわからない。（設問１）に関連づけると、税金が増えそうだな。あとは、設問文に「銀行借り入れ」があるから、なんとなく触れてみよう。

第4問（設問１）　単純な計算に思えるけど、引っ掛けかな？

第4問（設問２）　設問文の条件を考慮してROIを計算し直せばよいのかな？　（実際解答した内容は、セグメント資産をそのまま33.85百万円で計算してしまった）

第4問（設問３）「現在の業績評価の方法」は、ROIかな。何を書いてよいのか、なんともわからない。ROIは、売上高利益率と投資額の回転率に分解できなかったかな？

第2問（設問２）　残り時間７分。計算は間に合わないから、解答の方針だけでも書こう。（ｃ）は、①か②か③を書くだけだから、設問文の雰囲気で決めて書いてしまおう。

【手順５】見直し（～80分）

　第4問（設問１）が、売上高が一定額以上になると変動費率が変わるという設定だったことに気づいて解答を修正。この作業を実施したことで、残り時間が１分ほどとなり、誤字、小数点以下の処理のミス、単位の記載漏れを軽く確認して終了。

３．終了時の手ごたえ・感想

　休憩時間に偶然見た負ののれんが出題されるなど運は味方したような感じだけど、実際の結果はどうだろう。感触は悪くないけど、自分の感覚なんて当てにならない試験だからな。いちいち気にしてもしょうがない。合格発表日までは試験のことは忘れて、子供たちと遊んで過ごすか。今日はみんなが好きないつものチーズケーキでも買って帰ろう。試験を何回も受けさせてもらったもんな。本当に感謝だよ。

合格してから知って驚いたこと ────────────────

　合格証は薄い紙１枚なんだ（厚紙の賞状みたいなのだと思っていた）。

合格者再現答案＊（しーだ 編） ━━━━ 事例Ⅳ

第1問（配点25点）
（設問1）

	（a）	（b）		（a）	（b）
①	棚卸資産回転率[2]	3.91（回[2]）	②	売上高営業利益率[2]	2.15（％[2]）
				自己資本比率[1]	15.82（％[1]）

（設問2）　　　　　60字

顧	客	志	向	の	対	応	が	評	判[3]	で	在	庫	の	効	率	性	は	高	い[1]
が	、	採	算	の	悪	い[3]	ア	フ	タ	ー	対	応[2]	や	過	大	な	借	入	金[3]
に	よ	り	、	収	益	性[1]	・	安	全	性	が	低	い[1]	。					

【メモ・浮かんだキーワード】 収益性・効率性・安全性
【当日の感触等】 60字のまとめ、あまり得意ではないが、今回はきれいにまとめられた気がする。
【ふぞろい流採点結果】 （設問1）10/12点　　（設問2）13/13点

第2問（配点30点）
（設問1）

（a）	現状の変動費率　39÷60×100＝65% 現状の変動費率で計算した場合の損益分岐点28÷（1−0.65）＝80[4] …変動費率が変わる70百万円を超えているため、固定費28百万円を7：1で分け（24.5百万円と3.5百万円）、それぞれ損益分岐点売上高を計算する。 24.5÷（1−0.65）＋3.5÷（1−0.6）＝78.75[6]
（b）	78.75[5]　百万円

（設問2）
（a）

（ⅰ）	広告の効果がでる場合とでない場合のCFの期待値の正味現在価値を比較し決定する。
（ⅱ）	百万円

（b）

（ⅰ）	改装後の営業が順調に推移した場合としない場合のCFの期待値の正味現在価値を比較し決定する。
（ⅱ）	百万円

（c）			①[3]		

【メモ・浮かんだキーワード】　CVP分析、取替投資

【当日の感触等】　とりあえず空欄はできるだけ減らしたし、解答の方針だけでも記載するなどわからないなりに現場対応はできたと思う。（設問2）を後回しにした対応もよかったと思う。

【ふぞろい流採点結果】　（設問1）15/15点　　（設問2）（a）0/6点　（b）0/6点　（c）3/3点

第3問（配点20点）

（設問1）　　　　　　　40字

負	の	の	れ	ん[4]	と	し	て	10	0	百	万	円[2]	を	特	別	利	益	に	計
上[1]	す	る	。																

（設問2）　　　　　　　60字

①	当	期	の	税	負	担	が	増	え	る	②	収	益	性	が	低	い[5]	た	め、
最	低	で	も	借	入	金	の	支	払	利	息	程	度	以	上	ま	で	収	益
性	を	高	め	る	必	要	が	あ	る[1]	、	と	助	言	す	る	。			

【メモ・浮かんだキーワード】　負ののれん、支払利息

【当日の感触等】　「負ののれん」は本当にラッキーだった。（設問2）は、特別利益が増えて税金の支払額が増えるのは当然だと思うが、出題者が求めている答えかどうかは疑問だ。②は苦し紛れに書いた感が否定できない。

【ふぞろい流採点結果】　（設問1）7/8点　　（設問2）6/12点

第4問（配点25点）

（設問1）

（a）	4.31[6]	％
（b）	2.55[6]	％

（設問2）

	4.67	％

（設問3）

（a）　　　　　　　　20字

費	用	構	造	と	投	資	規	模	が	違	い	比	較	が	困	難[4]	で	あ	る。

（b）　　　　　　　　20字

資	産	回	転	率	や	収	益	性	の	改	善	率	も	評	価[3]	す	る	。	

【メモ・浮かんだキーワード】　ROIの分解式、事業部制（組織論）

【当日の感触等】　ROIを分解するというストーリーは、正解でなかったとしても、現場対応としてはまずまずだ。受験生の解答は、割れるのではないだろうか。

【ふぞろい流採点結果】　（設問1）12/12点　　（設問2）0/5点　　（設問3）7/8点

【ふぞろい評価】　73/100点　　　【実際の得点】　70/100点

　　第1問の丁寧な経営分析に加えて、そのほかの設問も柔軟な現場対応で得点を積み上げています。結果として第1問～4問で万遍なく6割以上を得点しており、余裕をもって合格ラインを超えています。

2次試験勉強を始める前に戻れるなら ─────────────────

過去問重視‼　あと、勉強会も参加してみようかな……。いや、やっぱムリかな……、うーん。

事例Ⅳ

第3節 ふぞろいな勉強スタイル

【タイムスケジュール】

　2次試験の勉強時間をどのように捻出して、どのように勉強するのか。勉強法とともに受験生が悩むことの1つではないでしょうか。

　ここでは実際にいつ勉強していたのか、どのような内容を勉強していたのか、ふぞろいメンバーのリアルなスケジュールをご紹介します。

〈事例Ⅳ一点集中、劇薬派イノシの平日・休日タイムスケジュール編〉

【平日、通常】

時刻		勉強時間
5:00	起床	
5:30	勉強	2h00m
7:30	朝支度	
8:30	通勤（徒歩）	
9:00	業務開始	
17:30	退勤	
	帰宅（徒歩）	
18:00	夕食	
18:30	家事、子供と遊ぶ	
20:00	子供を風呂に入れる	
21:00	子供と就寝準備	
21:50	寝かしつけを妻に任せる	
22:00	就寝	

1日の勉強時間合計　　2h00m

【土・日曜日】

時刻		勉強時間
5:00	起床	
5:30	勉強	3h00m
8:30	朝支度	
9:00	家族でお出かけ	
12:00	昼食、家事	
13:00	子供と遊ぶ	
14:00	子供昼寝	
	勉強	2h30m
16:30	子供起きる	
	子供と遊ぶ	
18:00	夕食、家族団らん	
20:00	子供を風呂に入れる	
21:00	子供と就寝準備	
21:50	寝かしつけを妻に任せる	
22:00	就寝	

1日の勉強時間合計　　5h30m

【直前期の日曜日】

時刻		勉強時間
5:00	起床	
5:30	勉強	3h00m
8:30	朝支度	
9:00	勉強	3h00m
12:00	昼食	
13:00	勉強	1h30m
14:30	子供と遊ぶ	
18:00	夕食、家族団らん	
20:00	子供を風呂に入れる	
21:00	子供と就寝準備	
21:50	寝かしつけを妻に任せる	
22:00	就寝	

1日の勉強時間合計　　7h30m

2次試験勉強を始める前に戻れるなら
　グズグズしないで少しでも早く始めろと言いたい。

〈万遍なく全体派Ｎａｎａの平日・休日タイムスケジュール編〉

【平日、予備校に通う日】

時刻		勉強時間
6:00	起床	
	家事	
7:30	子供が学校へ行く	
	電車で通勤	45m
9:00	業務開始	
17:30	退勤	
	夕食と授業の予習	1h00m
19:00	予備校授業開始	
	授業	2h30m
21:30	授業終了	
	電車で帰宅	45m
22:30	帰宅	
	お風呂と簡単な今日の復習	30m
23:15	就寝	

1日の勉強時間合計　　5h30m

【平日、通常】

時刻		勉強時間
6:00	起床	
	家事	
7:30	子供が学校へ行く	
	電車で通勤	45m
9:00	業務開始	
17:30	退勤	
	電車で帰宅	45m
18:30	夕食作り	
19:00	子供が学校から帰宅	
	夕食、家事	
21:30	子供と就寝準備	
22:00	子供就寝	
	勉強	1h00m
23:00	就寝	

1日の勉強時間合計　　2h30m

【土曜日】

時刻		勉強時間
6:30	起床	
	勉強	30m
7:00	子供が起床	
	朝食作り、家事	
8:30	子供と夫、習い事へ	
	家事、買い物、勉強	1h00m
11:00	子供と夫、帰宅	
	家事をしながら勉強	30m
12:00	昼食	
	家事	
13:00	子供と夫、午後の習い事へ	
	勉強	4h00m
17:00	子供と夫、帰宅	
	夕食作り、家事、家族団らん	
21:00	勉強	1h00m
22:00	就寝	

1日の勉強時間合計　　7h00m

【直前期の日曜日】

時刻		勉強時間
6:30	起床	
	勉強	30m
7:00	子供が起床	
	家事	
8:30	勉強	1h30m
	家事、買い物	
11:00	子供と夫、遊びに行ってもらう	
	勉強	5h00m
16:30	子供と夫、帰宅	
	夕食作り、家事、家族団らん	
21:00	勉強	1h00m
22:00	就寝	

1日の勉強時間合計　　8h00m

の　　き：ずいぶん対照的なスケジュール出てきたねー。

しーだ：イノシは朝しかやらんかったの？

イノシ：朝以外は家のこと優先って決めていたからね。

Ｎａｎａ：1日の勉強時間はそんなに長くないけど、何をやるか決めてた？

イ ノ シ：まず朝2時間×試験までの残りの日数＋休日の勉強時間を計算して、それから勉強内容は『イケカコ』3周＋直近の過去問3年分×3回、と決めた。そうして試験日までの時間から逆算して毎日やることをスケジュール表にして、ひたすらこなしたよ。平日は事例Ⅳ、休日は事例Ⅰ～Ⅲと決めていた。制約があったからダラダラしないでやれたかな。

2次試験勉強を始める前に戻れるなら

事例Ⅳを毎日1問やっておけば、直前期に焦らなかった……。

かもとも：『イケカコ』は事例Ⅳの力はめっちゃつくやろうけど、ひたすら『イケカコ』
　　　　　をやって、ほかはあまり手をつけないって不安にならんかった？

イ ノ シ：事例Ⅰ～Ⅲは時間をかけても伸びにくいと思ったから、とにかく事例Ⅳをやっ
　　　　　た。事例Ⅳに特化してここで自信を持ちたかった。今年（令和2年）ダメだっ
　　　　　たら来年事例Ⅰ～Ⅲを勉強しようと思っていたしね。

み っ こ：事例Ⅳが大事ってのはわかるけど、これは潔いっていうかなんというか……、
　　　　　「劇薬注意‼」やわ！　事例Ⅳは効果バツグンやけど、他の事例がおろそかに
　　　　　なってしまうかもしれないから、万人受けするやり方じゃないね。今年みたい
　　　　　に事例Ⅳが難しい年だとライバルと差をつけやすいからイノシの勝利やね。

イ ノ シ：作戦は単勝一点買いだね。

の 　 き：極端な例だけど、トータルで240点を確保するための作戦の1つではあるよね。

イ ノ シ：自分とは逆にＮａｎａは時間が細切れだね。80分確保できないときが多いけど、
　　　　　どうやって細切れ時間を使って勉強したの？

Ｎａｎａ：事例を解きたいけど80分確保できないときは、朝途中まで解いて残りは夜など
　　　　　1日かけて1問を解くのを目標にしたり、60分しかないときは80分の事例だけ
　　　　　ど60分で解く練習にしてみたり。ほかには20分しかないから「設問を読む～解
　　　　　釈～解答の型を作る」までを終わらせてみようとか、時間に応じていろいろな
　　　　　練習パターンを考えてやってみたよ。「80分確保できないから2次試験の勉強
　　　　　ができない」って言っちゃうと私いつまで経っても勉強できないからねー。

〈万遍なく全体派Ｎａｎａの1次試験終了～2次試験勉強スケジュール〉

	7月					8月			
	1週目	2週目	3週目	4週目	5週目	1週目	2週目	3週目	4週目
予備校授業	2次試験対策実施せず	1次試験本番		←――――――――――――→					
知識インプット				←――――――――――――→					
過去問勉強			←――――――――――――――――→						
解き方確立のための試行錯誤						←―――――→			
以下、事例Ⅳ個別対策									
30日完成！事例Ⅳ合格点突破計算問題集						←―――――→			
事例Ⅳ（財務・会計）の全知識＆全ノウハウ			←―――――――→						
予備校　事例Ⅳ計算問題集									
模試									模試

	9月					10月		
	1週目	2週目	3週目	4週目	5週目	1週目	2週目	3週目
予備校授業	←——————————→							本番
知識インプット	←——————————————————→							
過去問勉強	←————————————————————————→							
解き方確立のための試行錯誤		←——————→						
以下、事例Ⅳ個別対策								
30日完成！事例Ⅳ合格点突破計算問題集	←——————→							
事例Ⅳ（財務・会計）の全知識＆全ノウハウ	←————————————————————————→							
予備校　事例Ⅳ計算問題集		←——————→						
模試						成績発表		

みっこ：勉強内容は劇薬イノシと違って万遍なくやってたって感じやね。

Ｎａｎａ：事例Ⅳは苦手だから一番時間はかけたけど、どれも不安で仕方がないからイノシみたいに一点集中なんてできなくて、各事例万遍なく勉強したよ。試験前に解いた事例は予備校や模試も含めてだけど、全部で97事例だったよ。

の　き：結構な量！

かもとも：解き方確立のための試行錯誤も結構長くやっとるね。

Ｎａｎａ：トライ＆エラーを繰り返したら長くなっちゃった。本やネットに解き方はいろいろ載っているから、やってみてはちょっと変えてみて、やっぱりこっちのほうがいいかなーとか。でも時間をかけて考えて解き方を作っていった分、試験直前は自信を持って「いつもどおり解いていけば大丈夫」って思えたのは大きかったよ。

しーだ：イノシもＮａｎａもやり方や時間のかけ方は違うものの、工夫して量をかなりこなしてて、特に事例Ⅳには時間をかけたって感じだね。

————————————————————————————————

【勉強方法】

　次ページからは、具体的な勉強方法をテーマに取り上げます。世の中にあふれる数々の勉強方法、どうやって選択しようか皆さんも迷いませんか？　ふぞろいメンバーも、試したり、試さなかったり、試したけど止めたりと、各自が自分に合った方法を模索していました。なかでも、「合格者の答案・模範解答の書き写し」、「模試」、「勉強会」について、実際に「やった人」、「やらなかった人」に分かれて、ふぞろいメンバーのリアルな取捨選択の理由を紹介します。

■合格者の答案・模範解答の書き写し（以下、写経）

やった人	やらなかった人
かもとも、しーだ	イノシ、Ｎａｎａ、のき、みっこ
やった理由： ・A答案のレベル感を確認するため。 ・A答案レベルの文章を書く力を養うため。 ・試験1か月前からA答案を体に染み込ませることで、本番で合格レベルの答案が書けるようにするため。	やらなかった理由： ・書くこと自体が目的になってしまいそう。 ・答えが公表されない試験のため、写経しようにも、どの解答を写経したらいいかの判断ができなかった。 ・手書きだと時間がかかるため。

みっこ：実は私も『ふぞろい』の写経をやったんだけど、書いているうちに指がつってしまってやめたのよね（笑）。

しーだ：へー、みっこもやったんだ！　ってか、指つるって（笑）。俺は、手書きじゃなくてパソコンを使ったよ。与件文を読んで、設問文を読んで、少し考えた後に、ふぞろいの「解答キーワード」とA答案から1、2個選んだ解答をパソコンに打ち込んで、A答案を体に染み込ませる感じでやったよ。受験も5回目だったから、負担の少ない方法でやろうと思ったのもあってね。

みっこ：そういうやり方なんだね。単純に書き写すだけじゃ、ただの作業になっちゃうもんね。初学者のかもともは、2次試験の学習初期に合格答案のレベル感を確認するためにやったみたいだけど、しーだはいつ頃やったの？

しーだ：俺は、かもともとは逆で試験本番の1か月前に、試験本番で合格レベルの答案が書けるように写経をやったよ。俺の場合は、因果関係は意識できていても、文章として若干不自然になることがあったから、合格者のようなわかりやすい文章を書く力を鍛えたいなと思ってやってたんだよね。

みっこ：写経はやってなくても、使えそうなフレーズを見つけて覚えるとか近いことをやっている人はいたね。もし写経をやるなら、ただの作業にならないように、明確な目的を持ったほうがいいね。あと、大事なのは何を写経するかだね。

しーだ：それはもちろん『ふぞろい』でしょ！　だって、『ふぞろい』は実際の試験でA評価をもらった人の再現答案を掲載しているからね！！

みっこ：しーだ、なんかCMみたいだよ（笑）。

まとめ
・写経を通じて何を学ぶのか、目的を明確にしよう。
・手書きにこだわらなくても、目的が達成できればOK！

試験当日昼食時のテンション
早く終わってほしいという気持ち（解放されたい）。

■模試

やった人	やらなかった人
かもとも、Ｎａｎａ、みっこ	イノシ、しーだ、のき
やった理由および効果： ・予備校のカリキュラムに含まれていたから。 ・試験の雰囲気やタイムスケジュールに慣れるため。 ・4事例を解くための体力の使い方やパニック時の対応の模擬練習ができる。	やらなかった理由： ・1次試験後に、2次試験の学習を開始しており、過去問演習を優先。 ・本試験の問題と予備校の問題は異なると考え、過去問を優先することにした。

イ ノ シ：1次試験後に、2次試験の勉強を開始したこともあって、本試験を照準にしているから、模試の時期がちょっと早い（遅くても9月中旬）ので、模試の受験は最初から考えてなかったよ。

かもとも：まぁ、確かにそうやね。人によっては、予備校のカリキュラムに含まれているから受験したって人もいるみたいやけどね。俺は、本番の雰囲気に慣れるというのが一番の理由かな。

イ ノ シ：本番の雰囲気に慣れるって意味では確かに受けたかったかもなぁ。いろいろと自分なりにシミュレーションはしていたけど、1人じゃ限界あるし。

かもとも：まあでも、そこは人それぞれやからね。ちなみに、Ｎａｎａなんか模試の点数が悪くて、1か月前にやる気をなくしちゃってるしね。

イ ノ シ：それも怖かったんだよね。実力が伴ってない状態で受験したら、そうなるのは目に見えてたし。それよりも、過去問をバイブルにして徹底的に周回するほうが、メリットが大きいと思ってたのもある。

かもとも：俺は、点数は気にしてなかったけどね。あくまで当日の時間の使い方をシミュレーションするのが目的。本試験とは中身が違うから、点数を気にしすぎても意味ないからね。

> **まとめ**
> ・模試は、本試験の雰囲気やタイムスケジュールに慣れるためには、受けたほうがよい。
> ・そうは言っても、点数を気にしてしまうようなメンタルが弱い人には、諸刃の剣となる可能性もあるので、用法用量は十分に気をつけよう！

試験当日昼食時のテンション ─────────────────
　あぁ、もっと美味しいものガッツリ食べたいなぁ。まあ仕方ない。終わったら食べよ。

■勉強会

やった人	やらなかった人
のき、みっこ	イノシ、かもとも、Ｎａｎａ、しーだ
やった理由および効果： ・他者から自分の解答にフィードバックしてもらい、1人では気づけない視点を得るため。 ・解答のプロセスを言語化して人に説明することでロジカルな思考ができるようになる。 ・他の受験生の解答と比較することで自分の解答の相対的なレベルを把握できる。	やらなかった理由： ・あることを知らなかったため。 ・面識のない人たちとやる勉強会に心理的抵抗があったため。 ・どの勉強会に参加すればいいのかわからなかったため。 ・文章構成よりも、知識の補充が重要だと判断したため。 ・参加すると2時間程度時間を取られてしまうため。

Ｎａｎａ：受験生支援団体とかが主催している勉強会があることは知っていたんだけど、知らない人に自分の解答をボコボコに批評されたら立ち直れなくなりそうで怖くて、結局参加しなかったんだよね……。

の　き：まぁ、自分も最初に参加するまで少し躊躇したから、気持ちはわかる（笑）。そこで一歩踏み出して何度か勉強会に参加していると、常連メンバーの受験生仲間もできて独学の寂しさが少し紛れたかなぁ。

Ｎａｎａ：勉強会もいろいろあって、どれに参加したらいいかわからなかったんだよね。なんか人によって合う合わないがあるとかいう話も聞いたことあるし……。

の　き：受験生支援団体が主催しているものもあるし、予備校に通っている仲間同士でとかいろいろあるもんね。受験生支援団体が主催しているものは前年度の合格者が参加してコメントをくれたりするものがあるね。予備校の勉強仲間同士だったら気心も知れているし、参加しやすいかも！　みっこは予備校仲間と勉強会をしていたみたいだし、独学者としては羨ましいなぁ。

Ｎａｎａ：そうなんだ〜。のきの説明とか勉強会の効果を聞いたら、もし2次試験をやり直すことになったなら参加してみようかなって思ったよ〜。

の　き：同じ試験を受ける受験生の解答を見て刺激を受けられるしね。自分の目的に合うかどうかを見極めながら活用していくのが大事だね！

> まとめ
> ・自分の解答を客観的に見てもらうチャンスとして活用するのも1つの手！
> ・勉強会に参加して得たいものを意識して、時間内で最大限吸収する！

試験終了後のテンション
得意だと思っていた事例Ⅳの感触が悪く、「持ってなかったな〜」と。

第4節　得意？　不得意？　事例お悩み相談コーナー

　2次筆記試験では事例Ⅰ～Ⅳでそれぞれテーマの異なる事例問題が出題されます。そして、合格のためには総得点の60％以上であって、かつ1科目でも満点の40％未満がないように得点する必要があります。そのため、どの事例でも大崩れすることなく、4事例で合格基準まで総得点を積み上げていくということが重要になってきます。

　しかし、4つも事例があるとどうしても苦手な事例が1つ2つあるのではないでしょうか？　「80分間のドキュメントと再現答案」を紹介した合格者も悩んだ事例がありました。

　本節では、得意だと感じていた合格者に解決のポイントを聞いてみました。

■事例Ⅰ

得意な人	苦手な人
しーだ、のき	イノシ、かもとも、Ｎａｎａ、みっこ

> **お悩み　その1（From：イノシ、Ｎａｎａ、みっこ）**
> レイヤーを意識したけど、得点につながる答案が書けない……。

みっこ：事例Ⅰって何を書いたらええんや！　と、とらえどころがない事例やわ。

Ｎａｎａ：本当にそうだよ。ふぞろいや予備校の解答とも全然合わない！　なんでそれが正解なのかもわからない！　人的資源管理は「茶化」、「幸の日も毛深い猫」とかでキーワードは盛り込めるけど、戦略論はフレームがないから難しかったな。

イノシ：同感！　戦略、組織、人的資源のレイヤーを意識すると解けるようになったけど高得点は取れないんだよなぁ。得意な2人はどうだったの？

しーだ：自分も最初は苦手だったけど、年々本試験の結果がDからAに上がったのは、イノシの言う「レイヤー」を意識したからだと思う。特に組織構造、組織行動、人的資源管理などは書く内容が決まっていると感じた。けど、戦略論は克服しにくいよね。自分は中小企業白書を読んでたから、企業の課題などがイメージしやすかったかもだけど、時間の少ないストレート受験生にはお勧めできないな。

イノシ：戦略のなかでも特に企業戦略は、組織や人事と違って「幸の日も毛深い猫」とかフレームがないし、抽象度が高くて範囲が広い気がして苦手だったな～。

の　き：最初はみんなと同じで「何書くんやろ？」となってたよ。特に戦略論はわかりづらかった。でも、俺は戦略論ってこう考えるのかなっていうのが過去問を解く過程で見つけられた気がする（♪チャッチャラ～）。

試験終了後のテンション

　「80分×4、初めて時間内に全部解き終えた！」という満足感と爽快感であふれていました。

かもとも：へぇ～、なになに？　教えて！

の　　き：「戦略」ってよくわからなくて、結構悩んだんだ。結果、戦略と一言でいうけど、**企業戦略、事業戦略、機能戦略とさらに細かく階層が分かれる**ことを思い出したんだ。それで、設問や与件文が細かい戦略のどれに該当するのかを意識したら俺は焦点を合わせやすくなったんだよね。たとえば、人事施策を会社に導入したら、それは機能戦略。そしてこの機能戦略を使ってA社はどんな事業戦略を目指すのか？　さらに、その事業戦略を通じて実現できそうなことが、社長の思い（＝企業戦略）に合致しているか？　と考えることが重要なのかなって。

みっこ：そっか！　**組織構造や人的資源管理の問題でも企業の目指す姿やビジョンなど戦略的視点を意識して考えたら**解答の方向性が見えてくるってことか。

Ｎａｎａ：人事面の問題を優先的に勉強してしまったけど、**戦略論を攻略して、戦略視点で問題を見ると苦手も早めに払拭できやすい**んかなと思ったよ～。

し　ー　だ：なるほどね。戦略論は苦手とする人も多いから、差がつきやすいんだろうね。だもんで、「戦略論を制する者は事例Ⅰを制する」でお悩み解決だね！

まとめ

・事例企業が起こす行動を、企業戦略、事業戦略、機能戦略に分類して認識する。

・組織や人事の設問でも戦略的視点で見ると解答の方向性がわかる場合がある。

お悩み　その2（From：かもとも、みっこ）

与件文から引用できるキーワードが少ない……知識をどの程度盛り込んでいくのか？

かもとも：事例Ⅰって与件文に引用できるキーワードが少ないやんか。僕は知識の盛り込み方がわからんかったんよね。

みっこ：同感！　事例Ⅱ、Ⅲは解答要素を与件文から探しやすい。けど、事例Ⅰに関しては全部知識なのか？　どこまで与件文に沿えばいいんや？　と悩んだ。

し　ー　だ：わかるよ。2人と同じ悩みが自分にもあったな。たとえば、令和2年度第3問の「執行役員が求めた能力」は与件文と全く関係ない気がした。のきはどう？

の　　き：**基本は、与件文から検討**したよ。与件文に書いていないところは、**まずは社長の思いに立ち返る**。令和2年度なら、A社長の思いは「グループ企業の前近代的な経営からの脱却」「経営の合理化」「人事制度の整備」がキーワードかな。

Ｎａｎａ：う～ん、わかるような……、わからないような……。

の　　き：「執行役員が求めた能力」は、おそらく「直販方式」という新しい戦略にとって必要な従業員の能力だと考えたのよね。じゃあ、「直販方式」という戦略に合う能力ってなんだろう？　与件文の「杜氏や蔵人との『橋渡し役』」が、なぜ直販方式に必要だったんだろう？　と考えていく。そんな感じにA社はどんな会社で、どんな戦略を考えていて、そのために会社内はどのように変える必

要があるのか、という**一歩引いた感覚で見る**と、いろいろわかったんだ。

かもとも：あ！　そこで知識を使うのか。「直販方式」は顧客に直接販売だから「ニーズ収集力」。「橋渡し役」はニーズを杜氏に伝えて製品開発したかったのかな。じゃ、「コミュニケーション力」が必要か！

の　き：そんな感じだね。**与件文、特に社長の思いに沿っていて、論理的につながる知識なら盛り込んでもいい**ことにしてた。

し　だ：**戦略的視点で問題を見てた**ってことだね。だもんで、「戦略論を制する者は事例Ⅰを制する」やな！　またまたお悩み解決だ。

Ｎａｎａ：しーだ、それ、好きだね（笑）。

> **まとめ**
> ・基本は与件文に沿う。知識は与件文と論理的につながるものを採用していく。
> ・やはり戦略的視点は重要である。

■事例Ⅱ

得意な人	苦手な人
Ｎａｎａ、みっこ	イノシ、かもとも、しーだ、のき

> **お悩み　その1（From：しーだ）**
> 施策問題はいろいろなことを書けるので、逆に何を書いていいかわからない……。

Ｎａｎａ：事例Ⅱは事例Ⅰと違って、売上向上という大きな目標があって、そこに向けた方法はそんなに多くないので、そういう意味では取り組みやすかった。

し　だ：ゴールが売上向上の場合、顧客満足度向上、関係性強化とか、いろいろなキーワードがはさめると思っていたけど、そのあたりはどう考えていた？

みっこ：ゴールまでの間に、どんなキーワードを入れるかは**設問文で判断**していた。たとえば、令和元年度の第2問は「既存顧客の客単価を高める」がゴールだったので、そのゴールから2つくらいまで要因を遡って解答にしていた。なので、「ネイルデザインの提案により、商品単価増加という効果があった」というように客単価向上につながる要因を解答に組み込んだよ。

かもとも：なるほど～。売上向上が設問要求のときはどんな風に考えていたの？

みっこ：ちゃんと分析したわけではないけど、売上向上のための施策を答える場合は、120～160字と字数が多い。反対に令和元年度第2問のように最後の結論が明示されている場合は、100～120字しか書かせないようになっている。**字数を見ることで何を書かせようとしているかを判断**していたよ。私、だいぶ勉強したな～。

イノシ：俺なんか、施策で字数稼げなかったら、効果として代表的な「関係性強化」や「愛顧向上」、「リピート」など、関連してそうなものは全部書いたよ。効果な

試験終了後のテンション
事例Ⅳやらかしたー！！

んてなんぼ書いてもいいからね！

の　　き：悪くないだろう！　いくらでも書きようあるもんね。俺もファイナルペーパー
　　　　　にそんなこと書いてたわ。でも、みっこの「設問文で判断」と「解答字数」で
　　　　　どこまで答えるかの目安をつけるのは、試験対応としてはいいね！

> **まとめ**
> ・その設問のゴールに対し、因果関係が近いものを解答として記述する。
> ・設問文や解答字数から、どのキーワードを優先的に入れるかを判断できる。

> **お悩み　その2（From：イノシ）**
> 　設問の切り分けが苦手なんだけど、いい方法はないか？

かもとも：設問の切り分けって確かに難しいよね。「このキーワードはどこで使うべき？」
　　　　　と迷って、それだけで時間が経ってしまうことがある。

Ｎａｎａ：事例Ⅱに限ってだけど、設問1〜5を続けて読んでいくと、B社はこれから何
　　　　　を解決していけばいいかがわかるよ。

しーだ：どうゆうこと？

みっこ：令和2年度の事例の場合、第2問はZ社依存脱却で顧客を増やす、第3問はコ
　　　　　ミュニケーション施策で顧客との関係性を強化する、第4問はX島のファンを
　　　　　増やしてB社に還元するといった流れになっているよね。

Ｎａｎａ：事例Ⅱは、**設問文だけでこの流れがわかるから、各設問でどこまで踏み込んで
　　　　　解答すべきかを判断しやすい**んだよね。これを意識すると、これは第3問で解
　　　　　決済みだから第2問の解答に使わないといった切り分けをしやすくなる。

の　　き：全然知らなかった。すごすぎて、鳥肌立ったわ！

> **まとめ**
> ・事例Ⅱの設問文は、B社が成功していくためのストーリーになる傾向。
> ・ストーリーを意識することで、切り分けに迷いにくくなる。

> **お悩み　その3（From：しーだ）**
> 　SWOT分析が苦手。候補が多すぎて何を選べばいいかわからない。

の　　き：これは俺もそう。考えれば考えるほど、どのキーワードが強みなのかとかわか
　　　　　らなくなる。みっこは、SWOT選びで迷ったりしないの？

みっこ：私は迷わない。**SWOTは、最後にやる**んやけど、他の設問で使ったキーワー
　　　　　ドしかSWOTには使わないようにしているんだ。

しーだ：え？？　最後にSWOT解くの？　みんなは？

かもとも：**第1問以外の設問で使ったキーワードかどうか**ってのも、ヒントになるんやね。

試験終了後のテンション
　やっと終わった〜。全然できなかったわ。こりゃ飲むしかない。

確かに、そのほうが設問同士の一貫性っていう観点からは整合性を取りやすいね。

Ｎａｎａ：事例Ⅱ企業は強みの多い企業が頻出やから、強みを選ぶときには、このやり方
　　　　のほうが、間違いが少ないかもしれないね。「みっこ式」と名づけようか（笑）。

> **まとめ**
> ・SWOT は最後に取り組んでみると迷いにくくなる。
> ・第2問以降で使ったキーワードを優先して解答に使う。
> ・この方法は、「みっこ式」と名づける。

■事例Ⅲ

得意な人	苦手な人
イノシ、かもとも、しーだ、Ｎａｎａ、みっこ	のき

> **お悩み その1（From：のき）**
> どの設問にどのキーワードを入れたらいいのか悩む……。

の　　き：これ、過去問解いてて結構悩むこと多かったんだよね。いわゆる「切り分け」
　　　　というやつなんだけど、たとえば、令和2年度の第2問はどう営業と製造に切
　　　　り分けたらいいのか結構悩んだんだよね。

イノシ：俺は、**与件文に書いてある場所をヒントにした**かな。たとえば、営業関連なら
　　　　第7、8段落で、製造関連なら第11、13、15段落っていう感じで。

しーだ：自分は第2問と第3問の間でも、切り分けに悩んだのがあったなぁ。それで結
　　　　局うまく**切り分けられなかったから両方入れる**ことにしたよ。

の　　き：そうかー、全体を読んでから細かい情報を問題ごとに振り分けてたから2人み
　　　　たいなことは考えてなかったなぁ。与件文に書いてある場所で切り分けを判断
　　　　するっていうのも目からウロコだったわー。

> **まとめ**
> ・与件文に書いてある場所が切り分けのヒントになる場合がある。
> ・切り分けが難しいと思ったら、あえて切り分けず書いてしまう方法もある。

> **お悩み その2（From：のき）**
> 製造業なんだけど、なんだかこの事例苦手……。

Ｎａｎａ：のきは製造業勤務だよね？　私も製造業勤務で事例企業がどんな会社なのか**頭
　　　　のなかでイメージが湧きやすかった**んだけど、のきは違ったの？

の　　き：イメージが湧くってのは一緒だと思うんだけど、何をどこまで解答に書いてい
　　　　いかわからなくなっちゃうんだよね。

家族の協力を得る方法
　中小企業診断士になると、自分だけでなく家族にとってどのような利点があるのかガチプレゼンして承認を得る。

Ｎａｎａ：あー、でもわからなくもないよー。確かに施策とか、中小企業でそんな簡単にできるかなって思うときはあるよね。そういう泥沼にハマると私も点数が乱高下したなぁ。他のみんなは製造業じゃない人がほとんどだけどどうだったの？

みっこ：私は製造業っていわれても全くイメージできない。頭のなかに映像も何も浮かばないから**与件文だけが頼り**なのよ。**与件文を素直に読んで**いって、明らかにおかしいと思うところを指摘していくっていう**素直な解き方**をすれば解けると思ったんよね。

かもとも：事例Ⅲって**与件文のなかに明らかに問題点だとわかるような記述があって、それを改める施策を考えて対応させる**のが基本的な解き方だよね。

イノシ：確かに。解答に書いた施策で完全に問題が解決するかっていうと疑問に思うところはあったんだけど、やっぱり試験問題なので**与件文に沿って対応していくという割り切り**をするように気をつけたかな。

Ｎａｎａ：それ私も気をつけてたよー。本当にできるかなって考えちゃったけどね（笑）。

しーだ：のきだったら、「**与件文に素直に**」っていうのはできそうな気がするのにね。下手に知識があるがために、変に深読みしちゃってたところがあったのかな？

の　き：そういう認識はなかったけど、今思い返すとそんな気がしてきた（笑）。与件文の情報からいろいろ想像しちゃってた気がする。その結果、何書いていいかわからなくなっちゃうみたいな負のループに陥る、と。こじらせてるな、これ。

みっこ：事例Ⅲは製造業のイメージが湧かないから苦手って聞くけど、逆パターンよね、のきは。イメージが湧いたほうが解きにくくない？　って私は思ってた。

イノシ：よく知っているってことは深く考えられるという強みにもなるし、考えなくてもいいことまで考えちゃうっていう弱みにもなるよね。

かもとも：事例Ⅲって**問題点は与件文から読み解く必要がある**けど、**改善策は割とパターンが決まっている**と感じてた。「全社的な生産計画・生産統制の実施」とか「マニュアル作成で技術レベルの平準化」みたいな感じで。イメージできるに越したことはないけど、与件文の情報と改善策のパターンを結びつけることのほうが重要な気がする。

の　き：今回話をして、自分がいかにこじらせてたかよくわかるわ。知っているからこそ考えにバイアスがかかってたのかもしれないなぁ。素直さ、大事。

まとめ

・製造業に詳しい必要は必ずしもない！　与件文に書いてあることに沿って、素直に解答をしていくことが重要！　知っていることがかえって足枷になることも……。

・改善策はパターンがある。与件文の問題点に合わせてパターンを組み合わせよう！

家族の協力を得る方法 ―――――――――――――――――――――――――
隙あらば、気づかれないように家事を少しでもやっておく（家事をやる気だけは伝わるはず）。

■事例Ⅳ

得意な人	苦手な人
イノシ、かもとも、のき	しーだ、Ｎａｎａ、みっこ

> **お悩み　その1（From：Ｎａｎａ、みっこ）**
> 事例Ⅳに対する苦手意識が拭えない……。

Ｎａｎａ：私は事例Ⅳに文句を言いたい！　1次試験の「財務・会計」と2次試験の事例Ⅳのレベルにギャップがありすぎる！　事例Ⅳでわからない問題があって財務・会計に戻っても、答えがわからない！　記述は特に苦手……。

みっこ：確かに……。私も「財務・会計」は得意だったけど、事例Ⅳは最初悲惨だったよ。演習を重ねて少しは解けるようになってきたけど、今度は、ちょっとした計算ミスで正しい答えが導けないから、そこで苦手意識を持っちゃったよ。

かもとも：俺は簿記2級を持ってたから、**勘定科目を意識して与件文と財務諸表を読むことで経営分析も納得がいく解答ができた**かな。1次試験ではそこまで問われないけど、**勘定科目は1次試験の勉強のなかで押さえたほうが望ましいかも**。

のき：みっこの言った「ちょっとした計算ミスで正しい答えが導けない」だけど、実は、**計算ミスは条件整理の仕方で減らせるから、条件整理の仕方を見直すといい**かもね。あと、Ｎａｎａの言ってた記述問題への対応だけど、たとえば、ROIを求めるときに**公式が思い出せなくても、なんでこれを求めるのか？　を考えると国語の問題っぽくなるから、点数を得られる解答はできる**と思う。そう、「数字は数字じゃない。数字は言葉だから。byのき」……。

イノシ：のき、俺もそろそろ話していい？（笑）。事例Ⅳは他事例と違って答えがあるから点数を伸ばしやすいと思って、俺は**事例Ⅳに特化して勉強することに決めて**『イケカコ』を何周も回したよ。記述問題はともかく、計算問題は余裕だったよ！　最初はキツイかもしれないけど、『イケカコ』を何周も回せば計算問題に自信はつくよ！　Ｎａｎａもみっこもやってみたら？

しーだ：イノシ、その助言、劇薬だよ（笑）。

> **まとめ**
> ・1次試験の勉強では勘定科目や公式の意味を理解することを心掛け、事例Ⅳに対し苦手意識を持たないような下地をつくる。
> ・計算問題は条件整理方法を見直し、計算ミスを防ぐなど工夫して苦手意識を克服。
> ・演習を重ねることで苦手意識がなくなり得意科目になることも⁉

家族の協力を得る方法
勉強時間以外はできるだけ家族のために尽くすこと。

お悩み　その2（From：しーだ）
1点でも多く得点するための勉強や当日対応って何かある？

Ｎａｎａ：実は、『イケカコ』は私も書店で見てみたけど、とてもじゃないけど解ける気がしなくてやめたんだ。私は、**難易度が低い参考書から、だんだんと難易度を高めていった**感じだよ。勉強時間の半分近くは事例Ⅳに充てたんだけどね。

イ ノ シ：俺は逆で、**難易度が高い『イケカコ』を教材にすれば実力も自信もつくと考え**て『イケカコ』中心だったよ。勉強時間はほとんどを事例Ⅳに充てた。

し ー だ：得意でも不得意でも、みんな**事例Ⅳに勉強時間の多くを配分して得点を高める工夫をしている**んだね。当日の対応は何かある？

の　　き：当日、1点でも多く取ろうとしたら、タイムマネジメントが大事だと思うよ。CVPやNPVのような計算問題だけでなく、今年でいうと「負ののれん」のようにワードを知っていればある程度解答できる知識問題もあるから、**どの問題にどれくらい時間をかけるかというタイムマネジメントが勝敗を分けることがある**んだよね。わからない問題に時間をかけ過ぎて、わかる問題を解く時間がなくなって得点機会を逃してはもったいないからね。

かもとも：試験時間の80分間をどの設問に配分するかを考えるためには、各設問の難易度がわかるようにならないとだめやよね。「NPVは最初から捨てる」っていう極端な意見もあるけど、万遍なく、**設問の難易度が判断できるレベルまで勉強する**っていうのも、勉強量の1つの目安になるかもね。

イ ノ シ：**知識問題はわからなかったらなんでもいいからとりあえず書いておくことが大事だし、計算問題は計算過程を書いて部分点を少しでも稼ぐ**方法もあるよね。俺は正直、令和2年度は知識問題が多くて嫌になっちゃったよ～。それにNPVも条件が多くて最初はわくわくしたけど、解き始めたら簡単でがっかりだったよ。今年のNPVは、「捨て問」じゃなくて「捨て問フェイク」だったからつまらなかったな～。時間も余っちゃったしね。

みっこ：『イケカコ』の回し過ぎで。イノシの意見ちょっと参考にならないよ～。劇薬イノシ、恐るべし……。

まとめ
- 得意な人は、難易度の高い参考書にチャレンジして実力を高め、得点源とする。
- 苦手な人は、演習を重ねて条件整理や公式の意味を身体に染み込ませる。また、当日の試験対応のために、設問の難易度が判断できるレベルまでは勉強をする。
- 計算問題は計算過程を書き、知識問題は白紙解答にしないことで部分点を狙う。
- タイムマネジメントを意識し、解く順番や問題の取捨選択を戦略的に判断する。

令和元年度試験 再現答案
（2020年版）

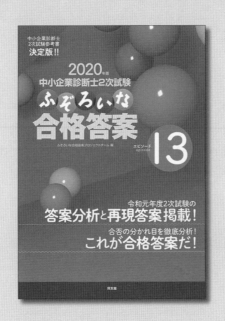

第2章のトリセツ

　第2章では、令和元年度2次試験合格者のうち6名を取り上げ、各人が2次試験当日までどのような勉強をしてきたのか、当日は何を考えどのように行動したのかを詳細に紹介しています。ご自身と属性の近い合格者を探し、合格のヒントとしてご活用いただければ幸いです。

第1節　合格者6名の勉強方法と解答プロセス

　ふぞろいな合格者6名の紹介に続き、各メンバーの勉強への取り組み方、合格のために重視していたこと、勉強スケジュールなどを詳細なコメント付きで紹介します。

第2節　合格者の80分間のドキュメントと再現答案

　6名の合格者が2次試験本番にどのように臨み、どのように合格答案に至ったのかを、ドキュメント形式でお伝えします。予想外の難問・奇問や思わぬハプニングに翻弄されつつも、なんとか合格をつかみ取ろうとする6名の姿を、当日の間違った思い込みやリアルな感情の動きも含め克明に記録しています。また、実際に当日作成した答案を後日再現し、ふぞろい流採点と得点開示結果を添えて掲載します。

第3節　もっと知りたい！　当日までにやったこと

　「やっぱり過去問が大切」「ファイナルペーパーは作るべき」など、受験勉強中にはさまざまな情報が入ってきます。でも、それぞれ性格や勉強歴が異なる以上、自分に合う勉強法、合わない勉強法があるはず。本節では、6名の合格者が本試験当日までどのような準備をしてきたのかを、座談会形式で語ります。

～ちょっと変わった勉強法～

　①徹夜で計算問題を解く。②大学受験用の現代文の問題集を解く。

第1節　合格者6名の勉強方法と解答プロセス

1．ふぞろいな合格者6名のご紹介

再現答案を活用するために、自分と似たタイプの合格者を一覧表から見つけてね！

	かーな	テリー	じょーき	ホリホリ	まっつ	おはこ
年齢	32歳	36歳	31歳	32歳	43歳	40歳
性別	女	男	男	男	男	男
業種	製造業	エネルギー	金融	サービス	IT	マスコミ
職種	経営企画	営業企画	人事系	営業企画	SE	新規事業開発
2次受験回数	1回	1回	2回	2回	3回	5回
2次勉強時間	300時間	200時間	300時間	1,300時間	1,400時間	900時間
学習形態	独学	予備校通学	独学	予備校通学	予備校通学	独学（2次は一部予備校通信）
模試回数	0回	2回	3回	2回	3回	0回
模試成績	—	上位10%以内	上位30%以内	上位30%以内	上位5%以内	—
得意事例	事例Ⅲ	事例Ⅰ	事例Ⅳ	事例Ⅲ	事例Ⅱ・Ⅳ	特になし
苦手事例	事例Ⅰ	事例Ⅱ	事例Ⅰ・Ⅲ	事例Ⅰ	事例Ⅰ	事例Ⅰ・Ⅳ
文系／理系	文系	文系	文系	理系	理系	文系
過去問の取り組み方	質を重視	PDCAと質を重視	効率と現実味を重視	質・量を重視分析中心	質を重視	質を重視
取り組み事例数	40事例	60事例	82事例	150事例	72事例	84事例
得点開示結果／ふぞろい予想点　Ⅰ	63/62	49/48	64/60	56/64	63/74	69/51
Ⅱ	57/70	73/63	75/81	76/74	53/54	61/58
Ⅲ	68/67	62/57	64/57	69/75	62/64	54/56
Ⅳ	60/58	64/69	63/67	71/76	66/71	62/61
2次試験攻略法	愚直に過去問と1次知識の復習	過去問の多面的な活用	与件文に寄り添う（現代文の要領）	過去問を分析し傾向をつかむ	過去問重視書く力の向上	事例のストーリーを読み取る
事例を解くのに有利な経験や資格	日商簿記2級	—	日商簿記3級	—	—	日商簿記2級

~ちょっと変わった勉強法~

勉強仲間の答案を見て、ふぞろいを確認する前に、まず自分が加点対象と思う項目でキーワード採点する。

2．勉強方法と合格年度の過ごし方

勉強方法と解答プロセス ＊■━━━━━━━━━━━━━●かーな 編

（再現答案掲載ページ：事例Ⅰ p.170　事例Ⅱ p.198　事例Ⅲ p.226　事例Ⅳ p.256）

私の属性

【年　　齢】	32歳	【性　　別】	女
【業　　種】	製造業	【職　　種】	経営企画
【得意事例】	事例Ⅲ	【苦手事例】	事例Ⅰ
【受験回数】	1次：1回　　2次：1回		
【合格年度の学習時間】	1次：480時間　　2次：300時間		
【総学習時間】	1次：480時間　　2次：300時間		
【学習形態】	独学		
【直近の模試の成績】	未受験	【合格年度の模試受験回数】	未受験

私のSWOT

S（強み）：自分に厳しい、立ち直りが早い　　W（弱み）：調子にムラがある
O（機会）：長い通勤時間　　　　　　　　　　T（脅威）：独学ゆえの情報不足

効果のあった勉強方法

①過去問を解いて『ふぞろい』で答え合わせ

　1次試験後に2次試験の勉強を始め、短期集中型で取り組む必要があったので、過去問だけを繰り返し解こうと決めました。そのなかでも「質」にこだわり、間違えたところは「なぜできなかったのか？　先入観による思い込み？　知識不足？　解法が身についていない？」など、なぜなぜ分析をしていきました。単語ベースではなく、考え方ベースで改善点をクリアしていけば、どのような設問が出ても応用できるはず、と思って実践していました。その際『ふぞろい』があると、多面的に答え合わせができるので、分析の厚みが増したと思います。それ以外では、なるべく本番に近い形で実践するために、本番と同じB5サイズの過去問を用意。使う文房具もいろいろ試しながらベストなものを探っていきました。

②1次試験知識の復習・グレードアップ

　過去問を解くうちに、1次試験の知識を「用語をフルセンテンスで説明できるレベル」まで引き上げる必要があると気づき、復習を始めました。一から覚えるわけではないのですが、1次試験の暗記とはまた違う筋肉を使う感じでした。

③メリット・デメリット作文

　2次試験の形式に慣れるため、基礎知識や新聞で見た単語について、「メリットは〜、デメリットは〜」という文章をスマホのメモ帳に書きためていました。

私の合格の決め手

　『ふぞろい』です。あとは、いろいろな方法を試しながら、勇気を出してやり方を変えていったこと（実際、試験直前までカラーペンのルールが決まらず、本番でも更新。本番は過去問と違うこともあるので、臨機応変な対応ができたことがよかったかも）。

〜ちょっと変わった勉強法〜

　「カンブリア宮殿」や「ガイアの夜明け」を、助言する立場で予測しながら観る（もちろん録画で1.3倍速）。

合格年度の過ごし方～初年度受験生～

地方在住なので予備校が近くになく、通信教育との上手な付き合い方もわからず、ひたすら過去問と『ふぞろい』を頼りに勉強しました。1次試験の自己採点が「マークミスしてたら足切りだな……」という点数だったので、勉強がトップギアに入ったのは9月初旬の1次試験合格発表後でした。

1月～ 5月	課題：1次試験を受ける覚悟を決める		
	学習内容	1次試験のテキストと問題集をこなしながら、「受けようかな、来年にしようかな……」と逡巡する日々。2次試験のことは存在しか知りませんでした。	取り組み事例数： 0事例
			平均学習時間 平日：0時間 休日：0時間
6月～ 8月上旬	課題：1次試験の科目合格、なるべく多く		
	学習内容	2次試験の対策をする時間はまったくなく、受けても来年だろうと思い1次試験に集中。	取り組み事例数： 0事例
			平均学習時間 平日：0時間 休日：0時間
1次試験！			
8月中旬～ 9月上旬	課題：2次試験を知る		
	学習内容	1次試験に受かったか半信半疑のまま、受験生支援団体のセミナーに参加。2次試験の全体像がわかり、とにかく問題を解かないことには始まらないと過去問に着手。	取り組み事例数： 8事例
			平均学習時間 平日：0時間 休日：7時間 （土日どちらか）
9月上旬～ 直前	課題：2次試験のことを常に考えながら生活する		
	学習内容	平日は通勤時間で暗記と情報収集、夜に事例Ⅳの問題集→土日は事例Ⅰ～Ⅲを2～4事例解き、自分に厳しくとことん振り返り→次の週の平日に暗記する項目の整理を、試験直前まで繰り返しました。	取り組み事例数： 32事例
			平均学習時間 平日：2時間 休日：6時間
2次試験！			

学習以外の生活

夫の理解があったおかげで、平日の家事を分担してもらいました。自分の担当の家事は、土日に過去問演習の間の気分転換と位置づけて、頭をからっぽにしてやっていました。友人と遊んだりする時間はほぼありませんでしたが、2か月程度の期間なので、過ぎてしまえばあっという間でした。

仕事と勉強の両立

会社には試験のことを言っていなかったので、仕事はいつもと変わらないペースでしていました（若干、注意散漫なのはバレていたかもしれませんが……）。通勤時間と隙間時間、土日で勉強時間を確保していました。

～勉強場所～

図書館とカフェ。静寂な場所でも喧騒な場所でも集中できる力をつける。

勉強方法と解答プロセス ＊ ■━━━━━━━━━━━━ ■テリー 編

（再現答案掲載ページ：事例Ⅰ p.174 事例Ⅱ p.202 事例Ⅲ p.230 事例Ⅳ p.260）

私の属性

【年　　齢】 36歳		【性　　別】 男	
【業　　種】 エネルギー		【職　　種】 営業企画	
【得意事例】 事例Ⅰ		【苦手事例】 事例Ⅱ	
【受験回数】 1次：1回	2次：1回		
【合格年度の学習時間】 1次：800時間		2次：200時間	
【総学習時間】 1次：800時間		2次：200時間	
【学習形態】 予備校通学			
【直近の模試の成績】 上位10％以内	【合格年度の模試受験回数】 2回		

私のSWOT

S（強み）：コツコツ勉強する　　W（弱み）：苦手科目を後回しにしてしまう
O（機会）：予備校の勉強仲間　　T（脅威）：仕事の繁忙期

効果のあった勉強方法

①PDCAを意識した学習スタイル

事例を解くごとに、「着眼できた点、着眼できなかった点、気づきの点、補強すべき1次知識、次回事例を解く際の改善点」を、ノートにまとめていました。量より質に重きを置き、1つひとつの事例を大切にして解いた事例を徹底的に分析しました。まとめた内容は、ファイナルペーパーに落とし込みました。

②過去問の論点ごと解きによる事例の特徴把握

80分の答案作成とは別に、論点ごとに事例を解いていました。たとえば、事例Ⅰであれば組織構造と人事施策、事例Ⅱはターゲットの抜き出しと経営資源の活用、事例Ⅲは強みの抜き出しと今後の成長機会に着目。これにより、各事例の特徴を早期に把握し、過去問を効率的かつ多面的に活用できました。

③試験当日の事前シミュレーション

試験当日、緊張する雰囲気のなか、自分の力を最大限発揮するためには、当日慌てないための事前シミュレーションがすべて。2週間前、1週間前の日曜日は、セルフ模試に取り組み、当日と同じ行動を取るようにしました。事前のセルフ模試では、予期せぬハプニングを経験し、当日は万全の状態で試験に臨むことができました。

私の合格の決め手

合格の決め手は、隙間時間の有効活用と学習時間や学習内容の見える化です。平日は、80分のまとまった時間を取れることが少なかったため、通勤時間を有効活用し、過去7年間の設問だけをまとめた資料で、毎日設問解釈を行っていました。また、試験当日までの学習時間を割り出し、各事例に配分する時間を決め、各事例をバランスよく学習することを心掛けていました。学習時間と学習内容は、エクセルで日々管理していました。

━━ 〜勉強場所〜 ━━━━━━━━━━━━━━━━━━━━━━━━━━━━━━━━━

予備校の自習室、電車・飛行機のなか、出張先のホテル。

合格年度の過ごし方～初年度受験生～

「合格の肝は、2次試験であること」を学習の初期段階から意識していました。年明けから、1次の勉強と並行して、2次の過去問を解き、ゴールデンウィーク（以下、GW）前までに過去5年間分をひと通り解きました。初めのうちは、80分ではまったく解けませんでしたが、事例の特徴と時間の感覚だけは、早めに把握できました。

1月～ 5月GW		**課題：2次試験を体感してみる**	
	学習内容	GWに実施される予備校の2次試験向けの模試に向け、勉強仲間と事例Ⅰ～Ⅳを解いていました。80分間のタイムスケジュールや解答プロセスを試行錯誤しながら、1次試験合格以降の基礎固めをしました。	取り組み事例数： 20事例 平均学習時間 平日：0時間 休日：3時間
5月GW～ 8月上旬		**課題：1次試験に全力投球**	
	学習内容	1次試験に集中するため、GW以降は、2次試験の勉強は一旦中断。予備校の演習と過去問を繰り返し解き、アウトプット中心にシフト。通勤時間は、予備校の講義動画（暗記科目を中心）を2倍速で聞きながら、インプットも怠りませんでした。	取り組み事例数： 0事例 平均学習時間 平日：0時間 休日：0時間
1次試験！			
8月中旬～ 10月上旬		**課題：解答プロセスの確立**	
	学習内容	勉強方法や解答プロセスを早期に確立するため、ふぞろいセミナーやその他受験生支援団体のセミナーに参加して、参考になる方法を取り入れました。 予備校の演習や模試にて、自身で構築した解答プロセスを試しながら改良を重ね、80分の解答プロセスを固めていきました。また、過去問では、40分間で解答骨子まで作成する練習を行い、過去5年分を3周しました。 事例Ⅳは、毎日最低1問は解くようにして、計算力が鈍らないように準備しました。	取り組み事例数： 30事例 平均学習時間 平日：2時間 休日：5時間
試験 2週間前～		**課題：当日のシミュレーション＆不安要素をなくす**	
	学習内容	週末に事例Ⅰ～Ⅳのセルフ模試を実施。試験当日を想定して、起床時間から、事例Ⅳが終了するまで綿密にシミュレーションしました。 事例Ⅳは、まだまだ伸びるはずと思い、予備校のオプション講義を通信で受講。頻出論点は、確実に解けるよう問題集を繰り返し解き、仕上げていきました。 試験本番に向け、不安要素を取り除き、準備万端の状態で試験に臨みました。	取り組み事例数： 10事例 平均学習時間 平日：2時間 休日：5時間
2次試験！			

学習以外の生活

週に一度は、気分転換のため、お気に入りのお店で日本酒をよく飲んでいました。お店の人にも資格試験にチャレンジしていることをあえて伝えて、公言したからには、試験に受かろうと、自分によいプレッシャーをかけ、緊張感を維持しました。

仕事と勉強の両立

仕事も繁忙期に差し掛かっていましたが、事例を解くほうが楽しかったです。仕事終わりに、予備校またはファミレスに立ち寄り、勉強していました。

～勉強が楽しかった瞬間～

知らないことを知る、出来ないことが出来るようになるとき。

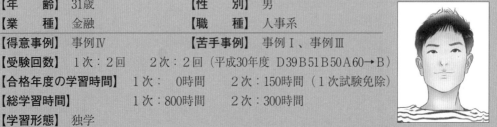

勉強方法と解答プロセス ＊ ━━━━━━━━━━ じょーき 編

（再現答案掲載ページ：事例Ⅰ p.178　事例Ⅱ p.206　事例Ⅲ p.234　事例Ⅳ p.264）

【 私の属性 】

【年　　齢】 31歳		【性　　別】 男	
【業　　種】 金融		【職　　種】 人事系	
【得意事例】 事例Ⅳ		【苦手事例】 事例Ⅰ、事例Ⅲ	
【受験回数】 1次：2回　　2次：2回（平成30年度 D39 B51 B50 A60→B）			
【合格年度の学習時間】 1次： 0時間　　2次：150時間（1次試験免除）			
【総学習時間】 1次：800時間　　2次：300時間			
【学習形態】 独学			
【直近の模試の成績】 上位30％以内		【合格年度の模試受験回数】 3回	

【 私のSWOT 】

S（強み）：本番に強い、計算に自信有　　W（弱み）：注意散漫、継続力無、活字苦手
O（機会）：先輩診断士とのつながり　　T（脅威）：独学で情報が少ない

【 効果のあった勉強方法 】

①過去問⇔『ふぞろい』の往復で、「試験当日に80分で書けるベストな答案」を目指す
　当初は大手予備校出版の丁寧な解説を読み込もうとしましたが、だいたい第1問で集中力が切れました……（講義とセットでないと、私の頭では消化不良）。

②事例Ⅳ対策は徹底的に！
　『事例Ⅳ（財務・会計）の全知識＆全ノウハウ（以下、事例Ⅳの全知識＆全ノウハウ）』＋『意思決定会計講義ノート』で仕上げました。結果は後述のとおりですが（泣）、「仮に事例Ⅰ～Ⅲでつまずいても、最後で十分逆転できる」、試験当日そう思いながら過ごせたことは間違いなくプラスでした。

③現代文（大学受験向けの問題集）の訓練
　答えは与件文にある。過去の『ふぞろい』でも「与件文を写しただけ」のキーワードに高い配点が。与件文をもとに解答を組み立てれば、合格答案を書けるはず。そこで私が取り組んだのは現代文の訓練。与件文に寄り添う訓練には効果的だと思います。

④新聞コラム40字要約
　新聞のコラムを40字で要約するというものです（注：毎日はやっていない）。毎日やっている身近な先輩（ラッキー！）の書きぶりを見て、「自分は因果が飛んでいるな」「想像が過ぎるな」など、自分の文を見直すきっかけになりました。また、「つかみどころのない文章でも何とか解答を作る」という訓練にもなりました。

【 私の合格の決め手 】

　①信じること（必要な勉強時間は充足していると信じて無理に勉強時間を稼ごうとしないこと、『ふぞろい』を信じてほかに手を広げすぎないこと）。②妻をはじめとした身近な人の応援（が得られるように日ごろからポイントを稼いでおくこと（笑））。

〜勉強が楽しかった瞬間〜
　初期には手も足も出なかった2次試験で、80分を完全にコントロールして満足できる解答を書いたとき。

合格年度の過ごし方〜2年目受験生〜

合格に必要な勉強時間は足りていると信じて、解答作成プロセスのブラッシュアップが中心。
事例Ⅰ〜Ⅲについては大手予備校のような美しい答案（100点）は諦めて、『ふぞろい』を中心に現実的な解答（60〜70点）作成を目標に据えた。一方で、得意科目の事例Ⅳは満点を取りに行く気持ちで手広く取り組む。

前年試験終了〜6月	課題：熟成		
	学習内容	モチベーションがなかなか上がらず。診断士試験以外の勉強。3月末には第1子が生まれて環境が変わったのも一因か。GWに模試だけ受けておいた。	取り組み事例数：4事例
			平均学習時間 平日：0時間 休日：0時間
7月〜8月上旬	課題：解答作成プロセスの確認、事例Ⅳ強化		
	学習内容	試験勉強は「過去問5年×3周で足りる」が持論。合格目安とされる勉強時間もクリアしている。アウトプットの品質向上に重きを置けば、勉強時間はそう長くなくても大丈夫なはず。得意の事例Ⅳは『意思決定会計講義ノート』に手を出す。	取り組み事例数：20事例
			平均学習時間 平日：1.5時間 休日：2.5時間
1次試験！（免除申請して受けず）			
8月中旬〜10月中旬	課題：Ⅰ〜Ⅲは模試で実戦力強化。Ⅳは徹夜で『事例Ⅳの全知識＆全ノウハウ』を1周。基本的な問題を振り返りつつ極限状態における自らのミスのパターンをつかむ。		
	学習内容	7月〜直前1週間までの期間に、取り組んだ過去問の数は前述のとおり60事例（4事例×5年×3周）。 予備校の模試は2回。大事なことは本番で力を出し切れるかどうか。前年の経験上、試験当日の消耗は想像以上に激しい。80分×4事例に慣れることに意味がある。 事例Ⅳは当日の最終科目。疲労感も相当でミスも起こる。先輩診断士は、「毎日寝る前に計算問題を解いた」と言っていたが、自分にそんな継続力はない。代わりに思いついたのが、週末に徹夜で『事例Ⅳの全知識＆全ノウハウ』をひと通り解くこと。『意思決定会計講義ノート』で難しい問題にも取り組んだが、結局大事なのは基本的な問題を取りこぼさないことだ。	取り組み事例数：48事例
			平均学習時間 平日：1時間 休日：2時間
直前1週間	課題：試験当日に心身のピークを持ってこられるように準備		
	学習内容	思いつくままに過去問を1日1〜2事例。中学〜高校で陸上競技をしていた甲斐あってか、自分の心身との対話には慣れている。当日にピークを持ってこられると信じる。結局最後の最後は精神論。	取り組み事例数：10事例
			平均学習時間 平日：1時間 休日：2時間
2次試験！			

学習以外の生活

平成31年3月31日に第1子が誕生。生活リズムが変わったがそこは妻の理解でカバー。一方で仕事は労働組合の専従者で、平日の業務時間外の活動や休日の行事参加も相応に多く、家庭とのバランスを取るのに苦心。

仕事と勉強の両立

とにかく時短。実戦形式の勉強は模試のみ。普段はそのプロセスをコマ切れで行う。解答構成力は新聞コラムの要約で補えたと思う。

〜勉強が楽しかった瞬間〜

勉強会で仲間と出題者の意図をあれこれと妄想する瞬間。

勉強方法と解答プロセス ＊ ━━━━━━━━━━━━ **ホリホリ 編**

（再現答案掲載ページ：事例Ⅰ p.182　事例Ⅱ p.210　事例Ⅲ p.238　事例Ⅳ p.268）

【 私の属性 】

【年　　　齢】 32歳	【性　　　別】 男
【業　　　種】 サービス	【職　　　種】 営業企画
【得意事例】 事例Ⅲ	【苦手事例】 事例Ⅰ
【受験回数】 1次：2回　　2次：2回（平成30年度　D36 B54 B58 C42→C190）	
【合格年度の学習時間】 1次： 0時間　　2次：1,000時間（1次試験免除）	
【総学習時間】 1次：900時間　　2次：1,300時間	
【学習形態】 予備校通学	
【直近の模試の成績】 上位30％以内	【合格年度の模試受験回数】 2回

【 私のSWOT 】

S（強み）：前向き、集中力　　W（弱み）：解答作成力
O（機会）：家族や勉強仲間　　T（脅威）：飲み会の誘い

【 効果のあった勉強方法 】

①勉強仲間との勉強会

　1、2年目は予備校に通って1人で勉強していましたが、3年目は予備校仲間による有志チームに入り、演習・過去問のディスカッションを繰り返すことにより、自分の弱み発見、知識の補完とプロセス改善に生かせました。合格年度が一番勉強しましたが、勉強時間の7割は、勉強仲間との事例演習やディスカッションのため、苦痛は一番少なかったです。

②受験生支援団体の勉強会への参加

　1、2年目は、予備校だけに通っていたため、合格者による受講生支援団体の勉強会に参加していませんでしたが、合格年度には定期的に参加し、たくさんのアドバイスをいただけました。自分の解答に対する受験生や合格者からの指摘は、自分の固定観念を改めることができ、他者への指摘は理解を深めることにつながりました。

③『ふぞろい』による過去問分析

　合格年度に『ふぞろい』を知るまでは、予備校の模範解答を書くためには、どうすればよかったのか？　を分析していましたが、『ふぞろい』による分析は合格者やA判定を取った方が書いたキーワードは何か？　自分の解答は多数派に入れたのか？　を分析することにより与件文や設問文に沿った答案を書けるようになりました。

【 私の合格の決め手 】

　私の合格の決め手は、家族の理解が得られたことで勉強時間が捻出できた点です。一方で、休日には家族との時間を大切にし、メリハリのある生活が送れました。また、勉強仲間と切磋琢磨し、先輩合格者からの的確なアドバイスもとても参考になり、最後まで高いモチベーションを維持できました。

~効果的な過去問の使い方~
　80分で解く→自分なりの100％を書く→ふぞろいで採点→反省点の確認→次の過去問の課題にする。

合格年度の過ごし方～多年度受験生～

1、2年目は、勉強会仲間も作らず、予備校以外の勉強会にも参加せずと、情報難民でしたが、合格年度は、積極的に勉強会仲間と交流し、受験生支援団体の勉強会にも参加しました。また、解答プロセスの確立、ファイナルペーパー作成など、2次試験の勉強に特化したことで、十分な準備ができたと思います。

2～3月	課題：情報収集、苦手事例・解答作成力の対策		
	学習内容	受験生支援団体に初めて参加してみる（『ふぞろい』の存在を知る）。他の受験生とのレベルの差を痛感した。4月からの予備校開始と共に勉強を再開しようと考えていたが、前年D判定だった事例Iの強化のため、事例Iの論理に特化した通信講座で勉強を始めた。また、解答作成力強化のため、新聞コラムの要約を始め、SNS等で他者の要約と自分の要約の違いを分析していた。	取り組み事例数：5事例 平均学習時間 平日：2時間 休日：2.5時間
4月～ 8月上旬	課題：解答プロセスの構築		
	学習内容	予備校の演習講義からの参加や、同じクラスの有志チーム（入会条件は最低110時間／月……）も入り、解答プロセスの構築のため、解答を書く前までのプロセスをひたすら過去問で実施した。その度に、設問文から想定したことや与件文のチェック項目に対して、ディスカッションを繰り返した。皆がチェックしていて、自分がチェックできない箇所、皆が想定していて、自分が想定できなかった箇所など、自分の弱みを見つけるよい機会となった。	取り組み事例数：60事例 平均学習時間 平日：4時間 休日：9時間
1次試験！（受験せず）			
8月中旬～ 10月中旬	課題：解答プロセスの定着化とタイムマネジメント力の向上		
	学習内容	解答プロセスが明確化するものの、チェック項目が増えて、時間がかかり過ぎてしまい、最終問題に時間を割けなくなり、点数が伸び悩む。配点や難易度ごとに時間配分を決めて取り組んだことで点数が安定し始める。解答プロセスやファイナルペーパーで可視化することで、曖昧なプロセスや知識を補完できた。8月中旬からは初見の事例を中心に解き、解答プロセスの定着化を図った。	取り組み事例数：70事例 平均学習時間 平日：4時間 休日：8時間
直前 1週間	課題：実力と健康の維持		
	学習内容	残しておいた初見の事例を解き、勉強会仲間とディスカッションし、実力維持・向上に努めた。ただし、健康維持のため朝型に切り替え、夜は10時には寝るようにしていた。外出時はマスクをするなど、本番前に体調だけは崩さないよう心掛けた。	取り組み事例数：15事例 平均学習時間 平日：4時間 休日：8時間
2次試験！			

学習以外の生活

8月上旬までは、平日に最低限の勉強時間は確保できていたので、日曜日は原則オフにして、家族サービスに充てていました。GWは試験前の最後の旅行ということで、家族と長期旅行に行きました。その代わりに、お盆休みはすべて勉強時間に充てるなど、メリハリを付けて勉強をしていました。

仕事と勉強の両立

平日に勉強時間を確保するため、仕事のTODOリストを細分化して、効率アップに注力しました。移動時間や隙間時間に勉強できるように、スマホに知識やノウハウを蓄積しました。

～効果的な過去問の使い方～

口述対策のつもりで事例企業をまとめる。

勉強方法と解答プロセス ＊■━━━━━━━━━━ ■まっつ 編

（再現答案掲載ページ：事例Ⅰ p.186　事例Ⅱ p.214　事例Ⅲ p.242　事例Ⅳ p.272）

私の属性

【年　　齢】	43歳	【性　　別】	男
【業　　種】	IT	【職　　種】	SE
【得意事例】	事例Ⅱ、事例Ⅳ	【苦手事例】	事例Ⅰ
【受験回数】	1次：2回　　2次：3回（平成30年度　C49A70C47A67→B）		
【合格年度の学習時間】	1次：200時間　　2次：500時間（2次受験資格なし）		
【総学習時間】	1次：800時間　　2次：1,400時間		
【学習形態】	予備校通学		
【直近の模試の成績】	上位5％以内　　【合格年度の模試受験回数】　3回		

私のSWOT

S（強み）：折れない心　　W（弱み）：短時間での文章作成能力
O（機会）：家族の理解　　T（脅威）：仕事の忙しさ

効果のあった勉強方法

①過去問の徹底活用

　まず『ふぞろい』やネットで取得できる多くの合格答案やA答案を参考にして、受験生が80分で到達できそうなベスト答案を作成しました。その際、「設問で問われたことに答えているか」「切り口が多面的になっているか」「因果関係が与件文や1次知識に基づいているか」の3点を特に注意しました。次にその解答に到達するプロセスと知識、文章の書き方をノートにまとめ、繰り返し確認しました。

②予備校の活用

　3年目に通った予備校は、講師がファシリテーターとなり過去問の解答プロセスをディスカッションする少人数制の予備校でした。この場を活用することで、自分1人の思い込みや、学習仲間の考えに引っ張られることを排除でき、客観的なプロセスで与件文に基づく答案が作成できるようになりました。

③事例Ⅳの過去問を毎日必ず1問解く

　『事例Ⅳの全知識＆全ノウハウ』を使い、論点ごとに繰り返し縦解きすることで、解答プロセスを定着させました。また、疲労時や睡眠不足のときにあえて取り組み、本番に近い脳の状態でプロセスを再現させる練習もしました。

私の合格の決め手

　自分に合った勉強法を見つけ、最後までそれを信じてブレなかったことだと思います。3年目は、80分間という時間にこだわらずに過去問分析中心の学習をすると決めました。設問分析、与件文と設問の紐づけ、解答骨子の作成、骨子からの編集など、それぞれのプロセスごとに丁寧に個別学習を重ねました。結果、まとまった時間が取れなくても、細切れ時間で効率的に学習できました。

～効果的な過去問の使い方～
　未着手の問題を1年分残し、直前に本番と同じ時間でセルフ模試を行う。

合格年度の過ごし方～多年度受験生～

1次試験からの挑戦となりましたが、1次試験の学習は、直前期までは電車のなかで過去問を解くことのみとし、2次試験の「解答骨子の作成」、「骨子からの編集」の精度向上を中心に据えました。1年目、2年目とはまったく異なる勉強をしていたので、飽きずに学習できました。

2月～ 6月中旬	課題：強み強化、弱み改善		
	学習内容	設問分析、与件文との紐づけは前年の時点である程度できていたが、並行して1次試験の学習をすることで、さらに精緻化していった。解答骨子の作成と骨子からの編集など自分が弱い点については、丁寧に焦らずトレーニングを重ねて、克服していった。	取り組み事例数： 24事例
			平均学習時間 平日：1.5時間 休日：5時間
6月下旬～ 8月上旬	課題：1次試験合格		
	学習内容	1次試験の学習に注力。	取り組み事例数： 0事例
			平均学習時間 平日：0時間 休日：0時間
1次試験！			
8月中旬～ 10月中旬	課題：解答プロセスの実践力向上とタイムマネジメント力の向上		
	学習内容	ここからは、今まで練習した各プロセスを80分間でどう展開するかを中心に据えた。調整した手法が初見問題で通じるか？　を試すため、大手予備校の模試を受験し問題があれば調整を図った。9月下旬からは、毎週土曜日に、本番と同じタイムスケジュールで1日過ごし、体にリズムを刻み込んだ。	取り組み事例数： 36事例
			平均学習時間 平日：3時間 休日：7時間
直前 1週間	課題：健康管理、心を落ち着ける		
	学習内容	直前の3連休は、毎日それまで行ったことがない勉強場所を訪れ、心理的負荷をかけた状態で、休憩時間の使い方を含めたシミュレーションを行った。演習形式の学習はこれで終わりとし、ここからは健康管理の徹底に努めた。直前期に取り組んだ勉強は、漢字の練習、これまで作成してきた解答の書き写し、事例Ⅳの計算問題など。手を動かして勘を鈍らせないようにしながら、心を落ち着かせることができた。	取り組み事例数： 12事例
			平均学習時間 平日：2時間 休日：8時間
2次試験！			

学習以外の生活

週に1回は趣味のサッカーを楽しんでいました。また、毎週日曜日は子供の習い事の引率や練習に付き合うなど一緒に過ごす時間を多く作りました。平日に早く帰れる日はまっすぐ家に帰り、妻の勉強に対する理解を得られるように努力しました。

仕事と勉強の両立

ここ数年は仕事で大きなプロジェクトを抱えていて、深夜の帰宅が常態化していました。2年目は80分間の演習を中心とした勉強法だったため、学習時間の確保が困難でしたが、3年目はプロセスごとに分断したことで、細切れ時間を利用でき焦ることなく学習に集中できました。

～効果的なノートの作り方～

何を間違ったか確認→なぜ間違ったか分析→どうすれば次は間違えないか検討→過去問で検証。

勉強方法と解答プロセス ＊■━━━━━━━━━━━━━━━━ ▪おはこ 編

（再現答案掲載ページ：事例Ⅰ p.190　事例Ⅱ p.218　事例Ⅲ p.246　事例Ⅳ p.276）

【 私の属性 】

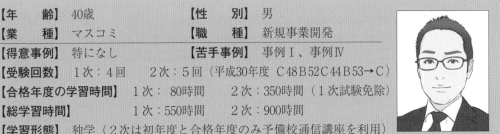

【年　　齢】	40歳	【性　　別】	男
【業　　種】	マスコミ	【職　　種】	新規事業開発
【得意事例】	特になし	【苦手事例】	事例Ⅰ、事例Ⅳ
【受験回数】	1次：4回　　2次：5回（平成30年度 C48B52C44B53→C）		
【合格年度の学習時間】	1次：80時間　　2次：350時間（1次試験免除）		
【総学習時間】	1次：550時間　　2次：900時間		
【学習形態】	独学（2次は初年度と合格年度のみ予備校通信講座を利用）		
【直近の模試の成績】	未受験　　【合格年度の模試受験回数】　0回		

【 私のSWOT 】

S（強み）：勉強方法を確立した後の安定感　　W（弱み）：試行錯誤する期間が長い

O（機会）：家族の理解、柔軟な職場環境　　T（脅威）：睡魔

【 効果のあった勉強方法 】

①1次試験を活用した知識の整理

　今回は1次試験免除でしたが、知識不足がこれまでの敗因の1つだったため、2次試験と関連の深い3科目（財務・会計、企業経営理論、運営管理）のみ受験しました。1次試験終了後は自作の知識まとめシート（A4サイズ1枚）を日々更新し、1次試験で覚えた知識を2次試験でアウトプットできるよう整理しました。

②論理的に読み書きするトレーニング

　解答を短時間で論理的に書く力が弱いことに気づき、6月から予備校の通信講座で文章要約の添削指導を受けました。要約は「読む→考える→書く」プロセスの基礎トレーニングとなったほか、添削を通じて因果が明確な文章を書くコツを体得しました。

③正確に計算するトレーニング（事例Ⅳ）

　計算問題は練習すれば得点につながるため、1次試験後は毎日問題を解くようにしました。『事例Ⅳの全知識＆全ノウハウ』など市販の問題集を8月に印刷しておき、毎日小テストのように取り組みました。苦手分野を見つけたら事例Ⅰ〜Ⅲの勉強は後回しにして、事例Ⅳを重点的に勉強しました。

【 私の合格の決め手 】

　合格の決め手は、読み書きと計算の力を強化したことです。社長の思いを探り、社長に伝わるよう定性的、定量的に説明するのが診断士だとすれば、鍛えるべきは読み書きと計算の力だと考えました。その力を本番の緊張状態でも発揮するために、体に覚えこませるように繰り返し練習したことが有効でした。

～効果的なノートの作り方～

　書きなぐるノートときれいにまとめるノートを別々に作る。

合格年度の過ごし方〜多年度受験生〜
過去の受験時は勉強の開始時期が遅かったことが大きな敗因だったので、合格年度は２月から予備校の通信講座を受講して勉強時間を確保しました。６月以降は「知識」「読み書き」「計算」の３つの力を強化する勉強に集中しました。

2月〜 7月上旬	課題：勉強時間の確保		
	学習内容	予備校の通信講座をペースメーカーに、「設問文や与件文の読み方」「解答の書き方」など解答プロセスごとに演習をしていました。知識、読み書きの力、計算力が課題とわかってきた６月頃からは、これらの力を強化する勉強にシフトしていきました。	取り組み事例数： 4事例 平均学習時間 平日：1時間 休日：1時間
7月中旬〜 8月上旬	課題：１次試験対策を通じた知識のインプット		
	学習内容	１次試験の「財務・会計」「企業経営理論」「運営管理」３科目のみ受験し、知識と計算力を底上げしました。教材は市販の１次試験用参考書と予備校問題集のアプリに絞り、短期間で仕上げることを意識しました。	取り組み事例数： 0事例 平均学習時間 平日：0.5時間 休日：0時間

１次試験！（３科目のみ受験）

8月中旬〜 10月上旬	課題：２次試験用の知識整理、読み書きの力・計算力の向上		
	学習内容	パワポで自作した知識まとめシートを日々更新し、キーワードから知識や切り口を連想できるようにしました。直近５年分の過去問を活用して、読み書きの力や計算力を高めるトレーニングを行いました。解答手順を日々修正し、時間内に解答を導けるやり方を確立していきました。１週間単位でＰＤＣＡを回し、優先順位をつけて勉強しました。	取り組み事例数： 60事例 平均学習時間 平日：2時間 休日：2時間
直前 1週間	課題：本番へ向けた仕上げ		
	学習内容	この時期になっても合格するには何かが足りないと感じており、取り組んできた教材を復習しながらその原因を探っていました。本番３日前に「ストーリーを意識することが大切」と自分なりに答えを出し、解答手順に盛り込みました。	取り組み事例数： 20事例 平均学習時間 平日：12時間 休日：12時間

２次試験！

学習以外の生活

子供と遊ぶこと、保育園や小学校での保護者の活動、趣味のテニスは勉強より優先させました。プレッシャーに強くないならプレッシャーをなくしてしまおう、という考えからです。勉強時間が減り受験回数が増えてしまいましたが、穏やかな心で試験に臨めるメリットがありました。

仕事と勉強の両立

会社では受験について話していませんでした。融通がきく職場環境だったため、試験直前にまとまった休みが取れるよう仕事を調整しました。混んでいる通勤電車のなかで勉強できるよう、クラウドストレージに資料を保存し、スマホや電子書籍端末を活用していました。

〜効果的なノートの作り方〜
　自分なりの模範解答と、そこから抽出した汎用的な考え方をまとめる。

| 第2節 | 合格者の80分間のドキュメントと再現答案 |

▶事例Ⅰ（組織・人事）

令和元年度　中小企業の診断及び助言に関する実務の事例Ⅰ
（組織・人事）

　A社は、資本金8,000万円、売上高約11億円の農業用機械や産業機械装置を製造する中小メーカーである。縁戚関係にある８名の役員を擁する同社の本社は、A社長の祖父が創業した当初から地方の農村部にある。二代目の長男が現代表取締役のA社長で、副社長には数歳年下の弟が、そして専務にはほぼ同年代のいとこが就いており、この３人で経営を担っている。

　全国に７つの営業所を構えるA社は、若い経営トップとともに総勢約80名の社員が事業の拡大に取り組んでいる。そのほとんどは正規社員である。2000年代後半に父から事業を譲り受けたA社長は、1990年代半ば、大学卒業後の海外留学中に父が病気となったために急きょ呼び戻されると、そのままA社に就職することになった。

　A社長入社当時の主力事業は、防除機、草刈り機などの農業用機械の一つである葉たばこ乾燥機の製造販売であった。かつて、たばこ産業は厳しい規制に守られた参入障壁の高い業界であった。その上、関連する産業振興団体から多額の補助金が葉たばこ生産業者に支給されていたこともあって、彼らを主要顧客としていたA社の売上は右肩上がりで、最盛期には現在の数倍を超える売上を上げるまでになった。しかし、1980年代半ばに公企業の民営化が進んだ頃から向かい風が吹き始め、健康志向が強まり喫煙者に対して厳しい目が向けられるようになって、徐々にたばこ市場の縮小傾向が進んだ。さらに、受動喫煙問題が社会問題化すると、市場の縮小はますます顕著になった。しかも時を同じくして、葉たばこ生産者の後継者不足や高齢化が急速に進み、葉たばこの耕作面積も減少するようになった。こうした中で、A社の主力事業である葉たばこ乾燥機の売上も落ち込んで、A社長が営業の前線で活躍する頃には経営の根幹が揺らぎ始めていたといえる。とはいえ、売上も現在の倍以上あった上、一新人社員に過ぎなかったA社長に際立った切迫感があったわけではなく、存続危機に陥るなどとは考えていなかった。

　しかし、2000年を越えるころになって、小さな火種が瞬く間に大きくなり、2000年代半ばには、大きな問題となった。すでに５年以上のキャリアを積み経営層の一角となってトップ就任を目前にしていたA社長にとって、存続問題は現実のものとなっていた。そこで、自らが先頭に立って自社製品のメンテナンスを事業化することに取り組んだ。しかし、それはビジネスとして成り立たず、売上減少と費用増大という二重苦を生み出すことになってしまった。このままでは収益を上げることはもとより、100名以上の社員を路頭に迷わすことにもなりかねない状況であった。そこで、自社の技術を見直し、農作物や加工食品などの乾燥装置など葉たばこ乾燥機に代わる新製品の開発に着手した。もっとも、そ

の中で成功の部類に入るのは、干椎茸製造用乾燥機ぐらいであったが、この装置の売上が、最盛期の半分以下にまで落ち込んだ葉たばこ乾燥機の売上減少に取って代わる規模になるわけではなかった。その上、新しい事業に取り組むことを、古き良き時代を知っている古参社員たちがそう簡単に受け入れるはずもなかった。そして、二代目社長が会長に勇退し、新体制が発足した。

　危機感の中でスタートした新体制が最初に取り組んだのは、長年にわたって問題視されてきた高コスト体質の見直しであった。減価償却も済み、補修用性能部品の保有期間を過ぎている機械の部品であっても客から依頼されれば個別に対応していたために、膨大な数の部品が在庫となって収益を圧迫していたのである。また、営業所の業務が基本的に手書きの帳簿で処理され、全社的な計数管理が行われないなど、前近代的な経理体制であることが明らかとなった。そこで、A社のこれまでの事業や技術力を客観的に見直し、時代にあった企業として再生していくことを目的に、経営コンサルタントに助言を求めながら、経営改革を本格化させたのである。

　当然のように、業績悪化の真っただ中にあっても見直されることなく、100名以上にまで膨らんでしまっていた従業員の削減にも手を付けることになった。定年を目前にした高齢者を対象とした人員削減ではあったが、地元で長年にわたって苦楽を共にしてきた従業員に退職勧告することは、若手経営者にとっても、A社にとっても、初めての経験であり辛い試練であった。その後の波及効果を考えると、苦渋の決断ではあったが、これを乗り越えたことで従業員の年齢が10歳程度も引き下がり、コストカットした部分を成果に応じて支払う賞与に回すことが可能になった。

　こうして社内整備を図る一方で、自社のコアテクノロジーを「農作物の乾燥技術」と明確に位置づけ、それを社員に共有させることによって、葉たばこ乾燥機製造に代わる新規事業開発の体制強化を打ち出した。その結果、3年の時を経て、葉たばこ以外のさまざまな農作物を乾燥させる機器の製造と、それを的確に機能させるソフトウエアの開発に成功した。さらに、動力源である灯油の燃費効率を大幅に改善することにも成功し、新規事業の基盤が徐々に固まってきた。

　しかしながら、新規事業の拡大は機器の開発・製造だけで成就するわけではなく、新規事業を必要とする市場の開拓はもちろん、販売チャネルの構築も不可欠である。当初、経営コンサルタントの知恵を借りながらA社が独自で切り開くことのできた市場は、従来からターゲットとしてきたいわば既存市場だけであり、キノコや果物などの農作物の乾燥以外に、何を何のために乾燥させるのか、ターゲット市場を絞ることはできなかった。

　藁をもつかむ思いでA社が選択したのは、潜在市場の見えない顧客に用途を問うことであった。自社の乾燥技術や製品を市場に知らせるために自社ホームページ（HP）を立ち上げた。そして、そこにアクセスしてくれた潜在顧客に乾燥したいと思っている「モノ」を送ってもらって、それを乾燥させて返送する「試験乾燥」というサービスを開始した。背水の陣で立ち上げたHPへの反応は、1990年代後半のインターネット黎明期では考えられなかったほど多く、依頼件数は初年度だけで100件以上にも上った。生産農家だけでなく、それを取りまとめる団体のほか、乾物を販売している食品会社や、漢方薬メーカー、

～知識以外に自分に身についたこと～

　相手の求める具体度を常に意識するようになった。

乾物が特産物である地域など、それまでA社ではアプローチすることのできなかったさまざまな市場との結びつきもできたのである。もちろん、営業部隊のプレゼンテーションが功を奏したことは否めない事実である。

　こうして再生に向けて経営改革に取り組むA社の組織は、本社内に拠点を置く製造部、開発部、総務部と全国7地域を束ねる営業部が機能別に組織されており、営業を主に統括するのが副社長、開発と製造を主に統括するのが専務、そして大所高所からすべての部門にA社長が目配りをする体制となっている。

　しかしながら、これまでリストラなどの経営改革に取り組んできたものの、A社の組織は、創業当時の機能別組織のままである。そこで、A社長が経営コンサルタントに助言を求めたところ、現段階での組織再編には賛成できない旨を伝えられた。それを受け、A社長は熟考の末、今回、組織再編を見送ることとした。

第1問（配点20点）

　A社長がトップに就任する以前のA社は、苦境を打破するために、自社製品のメンテナンスの事業化に取り組んできた。それが結果的にビジネスとして成功しなかった最大の理由は何か。100字以内で答えよ。

第2問（配点20点）

　A社長を中心とした新経営陣が改革に取り組むことになった高コスト体質の要因は、古い営業体質にあった。その背景にあるA社の企業風土とは、どのようなものであるか。100字以内で答えよ。

第3問（配点20点）

　A社は、新規事業のアイデアを収集する目的でHPを立ち上げ、試験乾燥のサービスを展開することによって市場開拓に成功した。自社製品やサービスの宣伝効果などHPに期待する目的・機能とは異なる点に焦点を当てたと考えられる。その成功の背景にどのような要因があったか。100字以内で答えよ。

第4問（配点20点）

　新経営陣が事業領域を明確にした結果、古い営業体質を引きずっていたA社の営業社員が、新規事業の拡大に積極的に取り組むようになった。その要因として、どのようなことが考えられるか。100字以内で答えよ。

第5問（配点20点）

　A社長は、今回、組織再編を経営コンサルタントの助言を熟考した上で見送ることとした。その最大の理由として、どのようなことが考えられるか。100字以内で答えよ。

Column
継続は力なり!?　心が折れないために

　診断士試験の勉強を続けていくと、心が折れそうになることがたくさんありますよね。それでも継続するコツを多年度生の経験からいくつかご紹介します。

　①やはり一番心が折れるのは２次試験に落ちたときですね。特に１次試験の７科目全部受け直しはツラい！　なので、１次試験は２次受験資格がある年でも半分ずつ受けることをおすすめします。半分なら心理的なハードルも低くなるものです。ポイントとして、得意科目は分散し２次受験資格のかかった年でも得意科目を使って気持ちに余裕をもって受験できるようにすることをおすすめします。

　②家に帰って勉強！　のはずがいざ始めても、仕事の後だとすぐに眠くなったりしますよね。そこで私はスタンドタイプの机を用意しました。立ちながら勉強すると結構眠くならないです。

　③そうはいってもやる気が起きない、という方もいますよね（きくっちがそうでした）。そのような方にはペースメーカーとして予備校を活用するのもありです。予備校では否が応でも毎週カリキュラムは進んでいきますし、予備校に行ってしまえばその時間は勉強に集中します。仕事や家庭の事情、地方在住のため、予備校に通うのは難しいという方も今はオンラインでのLIVE講義もあります。参加時間が決まっているものがよいです。反対に、録画した動画を見るだけの通信はやめたほうがよいかもしれません。誰にも見られていないせいか、私も後回しにしがちでした。　　　　　　　　　　　　　　（きくっち）

Column
子供と遊びに行ってくれ〜作戦

　子供がお休みの休日、いかに子供と夫が外に遊びに行ってくれるかが勉強時間確保のカギ。平日のうちに隙間時間で新しくできた遊び場所や観光スポットを探しておき、休日前に夫が「明日何しようかな〜」と言い出したら「こんなのできたらしいよ〜、とっても楽しそう！」と言ってその場所を教えて「行ってきたら？」と外へ連れ出してもらいました。おかげで直前期の休日はしっかり勉強させてもらいました。遊びに行く前にはお小遣いやアイスのクーポン券などを渡すのも忘れずに！　　　　　　　　　　　　　（Nana）

〜知識以外に自分に身についたこと〜
　集中力と限られた時間のやりくり。

80分間のドキュメント 事例Ⅰ

かーな 編（勉強方法と解答プロセス：p.152）

1．当日朝の行動と取り組み方針

　自宅が遠方のため、前日は会場近くのホテルに宿泊。よく眠れた。平常心のつもりだったが、朝食時にルームキーを忘れて閉め出されるという凡ミスを犯す。あ、やっぱり私、緊張してるんだな、と苦笑い。少しでもストレスを減らすため、ホテルから会場まではタクシーで行くことにする。会場の入口で、夏のセミナーに参加した「一発合格道場」の旗が見えて少し安心する。この2か月ずっと使っていた『ふぞろい』の合格祈願ペーパー（執筆メンバーの似顔絵とメッセージ入り）もゲット。勇気をもらった。

2．80分間のドキュメント

【手順0】開始前（〜0分）

　過去問を解いた際の反省点をまとめたノートを見ながら、気をつけるポイントを最終確認。事例Ⅰは過去問で一番出来不出来のブレが激しかった。特にできなかったときの反省点をチェックする。「A社の課題や今後のありたい姿を全然つかめていなかった！」「解答に一貫性を持たせる」。気をつけよう。

【手順1】準備（〜1分）

　最初に受験番号を記入する。事例企業の社長さんに挨拶するイメージで、心のなかで「よろしくお願いします！」と言いながら問題用紙を開く。

【手順2】与件文冒頭確認と設問解釈（〜7分）

与件文　1段落目を読む。業種と規模を確認。事例Ⅰは組織・人事の問題なので、「縁戚関係」「地方の農村部」に下線を引いて企業のイメージを膨らませる。

第1問　「A社長がトップに就任する以前」にマーク。時制を間違えると事故を起こしそうなので注意しよう。結局設問文のほとんど全部に下線を引き、100字以内なので「解答要素の目安は3つ」という意味で③とメモ。解答用紙に「最大の理由は」と書き込む。

第2問　「A社の企業風土とは」。風土。風土ですか……。風土という言葉の範囲がよくわからないが、1段落目を読んだ印象から「年功とか、社長に集中とか（できれば因果も）」と思いついたことをメモ。

第3問　設問文が説明的でわかりにくいな。内容は与件文を読んでから考えることにして、100字なので「要因は①②③」とだけメモ。

第4問　これも第3問同様、「要因は①②③」とだけメモ。

第5問　組織再編を見送ることにした、か。組織体制のメリット・デメリットの知識を使うのかな。とりあえず解答用紙の冒頭に「最大の理由は」と書く。

【手順3】与件文読解（〜20分）

1段落目　縁戚関係で経営陣を独占していることは押さえておこう。

〜事例の効果的な復習方法〜

　時間をかけて自分なりの100％答案を作成する。

2段落目　事例Ⅰおなじみの「ほとんどは正規社員」に下線。「2000年代後半」「1990年代半ば」は四角で囲む。事例Ⅰでよくある、時制が行ったり来たりするパターンか。

3段落目　「A社長入社当時」を四角で囲む。葉たばこ乾燥機か。既得権益に守られていた会社が、嫌煙の時流のなかで雲行きが怪しくなってきたんだな。「1980年代半ば」を四角で囲み、「しかし」「さらに」「しかも」に印を付けながら読み進めていく。最後の1文、「とはいえ、〜存続危機に陥るなどとは考えていなかった。」に衝撃を受ける。絶対陥るでしょこれ。

4段落目　やはり経営危機に陥った。強調表現の「もっとも」「その上」をマーク。

6段落目　大規模なリストラが始まって動揺する。1次試験の中小企業経営・中小企業政策で「リストラだけは絶対しない」と覚えたのに。絶対しないんじゃなかったの!?　という叫びが脳内を駆け巡るが、これも会社のため、社長の苦渋の決断と思い直す。

7段落目　自社のコアテクノロジーという、これまた事例Ⅰの常連ワードが出てきた。

8段落目　「しかしながら」「ではなく」をマーク。

9段落目　ホームページをこんな風に使うケースは初めて見た。これが第3問の話か。

10、11段落目　来た。第5問の話だ。最後から1つ前の文の「現段階での」という表現が気になるのでマーク。将来を考えた解答にする必要がありそう。

【手順4】解答作成（〜70分）

　改めて設問文を見た感じだと、とりあえず第1問から順番に解いていけばよさそうだ。第4問までは与件文から解答要素を抜き出せば形になりそう。第5問は与件文に答えが書いていない、いわゆる知識系の問題なので時間がかかりそうだな。

第1問　メンテナンス事業失敗の理由は、文中にもあるように「売上減少」と「費用増大」だろう。最大の理由、という設問文の表現が気になるけど、ちょうど与件文に「二重苦」という言葉があるから、これを使えばいいのかな。

第2問　A社の風土、特に悪い面を書くのだから、「危機感がない」「年功序列で新しい考えが生まれにくい」みたいなことか。なるべく事実（与件文に書いてあること）から離れないように、独断で創作しないように、うまくまとめられないか。難しいけど、とりあえず意味の通る文章を書いて、後で時間があったら見直そう。

第3問　これは要因を羅列していけば及第点になりそう。なるべく多面的に挙げるため、「内／外」とメモ。社内と社外という意味。頑張って要素を4つ詰め込む。

第4問　これも要因羅列でいこう。文中からフレーズを抜き出して、要素3つで作成。

第5問　さて、組織再編見送り。今は機能別組織が適切ということだから、部署の専門化プラス社長のリーダーシップが必要という線か。将来のことまで入らないな……。

【手順5】解答作成・見直し（〜80分）

　とりあえず解答欄を埋められたけど、第1問、第2問、第5問はあまり自信がない。でも今から書き直す勇気はないし、誤字などのちょっとした修正に留めておこう。

3．終了時の手ごたえ・感想

　話としては面白い事例だったけど、手ごたえはどうなんだろう。まぁいいや、終わったことだし。大パニックが起こらなかっただけでもよしとしよう。

〜事例の効果的な復習方法〜

最初は大変だけど、与件文の1文1文が存在する目的を考える。与件文に無駄な1文は1つもなし。

合格者再現答案＊（かーな 編） ― 事例 I

第1問（配点20点） 100字

最	大	の	理	由	は	、	補	修	用	性	能	部	品	の	保	有	期	間	を
過	ぎ	て	い	る	機	械	の	部	品	で	も	依	頼	に	対	応	し	て	い
た	た	め	、	**機**	**械**	**の**	**買**	**い**	**替**	**え**	**が**	**促**	**進**	**さ**	**れ**	**ず**4	、	**膨**	**大**
な	**数**	**の**	**部**	**品**	**在**	**庫**	**を**	**抱**	**え**	**な**	**け**	**れ**	**ば**	**な**	**ら**	**ず**4	、	**売**	**上**
減	**少**5	と	**費**	**用**	**増**	**大**5	と	い	う	二	重	苦	を	生	ん	で	い	た	事。

【メモ・浮かんだキーワード】 売上減少、費用増大、二重苦
【当日の感触等】「売上減少と費用増大の二重苦」で軸は間違っていないと思うけれど、ど
　うしても「最大の理由」は1つにしたほうがよかったか、気になるなぁ。
【ふぞろい流採点結果】 18/20点

第2問（配点20点） 100字

①	**同**	**族**	**経**	**営**1	か	つ	農	村	部	に	あ	り	**古**	**参**	**の**	**社**	**員**2	も	多
く	閉	鎖	的	に	な	り	や	す	く	②	た	ば	こ	産	業	の	**厳**	し	い
規	**制**5	に	よ	り	**業**	**績**	**が**	**好**	**調**2	だ	っ	た	古	き	良	き	時	代	の
経	験	か	ら	、	外	部	環	境	の	悪	化	に	合	わ	せ	て	自	ら	を
変	**革**	**す**	**る**	**意**	**欲**	**に**	**乏**	**し**	**い**	**風**	**土**5	。							

【メモ・浮かんだキーワード】 同族経営、昔の成功体験、変わりたがらない
【当日の感触等】 多少文章が強引というか、うまくまとめられなかったな。時間内ではこれ
　が限界。
【ふぞろい流採点結果】 15/20点

第3問（配点20点） 100字

要	因	は	①	自	社	の	コ	ア	テ	ク	ノ	ロ	ジ	ー	を	「	農	作	物
の	乾	燥	技	術	」	と	明	確	に	位	置	づ	け	た1	事	②	タ	ー	ゲ
ッ	ト	市	場	の	絞	り	込	み2	と	い	う	課	題	が	明	確	化	さ	れ
た	事	③	イ	ン	タ	ー	ネ	ッ	ト	が	広	く	普	及	し	て	い	た	事
④	機	能	面	、	コ	ス	ト	面	の	新	規	事	業	の	基	盤	整	備1	。

【メモ・浮かんだキーワード】 コアテクノロジー、課題の明確化、社内と社外
【当日の感触等】 これはバランスよく要素が入っているからそこそこ得点できたのではない
　か。
【ふぞろい流採点結果】 4/20点

第 4 問（配点20点）　　100字

要	因	は	①	主	力	事	業	で	あ	っ	た	葉	た	ば	こ	乾	燥	機	の
売	上	減	少	と	長	年	苦	楽	を	共	に	し	た	**古**	**参**	**社**	**員**	の	退
職	勧	告³	に	危	機	感	を	覚	え	た	事¹	②	従	業	員	削	減	に	よ
り	成	果	に	応	じ	て	賞	与	が	増	え	る	**制**	**度**⁴	に	な	っ	た	事
③	営	業	部	員	の	年	齢	が	若	返	っ	た²	事	。						

【メモ・浮かんだキーワード】　選手交代、成果主義の導入

【当日の感触等】　素直に与件文を写してきた感じだけれど、これはこれでいいだろう。

【ふぞろい流採点結果】　10/20点

第 5 問（配点20点）　　100字

最	大	の	理	由	は	、	A	社	長	が	強	い	リ	ー	ダ	ー	シ	ッ	プ
を	も	っ	て⁵	ビ	ジ	ョ	ン	を	示	し	、	**経**	**営**	**改**	**革**	**を**	**進**	**め**	る⁵
事	を	最	優	先	す	る	た	め	で	、	**副**	**社**	**長**	**と**	**専**	**務**	**が**	**統**	括⁵
す	る	現	場	の	社	員	は	明	確	な	方	向	性	の	下	**専**	**門**	**化**	を
進	め⁵	付	加	価	値	を	高	め	ら	れ	る	か	ら	。					

【メモ・浮かんだキーワード】　社長のリーダーシップ、専門化、今はこれを最優先

【当日の感触等】　組織体制のメリットに触れたけれど、メリット・デメリットで書いたほう
　がよかったかな……。

【ふぞろい流採点結果】　15/20点

【ふぞろい評価】　62/100点　　　【実際の得点】　63/100点

　　第 3 問では、出題の趣旨にある「市場動向」や、「市場動向」と「情報戦略」の「関連性」
に触れられておらず得点が伸びませんでしたが、それ以外の設問については、総じてバラン
スよくキーワードを盛り込んでいます。

Column　試験会場で何を食べていた？

　　１次試験、２次試験ともに朝から夕方まで丸１日中試験を受けることになるため、飲み
物や食料の確保が課題となります。この食料確保で障害となるのが、試験会場近くのコン
ビニなどの小売店では、おにぎりやお茶などの軽食類が見事にすっからかんになることで
す。当然のことながら試験会場には同じ目的で食料を確保したい受験生がひしめいており、
とても周辺の小売店ではその需要をカバーしきれません。よって、前日に食料を仕入れる
必要が発生します。

　　私が試験前日に仕入れていた食料は次の２点です。①生クルミ　200g×１袋、②ミネ
ラルウォーター　500ml×３本

　　特に、①のクルミは、脳に良いといわれるオメガ３脂肪酸を豊富に含んでいることと、
糖分が控えめのため摂取した後も血糖値が緩やかに上昇することから、おにぎり等の炭水
化物を摂取した場合に比べ眠くなりにくいといわれており、おすすめです。　　　（だいち）

~試験勉強中の息抜きの方法~
昼寝。

テリー編 （勉強方法と解答プロセス：p.154）

1．当日朝の行動と取り組み方針

　試験前日は早めに就寝し、6時に起床。7時に家を出発。1次試験と同じ会場だったため、1次試験とまったく同じルーティーンで、会場付近の喫茶店でモーニングを頼み、腹ごしらえ。これも事前に決めていた行動パターン。さぁいよいよ本番だ！

2．80分間のドキュメント

【手順0】開始前（〜0分）

　2次試験独特の雰囲気に若干圧倒されつつも、ファイナルペーパーに目を通し、解答プロセス＆1次知識を最終チェック。事例Ⅰは比較的得意な事例。「いつもどおりにやれば大丈夫」と心の中で唱え、静かに始まりの合図を待つ。

【手順1】準備（〜1分）

　受験番号を記入し問題用紙のホチキスを外す。設問文のページを定規で破り、分離。

【手順2】与件文冒頭＆最終段落確認＆設問解釈（〜15分）

与件文　A社の概要（業種・規模）にさっと目を通す。最終段落に目を移し、A社の課題・方向性が書かれていないかチェック。「組織再編を見送る」ってことは、組織構造は現状維持（機能別組織）のままか。きっと、どこかの設問で組織構造が問われるはず。

設問解釈　「組織、人事、課題は解決して終わる」と設問の一番上の余白に書き、事例Ⅰであることを再認識する。事例Ⅰは設問解釈が生命線。設問解釈の方向性を間違えると致命傷になるから、ここは焦らずじっくりいこう。

第1問　「A社長がトップに就任する以前」を丸囲みし、時制をチェック。「ビジネスとして成功しなかった最大の理由は何か」か。「最大の」は、2年前の事例Ⅰ第1問にも出ていたな。複数の理由を書くとアウトになるから、解答を書く際には特に注意しよう。A社の強みが生かせなかったのだろうとメモ。書き出しは、「理由は〜、」と書く。

第2問　「高コスト体質の要因は、古い営業体質」か。どんな体質だったのかは、与件文で確認しよう。新経営陣が改革に取り組むってことは、これまでは改革がなされず、旧態依然の体質だったのかな。新経営陣と旧経営陣の企業風土を対比して考えてみるか。

第3問　この問題も「背景」が関連するのか。「自社製品やサービスの宣伝効果など」は絶対に書かないように意識する。書き出しは、「要因は〜、」と書く。

第4問　「積極的に取り組むようになった」か。社員のモチベーションアップ、モラール向上につながった要因を与件文で確認してみよう。

第5問　最終段落に書いてあった内容か。この問題も「最大の」か。今年は制約条件が多く対応しづらいな。第1問と同じく、複数の理由は書かないよう注意しよう。強みが生かせないとメモし、書き出しは、「理由は〜、」と書く。

設問見直し　各設問にマーカーで色付け。全体を見ると、助言の問題がなく、診断のみ。

課題を解決する設問はなさそうか。設問ごとの関連では第2問と第4問は解答に関連がありそう。事例Ⅰの特徴である強みの維持・活用・強化を意識しながら与件文を読もう。

【手順3】与件文読解＆設問紐づけ（〜30分）

　赤のボールペンで、強みは「S」、気になる接続詞は〈　〉で囲み、時制は□で囲む。各設問に関連しそうな文章には下線を引きながら、読み進めていく。

1、2段落目　3人で経営、若い経営トップ、事業の拡大、A社の現状に下線。

3、4段落目　外部環境の変化が書かれているが、第1問に関連しそうだ。「しかし」「さらに」「とはいえ」の接続詞をチェック。時制にも気をつけながら、丁寧に整理しよう。

5段落目　この段落は、第2問に関連しそうだ。今回の事例は、外部環境が変化する中、社内体制（古い営業体質）は変わらないため、若い経営トップが改革するストーリーか。

6段落目　「従業員の削減」は、事例企業では決して実施しないのではないのか。衝撃を受けつつ、「成果に応じて支払う賞与」に下線を引き、第4問の解答は、ここを使おう。

7段落目　「自社のコアテクノロジー」に「S」マークをつける。

8段落目　新規事業の市場開拓は、アンゾフの成長マトリクスを思い出す。

9段落目　この段落は、第3問で使うのだろう。「黎明期」って何だ？　語彙力が……。

10、11段落目　第5問はここだな。熟考の末、見送ったってことは、組織再編のメリットよりもデメリットが大きいという判断か。

　各設問に色づけしたマーカーで、再度与件文をマークし、設問との紐づけをしていく。

【手順4】解答骨子メモ作成＆解答作成（〜75分）

　余白に、解答骨子を第1問から順番に作成し、解答の方向性をメモ。同時に、解答の優先順位をつけ、解答しやすい問題から解答作成するのが自分のスタイル。

第3問　成功した要因は、乾燥ニーズの収集ができ、さまざまな市場との結びつきができたことだろう。「背景」の出題意図は気になるが、9段落目を中心にまとめよう。

第4問　事業領域を明確にした点を解答に盛り込むべきか悩むが、解答に使う要素は、はっきりしているので、シンプルに成果主義導入を中心にして書こう。

第5問　機能別組織のメリット・デメリットや10段落目にも解答要素はあるが、最大の要因をどうまとめるか。組織再編すると強みが損なわれる方向で書いてみるか。

第1問　「最大の理由」が難しい。A社を取り巻く外部環境は確かに厳しいものの、それが最大の理由なのか。うーん、悩ましい。社員の協力が得られなかった観点で書くか。

第2問　古い営業体質そのものが問われているわけではないが、その点もふまえつつ、改善をしようとしない体質、風土であったとまとめよう。

【手順5】見直し（〜80分）

　終了5分前にはなんとか書き終えた。誤字脱字の確認と、汚い字はきれいに書き直す。

3．終了時の手ごたえ・感想

　与件文の文量が例年より多く、問われ方も難しく感じたが、大きくは外していないだろう。次は、苦手意識のある事例Ⅱだ。前半戦の勝負がいよいよやってきた。

〜おススメ疲労回復法〜

　ジムで体を動かす。スーパー銭湯に行く（岩盤浴メイン）。整体に行く。

合格者再現答案＊（テリー 編）　　　　　事例Ⅰ

第1問（配点20点）　　100字

理	由	は	、	存	続	の	危	機	に	直	面	す	る	中	、	古	き	良	き
時	代	を	知	っ	て	い	る	古	参	社	員	の	協	力	が	得	ら	れ	ず、
新	し	い	事	業	に	取	り	組	め	な	か	っ	た	た	め	。	そ	れ	に
よ	り	**自**	**社**	**の**	**コ**	**ア**	**テ**	**ク**	**ノ**	**ロ**	**ジ**	**ー**	**も**	**定**	**ま**	**ら**	**ず**[1]	、	事
業	の	基	盤	が	固	ま	ら	な	か	っ	た	こ	と	。					

【メモ・浮かんだキーワード】　A社の強みが生かせなかった

【当日の感触等】　「最大の」を意識したつもりだが、どこを特定すればよかったのか。これは外したかな。

【ふぞろい流採点結果】　1/20点

第2問（配点20点）　　100字

顧	客	か	ら	依	頼	が	あ	れ	ば	期	間	を	過	ぎ	た	部	品	で	も
個	別	対	応	す	る	受	身	の	体	質	で	、	**前**	**近**	**代**	**的**	**な**	**体**	**制**[1]
を	改	め	ず	、	古	き	良	き	時	代	の	従	来	の	方	法	を	踏	襲
し	、	**過**	**去**	**の**	**成**	**長**	**経**	**験**	**に**	**よ**	**り**[2]	、	**危**	**機**	**感**	**が**	**薄**	**く**[4]	、
改	**善**	**の**	**組**	**織**	**風**	**土**	**が**	**な**	**い**[5]	状	態	。							

【メモ・浮かんだキーワード】　顧客志向でない、変化を嫌う、過去のことにこだわる、抵抗勢力の存在

【当日の感触等】　第1問の解答と少々ダブリ感があるが、仕方がない。方向性は間違っていないはずだが、文章のつながりがわかりづらく、まとめるのに苦労した。

【ふぞろい流採点結果】　12/20点

第3問（配点20点）　　100字

要	因	は	、	試	験	乾	燥	サ	ー	ビ	ス	に	よ	り	何	を	何	の	た
め	に	乾	燥	さ	せ	る	の	か	**顧**	**客**	**ニ**	**ー**	**ズ**	**を**	**把**	**握**[4]	で	き	、
タ	ー	ゲ	ッ	ト	と	な	る	**市**	**場**	**が**	**定**	**ま**	**っ**	**た**[2]	。	そ	れ	に	よ
り	ア	プ	ロ	ー	チ	で	き	な	か	っ	た	さ	ま	ざ	ま	な	市	場	と
の	結	び	つ	き	が	出	来	た[4]	点	。									

【メモ・浮かんだキーワード】　A社の強みが生かせた、顧客ニーズの収集

【当日の感触等】　この問題にもある「背景」って一体何だろう……。与件文を読んでもいまひとつわからなかった……。半分でも得点があればいいな。

【ふぞろい流採点結果】　10/20点

第4問（配点20点）　100字

要	因	は	、	長	年	に	渡	っ	て	苦	楽	を	共	に	し	た	高	齢	の
従	業	員	を	リ	ス	ト	ラ	³	し	、	コ	ス	ト	カ	ッ	ト	¹	し	た	分	を
成	果	に	応	じ	て	支	払	う	賞	与	⁴	を	支	給	す	る	こ	と	で	、
10	歳	も	従	業	員	年	齢	が	下	が	っ	た	²	社	員	の	動	機	付	け
や	士	気	向	上	⁴	に	つ	な	が	っ	た	こ	と	。

【メモ・浮かんだキーワード】　事業ドメイン、モチベーションアップ、モラール向上
【当日の感触等】　答えやすい問題。成果主義の導入を中心に書いたが、大きくは外していないだろう。6割ぐらいは得点できているはず。
【ふぞろい流採点結果】　14/20点

第5問（配点20点）　100字

理	由	は	、	事	業	領	域	の	拡	大	を	目	指	す	⁶	中	、	組	織	再
編	に	よ	り	、	意	思	決	定	の	迅	速	化	が	図	れ	ず	、	大	所
高	所	か	ら	の	判	断	や	目	配	せ	が	利	か	ず	⁵	、	古	い	体	質
の	改	善	や	新	規	事	業	の	基	盤	が	揺	ら	い	で	し	ま	い	、
強	み	が	生	か	せ	な	く	な	る	た	め	。

【メモ・浮かんだキーワード】　A社の強みが生かせない
【当日の感触等】　「最大の」に注意しながら、与件文から忠実に解答要素を持ってきたはずだが、うまくまとめきるのが難しかった。
【ふぞろい流採点結果】　11/20点

【ふぞろい評価】　48/100点　　【実際の得点】　49/100点

　第1問は、本人の当日の感触等にもあるように、第2問で答えるべき内容を書いてしまっており、出題の趣旨にあるような「戦略的課題」に触れられておらず、点数が伸びませんでした。それ以外の設問では与件文の内容をふまえて、因果を意識した解答が書けており、手堅く点数を積み重ねることができています。

Column

勉強会は有意義か？　時間の無駄か？

　勉強会は時間の無駄、という意見もありますが、私は人それぞれだと思います。時間の無駄だと考える人は、自分より実力がない人と勉強会をやっても学びがない、と考えるかもしれません。でも私は多年度生でしたが、ストレート受験生と一緒に勉強会をして多くの学びが得られたと考えています。理由は3つ。1つ目は、わからない人に説明できることは、問題に解答できることより深い理解が必要だからです。人に教えるという行為を通じて、理解が深まりました。2つ目は、物事を多面的に見る力を養えたことです。他人との議論を通じて「そういう考え方もあるんだ」と思考が解きほぐされ、多面的な視点を持てるようになりました。3つ目は、勉強会仲間を通じた情報収集力の向上です。集まる情報が増え、その中から自分に合う方法を取捨選択できたことが効果的でした。これらはあくまで私の例ですが、機会があれば、勉強会をやってみることをお勧めします。　　　　（とうへい）

~モチベーションアップの方法~
　図書館やカフェに行って勉強。

じょーき 編（勉強方法と解答プロセス：p.156）

1．当日朝の行動と取り組み方針

　7時すぎに起床。大阪市内に生まれて31年。動き出しがそう早くないのはもはや体に刻み込まれたリズムだ。妻と生後6か月の長男は直前の1週間、妻の実家（徒歩10分）で寝泊まりしている。「今年1年は全力で応援する」という私との約束を、妻は最後の最後まで果たしてくれた。おかげで睡眠のリズムが乱れることはなかった。

　はやる気持ちを抑えるかのごとく、ゆっくりとコーヒーを淹れて、落ち着いて朝食をとった。その結果、自宅を出る時刻が予定より30分も遅くなった。

　会場前にはここまで支えてくれた先輩ふぞろいメンバーが応援に駆けつけてくれていた。「じょーき遅すぎるわ！」と言って『キットカット』を2つくれた。また別のメンバーは道路の反対側から走ってきて握手をしてくれた。「じょーきのこと見落としたと思ってたけれど、会えてよかった。いってらっしゃい」。なんて素敵な先輩たちなんだろう。

　2次試験の申込開始当日の午前中に振込したかいあってか、受験番号は7番。席はすぐに見つかるし、覚えやすいし、受験番号を書き間違えるリスクも小さい。ラッキーセブンと思うと前向きになれる。昨年は事例Ⅰで足切りを食らってしまったが、1次試験で力尽きて余力のなかった昨年とは違う。十分に準備をしてきた。「すべては与件文にある」。ひねらず正直にいこう。今日はなんだかいけそうな気がしてきた。

2．80分間のドキュメント

【手順1】準備（〜1分）

　メモ用紙にすべくホチキスを外す。誰よりもゆっくり外すのが私のルーティーン。はやる気持ちを抑えるとともに、焦っている周りの受験者を俯瞰することで心を落ち着ける。動き出しが遅いのはもはや個性だ。最初に、人的資源管理の「茶化（採用・配置・報酬・育成・評価)」と、全事例万能の「誰に、何を、どのように、効果」をメモした。

【手順2】設問解釈（〜3分）

第1問　「最大の理由」か（「最大」にマーカー）。いきなり揺さぶってくるではないか。複数書いてもよいパターンかもしれないが、しっかりと1つ言い切りたい。

第2問　古い企業体質の背景ね（「企業風土」にマーカー）。うちの会社と同じやね。抵抗勢力がいるのかな。

第3問　全然わからん（いろいろな所に下線を引きすぎて、混乱した）。

第4問　古い企業体質を経営陣が変えたんや。社長やるやん！

第5問　また「最大の理由」か（「最大」にマーカー）。理由1つ＋補足の箇条書きかな。

【手順3】与件文読解（〜15分）

1段落目　縁戚関係で経営してるから企業体質古いんかな。

2段落目　ほとんどが正規社員。コアノンコアの話……はなさそうやけどな。社長、1990年代半ばに大卒ということは、まだ40代かな。若いな。この後も時制は要注意。

　〜モチベーションアップの方法〜

　勉強会に参加して、ほかのすごい人たちの解答を目の当たりにする＆ダメ出しをもらう（笑）。

3段落目　たばこ産業と関わりが深いのね。確かにどんどん厳しくなっているよな。

4段落目　第1問にあったメンテナンス事業の話や。後ろに「しかし」と続いて失敗の理由や（「しかし」以後に下線）。そして来た、抵抗勢力の古参社員。

5段落目　前近代的な経理体制。使えそうやな。

6段落目　高齢社員のリストラ！　中小企業でリストラするか！　本気やな！

7段落目　出ました「コアテクノロジー」！（マーカーを引く）

8、9段落目　市場の開拓と販売チャネルの構築が課題なんやな。

10、11段落目　組織体制の話ね。第5問かな。

【手順4】解答骨子メモ作成（～40分）

第1問　4段落目に丸々答え書いてあるやん。これを写そう。「売上減少」と「費用増大」の内容も与件文から持ってこよう。外部環境も書きたいが、字数かつかつ。

第2問　5段落目につらつらと書いてあるから、それをどうまとめるかよなー。

第3問　市場開拓に成功した要因か。「市場開拓に成功」ってどういうこと？　本文に「依頼件数が100件以上にも上った」とあるけど、実際に乾燥機が売れたのかどうなのかは9段落目には書いてないやん。顧客と結びつく＝市場開拓？　じゃあ営業部隊のプレゼンが奏功したって何？　インターネットにアクセス⇒乾燥したいモノを依頼、で完結じゃないの？　インターネット黎明期では考えられないほど多くってことは、HPアクセスの前に営業部隊のプレゼンがあったってこと？　でも潜在市場の見えない顧客に用途を問うたんよね？　ということは、営業部隊がプレゼンには行けないってこと？　とりあえず普通のHPとは違う目的ってことやから、価値共創とかそういうのがテーマなんやろうか。それを軸に組み立ててみるかー。

第4問　「新経営陣が事業領域を明確にした結果」って書いてあるから、その内容は解答に入れなくていい？　でもこういうときは組織構造と組織文化で書きたい。7段落目の「新規事業開発の体制強化」に持っていくには一連の流れを書かざるを得ない。

第5問　最大の理由は与件文に頼ろう。そのうえで、機能別組織のデメリットを否定して、事業部制組織のメリットを否定したらそれっぽくなりそう。

【手順5】解答作成（～80分）

第1問と第5問は、文が多少変でもまずは1文で最大の理由を言い切ろう。

結局第3問は何を書いたらいいのかわからず、思いつきを書いてしまった。

3．終了時の手ごたえ・感想

第3問は意味不明。ほかの問題についても知識を使って書き足したようなこともあまりなく、ほとんどが与件文に書いてある内容をまとめただけ。フレームワークも使っておらず、解答として深みがない気がする。一方で、与件文に沿って答えられたという手ごたえがある。

昨年はこんな回顧をする余裕もなく、ただただ必死に解いていたなぁ。その点、昨年の自分より確かな成長を感じる。これは何となく受かったような気がする。

合格者再現答案＊（じょーき 編） ━━━━━━━━ 事例Ⅰ

第1問（配点20点） 100字

最	大	の	要	因	は	ビ	ジ	ネ	ス	と	し	て	成	立	せ	ず	、	**売**	**上**
減	**少**₅	と	**費**	**用**	**増**	**大**₅	と	い	う	二	重	苦	を	招	い	た	事	。	具
体	的	に	は	①	た	ば	こ	産	業	へ	の	逆	風	下	、	客	単	価	の
低	い	メ	ン	テ	ナ	ン	ス	に	経	営	資	源	を	割	か	れ	た	事	②
保	**有**	**期**	**間**	**超**	**過**	の	**膨**	**大**	な	**量**	の	**部**	**品**	を	**保**	**有**	**し**	**た**₄	事。

【メモ・浮かんだキーワード】 収益＝売上－費用、4段落目が結論、内容の補足は5段落目
【当日の感触等】 最大の理由は与件文から。一応1つで言い切れたと思う。「逆風下」という表現は与件文にない表現でイマイチやけど、一応市場動向にも触れた。まあよしとしよう。
【ふぞろい流採点結果】 14/20点

第2問（配点20点） 100字

主	要	取	引	先	で	あ	る	葉	た	ば	こ	生	産	業	者	が	**厳**	し	い
規	**制**	や	**多**	**額**	の	**補**	**助**	**金**	に	**守**	**ら**	**れ**	**て**	**い**	**て**₅	、	A	社	の
売	上	も	右	肩	上	が	り₂	で	今	の	倍	以	上	あ	っ	た	頃	を	引
き	ず	り	、	**手**	**書**	**き**	の	**帳**	**簿**	**処**	**理**	**等**	の	**前**	**近**	**代**	**的**	**な**	**経**
理	**体**	**制**₁	に	**疑**	**問**	を	**持**	**た**	**な**	**い**₅	企	業	風	土	。				

【メモ・浮かんだキーワード】 5段落目の内容から
【当日の感触等】 それなりにまとめられたような気がする。
【ふぞろい流採点結果】 13/20点

第3問（配点20点） 100字

要	因	は	①	直	接	的	に	自	社	製	品	や	サ	ー	ビ	ス	を	訴	求
す	る	の	で	は	な	く	②	乾	燥	さ	せ	た	い	モ	ノ	を	有	し	て
い	る	企	業	に	対	象	を	限	定	し	③	**営**	**業**	**部**	**隊**	**が**	**プ**	**レ**	**ゼ**
ン	**テ**	**ー**	**シ**	**ョ**	**ン**₄	を	行	っ	て	HP	の	ア	ク	セ	ス	へ	と	つ	な
ぎ	④	生	産	農	家	の	新	商	品	開	発	を	サ	ポ	ー	ト	し	た	事。

【メモ・浮かんだキーワード】 特になし（前頁にあるとおり、あてもなく逡巡していた）
【当日の感触等】 見えない顧客にアプローチするのに、対象を限定っておかしい？ しかも事例Ⅰっぽい組織的なこと1個も書いてない。これはやらかした予感。
【ふぞろい流採点結果】 4/20点

第4問（配点20点）　100字

要	因	は	社	長	自	身	が	①	Ａ	社	の	コ	ア	テ	ク	ノ	ロ	ジ	ー
を	農	産	物	の	乾	燥	技	術	と	位	置	付	け	、	②	社	員	に	共
有	し	、	③	新	規	事	業	開	発	の	強	化	体	制	を	打	ち	出	し
た	事	。	高	齢	者	へ	の	退	職	勧	告	で	、	④	古	い	企	業	風
土	を	刷	新	、	⑤	成	果	報	酬	の	原	資	を	創	出	で	き	た	事	。

【メモ・浮かんだキーワード】　高齢者（古参社員）退職で賞与原資確保、成果報酬制度導入、モラール向上

【当日の感触等】　前半が冗長。しかも結論に「モラール向上」って入れられていない。それでも本文に書いてある内容をまとめただけだから、大外しはしていないはず。

【ふぞろい流採点結果】　16/20点

第5問（配点20点）　100字

最	大	の	要	因	は	今	の	組	織	で	時	代	に	あ	っ	た	企	業	と
し	て	再	生	・	拡	大	で	き	て	い	る	事	。	①	役	員	が	部	門
を	統	括	し	、	社	長	に	情	報	を	集	約	す	る	現	体	制	で	も
顧	客	の	ニ	ー	ズ	に	迅	速	に	対	応	で	き	て	い	る	事	、	②
経	営	陣	が	若	く	、	次	期	幹	部	育	成	を	急	が	な	い	事	。

【メモ・浮かんだキーワード】　機能別組織のデメリット、事業部制組織のメリット

【当日の感触等】　与件文から丸々引っ張ってきた内容。今の組織である機能別組織のデメリットと次の候補であろう事業部制組織のメリットを否定した。これは美しい答案（ふぞろい的に無難な答案という意味）が書けたと思う。

【ふぞろい流採点結果】　13/20点

【ふぞろい評価】　60/100点　　【実際の得点】　64/100点

　第3問では、本人も自覚していたとおり、与件文の内容を読み違えたと思われ、出題の趣旨にも沿っていない解答となってしまっています。それ以外の設問では、多面的かつ因果をふまえた答案が書けており、トータルで合格水準の点数を取れています。

Column

トイレの大行列！　試験開始までに席に戻れない!?

　数年前の2次試験当日の話です。某受験会場で休み時間のたびにトイレに大行列ができていました。しかも、休み時間が30分あるにもかかわらず次の試験の説明までに席に戻れないほどに。これがきっかけで、2次試験の休み時間が増えて、事例Ⅰの試験開始時間が早くなり、事例Ⅳの終わりが遅くなったのでしょうね。

　試験の運営サイドもいろいろと工夫をしてくれてはいますが、まだまだ1次試験、2次試験ともに休み時間にトイレに行列ができます。特に男性の受験生が圧倒的に多いため、男性用トイレが大行列になります。参考書を持ってトイレに並ぶ、行くタイミングを考える、飲み物を制限するなど、休み時間のトイレの使い方も考えておくとよいかもしれません。

（うえちゃん）

～モチベーションアップの方法～
　先輩方の合格体験記を読む。

ホリホリ 編 （勉強方法と解答プロセス：p.158）

1．当日朝の行動と取り組み方針

　6時半起床。1週間前から22時台に就寝するよう調整していたので、十分な睡眠だ。朝食は和食で消化がよいものを食べた。試験会場前に8時半頃に到着し、予備校仲間、受験生支援団体の先輩合格者の方々や予備校の先生が応援に来ていて、皆さんとしっかり握手してから会場に入った。実は、予備校仲間の1人と一緒に2次試験の申込書を出しに行ったことから、その方の受験番号は、私の1つ前だった。さらに、周りに知り合いが2人もいて、予備校で行われる演習講義のような気持ちになり、緊張が和らいでいた。自分が試験を受けやすい環境づくりも試験対策の1つに違いない。

2．80分間のドキュメント

【手順0】開始前（～0分）

　ラムネとチョコレートで糖分補給し、ファイナルペーパーを読んで、事例Ⅰの脳にすることに集中していた。事例Ⅰは、「戦略、組織、人事！」を心のなかで言い聞かせながら、難問が出ても、与件文と設問文に沿った解答を心掛けること、事例Ⅰっぽく書くところをイメトレしていた。

【手順1】準備（～3分）

　カウントアップタイマーを押して、受験番号を丁寧に書く。問題用紙、解答用紙のボリューム、配点をチェックし段落づけと段落ごとに線を引く。与件文と設問の間の紙を切る（ここまで作業）。1段落目と最終段落をチェックして、事例全体の方向性をつかむ。

【手順2】設問解釈（～9分）

第1問　「以前の」時制チェック、「それ」の指示語を前文に矢印チェック、最大に強調チェック、理由が要求チェック。切り口は、弱み（ヨ）、脅威（キ）、やったこと（ヤ）、やらなかったこと（ヤ）、強みの喪失（ツ）のヨキヤヤツ、5フォース、内・外部要因を想定し、戦略問題と位置づけした。最大という問われ方は過去問であったな。

第2問　「新」と「高」を強調チェック。要因と古い営業体質を矢印でつなげる。企業風土を要求チェック。切り口は、ハードとソフトで想定し、組織問題と位置づけした。現在の環境を変えたくない古き良き時代を知るベテラン社員がいるんだろうな。

第3問　最初の1文を成功事例チェック。「自社製品」と「サービスの宣伝効果」にバツ印（この2つ以外に焦点を当てると強調するため）。「その成功の背景にどのような要因」を要求チェック。設問文の説明が詳細に書かれているので、与件文の問われ方に沿って、与件文から忠実に抜き出す問題と想定した。

第4問　「新」「明確」「拡大」「積極的」を強調チェック。第2問と第4問の「古い営業体質」を繰り返しワードチェック。要因を要求チェック。切り口は、第5問が組織問題っぽいので、人事フレームとし、人事問題と想定した。

第5問　「今回」を時制チェック。「最大」を強調チェック。理由を要求チェック。切り口

は、ハードとソフト、組織フレームとし、組織問題と想定した。

【手順3】与件文読解と設問への対応づけ（～30分）

1段落目　家族経営の中小メーカーで、若い経営陣は同世代で構成（家族経営と若い経営陣のメリットとデメリットは？）。

3段落目　たばこ産業は厳しい規制に守られた参入障壁の高い業界であったが……（たばこ業界は厳しいみたいだ）。

4段落目　A社長のトップ就任を目前にして、自らが先頭に立って自社製品のメンテナンスを事業化したが、売上減少と費用増大という二重苦（強みを生かせなかった？）。

5段落目　新体制が最初に取り組んだのは、収益圧迫していた膨大な数の部品在庫、前近代的な経理体制の見直しなど、第2問の設問文の根拠がたくさん。

6段落目　定年を目前にした高齢者の人員削減により、従業員の年齢が若返った（リストラした事例は初めて⁉）。

7段落目　自社のコアテクノロジーを「農作物の乾燥技術」と明確に位置づけ、社員に共有（強みと、バーナード⁉）。

8段落目　ターゲット市場を絞れなかった（ノウハウがないから？）

10、11段落目　機能別組織（第5問だな）で、すべての部門にA社長が目配りをする体制（目配りが行き届いてるんだろうな）。与件文が3ページ弱と例年よりもボリュームが多く、その分、根拠が明確に記載されているようだ。

【手順4】解答作成（～78分）

第4問　リストラのイメージが強烈だからこの設問から解こう。人事フレームをもとに、与件文からキーワードを抜いて、知識で補完していこう。

第3問　次は、この抜き出し系の設問だ。与件文に要因となるものが多くあるから、それを中心に列挙していこう。

第2問　これも与件文に根拠が多かったから、この設問を解こう。古参社員が企業風土を形成している主要因だろう。与件文に古い営業体質の内容が明記されているので列挙していこう。

第1問　最大の要因は強みを生かせなかったというパターンだな。内容を与件文から列挙していこう。

第5問　いろいろ書けそうな設問なので、最後に解いた。ハード面は、機能別組織のメリット、ソフト面は、事業部制組織のデメリットに触れてみよう。

【手順5】誤字脱字の確認（～80分）

誤字脱字や読みづらいところがないかを確認し、最後に受験番号を確認した。

3．終了時の手ごたえ・感想

昨年の終了時は、まったくできなかったので呆然としていたが、今回は与件文や設問をだいたい理解できたので、設問の制約無視にならないように慎重かつ多面的に取り組めた。苦手な事例であったことから、ホッとした気持ちになった。

~それでもモチベーションが上がらないときの過ごし方~
歌う。

合格者再現答案＊（ホリホリ 編） ──── 事例Ⅰ

第1問 （配点20点） 100字

最	大	理	由	は	、	た	ば	こ	市	場	の	縮	小	傾	向[4]	で	自	社	技
術	を	活	か	せ	な	か	っ	た[1]	為	。	内	容	は	①	健	康	志	向	の
強	ま	り[1]	②	葉	た	ば	こ	生	産	者	の	後	継	者	不	足[1]	や	高	齢
化	③	葉	た	ば	こ	の	耕	作	面	積	減	少	④	参	入	障	壁	が	低
下	⑤	補	助	金	の	縮	小	⑥	受	動	喫	煙	の	社	会	問	題	化	。

【メモ・浮かんだキーワード】 コアコンピタンスを生かせない、環境変化、内・外、5フォース

【当日の感触等】 設問に「最大の」とあるので始めに抽象的に１つに絞って、内容は与件文を抜いてこよう。キーワードはたくさん入れたから大外しはないだろう。

【ふぞろい流採点結果】 7/20点

第2問 （配点20点） 100字

企	業	風	土	は	①	ほ	ぼ	正	規	社	員	で	古	参	社	員[2]	が	新	し
い	取	り	組	み	を	せ	ず[5]	、	環	境	変	化	に	適	合	さ	せ	な	い
事	②	減	価	償	却	済	み	の	機	械	部	品	の	個	別	対	応	で	多
品	種	部	品	の	在	庫	過	大	③	手	書	き	等	、	前	近	代	的	な
経	理	体	制[1]	④	外	部	コ	ン	サ	ル	の	助	言	を	聞	か	な	い	事	。

【メモ・浮かんだキーワード】 古参社員が企業風土の根幹、ハード面、ソフト面

【当日の感触等】 ①〜③はすぐ浮かんだので、優先順位の高い順に書いた。④は字数が余っているからとりあえず書き込んだ。②と③は与件文からの引用だから外してはいないだろう。

【ふぞろい流採点結果】 8/20点

第3問 （配点20点） 100字

要	因	は	①	タ	ー	ゲ	ッ	ト	市	場	を	絞	れ	ず[2]	潜	在	市	場	の
見	え	な	い	顧	客[4]	に	用	途	を	問	い[2]	顧	客	ニ	ー	ズ	収	集[4]	②
食	品	会	社	等	ア	プ	ロ	ー	チ	す	る	こ	と	が	で	き	な	か	っ
た	様	々	な	新	市	場	開	拓[4]	で	新	規	取	引	先	拡	大	③	営	業
部	隊	の	プ	レ	ゼ	ン	テ	ー	シ	ョ	ン	が	功	を	奏	し	た[4]	事	。

【メモ・浮かんだキーワード】 ニーズ収集、新規取引先拡大、過去の成功事例

【当日の感触等】 ３文列挙できたから十分な対応だろう。ただ、与件文から抜いて編集してきただけなので、十分な点数が取れているのかが、気にかかる……。

【ふぞろい流採点結果】 20/20点

第4問（配点20点）　100字

要	因	は	①	古	参	社	員	の	退	職³	で	従	業	員	の	年	齢	が	10
歳	程	引	き	下	が	り²	組	織	活	性	化²	②	コ	ス	ト	カ	ッ	ト	分
を	成	果	に	応	じ	て	賞	与⁴	に	回	し	た	事	③	企	業	風	土	の
改	革²	④	若	手	へ	の	OJ	T	教	育	や	権	限	移	譲	⑤	公	正	・
透	明	な	評	価	⑥	適	切	な	配	置	変	更	で	、		意	欲	向	上⁴	。

【メモ・浮かんだキーワード】　バーナード、社員若返りで組織活性化、成果賞与

【当日の感触等】　①と②はすぐ書けた。見直し時にバーナードを書いていないことに気づいてしまった。時すでに遅く、大外ししたかもしれない……。

【ふぞろい流採点結果】　16/20点

第5問（配点20点）　100字

最	大	理	由	は	縁	戚	関	係	に	あ	る	年	齢	の	近	い	役	員	で
構	成⁵	さ	れ	、	社	長	の	目	配	り	が	功	を	奏	し	て	い	る⁵	体
制	の	為	。	内	容	は	①	機	能	別	組	織	で	専	門	化⁵	②	古	参
社	員	退	職	で	権	限	移	譲	が	未	整	備	③	部	門	間	の	セ	ク
シ	ョ	ナ	リ	ズ	ム	を	抑	制	し	モ	ラ	ー	ル	維	持³	す	る	事	。

【メモ・浮かんだキーワード】　目配り奏功、機能別組織のメリットとデメリット、ハード面とソフト面

【当日の感触等】　内容の②は自信なし。③は知識対応。キーワードは盛り込んだから半分取れてほしいな。

【ふぞろい流採点結果】　13/20点

【ふぞろい評価】　64/100点　　　【実際の得点】　56/100点

　　第1問では、外部環境の変化に字数を割いてしまい、出題の趣旨にある「戦略的課題」への言及が弱いように感じます。第3問以降は、与件文や設問文に沿った多面的な解答が書けており、トータルで合格水準の点数を取れています。

Column　机に向かえる時間が少ない方へ

　　私は、2次筆記試験の勉強に本腰を入れよう、という8月の中旬頃から、業務多忙により、机に向かえる時間を確保できなくなってしまいました。そこで、通勤時間に、電子書籍を読んで事例ごとの解法をインプットし、机に向かえるときは、事例Ⅳの計算問題の演習を中心に行いました。過去問を解く時間が惜しかったので、『ふぞろいな合格答案』のなかで、合格＋A答案のうちで自分が好きな解答だけを読んで、何故そのような解答になるのかを、与件文をもとに考える、という使い方をしていました。

　　読者の皆さまのなかには、机に向かえる時間が少なく、なかなか過去問演習に取り組めないことに、焦りを抱く方もいらっしゃるかもしれません。しかし、少ない時間のなかでもできることを積み重ねれば、よい結果につながると思いますので、勉強時間が取りづらくても、諦めずに頑張ってください。

（RYO）

～それでもモチベーションが上がらないときの過ごし方～

　マインドフルネス（瞑想・坐禅・写経）。やってるうちにフロー状態になれますよ。

まっつ 編 （勉強方法と解答プロセス：p.160）

1．当日朝の行動と取り組み方針

　朝6時半に起床。前日は23時半に就寝したので睡眠時間は理想的。地元のコンビニに立ち寄りつつ朝8時半に受験会場に到着した。去年勉強会で一緒だった知人と偶然出会い、受験教室が発表されるまで談笑した。会話したおかげでだいぶ緊張が和らいだ。受験番号と教室が貼り出されたので、知人と別れ、教室へ向かう。自分の席に座り家族が用意してくれたお守りをしっかりと握りしめ精神集中を図る。今回は試験開始12分前と終了直後にトイレへ行くと決めているのでそれに従う。

2．80分間のドキュメント

【手順0】開始前（～0分）

　頭の中を事例Ⅰ脳に切り替える。脳内で「持続的競争優位性の保持」「ビジネスモデル」「業界構造」「組織形態」「組織文化」「人的資源」「経営課題」と繰り返す。

【手順1】準備（～1分）

　まずは解答用紙に目をやり文字数チェック。100文字の解答欄が5つある。よし、例年どおりの事例Ⅰだ。次に業種と規模を確認して与件文の段落割りを行う。あれ？　与件文の文字数がいつもより多い。タイムマネジメントに注意が必要だぞ。

【手順2】設問解釈（～10分）

[第1問]　設問要求は「最大の理由」、制約条件は「A社長がトップに就任する以前」、階層は「戦略」、構文は「最大の理由は～」、方向性は「差別化図れない」「強み活用できない」「経営資源分散」「顧客に受け入れられない」「社会情勢」といったところか。

[第2問]　設問要求は「企業風土」、制約条件は「高コスト体質の要因となる」、階層は「方針」、構文は「企業風土は～」、方向性は「管理体制が徹底できない」「硬直的」くらいしか思いつかないな。

[第3問]　設問要求は「成功の要因」、制約条件は「宣伝効果以外」、階層は「戦略」、構文は「要因は～」、方向性は「情報の発信とニーズの収集」。なんだか事例Ⅱっぽいな。

[第4問]　設問要求は「営業社員が積極的に新規事業に取り組むようになった要因」、制約条件は「事業領域を明確にした結果」、階層は「戦略」、構文は「要因は～」、方向性は「権限移譲」「自主的な学習」「組織文化の醸成」とし、第2問から本問へ線を引く。

[第5問]　設問要求は「最大の理由」、制約条件は「組織再編を見送る」、階層は「戦略」、構文は「最大の理由は～」、方向性は「良さが失われる」「できない」あたりだろうか。コンサルタントの助言？　ちょっといつもと毛色が違うな。

【手順3】与件文と設問の紐づけ（～25分）

[1段落目]　同族経営についての記述から、そのメリット・デメリットを想定したうえで、第2問、第4問、第5問と紐づける。

事例Ⅰ

2段落目　「全国に７つの営業所」「ほとんどは正規社員」など現在の組織体制に関する記述を第５問と紐づける。

3段落目　「A社長入社当時」の時制を第１問と紐づけ、「参入障壁の高い業界」「多額の補助金」「切迫感がない」など企業風土に影響を与える記述を第２問と紐づける。

4段落目　「自社製品のメンテナンスを事業化」、「ビジネスとして成り立たず」の記述を第１問と紐づけ。さらに、「新製品の開発」「葉たばこ乾燥機の売上減少に取って代わる」「新しい事業に取り組むことを～古参社員たちがそう簡単に受け入れるはずもなかった」の記述を経営課題（過去）として、第２問、第４問と紐づける。

5段落目　高コスト体質の原因が書かれている記述を第２問と紐づける。

6段落目　経営改革の内容として第４問と紐づける。

7段落目　「明確に位置づけ」という記述を第４問と紐づける。また、「農作物の乾燥技術」をA社の強みとして認識する。

8段落目、9段落目　市場、ニーズ、HPでの取り組みの情報を第３問と紐づける。営業部隊のプレゼンテーション力はA社の強みだろう。

10段落目、11段落目　現在の組織体制についての情報を第５問と紐づけ、機能別組織のメリット・デメリットを想定する。また、変更後の組織体制が記述されてないことを再確認する。

【手順４】解答作成（～78分）

第3問　論点は与件文にあるとおり、「ニーズ収集ができターゲットが絞れたこと」「営業部隊のプレゼンテーション能力で顧客が獲得できたこと」だろう。

第4問　この設問も論点は与件文にあるとおりだろう。おそらく「硬直的な組織風土を変えたこと」「営業部隊の意欲が向上したこと」が濃厚なはずだ。

第2問　論点の１つは「参入障壁が高い市場で組織が硬直的な企業風土になった」ということだろう。「危機感がない」ことも盛り込みたいが、要素が多すぎてまとめきれない。

第1問　論点は「顧客ニーズの少ない縮小市場に対して事業を展開したこと」であるはず。ただ与件に並列で売上減少と費用増大と２つ並べているから、費用増大にも触れないといけない。１つなのに２つ。どうしたものか……。

第5問　変更後の組織形態が書いていないのだから「変更できない」という論点は書きづらい。「良さが失われる」の論点でいこう。因果関係として、機能別組織のメリットのなかからA社に当てはまることを並べよう。

【手順５】解答作成・見直し（～80分）

誤字脱字を確認、第１問と第２問を編集したいが時間もないので諦める。

３．終了時の手ごたえ・感想

苦手な事例Ⅰだが全設問通して大事故はなさそうだ。６割近く取れた気がする。極限のプレッシャーのなか、苦手の事例Ⅰでここまでやれたら最高だ。これを追い風にするぞ！

～勉強を諦めそうになった自分を奮い立たせた一言～
「今までの勉強量で、自分自身に勝ったといえるか」。

合格者再現答案＊（まっつ 編）　　　事例Ⅰ

第1問（配点20点）　100字

最	大	の	理	由	は	、	健	康	志	向	が	強	ま	り¹	喫	煙	者	が	減
少	す	る	市	場⁴	に	対	し	て	の	事	業	化	は	、	顧	客	が	得	ら
れ	ず⁴	、	高	コ	ス	ト	体	質	の	整	備	も	し	て	い	な	い	状	況
で	あ	っ	た	事	で	、	売	上	減	少⁵	と	費	用	増	大⁵	と	い	う	二
重	苦	を	生	み	出	し	た	為	で	あ	る	。							

【メモ・浮かんだキーワード】　差別化できなかった、経営資源が分散した、ニーズがなかった

【当日の感触等】　設問に「最大の」とあることで編集のハードルが跳ね上がる。論点の方向性は合っているはずだが、文章がわかりづらい。半分は得点したいところ。

【ふぞろい流採点結果】　19/20点

第2問（配点20点）　100字

企	業	風	土	は	、	た	ば	こ	産	業	の	参	入	障	壁	が	高	い⁵	事
で	競	合	が	少	な	く	、	補	助	金	が	多	い⁴	事	で	資	金	調	達
が	容	易	で	あ	っ	た	為	、	顧	客	の	個	別	対	応	に	よ	る	在
庫	過	大	や	、	計	数	管	理	を	行	わ	な	い	経	理	体	制¹	に	現
れ	て	い	る	硬	直	的	で	危	機	感	の	な	い	風	土⁴	で	あ	る	。

【メモ・浮かんだキーワード】　マイナス的要素、硬直的、無計画、ぬるま湯

【当日の感触等】　参入障壁が高い市場という論点は、この問題で触れるのが最適だろう。計数管理を行わない経理体制という点も企業風土を顕在化していると思える。ここも半分は取れたのでは？

【ふぞろい流採点結果】　14/20点

第3問（配点20点）　100字

要	因	は	①	Ｈ	Ｐ	の	発	信	と	収	集	の	機	能	を	利	用	し	て
多	様	な	市	場	と	結	び	つ	き⁴	、	ニ	ー	ズ	収	集⁴	を	行	い	、
タ	ー	ゲ	ッ	ト	市	場	を	絞	れ	た²	事	。	②	危	機	感	の	増	加
で	営	業	部	隊	の	モ	ラ	ー	ル	が	向	上	し	、	自	主	的	に	能
力	を	高	め	、	得	た	提	案	力⁴	で	顧	客	を	獲	得	し	た	事	。

【メモ・浮かんだキーワード】　情報の発信とニーズの収集

【当日の感触等】　結論は与件文どおりだろう。また、因果関係も伝わりやすいように書けた。7割は得点できたはずだ。

【ふぞろい流採点結果】　14/20点

事例Ⅰ

第4問（配点20点）　100字

要	因	は	、	従	業	員	を	削	減³	し	た	事	で	①	平	均	年	齢	が
下	が	り²	、	新	し	い	取	組	み	を	受	け	入	れ	る	柔	軟	な	組
織	風	土	に	な	っ	た²	事	。	②	成	果	に	応	じ	た	賞	与⁴	が	得
ら	れ	、	営	業	部	員	の	意	欲	が	向	上⁴	し	、	自	主	的	に	学
習	に	取	り	組	む	組	織	文	化	が	醸	成	さ	れ	た	事	。		

【メモ・浮かんだキーワード】　組織文化の醸成

【当日の感触等】　ここも与件文どおりだろう。因果関係も伝わりやすく書けた。自主的な能力向上という観点が第3問と重複しているのが気になるが、6割は得点できたはず。

【ふぞろい流採点結果】　15/20点

第5問（配点20点）　100字

最	大	の	理	由	は	、	機	能	別	組	織	か	ら	の	変	更	で	効	率
性	が	失	わ	れ	る	事	で	あ	る	。	現	体	制	は	、	命	令	系	統
が	明	確	で	統	制	が	取	り	や	す	く¹	、	営	業	部	門	の	ノ	ウ
ハ	ウ	が	専	門	化	に	よ	り	迅	速	に	習	熟	可	能	で	、	経	営
資	源	が	重	複	せ	ず⁶	効	率	的	で	あ	る⁵	。						

【メモ・浮かんだキーワード】　良さが失われる、できない

【当日の感触等】　またまた「最大の」か。ここも編集のハードルが上がる。論点が「良さが失われる」しか書いていないが「最大の」なのだから1つでいいはず。ここも半分は取れていると信じたい。

【ふぞろい流採点結果】　12/20点

【ふぞろい評価】　74/100点　　　【実際の得点】　63/100点

　それぞれの設問で、与件文をふまえたうえで、多面的かつ因果を明確にした解答が書けており、合格水準の点数を取れています。

Column

誰かのために

　私が診断士を目指したきっかけは娘の中学受験でした。頑張る娘に何かできないかと考え、「自分も目標に向け頑張る姿を見せよう」と思い至りました。平成30年のことです。

　すでに話のオチが見えつつありますが（笑）、結果私はその年の試験に落ち、娘を勇気づけるどころか「ただの幸先の悪いヤツ」になりました。ここまでなら笑い話ですが、一方で「誰かのために」という思いは弱気な自分を勇気づけてくれるんだ、という実感を得ることができました。

　中小企業診断士は「中小企業の経営課題に対応するための診断・助言を行う専門家」であり、困っている人のための存在です。勉強の意欲が上がらないときは、あなたを支えてくれる周囲の人や、まだ見ぬ将来のクライアントのことを考えるのはいかがでしょうか。きっとあなたの力になると思います。

（ヌワンコ）

~私のストレス解消法~

とにかく寝る。睡眠不足が何よりストレス。

おはこ 編（勉強方法と解答プロセス：p.162）

1．当日朝の行動と取り組み方針

　2次試験は5時間20分を1人で戦う、長い試験だ。小手先では通用しない。朝起きたときから自分のペースを作り、最後まで保つことを心掛けた。

　6時に起床。私は空腹になると集中力が落ちるのでお米中心の朝食をしっかりと摂り、7時半には出発した。想定外の知人や、できそうなオーラを出す人を見かけて動揺するのは避けたいので、周りの受験生のことは見ずに行動した。今回幸運だったのは、自分の席が最前列だったこと。圧迫感がなくて、居心地がいい。

2．80分間のドキュメント

【手順0】開始前（～0分）

　各科目の開始30分前に、スティックパン1本とスポーツドリンクを口にするようにした。4事例とも同じ体調で臨むためだ。余った時間は自作の知識まとめシートの復習と、「素直に読む」「ストーリーを考える」「与件文を使い因果を明確にして書く」という自分のチェックポイントを確認する。最初の科目なので、いきなりパワー全開ではなくゆっくり丁寧に読み込んでペースをつかむようにしよう。

【手順1】準備（～1分）

　与件文の冒頭で業種を確認しつつ全体にざっと目を通す。与件文の長さ、設問文の数ともに例年どおりのようだ。メモ用紙は使わないため、表紙は外さない。

【手順2】設問解釈（～25分）

　まずは各設問文の題意と制約条件をチェックし、事例全体のストーリーを探る。

第1問　「ビジネスとして成功しなかった最大の理由」が題意だ。弱みがあった、脅威があった、強みを機会に投入できなかった、といった理由が考えられる。「A社長がトップに就任する以前」「苦境を打破するため」「自社製品のメンテナンスの事業化」などの制約条件をヒントに、与件文を探そう。字数は「100字」だから、切り口2～3つ程度でまとめればよい。

第2問　題意は「A社の企業風土」だ。組織文化の視点でまとめればよいのだろうか。「高コスト体質」「古い営業体質」などの制約条件を手がかりに与件文を探そう。

第3問　「HP」といえば情報の発信と受信。「市場開拓に成功」の脇にはアンゾフとメモしておく。「HPに期待する目的・機能」は切り口のヒントだろうか。

第4問　営業社員が新規事業の拡大に積極的に取り組むようになった「要因」が題意だ。「新経営陣が事業領域を明確にし」「新規事業の拡大」を目指す場面を与件文で確認しよう。「事業領域」といえばドメイン。全体戦略を問う問題だろうか。「積極的に取り組む」はモラール向上の話なので、「組織の成立要件」「動機づけ」とメモ。

第5問　題意は「最大の理由」だから、理由を1つに絞る。「組織再編」は組織構造の話

なので、組織の5原則「専門化・権限責任一致・管理の幅・命令統一・例外」とメモ。

　本事例は過去の事業の失敗や企業風土と、現在の市場開拓と新規事業が成功しつつある要因を分析し、組織再編を見送る判断の是非を考える、というストーリーのようだ。

【手順3】 与件文読解（〜50分）

　SWOT、全体戦略、組織・人事に関するワードと、接続詞や時制、わざわざ書かれた表現（以下、わざわざ表現）をチェックし、ヒントを探る。

[1段落目]　同族企業だが、経営は同年代の兄弟、いとこの世代に継承されている。

[2段落目]　「ほとんどは正規社員」という思わせぶりな表現に下線を引いておく。

[3段落目]　「厳しい規制に守られた」「参入障壁の高い」「多額の補助金」「売上は右肩上がり」などヒントが多い。恵まれた経営環境が変化し、市場が急速に縮小したようだ。

[4段落目]　「自社製品のメンテナンス」は第1問関連だ。右余白に「Q1」とメモする。「古き良き時代を知っている古参社員たち」は、解答に使ってと言わんばかりの表現だ。

[5段落目]　「高コスト体質の見直し」とあるから、第2問で検討する段落だ。接続詞「また」で結ばれた前後の記述が、高コスト体質の原因だろう。「これまでの事業や技術力を客観的に見直し、時代にあった企業として再生していく」という部分はA社長の思いだ。大事な点なので、設問ページの上部余白に書き写しておく。

[6、7段落目]　経営改革のための社内整備を図るとともに、新規事業開発の体制強化を行ったとある。第4問はこの辺りを中心に検討する。

[8、9段落目]　新規事業開発の課題はターゲット市場の絞り込みで、その解決のためにHPを立ち上げたとある。第3問のヒントはこの辺りにありそうだ。

[10、11段落目]　機能別組織についての話だから、第5問のヒントだ。

【手順4】 解答作成（〜78分）

　社長の思いに向けて、与件文を使い因果を明確にしてまとめていく。

[第1問]　理由は組織・人事面の弱みだろう。「古き良き時代の古参社員」が支障となっているから、組織文化の弱みでまとめようか。

[第2問]　企業風土のまとめ方が難しい。与件文を活用して外さないようにしよう。

[第3問]　設問文の「目的・機能」という表現を生かして、解答の切り口としてみよう。

[第4問]　「成果に応じて支払う賞与」とコアテクノロジーを「社員に共有」させたことを、1次知識も使って整理しよう。

[第5問]　理由はシンプルに、機能別組織のほうがメリットがあるためだろう。組織構造の話なので、組織の5原則から切り口を見つけ、与件文を使って書こう。

【手順5】 解答作成・見直し（〜80分）

　設問間のバランスまで考慮する時間がない。誤字脱字をチェック。

3．終了時の手ごたえ・感想

　丁寧に言葉を拾うことで自分のペースを作るつもりだったが、設問解釈に時間をかけすぎた。事例Ⅱ以降はスピードアップしよう。

〜本番力の磨き方〜

　模試。模試まであと何日とカウントダウンし、前日も早く寝る。

合格者再現答案＊（おはこ 編） 事例Ⅰ

第1問（配点20点） 100字

理	由	は	、	①	売	上	が	現	在	の	倍	以	上	あ	り	社	員	に	際
立	っ	た	切	迫	感	が	あ	っ	た	わ	け	で	は	な	く	、	貢	献	意
欲	が	薄	か	っ	た	た	め	、	②	古	き	良	き	時	代	を	知	っ	て
い	る	古	参	社	員	た	ち	が	新	事	業	を	受	け	入	れ	ず	、	目
的	の	共	通	化	が	で	き	な	か	っ	た	た	め	、	で	あ	る	。	

【メモ・浮かんだキーワード】 弱み、脅威、強みを機会に投入できない、組織の成立要件
【当日の感触等】 過去の組織面の弱みを組織の成立要件の視点でまとめた。「最大の理由」
という問いに対して理由を2つ列挙してしまったが、当日は気づいていない。
【ふぞろい流採点結果】 0/20点

第2問（配点20点） 100字

企	業	風	土	は	、	①	多	額	の	補	助	金[4]	を	受	け	取	る	た	ば
こ	業	界	が	顧	客	の	た	め	、	客	か	ら	依	頼	さ	れ	れ	ば	個
別	に	対	応	す	る	風	土	、	②	厳	し	い	規	制	に	守	ら	れ	た[5]
た	ば	こ	産	業	が	顧	客	で	売	上	が	右	肩	上	が	り[2]	の	た	め	、
前	近	代	的	な	経	理	体	制	で	あ	る[1]	風	土	、	で	あ	る	。	

【メモ・浮かんだキーワード】 組織文化
【当日の感触等】 5段落目をまとめただけになってしまった。しかも、因果の「因」が同じ
だし、論理の飛躍もある。主語と述語が「風土は～風土」で繰り返しになってしまった。
【ふぞろい流採点結果】 11/20点

第3問（配点20点） 100字

要	因	は	、	①	「	試	験	乾	燥	」	と	い	う	サ	ー	ビ	ス	を	す
る	こ	と	で	、	顧	客	と	コ	ミ	ュ	ニ	ケ	ー	シ	ョ	ン	を	と	る
目	的	を	達	成	で	き	た	た	め	、	②	イ	ン	タ	ー	ネ	ッ	ト	は
反	応	が	多	い	た	め	、	さ	ま	ざ	ま	な	市	場	と	接	点	を	持
つ[4]	機	能	を	持	て	た	た	め	、	で	あ	る	。						

【メモ・浮かんだキーワード】 発信と受信、接点、アンゾフ、宣伝以外、目的と機能
【当日の感触等】 設問文に書かれた「目的・機能」の切り口でまとめたが、合っているだろ
うか。「インターネット黎明期」に関する記述はわざわざ表現だから使いたかったが、「反
応が多いため」では雑すぎだ。
【ふぞろい流採点結果】 4/20点

~本番力の磨き方~
想定外を想定内に。うまくいかないときのことを考えて代替案をイメージしておくこと。

第4問（配点20点）　　100字

要	因	は	、	①	高	齢	者	を	対	象	と	し	た	人	員	削	減[3]	で	コ
ス	ト	カ	ッ	ト[1]	し	た	部	分	を	成	果	に	応	じ	た	賞	与[4]	に	回
し	、	モ	ラ	ー	ル	が	向	上[4]	し	た	た	め	、	②	自	社	の	コ	ア
テ	ク	ノ	ロ	ジ	ー	を	明	確	に	位	置	付	け[3]	、	社	員	が	目	的
を	共	有	化	で	き	た[2]	た	め	、	で	あ	る	。						

【メモ・浮かんだキーワード】　ドメイン、モラール向上、組織の成立要件、動機づけ・衛生理論

【当日の感触等】　6、7段落目を中心にまとめた。各設問で組織文化の切り口を使いすぎているが、大丈夫だろうか。おそらくどれかが不正解だろう。

【ふぞろい流採点結果】　16/20点

第5問（配点20点）　　100字

理	由	は	、	現	在	の	組	織	が	再	生	に	向	け	経	営	改	革	に
取	り	組	む[5]	の	に	最	適	な	た	め	で	あ	る	。	具	体	的	に	は	、
①	機	能	別	組	織	の	た	め	、	開	発	・	製	造	・	市	場	開	拓・
販	売	チ	ャ	ネ	ル	構	築[6]	に	専	門	化[5]	で	き	る	、	②	役	員	の
権	限	と	責	任	が	一	致[5]	し	て	い	る	。							

【メモ・浮かんだキーワード】　組織構造（専門化、権限責任一致、管理の幅、命令統一、例外）

【当日の感触等】　役員3人の役割分担を明記したかったが、字数と時間が足りなかった。方向性は間違いないだろう。

【ふぞろい流採点結果】　20/20点

【ふぞろい評価】　51/100点　　　**【実際の得点】**　69/100点

　第1問や第3問では、他の設問の解答と思われる内容に字数を割いてしまった結果、キーワードを盛り込めず点数につながりませんでした。第4問や第5問では、与件文をふまえたうえで、多面的かつ因果が明確な解答が書けており、ふぞろい流の採点ではトータル51点となっています。

Column

坐禅・写経のすすめ

　僕は集中したいときや心を落ち着けたいとき坐禅を組んでいます。大事なイベントの前には必ず行っています。診断士試験の勉強でもなんだか集中できないなというときはよく坐っていました。坐禅のメリットは、呼吸に集中して「今、この瞬間」に意識を向けることで、悩み、雑念、煩悩を振り払うこと。一方、デメリットは、時間がかかり外出先だと実施が難しいことです。

　外出時に時間が限られるなかで勉強に集中したいとき、坐禅の代わりに取り入れたのは写経です。といっても、ふぞろいの真似できそうな答案をただ心を落ち着けて書き写す作業です。解答を覚えようとするのではなく、ただ書き写す。スマホを触ったり計画を立てているうちに時間が過ぎていた経験がある方にはぜひお勧めしたい方法です。（タニッチ）

〜本番力の磨き方〜

　普段「試験は1回だけ！」と思って勉強すると、なぜか当日「来年もあるしな」と思える。

▶事例Ⅱ（マーケティング・流通）◀

令和元年度　中小企業の診断及び助言に関する実務の事例Ⅱ
（マーケティング・流通）

　B社は資本金200万円、社長を含む従業者2名の完全予約制ネイルサロンであり、地方都市X市内の商店街に立地する。この商店街は県内では大規模であり、週末には他地域からも来街客がある。中心部には小型百貨店が立地し、その周辺には少数ではあるが有名ブランドの衣料品店、宝飾店などのファッション関連の路面店が出店している。中心部以外には周辺住民が普段使いするような飲食店や生鮮品店、食料品店、雑貨店、美容室などが出店している。X市は県内でも有数の住宅地であり、中でも商店街周辺は高級住宅地として知られる。X市では商店街周辺を中核として15年前にファミリー向け宅地の開発が行われ、その頃に多数の家族が入居した（現在の人口分布は図1参照）。当該地域は新興住宅地であるものの、桜祭り、七夕祭り、秋祭り、クリスマス・マーケットなどの町内会、寺社、商店街主催のイベントが毎月あり、行事が盛んな土地柄である。

　B社は2017年に現在の社長が創業した。社長と社員Yさんは共に40代の女性で、美術大学の同級生であり、美大時代に意気投合した友人でもある。社長は美大卒業後、当該県内の食品メーカーに勤務し、社内各部署からの要望に応じて、パッケージ、販促物をデザインする仕事に従事した。特に在職中から季節感の表現に定評があり、社長が提案した季節限定商品のパッケージや季節催事用のPOPは、同社退職後も継続して利用されていた。Yさんは美大卒業後、X市内2店を含む10店舗を有する貸衣装チェーン店に勤務し、衣装やアクセサリーの組み合わせを提案するコーディネーターとして従事した。2人は同時期の出産を契機に退職し、しばらくは専業主婦として過ごしていた。やがて、子供が手から離れた頃に社長が、好きなデザインの仕事を、家事をこなしながら少ない元手で始められる仕事がないかと思案した結果、ネイルサロンの開業という結論に至った。Yさんも社長の誘いを受け、起業に参加した。なお、Yさんはその時期、前職の貸衣装チェーン店が予約会（注）を開催し、人手が不足する時期に、パートタイマーの同社店舗スタッフとして働いていた。Yさんは七五三、卒業式、結婚式に列席する30～50代の女性顧客に、顧客の要望を聞きながら、参加イベントの雰囲気に合わせて衣装の提案を行う接客が高く評価されており、同社に惜しまれながらの退職であった。2人は開業前にネイリスト専門学校に通い始めた。当初は絵画との筆遣いの違いに戸惑いを覚えたが、要領を得てからは持ち前の絵心で技術は飛躍的に向上した。

　技術を身に付けた2人は、出店候補地の検討を開始した。その過程で空き店舗が見つかり、スペースを改装して、営業を開始した。なお、当該店舗は商店街の中心部からは離れた場所にあり、建築から年数がたっており、細長いスペースが敬遠されていた。そのため、商店街の中では格安の賃貸料で借りることができた。また、デザインや装飾は2人の得意

とするところであり、大規模な工事を除く内装のほとんどは手作業で行った。2人が施術すれば満員となるような狭いスペースではあるものの、顧客からは落ち着く雰囲気だと高い評価を得ている。また、Yさんが商店街の貸衣装チェーン店で勤務していた経緯もあり、商店街の他店ともスムーズに良好な関係を構築することができた。

　ネイルサロンとは、ネイル化粧品を用いて手および足の爪にネイルケア、ネイルアートなどを施すサービスを行う店舗を指す。一般にネイルサロンの主力サービスは、ジェルネイルである（図2参照）。ジェルネイルでは、ジェルと呼ばれる粘液状の合成樹脂を爪に塗り、LEDライトもしくはUV（紫外線）ライトを数十秒から1分程度照射してジェルを固める。この爪にジェルを塗る作業と照射を繰り返し、ネイルを完成させる。おおむね両手で平均1時間半の時間を要する（リムーブもしくはオフと呼ばれるジェルネイルの取り外しを含める場合は平均2時間程度である）。サービスを提供する際に顧客の要望を聞き、予算に基づき、要望を具体化する。ただし、言葉で伝えるのが難しいという顧客もおり、好きな絵柄やSNS上のネイル写真を持参する場合も多くなっている。またB社の価格体系は表のようになっている。

　ネイルサロン市場は2000年代に入り需要が伸び、規模が拡大した。近年、成長はやや鈍化したものの、一定の市場規模が存在する。X市の駅から商店街の中心部に向かう途中にも大手チェーンによるネイルサロンが出店している。また自宅サロンと呼ばれる、大手チェーンのネイルサロン勤務経験者が退職後に自宅の一室で個人事業として開業しているサロンも、商店街周辺には多数存在する。

　開業当初、B社にはほとんど顧客がいなかった。あるとき、B社社長が、自分の子供の卒業式で着用した和服に合わせてデザインしたジェルネイルの写真を写真共有アプリ上にアップした。その画像がネット上で話題になり拡散され、技術の高さを評価した周辺住民が来店するようになった。そして、初期の顧客が友人達にB社を紹介し、徐々に客数が増加していった。ジェルネイルは爪の成長に伴い施術から3週間～1カ月の間隔での来店が必要になる。つまり固定客を獲得できれば、定期的な来店が見込める。特に初来店の際に、顧客の要望に合ったデザイン、もしくは顧客の期待以上のデザインを提案し、そのデザインに対する評価が高ければ、固定化につながる例も多い。この際には社長やYさんが前の勤務先で培った提案力が生かされた。結果、従業者1人当たり25名前後の固定客を獲得するに至り、繁忙期には稼働率が9割を超える時期も散見されるようになった。なお、顧客の大半は従業者と同世代である。そのうちデザイン重視の顧客と住宅地からの近さ重視の顧客は半数ずつとなっている。後者の場合、オプションを追加する顧客は少なく、力を発揮したい2人としてはやや物足りなく感じている。

　B社店舗の近隣には、数年前に小型GMSが閉店しそのままの建物があった。そこを大手デベロッパーが買い取り、2019年11月に小型ショッピングモールとして改装オープンすることが決定した。当初、一層の集客を期待したB社社長であったが、当該モール内への、大手チェーンによる低価格ネイルサロンの出店が明らかになった。B社社長は、これまで

　〜試験に持って行ってよかったもの〜
　　ひざかけにもクッションにもなるフリース。

自宅から近いことを理由に来店していた顧客が大幅に流出することを予想した。B社社長とYさんは大幅に減少する顧客数を補うための施策について思案したが、良い案も出ず、今後の方針について中小企業診断士に相談することとした。

（注）貸衣装業界で行われるイベント。百貨店、ホール、ホテル、大学、結婚式場などの大規模な会場で、顧客が会場でサンプルを確認、試着し、気に入ったものがあれば商品を予約することができる。支払いは後日行う。

図1　全国とX市の年齢別人口構成比

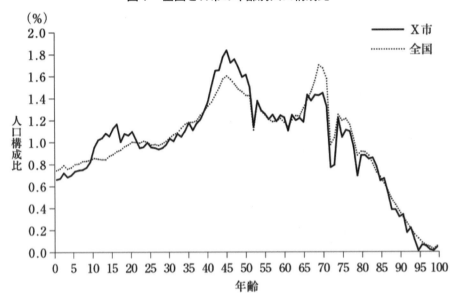

図2　ジェルネイルの参考イメージ

表　B社の価格体系

		価　格	説　明
基本料金		10本当たり 7,000円	ケア＋単色のジェルネイル
オプション	デザイン・オプション	1本当たり 500円〜2,000円	グラデーションなどの2色以上のデザインを施すオプション
	ストーン・オプション	1本当たり 300円〜1,000円	ガラスやストーンなどを爪に乗せるオプション
	アート・オプション	1本当たり 1,000円〜6,000円	より凝ったデザインの絵を爪に描くオプション

第1問（配点20点）

　小型ショッピングモール開業を控えた2019年10月末時点のB社の状況について、SWOT分析をせよ。各要素について、①〜④の解答欄にそれぞれ40字以内で説明すること。

第2問（配点30点）

　B社社長は初回来店時に、予約受け付けや確認のために、インスタント・メッセンジャー（インターネットによるメッセージ交換サービス）のアカウント（ユーザー ID）を顧客に尋ねている。インスタント・メッセンジャーでは個別にメッセージを配信できる。

　このアカウントを用いて、デザインを重視する既存顧客の客単価を高めるためには、個別にどのような情報発信を行うべきか。100字以内で助言せよ。

第3問（配点50点）

　B社社長は2019年11月以降に顧客数が大幅に減少することを予想し、その分を補うために商店街の他業種との協業を模索している。

（設問1）

　B社社長は減少するであろう顧客分を補うため、協業を通じた新規顧客のトライアルが必要であると考えている。どのような協業相手と組んで、どのような顧客層を獲得すべきか。理由と併せて100字以内で助言せよ。

（設問2）

　協業を通じて獲得した顧客層をリピートにつなげるために、初回来店時に店内での接客を通じてどのような提案をすべきか。価格プロモーション以外の提案について、理由と併せて100字以内で助言せよ。

〜ファイナルペーパーに書いた一言〜
　与件文に寄り添う。設問文には真正面から答える。

80分間のドキュメント　事例Ⅱ

かーな 編（勉強方法と解答プロセス：p.152）

1．休み時間の行動と取り組み方針

　事例Ⅰ終了。少し外を歩いて、一度頭の中をからっぽにしよう。席に戻り、菓子パンとラムネで糖分チャージ。その間、過去問ノートをパラパラめくる。事例Ⅱは、とにかくお客様ありきだ。

2．80分間のドキュメント

【手順0】開始前（〜0分）

　電卓が問題なく動くことを再確認。事例Ⅱでも使うことがあると聞いたからだ。

【手順1】準備（〜2分）

　受験番号を記入しながら、解答用紙で問題構成と配点をチェック。え？　第1問はSWOTをストレートに問う問題？　急いで解答欄の横にそれぞれ「つよみ／よわみ／きかい／きょうい」とメモ。第2問は配点30点か。高くて怖いな。ほかも25点と、決して低くない。というか、SWOTは4つで20点だから各5点しか入らないのか。その割に40字にまとめるのが手間取りそう。でもSWOTを外したら絶対に後の問題にも響くから、確実に押さえたい。時間配分には、かなり気をつけよう。

【手順2】与件文冒頭確認と設問解釈（〜10分）

[与件文]　1段落目を読む。え？　ネイルサロン？　ほんとに？　ネイルサロンの何たるかは知っているし、他の受験生よりは有利なはずだと思う。でもなんとなく、教室全体が動揺しているようで、「大丈夫、ネイルサロンだろうがプラモデル屋（自分が行ったことのないお店）だろうが、やることは同じ」と気持ちを立て直すまでに1分かかった。

[図表]　図1はおなじみの人口構成比のグラフか。40歳〜50歳のところにマルをつけて「多」とメモ。10歳〜20歳も多いけど、ネイルサロンの顧客としては若すぎるから、一旦マークしないでおく。図2はジェルネイルの写真。その下に価格体系の表がある。ネイルサロンでも比較的高級なイメージだな。アート・オプション1本6,000円って。

[第1問]　SWOTの問題だ。わざわざ「2019年10月末時点の」とあるので四角で囲む。「40字以内」の横に「つめこむ」とメモ。因果関係で書くのではなく、要素をできるだけ羅列していくという意味だ。

[第2問]　これが配点30点の問題か。「デザインを重視する〜情報発信を」まで下線を引く。「誰に、何を、どのように、ねらい」のフレームでいけそうだ。

[第3問]　まずはリード文の「協業」をマーク。（設問1）は「新規顧客」にマーク。これも、「誰に、何を、どのように、ねらい」でよさそう。（設問2）は制約条件が多いな。下線を引いて条件を外さないようにしよう。

~合格のために必要なことは~ ────────────────

　聞かれたことに応える（設問要求をしっかり確認し、素直に解答する）。

【手順3】　与件文読解（～20分）

　第1問のSWOT分析はあまり時間をかけたくないから、与件文を読みながら解答要素を固めてしまおう。

|1段落目|　これはB社の外部環境で、SWOTの「O」に当たるかな。顧客像に関係しそうな「他地域からも来街客」「高級住宅地」「ファミリー向け宅地」にマーク。

|2段落目|　ここはB社の設立経緯と、強みがたくさん書いてある。「S」とメモして強みになりそうな要素を、あまり絞らず手当たり次第にマークしていく。ネイリストが美大出身だから、アート・オプションがあんなに高価なのか。

|3段落目|　設立経緯の続き。「なお」で始まる1文は弱みと考えられるので、「W」とメモ。内装の件は強みとして拾っておく。

|4段落目|　なるほど。ネイルサロンに関する基礎知識か。前半は一般的な話なので特にマークなし。「ただし」で始まる1文は顧客像のことなのでマーク。

|5段落目|　ネイルサロンの市場環境。脅威に該当すると思い「T」とメモ。

|6段落目|　事例Ⅱで出題されがちなSNSの話だ。特にネイルアートなら写真アプリで拡散されたりするだろうな。「初期の顧客が～」の1文は顧客像としてマーク。ジェルネイルというサービスの特性上、固定客化しやすい話は「O」とメモ。「なお」から始まる2文は顧客像としてマーク。最後の1文の横に、「デザイン重視ふやしたい」とメモ。

|7段落目|　大手チェーンによる低価格ネイルサロンは脅威だな。

|注|　わざわざ注がついているし、解答に使うのかな。あまりイメージが湧かない。

【手順4】　解答作成（～72分）

|第1問|　解きやすいところからいこう。

　（W）店の立地と狭さしか思いつかないので、サクっと記入。

　（S）詰め込めるだけ詰め込みたいが、推敲するうちに時間が経ってしまう。たぶん5点だし、この辺でよしとして次に行こう。

　（O）機会はターゲット顧客が周辺に住んでいることだよな。

　（T）「小型ショッピングモール開業を『控え』だから、ショッピングモールは解答には含めないという解釈でよいはず。

|第2問|　端的にいえば、アート・オプションの受注率を上げればよいんだ。そのために何をするか、なるべく具体的に書こう。SNSによる拡散も書いておこう。

|第3問|（設問1）　協業先の候補は、高級路線の路面店か貸衣装チェーン店だろうか。正直どちらでも正解な気もするが、「住宅地からの近さ重視だった顧客を失う分、どうするか」と考えると「遠くからでも高級品を求めて来る顧客」のほうがすっきりするかな。

|第3問|（設問2）　協業を通じて、初回来店時、価格以外、リピート客化が条件だ。価格以外の価値を訴求するのだから、素直に洋服などほかのアイテムとのコーディネートだろう。

【手順5】　見直し（～80分）

　結構時間ギリギリだ。でもひと通り見直しできて、誤字も直せた。

3．終了時の手ごたえ・感想

　事例Ⅱはいつもそうだけど、忙しかったな。お昼はしっかり休もう。

~合格のために必要なことは~

　合格することを、勉強を始めた瞬間から試験当日の事例Ⅳが終わるまで、あきらめないこと。

合格者再現答案＊（かーな 編） ── 事例Ⅱ

第1問（配点20点）

①S　　　　　　40字

| 美 | 大 | 卒 | の | 2 | 人 | の | デ | ザ | イ | ン | 力¹ | 、 | 技 | 術 | 力¹ | 、 | 提 | 案 | 力² |
| 、 | 落 | ち | 着 | く | 雰 | 囲 | 気¹ | の | 内 | 装 | 、 | 50 | 人 | 程 | の | 固 | 定 | 客 | 。 |

②W　　　　　　40字

| 店 | 舗 | が | 商 | 店 | 街 | の | 中 | 心 | 部 | か | ら¹ | 離 | れ | た | 場 | 所 | に | あ | り² |
| 、 | 築 | 年 | 数 | が | 古 | く¹ | 細 | 長 | い | ス | ペ | ー | ス | で | あ | る | 事 | 。 | |

③O　　　　　　40字

| X | 市 | は | タ | ー | ゲ | ッ | ト | の | 40 | 代 | が | 多 | い¹ | 事 | 、 | 高 | 級 | 住 | 宅 |
| 地² | や | フ | ァ | ミ | リ | ー¹ | 向 | け | 宅 | 地 | の | 潜 | 在 | 顧 | 客 | 。 | | | |

④T　　　　　　40字

| 大 | 手 | チ | ェ | ー | ン² | や | 多 | 数 | の¹ | 自 | 宅 | サ | ロ | ン² | と | い | っ | た | 競 |
| 合 | 店 | 舗 | が | 商 | 店 | 街 | や | 周 | 辺 | に | あ | る¹ | 事 | 。 | | | | | |

【メモ・浮かんだキーワード】 詰め込めるだけ詰め込む

【当日の感触等】 すべてを網羅はできていないけど、及第点にはなるだろう。

【ふぞろい流採点結果】 ①5/5点　　②4/5点　　③4/5点　　④5/5点

第2問（配点30点）　　100字

季	節	感	を	表	現⁴	し	た	デ	ザ	イ	ン³	、	毎	月	の	土	地	の	行
事	や	冠	婚	葬	祭	に	合	っ	た⁴	デ	ザ	イ	ン	の	ジ	ェ	ル	ネ	イ
ル	の	写	真³	を	、	顧	客	の	好	み⁶	や	来	店	時	期⁴	に	合	わ	せ
て	個	別	メ	ッ	セ	ー	ジ	で	配	信	し	、	ア	ー	ト¹	・	オ	プ	シ
ョ	ン⁴	の	受	注	率	向	上¹	と	S	N	S	に	よ	る	拡	散	を	図	る。

【メモ・浮かんだキーワード】 アート・オプション受注率向上、写真、SNS

【当日の感触等】 文字数の関係で「誰に」はあえて書かなかった。

【ふぞろい流採点結果】 25/30点

第3問（配点50点）

（設問1） 100字

デ	ザ	イ	ン	力	や	技	術	力[1]	、	提	案	力[4]	と	い	っ	た	強	み	を
活	か	す	た	め	、	商	店	街	の	有	名	ブ	ラ	ン	ド	の	衣	料	品
店	や	宝	飾	店[2]	と	組	み	、	他	地	域	か	ら	来	街	す	る	高	級
志	向[2]	で	フ	ァ	ッ	シ	ョ	ン	感	度	が	高	く	、	デ	ザ	イ	ン	重
視[2]	の	顧	客	層	を	獲	得	す	る	べ	き	で	あ	る	。				

【メモ・浮かんだキーワード】　誰に、何を、どのように、狙い

【当日の感触等】　「ファッション感度が高く」の一言を入れるか最後まで悩んだ。唐突な印象を与えかねないし、ほかに書くべきことがある可能性も……。

【ふぞろい流採点結果】　11/25点

（設問2） 100字

顧	客	満	足	度	と	ロ	イ	ヤ	リ	テ	ィ	向	上[5]	、	B	社	及	び	協
業	相	手	の	売	上	拡	大	の	た	め	、	①	他	店	で	買	っ	た	衣
料	品	や	宝	飾	品	と	ジ	ェ	ル	ネ	イ	ル	の	コ	ー	デ	ィ	ネ	ー
ト[2]	を	提	案[3]	す	る	②	顧	客	に	好	み	の	デ	ザ	イ	ン[4]	を	写	真[2]
か	ら	選	ば	せ	、	次	回	の	提	案	に	つ	な	げ	る	。			

【メモ・浮かんだキーワード】　誰に、何を、どのように、狙い

【当日の感触等】　「他店」ではなく「協業店」にすればよかった。

【ふぞろい流採点結果】　16/25点

【ふぞろい評価】　70/100点　　【実際の得点】　57/100点

　第3問（設問1）ではターゲットへの言及に適切なキーワードを使うことができず得点が伸びていませんが、それ以外の設問では設問要求に沿ったキーワードを適切に盛り込めているため一定の得点を確保できています。特に、第2問では多面的に数多くのキーワードを盛り込めているため、ふぞろい流採点では高得点となっています。

Column

中小企業の世界観を味わってみる

　診断士試験を受ける方のなかには「中小企業で働いたことがない」という方もいると思います。もし、2次試験の過去問を解いていて「社長の悩みや、会社の雰囲気がよくわからない」という疑問を持った方は、一度中小企業の世界観にどっぷり浸かってみるのもよいと思います。たとえば、家族や友人・知人に、中小企業で働いている方、中小企業の経営をしている方がいたら、思い切って話を聞いてみる。直接話を聞ける人がいなければ『中小企業白書』を読むのもお勧めです。息抜きを兼ねて、小説や映画鑑賞という手もあります。

　もちろん、本番の試験では「目の前の事例企業がすべて」です。人から聞いた話に引っ張られてはいけません。その点だけ注意すれば、中小企業の世界観を味わうことで、より事例企業に寄り添った答案が書けるようになるのではないでしょうか。　　　　　（かーな）

〜合格のために必要なことは〜
　　簡単な問題で取りこぼしをせず、難しい問題で背伸びしない、そのさじ加減。

事例Ⅱ

テリー 編（勉強方法と解答プロセス：p.154）

1．休み時間の行動と取り組み方針

　事例Ⅰは、可もなく不可もなくといったところ。すぐに頭を事例Ⅱに切り替え、ファイナルペーパーに目を通す。事例Ⅱは、予備校の直前演習で、ターゲットを大外しし、撃沈した苦い思い出がある。与件文の情報の多さに惑わされ、どうしても苦手意識が払拭できていない。「誰に、何を、どのように（経営資源＋SWOT）、効果」を頭に再度叩き込む。ターゲットさえ間違えなければ……。いざ勝負の時。

2．80分間のドキュメント

【手順1】準備（〜1分）

　事例Ⅰと同様、受験番号を記入し、問題用紙のホチキスを外し、設問を切り離す。

【手順2】与件文冒頭＆最終段落確認＆設問解釈（〜15分）

与件文　B社の概要（業種・規模）にさっと目を通す。最重要の最終段落に目を移し、B社長の思いや方向性を確認。大幅に減少する顧客数を補うための施策を提案するのか。新規顧客の獲得あるいは顧客単価アップを思い浮かべ、どこかの問題で問われるのだろう。グラフ、写真、価格表にもさらっと目を通す。各設問にマーカーで色づけ。

第1問　「2019年10月末時点」を丸囲みし、時制にチェック。シンプルにSWOT分析か。抜け漏れなく、与件文をチェックしよう。各40字以内だから、編集に時間がかかりそう。解答は、最後にしようかな。

第2問　SNSを活用した関係性マーケティングか。問われているのは、客単価を向上させる情報発信の中身。オプションの価格表に目をやり、アート・オプションに丸囲みする。既存顧客を特定しながら、B社の強みも生かせるのか、確認しよう。

第3問　最終段落に書いてあったのは、この設問か。全体で配点が50点だから、受験生で差が生じそうだ。リード文も注意深く読もう。「商店街の他業種との協業を模索」に波線を引く。事例Ⅱではよくある他社との連携か。小規模企業の鉄板だな。

　（設問1）「協業相手」「顧客層」「理由」か。協業相手は、B社の既存顧客とは違った顧客層をターゲットにしているはず。また、WIN-WINの関係が構築できる相手だろう。与件文に何度も登場するであろう協業相手を見つけながら、しっかりと特定しよう。

　（設問2）　リピートにつながるための提案か。4Pを思い浮かべるも、価格プロモーション以外の施策か。「製品（サービス）、広告、人的販売」と余白にメモ。

設問見直し　第1問と第3問の問われている時制には、再度気をつけよう。ここを間違えると即アウトだ。第3問の（設問1）と（設問2）は、特に関係がなさそうで、独立した問題。配点の高い順番に、第2問→第3問→第1問の順番で解答作成しよう。

【手順3】与件文読解（〜30分）

　赤のボールペンにて「S」「W」「O」「T」をつけ、事例Ⅰと同じ手順で読み進める。

1段落目　「他地域からも来街客」に「O」。協業相手になりそうな企業に下線。

2段落目　「季節感の表現に定評」に「S」。「貸衣装チェーン店」に下線。「衣装の提案を行う接客が高く評価」に「S」。「持ち前の絵心で技術は飛躍的に向上」に「S」。

3段落目　「技術を身に付け」に「S」。「商店街の中心部からは離れた」に「W」。「細長いスペースが敬遠」に「W」。「デザインや装飾は2人の得意とする」に「S」。「狭いスペース」に「W」。「商店街の他店ともスムーズに良好な関係を構築」に下線を引く。

4段落目　ネイルサロンってこういうところか。全然知らなかった。「ただし」の接続詞をチェックし、この文章は第2問に関係しそうだ。

5段落目　「需要が伸び、規模が拡大」に「O」。後半部分の競合相手に「T」。

6段落目　「技術の高さ」に「S」。「つまり」の接続詞をチェック。「顧客の要望に合ったデザイン〜」に下線を引く。「前の勤務先で培った提案力」に「S」。「顧客の大半は、従業者と同世代」に下線を引く、余白に「40代女性」とメモ。

7段落目　「大手チェーンによる低価格ネイルサロン」に「T」。(注) は何かに使うのかな。

【手順4】解答骨子メモ＆解答作成（〜77分）

　設問ごとの色で与件文を再度マークしながら、設問解釈時に決めた順番で解答しよう。

第2問　単価アップだから、素直にオプションは入れておこう。社長の強みである季節感あるデザインの情報発信も付加価値アップにはつながるだろう。

第1問　第3問に取り掛かるも、なかなかまとまらないため、第1問に戻る。与件文につけた「S」「W」「O」「T」を文字数に合わせて書いていく。「W」の狭いスペースは、落ち着く雰囲気で高い評価か。悩ましいが、とりあえず書いて、時間があれば見直そう。「S」は、社長とYさんの良いところをそれぞれ書いておこう。無難にまとめたはず。

第3問（設問1）　図1の10代が多いな。協業相手は、普通に考えて貸衣装チェーン店なはずだが、「10代の女性×美容室」の可能性もあるのか。論理的であれば、協業相手はどこでもいいのか。あ〜、混乱してきた……。でも、貸衣装チェーン店以外だと書ける内容も少ない。いやいや、自分勝手な思考はやめて、与件文に素直になろう。

第3問（設問2）　設問1で時間を相当消費してしまった。第2問で書いてしまった「要望にあったデザイン、期待以上のデザイン」はダブるが外せなさそう。価格以外のプロモって何だろう。「オプションで力を発揮したい」とあるからオプションのことを書こう。

【手順5】見直し（〜80分）

　なんとか時間内ギリギリに書き終えることができた。再度全体を見渡し、ふと第3問（設問2）に目をやると、「理由と併せて」。えっ、理由なんて問われていた⁉　うそっ、そんなバカな。一瞬にして固まる。書き直す時間はない。動揺したまま、終了。

3．終了時の手ごたえ・感想

　「やってしまった」の一言。最後の設問で、理由も書いていないし、よくよくみると価格プロモ以外なのに割引クーポンも書いている。オワタ……。せっかく第3問（設問1）までなんとか対応できたと思っていたのに、ショックが隠せない……。

～2次試験の敗因～

　聞かれたことに応えなかった（設問要求に対して、解答の方向性がズレている）。

合格者再現答案＊（テリー 編） 事例Ⅱ

第1問（配点20点）

①S　　　　　　　40字

| B | 社 | 長 | の | 技 | 術¹ | の | 高 | さ¹ | や | デ | ザ | イ | ン | 力¹ | に | 加 | え | 、 | Y |
| の | 顧 | 客 | の | 要 | 望 | に | あ | っ | た | 丁 | 寧 | な | 接 | 客¹ | 。 | | | | |

②W　　　　　　　40字

| X | 市 | 商 | 店 | 街 | 中 | 心 | 部 | か | ら¹ | 離 | れ | た | 場 | 所 | に | 立 | 地² | し | 、 |
| 狭 | い² | 店 | 内 | ス | ペ | ー | ス | で | 、 | 満 | 員 | に | な | る | こ | と | 。 | | |

③O　　　　　　　40字

| 需 | 要 | が | 伸 | び | 規 | 模 | が | 拡 | 大 | し | て | お | り | 、 | 一 | 定 | の | 市 | 場 |
| 規 | 模² | が | あ | り | 、 | 他 | 地 | 域 | か | ら | 来 | 街 | す | る | 客¹ | が | あ | る | 点。 |

④T　　　　　　　40字

| X | 市 | 街 | 地 | 中 | 心 | 部 | の | 大 | 手 | チ | ェ | ー | ン | 店² | と | 自 | 宅 | で | サ |
| ロ | ン | を | 営 | む | 個 | 人 | 事 | 業 | 者² | が | 数 | 多 | く | 存 | 在¹ | す | る | 点 | 。 |

【メモ・浮かんだキーワード】

【当日の感触等】 Wは、少し悩んだが、全体的にはうまくまとまっているはず。6割はあるだろう。

【ふぞろい流採点結果】 ①4/5点　②5/5点　③3/5点　④5/5点

第2問（配点30点）　100字

B	社	は	、	顧	客	の	要	望	に	あ	っ	た⁶	デ	ザ	イ	ン³	や	期	待
以	上	の	デ	ザ	イ	ン	を	情	報	発	信	し	、	ア	ー	ト¹	オ	プ	シ
ョ	ン⁴	等	の	付	加	価	値	提	案	を	行	う	。	好	き	な	絵	柄¹	や
S	N	S	上	の	ネ	イ	ル	写	真³	や	季	節	限	定	の	情	報	発	信
も	行	い	、	客	単	価	ア	ッ	プ	を	図	る	。						

【メモ・浮かんだキーワード】 付加価値、オプション

【当日の感触等】 文章のつながりが、うまく書けていない気もするが、与件文と価格表から忠実に解答要素を持ってきたはず。第1問同様、6割ぐらいあるといいな。

【ふぞろい流採点結果】 18/30点

〜2次試験の敗因〜

他愛のないミス。そしてそれが本番で出てしまう準備の甘さ。

第3問（配点50点）

（設問1）　100字

B	社	は	、	X	市	内	に	も	2	店	あ	る	貸	衣	装	チ	ェ	ー	ン⁵
と	協	業	し	、	30	～	50	代⁴	女	性	の	獲	得	を	目	指	す	。	理
由	は	、	卒	業	式	等	の	参	加	イ	ベ	ン	ト	に	あ	っ	た⁴	衣	装
と	の	コ	ー	デ	ィ	ネ	ー	ト⁴	需	要	が	見	込	め	、	Y	の	勤	務
経	験	に	よ	り	連	携	が	容	易²	な	た	め	。						

【メモ・浮かんだキーワード】　誰に、何を、どのように、効果、WIN-WINの関係

【当日の感触等】　協業相手は、いろいろと迷ったが、他の受験生の解答にもバラつきがありそう。ちょっとしたアドバンテージになるかもしれない。

【ふぞろい流採点結果】　19/25点

（設問2）　100字

B	社	は	、	顧	客	の	要	望	に	あ	っ	た	デ	ザ	イ	ン⁴	や	期	待
以	上¹	の	提	案³	を	行	い	、	リ	ピ	ー	ト²	に	つ	な	げ	る	。	次
回	訪	問	時	に	使	え	る	オ	プ	シ	ョ	ン	の	割	引	ク	ー	ポ	ン
を	発	行	し	、	定	期	的	な	来	店	を	促	し	、	固	定	客	化³	を
目	指	す	。																

【メモ・浮かんだキーワード】　4P、製品（サービス）、広告、人的販売

【当日の感触等】　肝心な理由が一切書いていない……。設問解釈がどれほど大事か意識していたはずなのに、題意を完全に外すなんて……。部分点なんて、ないよね⁉

【ふぞろい流採点結果】　9/25点　※理由の明示がないため2点減点

【ふぞろい評価】　63/100点　　【実際の得点】　73/100点

　第3問（設問2）では後半部分で題意を外してしまっていますが、前半部分で一定の得点を確保できています。それ以外の設問では適切に題意をとらえて得点を積み重ねることで合格点を確保できています。

Column

「いつだって今日が一番若い日」

　私が受験にチャレンジすることを当時の上司に伝えたときに、彼は表題の言葉で応援してくれました。言葉選びに長けた彼らしい言い回しだな、と思いつつ私は2つの意味で自分への励ましとしていました。

　1つは「何かを始めるのに遅いということはない」ということ。なかなか内容が覚えられず、自分には無謀なチャレンジだったのではないかと後悔しそうになるたび、この言葉を思い出しました。もう1つは「だけど時間は有限だ。浪費している余裕はない」ということ。今日やらなければ明日同じことをやるのは2倍大変になる、それくらいの気持ちで時間を無駄にしないよう自分を戒めていました。自分を変えたい、成長したいという思いから挑戦している方もたくさんいらっしゃると思います。そういった方が目標を叶えられるよう願いを込めて、私は表題の言葉を贈ります。　　　　　　　　　　（ヌワンコ）

～2次試験の敗因～

勉強時間不足（目安は1次・2次合計で1,000時間）。

じょーき 編（勉強方法と解答プロセス：p.156）

1．休み時間の行動と取り組み方針

　休み時間は、とにかく自分の世界に入り込むために音楽を聴く。ちょっとした運動を兼ねて、お手洗いは上の階のほうに行く。そのほうが空いていることも多くて一石二鳥だ。

　エネルギー補給はチョコレートを3片。あまり食べすぎたら眠くなるし、少なすぎても途中でエネルギーが切れる。どうにも難しいところだ。

　当日の朝、予備校が門の前で配ってくれる「直前のワンポイントアドバイス」的なビラ、私は好きでちゃんと読む。あの人たちは今日不合格となった受験生たちに次年度通学してもらえるよう、あの1枚のビラにノウハウを集中させていると思うからだ。しかし申し訳ない。私はあなた方のお世話にならない。だって今年で受かってしまうからだ。

2．80分間のドキュメント

【手順1】準備（～1分）

　まずはホチキスを外す。例のごとくゆっくり落ち着いて息を整えながら。

　その後、フレームワークの意識づけのために、「誰に、何を、どのように、効果」と「売上＝単価×客数」をメモした（4Pなどを書いてないのはご愛敬）。

【手順2】設問解釈（～3分）

[第1問]　SWOT分析の切り口で記述させることは何度もあったが、4つそれぞれをまとめるのはなかなかハードやな。時制は2019年10月末時点、カギとなりそう。

[第2問]　100字で30点。配点大きいな。

[第3問]　これも100字×2設問で配点50点と大きめ。第1問で時間がかかる分、バランスを取ることになるんかな。

【手順3】与件文読解（～15分）

[1段落目]　商店街が大規模、X市には県内でも有数の住宅地がある、しかも商店街周辺は高級住宅地。客単価向上のためにはこの辺りがキーワードやな。

[2段落目]　社員の経歴が書かれている。社長は「季節感の表現に定評があり」。Yさんは「前職の貸衣装チェーン店」、「七五三、卒業式、結婚式に列席する30～50代の女性顧客」に「イベントの雰囲気に合わせて衣装の提案」。これは使えそうな予感（まとめて下線）。

[3段落目]　「なお」とか「また」とか、なんかわざとらしいな……要チェック。

[4段落目]　「好きな絵柄やSNS上のネイル写真持参」か。言葉では伝えられないのか。

[5段落目]　「ネイルサロン市場は（中略）成長がやや鈍化」。「一定の市場規模」があるとのことやけど、過当競争の様相を呈しているようにも感じるな。

[6段落目]　「特に初来店の際に（中略）固定化につながる」、これ、そのまま答え？

[7段落目]　2019年11月に小型SCがオープンするらしい。時制には注意やな。

～2次試験の敗因～

　1次知識の不足、国語力不足。

【手順4】解答骨子メモ作成（～40分）

第1問　SWOTそれぞれで40字、合計160字。まとめる作業×4回は時間を取られる。配点20点ということは1つ当たり5点か。手早く済ませるのがセオリー。しかし、環境分析を誤ると後の問題すべてに響く。よし、決めた。あえて第1問に時間を割こう。

S：強みは技術力と提案力やな。与件文を読めていることをアピールするために「誰の」を書きたい。後の問題を考えると、協業との関係性も入れるべきか。

W：集客力が乏しいこと。あとは店内が狭い。ということは客数を増やせないということか。「狭い」だけでは弱みと言い難いからその点も書かないと。

O：環境面では人口構成か。他地域からの人の流れもあると。

T：時制は小型SCオープン前だが、それでも競合は脅威だ。「一定の市場規模」があるらしいけど、過当競争な気がする。成長の鈍化を脅威として取り上げよう。

あれ？　もう40分も経ってるやん……。本来ならこれくらいで全問の骨子メモができていないといけないのに。仕方ない、ルーティーンを変更して、第2問以降、直接答案に書き込もう。この問題を解くために何度も与件文を読み込んだ。きっと大丈夫や。

【手順5】（第1問以外は考えながら）解答作成（～80分）

第1問　あれだけメモ書きして解答を組み立てたはずやのに40字に収まらず、何度も書き直す。特にWが書き切れない。店が狭いだけでは弱みではない。現状の従業員が少なくて、店舗が狭いから増やすこともできない。その結果として、「来店客数を大きく伸ばせない」ことが弱みなのだ。最終的に「捌ける客数が限定的」としたが、客は「捌く」ものなのか？

そもそも「捌く」って常用漢字か？

第2問　設問文からのヒントは「デザイン重視」の「既存顧客」で「客単価向上」を図る。価格体系の表はこの問題で使うと思って間違いない。「表を見ていますよ感」を出すために「アート・オプション」というワードを使おう。あとは来店頻度をどうするか。少数の固定客に間隔を空けずに来てもらうことも広義では客単価向上につながるはず。

第3問（設問1）　図1はここで使うんやろう。40代と10代の所が盛り上がっている。ここはファミリー層やな。高いオプション提供のためにお金持ちを攻めたい。協業相手は貸衣装店か。社長は自分の子供の卒業式で和服を着たらしい。私の親は和服で参列したことなどないが、お洒落で裕福なご家庭はそうするんやろう。貸衣装チェーン店を選択する理由も書かないと。んー、第1問で書いた「他地域からの来客」が使えない。

（設問2）　「初回来店時」の「店内での接客」（オンラインはダメ）で、「価格プロモーション以外」の提案で「リピート化」。制約条件が多すぎる。6段落目の中ほどを丸写しや。

3．終了時の手ごたえ・感想

時間配分が狂ってルーティーンを崩したが、出題者の揺さぶりにあえて乗っかった結果。第1問の骨子作りに時間をかけすぎたが、そこからのリカバリーはできた。事例Ⅰと同様、与件文に沿って解答できた自信はあるが、一方で内容が薄いような気もする。

～2次試験の敗因～

答えは1つではないという甘え。しかし答えはある程度のレベルで集約される。

合格者再現答案＊（じょーき 編）　　　　　　　　事例Ⅱ

第1問（配点20点）

①S　　　　　　　40字

ネ	ッ	ト	上	で	話	題	の¹	社	長	の	技	術	力¹	。	Ｙ	氏	の	貸	衣
裳	店	勤	務	歴	に	基	づ	く	提	案	力²	と	協	業	と	の	関	係	性 。

②W　　　　　　　40字

商	店	街	の	中	心	部	か	ら¹	遠	く²	集	客	力	に	劣	る	事	。	従
業	員	2	名	で	店	舗	も	狭	く²	、	捌	け	る	客	数	が	限	定	的 。

③O　　　　　　　40字

県	内	有	数	の	住	宅	地	Ｘ	市	に	フ	ァ	ミ	リ	ー	層	が	多	く
住	む¹	事	。	週	末	に	他	地	域	か	ら	の	来	客	も	あ	る¹	事	。

④T　　　　　　　40字

市	場	成	長	が	鈍	化	す	る	ネ	イ	ル	サ	ロ	ン	業	界	で	、	商
店	街	中	心	部	に	近	い	店	等	競	合	が	多	い¹	事	。			

【メモ・浮かんだキーワード】　内部環境、外部環境

【当日の感触等】　めちゃくちゃ時間かけたし、それなりに深みをもって書けたはず。

【ふぞろい流採点結果】　①4/5点　　②5/5点　　③2/5点　　④1/5点

第2問（配点30点）　　100字

来	店	が	必	要	と	な	る	施	術	後	3	週	間	の	時	期⁴	に	、	①
事	前	に	聞	い	た	顧	客	の	趣	向	に	合	う⁶	②	季	節	感	の	あ
る⁴	③	ア	ー	ト¹	・	オ	プ	シ	ョ	ン⁴	を	用	い	た	デ	ザ	イ	ン³	の
画	像³	を	送	信	す	る	事	で	、	来	店	頻	度	向	上	、	よ	り	単
価	の	高	い	オ	プ	シ	ョ	ン	の	選	択	を	促	す¹	。				

【メモ・浮かんだキーワード】　アート・オプション（表より）、季節感（与件文より）、売上＝客単価×来店頻度

【当日の感触等】　与件文の内容をそのまま。内容は薄いが、与件文には沿っているはず。来店頻度向上は狭義的に客単価向上とは別概念だが、固定客の来店頻度が向上すればその人から入ってくる売上が増えるから、広義には客単価向上のはずや（そんな解説がなされた参考書があったような気がする）。

【ふぞろい流採点結果】　25/30点

第3問（配点50点）

（設問1）　　　　　　100字

良	好	な	関	係	性	に	あ	る	商	店	街	貸	衣	装	チ	ェ	ー	ン	店
と	協	業	し	、	商	店	街	周	辺	の	高	級	住	宅	地	在	住	の	経
済	的	に	豊	か	な	40	～	50	歳	の	女	性	を	獲	得	す	る	。	理
由	は	①	Y	氏	が	前	職	で	培	っ	た	提	案	力	を	活	か	し	②
X	市	の	人	口	構	成	上	子	の	行	事	需	要	を	取	れ	る	為	。

【メモ・浮かんだキーワード】　ジオグラフィック、デモグラフィック、サイコグラフィック、「強みを機会にぶつける」

【当日の感触等】　「イベント時の需要を取り込める為」と書きたかったが、前半部の字数も削れず強引に「行事需要を取れる為」とした。こんな強引な言い換え、自分が採点者なら認めない。でも、「ジオ、デモ、サイコ」のすべてを織り込んでターゲットを書くことに注力した結果だ。どうしようもなかった。どうか優しい採点者さんに見てもらえますように……。

【ふぞろい流採点結果】　23/25点

（設問2）　　　　　　100字

①	イ	ベ	ン	ト	当	日	の	内	容	や	服	装	に	合	わ	せ	た	季	節
感	の	あ	る	デ	ザ	イ	ン	②	ケ	ア	に	は	約	1	カ	月	毎	の	施
術	が	必	要	で	あ	る	事	を	提	案	す	る	。	理	由	は	、	強	み
で	あ	る	技	術	力	と	提	案	力	を	活	か	し	期	待	以	上	の	デ
ザ	イ	ン	を	提	案	す	る	こ	と	で	固	定	客	化	を	図	る	為	。

【メモ・浮かんだキーワード】　特になし（与件文の内容をそのまま）

【当日の感触等】　与件文をそのまま引っ張った後半部で字数を取り過ぎたか。しかも内容も薄い気がする。1回来てもらったお客様に、1カ月のサイクルで定期的に通わせたい欲求が抑えられない。

【ふぞろい流採点結果】　21/25点

【ふぞろい評価】　81/100点　　　【実際の得点】　75/100点
　第2問以降は適切に題意をとらえて、かつ多面的に多くのキーワードを盛り込むことにより加点を積み重ねて高得点を獲得できています。

ホリホリ 編（勉強方法と解答プロセス：p.158）

1．休み時間の行動と取り組み方針

　昨年Ｄ判定であった事例Ⅰが終わり、さすがに昨年よりはできただろうと少し安心した。前席の予備校仲間は後ろを振り向き、自信満々の笑みを浮かべていた（試験が終わるまでは感想を話さないでいこうと2人で決めていたので、その笑みだけでも、事例Ⅰは簡単だったと言っているようであった）。お昼休憩に食べすぎると眠くなるので、事例Ⅱまでにおにぎりを1個食べてリラックスしながらコーヒーを飲む。

2．80分間のドキュメント

【手順0】開始前（〜0分）

　引き続き、ラムネとチョコレートを食べながら糖分補給し、ファイナルペーパーを読んで、事例Ⅱの脳にすることに集中していた。事例Ⅱは、「4Ｐ＋売上拡大！」「誰に（だ）、何を（な）、どのように（ど）、効果（こ）」（以下、だなどこ）を心に言い聞かせながら、難問が出ても、与件文と設問文に沿った解答を心掛けよう。

【手順1】準備（〜4分）

　カウントアップタイマーを押して、受験番号を丁寧に書く。問題用紙、解答用紙のボリューム、配点をチェックし、段落づけと段落ごとに線を引く。与件文と設問文の間で紙を切る（ここまで作業）。1段落目（小さい会社で、提携先になりそうなお店が多いな。毎月のイベントは機会になりそうだ）と最終段落（脅威と課題が書いてあるな）の内容を確認。図1、2と表の読み取り（30代後半から50代前半が多いのか。オプションってこんなに高いの？　など）で1分ほど使った。写真は過去問で見たことないな〜。

【手順2】設問解釈（〜9分）

第1問　「2019年10月末時点」を時制チェックとして四角で囲み、5Ｆ（ファイブフォース）、PESTと書く。SWOT分析を要求チェックし、明確な問いだな〜と思った。

第2問　設問文が長く、配点が高い……。「初回来店時」を時制チェック。設問文の3行目と最終行の「個別」を繰り返しワードチェック。「デザインを重視する」をジオサイコデモのサイコグラフィックチェック。「既存顧客」の近くに新規×と記載。「個別にどのような情報発信」と助言を要求チェック。解答フレームは、だなどこ。

第3問（設問1）　第2問の既存顧客と対比。顧客層は増加人口チェック「↑」かつ「ジオサイコデモ」と書いた。理由は他社と差別化する内容。協業相手の選定は、Ｂ社の強みが生かせること。顧客層、理由、助言を要求チェック。解答フレームは、だなどこ。効果は新規顧客増加を想定した。

第3問（設問2）　第3問（設問1）が新規顧客で外部との取り組みであるので、この設問文は、新規顧客を既存顧客につなげる施策で、「店内の接客」なので内部の提案であると想定。「初回来店時」は第2問設問文の繰り返しワードチェック。価格プロモーション以外が制約条件チェック。店内の接客、理由、助言を要求チェック。解答フレームは、だ

などこ。効果はリピート化を想定した。

【手順3】与件文読解と設問への対応づけ（～28分）

１段落目　従業員は少なく、今年はネイルサロンのサービス業か。有名ブランドの衣料品店、飲食店など連携先候補が多い。イベントが毎月あって、行事が盛んな土地柄は間違いなく機会となるだろう。

２段落目　デザイン、季節、Ｙさん、貸衣装チェーン店が繰り返しワードで目立つ。30～50代の女性顧客をターゲットチェックし、図1を見ると40代の構成比は確実に全国構成比よりも高いようだ（第3問（設問1）の顧客層になりそうだ）。

３～７段落目　３段落目下から３行目と６段落目の成功事例は助言で使うのでチェック。４段落目下から３行目からはニーズチェック。５段落目の競合とは差別化する方向性で助言しよう。６段落目下から３行目からは今後のB社の課題で、７段落目は脅威と課題だろう。表を見ると、「デザイン」の繰り返しワードが目立ち、オプションを取れれば客単価が大幅に上がるだろう。一般的なオプションの価格設定がわからないので、どのオプションを選択するかは気にしないでよいだろう。

【手順4】解答作成（～78分）

第1問　SWOT分析の４構成であるが、配点20点なので時間がかかりすぎないよう、与件文の内容をもとに、優先順位を決めて解答する抜き出し問題だろう。第2問以降に活用するだろうキーワードから書き込む。ただ、短時間処理なので深く考えない。

第2問　配点が高く制約条件も多いので、時間をかけよう。解答フレームの「だなどこ」をもとに、与件文から引用。デザイン重視の顧客なので、強みのデザイン力を生かすこと、情報発信なので定期配信、過去の成功事例を活用、毎月のイベントの機会をとらえる。効果は季節ごとのオプション訴求や利用頻度を高めて客単価向上にしよう。

第3問（設問1）　協業先はＹさんの関係性も生かせる貸衣装店だろうけど、外した場合が怖いから美容室も列挙しよう。ジオサイコデモを丁寧に書こう。ただ30～50代はターゲットが広すぎるけれどどうだろう？　と思いながら解答していて不安に感じる。

第3問（設問2）　「初回来店時」「店内接客」「価格プロモーション以外」の制約条件に注意して解答構成を心掛けた。何でも解答が書けそうなので、理由を強みが生かせる方向性で書いた。与件文にある「POP」「顧客紹介」は、使えていないキーワードなので無理やり使った。効果は、６段落目の８行目の根拠を引用しよう。

【手順5】誤字脱字の確認（～80分）

　誤字脱字や読みづらいところがないかを確認し、最後に受験番号を確認した。

３．終了時の手ごたえ・感想

　食らいついたという感覚だった。与件文は読みやすかったけれど、設問ごとの配点が高く、設問文を何度も見て、制約条件を外さない解答を心掛けた。ただ、第3問（設問2）の解答が連携先を通じた内容になっていないか。事例Ⅰと事例Ⅱを終えて、A判定ギリギリか少し下回る感覚と予想した。悪くはないので気持ちを切り替えよう！

~試験中の集中力アップの方法~

お昼は軽く済ませて集中力を切らさず、事例Ⅳの直前で多めの糖分と温かい飲み物で身体を温める。

合格者再現答案＊（ホリホリ 編） ─────── 事例Ⅱ

第1問 （配点20点）

①S　　　　　　　　40字

①	商	店	街	他	店	と	の	良	好	な	関	係¹	②	社	長	と	Y	さ	ん
の	デ	ザ	イ	ン	力¹	、	提	案	力²	、	接	客	力¹	。					

②W　　　　　　　　40字

①	店	舗	は	商	店	街	中	心	部	か	ら¹	離	れ	た	場	所²	で	狭	い
ス	ペ	ー	ス²	②	近	さ	重	視	顧	客¹	の	施	策	不	足	。			

③O　　　　　　　　40字

①	毎	月	の	商	店	街	イ	ベ	ン	ト	の	集	客	力²	②	X	市	商	店
街	周	辺	の	高	級	住	宅	地²	③	他	地	域	か	ら	の	来	街	客¹	。

④T　　　　　　　　40字

①	大	手	チ	ェ	ー	ン	に	よ	る	低	価	格	ネ	イ	ル	サ	ロ	ン	②
個	人	事	業	と	し	て	多	数	の¹	自	宅	サ	ロ	ン²	。				

【メモ・浮かんだキーワード】 ５Ｆ、短時間処理、強みを機会にぶつける、脅威は避ける

【当日の感触等】 キーワードは各３つ以上入れればよいかな。ほかの問題に比べて配点低い
　　から短時間処理を心掛けて対応できたから、十分の対応だろう。

【ふぞろい流採点結果】 ①5/5点　　②5/5点　　③5/5点　　④3/5点

第2問 （配点30点）　　100字

発	信	情	報	は	デ	ザ	イ	ン	力³	を	活	用³	し	①	子	持	ち	世	帯
に	社	長	の	子	供	の	卒	業	式	和	服	に	合	わ	せ	た	ジ	ェ	ル
ネ	イ	ル³	の	写	真³	等	を	定	期	配	信	②	商	店	街	主	催	イ	ベ
ン	ト	に	合	う⁴	ジ	ェ	ル	ネ	イ	ル	訴	求	③	季	節	毎	に	合	う⁴
オ	プ	シ	ョ	ン⁴	訴	求	。	利	用	頻	度	高	め	て	客	単	価	向	上 。

【メモ・浮かんだキーワード】 デザイン力、過去の成功事例、定期、季節毎、LTV

【当日の感触等】 配点30点は高いな……。入れたいキーワードは使えたけど自信ないな……。

【ふぞろい流採点結果】 16/30点

第3問（配点50点）

（設問1） 100字

X	市	商	店	街	周	辺	の	高	級	住	宅	地	に	住	む	富	裕	層²	で
30	〜	50	代⁴	の	子	育	て²	女	性	を	獲	得	す	べ	き	。	理	由	は
①	Y	さ	ん	の	商	店	街	と	の	良	好	関	係²	を	活	か	し	貸	衣
装	店⁵	や	美	容	室²	と	連	携	す	る	為	②	商	店	街	主	催	の	毎
月	イ	ベ	ン	ト⁴	で	来	街	客	が	あ	る	為	、	新	規	顧	客	増	加。

【メモ・浮かんだキーワード】 ジオサイコデモ、富裕層、強み、新規顧客増加

【当日の感触等】 貸衣装店と美容室のどちらを書くか迷ったので両方書いた。ターゲットが 30 〜 50代って絞れてないよね？ と思いながら、これなら多数派に入るだろう、と試験対応に徹した。

【ふぞろい流採点結果】 19/25点

（設問2） 100字

初	回	来	店	時	に	家	族	構	成	、	顧	客	ニ	ー	ズ⁴	を	収	集	す
る	。	理	由	は	①	提	案	力³	を	活	か	し	参	加	イ	ベ	ン	ト	に
合	わ	せ	た³	ジ	ェ	ル	ネ	イ	ル	訴	求³	②	デ	ザ	イ	ン	力²	を	活
か	し	商	店	街	イ	ベ	ン	ト	P	O	P	③	顧	客	紹	介	制	度	で
コ	ミ	誘	発	し	、	高	評	価⁵	で	あ	れ	ば	リ	ピ	ー	ト²	す	る	為。

【メモ・浮かんだキーワード】 強み、過去の成功事例、口コミ

【当日の感触等】 設問の「初回来店時」を強く意識した。効果は、与件文にある内容を引用した。ただ、提携先を通じた施策になっていないことに気づいて後悔した。事例Ⅱ全体を通して、設問数・解答文字数が少ないのでキーワードを網羅できたか不安に感じた。

【ふぞろい流採点結果】 21/25点

【ふぞろい評価】 74/100点　　　【実際の得点】 76/100点

全体的に多数のキーワードを盛り込むことができています。第2問では「個別に」という設問要求に対応できず多面的に解答できませんでしたが、それでもふぞろい流採点では配点の過半は得点できました。それ以外の設問では、要求に対して適切かつ多面的に記述できていることから高得点を獲得できています。

事例Ⅱ

まっつ 編（勉強方法と解答プロセス：p.160）

1．休み時間の行動と取り組み方針

　苦手の事例Ⅰを何とか切り抜けたので、ほっとしながらトイレへ行く。他の受験生の会話を聞かないように音楽を聴きながら移動しよう。次は得意の事例Ⅱだ。事例Ⅱは難しいと感じた昨年の本試験でもそれなりに得点できたし、大手予備校の模試でも常に上位に入っていたので、何とか得点源としたいところ。ありがちだが、売上の構成式、プロモーションの内容、販売戦略の内容をひたすら紙に書いて心を落ち着ける。

2．80分間のドキュメント

【手順0】開始前（〜0分）

　事例Ⅱの脳に切り替えるため、「誰に、何を、どのように、効果」と繰り返し念じる。余計なことはやらずに、いつもどおり感じたことをそのまま解答すればそれなりに点が取れるはずだ。

【手順1】準備（〜1分）

　まずは解答用紙をめくる。目に飛び込んできたのが、第1問の4つに分かれた解答欄。その横にはSWOTの文字が。たまに変わり種を突っ込んでくる事例Ⅱだが、今年はこれか？　まぁこの程度なら問題ないぞ、大丈夫だ。次に業種と規模を確認して与件文の段落割りを行う。3ページの文章と爪の写真と料金表。与件文が長いのに対して解答文字数が460文字で少ない気がする。難しそうな予感がビシビシ伝わってくる……。

【手順2】設問解釈（〜10分）

[第1問]　設問要求は「SWOT」、制約条件は「2019年10月末時点」、階層は「戦略」、構文は「強み（弱み、機会、脅威）は〜」、方向性は「強み→無形資産」「弱み→有形資産」「機会→ニーズ」「脅威→市場縮小、代替品、競合」といったところかな。

[第2問]　設問要求は「発信する情報」、制約条件は「メッセージ」「デザインを重視する既存顧客の客単価を高めること」、階層は「施策」、構文は「B社は〜を発信すべき」、方向性は「付加価値向上で客単価UP」「買上数増加で客単価UP」だろう。

[第3問]（設問1）　設問要求は「協業相手」「顧客層」「理由」、制約条件は「新規顧客の獲得」、階層は「施策」、構文は「協業相手は〜で、顧客層は〜である。理由は〜な為。」。方向性は「協業相手→WIN-WIN」「顧客層→ジオデモサイコ」となるのかな？

[第3問]（設問2）　設問要求は「提案」、制約条件は「新規顧客のリピーター化」「初回来店時」、階層は「施策」、構文は「B社は〜を提案すべき。これにより○○といった効果がある。」。方向性は「差別化を図る」「顧客関係性向上」「愛顧を高める」でよいはず。

【手順3】与件文と設問の紐づけ（〜25分）

[1段落目]　協業候補や顧客層の記述があるので第3問（設問1）と紐づけ、後半の地域のイベントの記述は第2問と紐づける。うーん、出だしから情報量が多いな……。

2段落目　段落そのものを第1問（強み、機会）と紐づけ、社長の能力は第2問と紐づける。また、Yさんの能力は第2問、第3問（設問1）と紐づける。さらに「〜に列席する30〜50代の女性顧客」をニーズと認識する。

3段落目　立地や店内スペースに関する記述は第1問（弱み）と、「商店街の他店ともスムーズに良好な関係」は第3問（設問1）と紐づける。

4段落目　施術時間、提案方法の記述を第3問（設問2）と紐づけ、絵柄や写真の持参に関する記述をニーズと認識する。

5段落目　ネイルサロン市場と競合の説明は第1問（脅威）と紐づける。

6段落目　写真共有アプリの記述は第2問・第3問（設問2）と紐づけ、施術間隔の記述、固定客の獲得要件は第3問（設問2）と紐づける。また、既存顧客の説明は第2問と紐づける。

7段落目　段落全体を第1問（脅威）と第3問（設問2）と紐づける。

図表　人口分布が10代、40代、50代に多く、70代に少ないことをチェックし、第3問（設問2）と紐づける。アート・オプションの価格が高いことをチェック。

【手順4】解答作成（〜78分）

第2問　価格体系にアート・オプション、設問にデザインを重視する顧客と記載されているのだから、アート・オプションを充実させ買上数を増加させる方向だろう。季節感の表現力と町内会の季節イベントは活用するだろうし、衣装の提案力と衣装を利用するイベントも活用するはず。あとは、施術後の写真も必要なはず。これらをメッセージで送るといったところだろうか。これ、100字でまとめるって相当厳しいな……。

第3問（設問1）　顧客層は、表と与件文から商店街周辺の富裕層の30〜50代で10代の子供を持つ母親といったところか。この顧客層に響くとなると、子供のイベントに合わせて、同じ商店街にある有名ブランドの衣料品店、宝飾店などと協業して新作商品に合うネイルアートを薦めることが妥当なのかな？　この問題も文字数が少ないよ……。

第3問（設問2）　この問題は、「誰に、何を、どのように、効果」でよいはず。施術中の時間を具体的に書いているのだから素直に活用しよう。顧客ごとに普段使いの服装に合わせる提案ができれば愛顧が高まりリピーター化できるのでは？

第1問　強みは無形資産、機会はB社で対応できるニーズがあること、脅威は新規参入の競合で間違いないだろう。問題は弱みだ。有形資産である立地や建物だとは思うが、B社はすでにクリアしているから微妙だな……。

【手順5】見直し（〜80分）

タイムマネジメントどおり解答できたので、余裕を持って誤字脱字の見直しができた。

3．終了時の手ごたえ・感想

解答文字数が少ないため書きたいことを盛り込めず、いつもどおりにできなかった感が大きい。昨年と比べても手ごたえは小さいので、合格点には届かず……といったところか。

〜勉強効率アップのための工夫〜
　眠いときは潔く寝る。スッキリした頭で再開する。

合格者再現答案＊（まっつ 編） ━━━━━━━━━━━ 事例Ⅱ

第1問（配点20点）

①S　　　　　　　　40字

強	み	は	、	ネ	イ	ル	施	術	の	技	術¹	が	高	く¹	、	季	節	感	の
表	現	力¹	を	持	ち	、	衣	装	の	提	案	力²	が	高	い	事	で	あ	る	。

②W　　　　　　　　40字

弱	み	は	、	商	店	街	の	中	心	部	か	ら¹	離	れ	た	立	地²	と	、
建	築	年	数¹	や	店	内	ス	ペ	ー	ス	な	ど	の	店	構	え	で	あ	る

③O　　　　　　　　40字

機	会	は	、	B	社	従	業	員	と	同	世	代	の	タ	ー	ゲ	ッ	ト	が
存	在¹	し	、	対	応	可	能	な	ニ	ー	ズ	が	多	い	事	で	あ	る	。

④T　　　　　　　　40字

脅	威	は	、	20	19	年	11	月	に	オ	ー	プ	ン	す	る	競	合	の	低
価	格	ネ	イ	ル	サ	ロ	ン	の	出	店¹	で	あ	る	。					

【メモ・浮かんだキーワード】 強みは無形資産、弱みは有形資産、機会はニーズ、脅威は競合

【当日の感触等】 弱みらしい弱みが見当たらないが、一般論になることを我慢して与件文から抽出して何とか書いた。6割は得点できているはず。

【ふぞろい流採点結果】 ①5/5点　　②4/5点　　③1/5点　　④1/5点

第2問（配点30点）　　100字

B	社	は	①	オ	プ	シ	ョ	ン⁴	に	、	町	内	会	の	季	節	イ	ベ	ン
ト⁴	や	、	入	学	・	卒	業	な	ど	の	衣	装	と	合	わ	せ	る¹	イ	ベ
ン	ト	の	デ	ザ	イ	ン³	を	追	加	し	た	事	と	、	②	施	術	写	真³
を	写	真	ア	プ	リ	に	ア	ッ	プ	し	た	事	を	、	顧	客	の	年	代
に	合	わ	せ	て	、	情	報	発	信	す	る	べ	き	で	あ	る	。		

【メモ・浮かんだキーワード】 付加価値向上or買上数増加

【当日の感触等】 「誰に、何を、どのように、効果」を封じられると編集にリズムが出ない。メッセージのみなのでお知らせ的に使う方向性で合っているはずだが……。半分は得点できたか？

【ふぞろい流採点結果】 15/30点

第3問（配点50点）

（設問1）　　　　100字

協	業	相	手	は	、	有	名	ブ	ラ	ン	ド	の	**衣**	**料**	**品**	**店**	、	**宝**	**飾**
店²	で	、	顧	客	層	は	子	供	の	イ	ベ	ン	ト	に	**列**	**席**⁴	す	る	30
～	50	**代**⁴	の	女	性	顧	客	で	あ	る	。	理	由	は	、	**子**	**供**	**の**	**年**
代	が	10	～	20	**代**²	で	ニ	ー	ズ	が	多	く	、	**富**	**裕**	**層**²	で	あ	り、
従	業	員	Y	さ	ん	の	衣	装	の	**提**	**案**	**力**⁴	が	活	用	で	き	る	為。

【メモ・浮かんだキーワード】　顧客層はジオデモサイコ、Yさんの提案力
【当日の感触等】　苦しいな。これだとWIN-WINにならない気がする。顧客層と活用する無形資産は合っているはずだが……。ここも半分取れたかどうか。
【ふぞろい流採点結果】　18/25点

（設問2）　　　　100字

B	社	は	、	初	回	来	店	客	に	対	し	、	ネ	イ	ル	の	施	術	時
間	を	利	用	し	て	、	普	段	身	に	着	け	る	**服**	**装**	や	**宝**	**飾**	**品**²
を	聞	き	、	予	算	に	合	う	**デ**	**ザ**	**イ**	**ン**	**の**	**提**	**案**³	を	行	う	べ
き	で	あ	る	。	こ	れ	に	よ	り	、	**愛**	**顧**	**を**	**高**	**め**⁵	て	、	低	価
格	ネ	イ	ル	サ	ロ	ン	と	の	差	別	化	を	図	る	。				

【メモ・浮かんだキーワード】　誰に、何を、どのように、効果、差別化、愛顧、顧客関係性
【当日の感触等】　具体的な施術時間が書いてあるのだから、活用する方向でよいはず。もっと書きたいことはあるが、制限文字数が少ないのでこんなところか？　やはり半分がよいところか……。
【ふぞろい流採点結果】　10/25点

【ふぞろい評価】　54/100点　　　【実際の得点】　53/100点
　　第3問（設問1）では設問要求に沿って、とらえるべき機会とターゲットの設定が適切にできているため、多くの得点を積み重ねることができています。一方、それ以外の設問では配点キーワードをあまり多く盛り込めなかったため、合格点に到達しませんでした。

Column
2次試験は休日の趣味のイベント!?

　私は受験生時代に各受験生支援団体のブログもよく読んでいました。なかでも印象的なのは先代そうちゃんによる2019年10月9日の記事です。「休日の趣味のイベントだと思って臨みました」。インパクトがありますよね。記事全体を読むと前年度の試験で緊張して力を出せなかったため、平常心を保つための手段であったことがわかります。この記事を機に「休日の用事の1つと思える感覚で試験を受けるために自分ならどうすればよいか」考えた結果、問題を解く手順や基礎知識が身体に染みついて、日常的なものになることだと思い、普段から解答プロセスや知識を頭のなかでおさらいするようになりました。
　結論はよく聞く解答プロセスの確立ですが、私にとって効果的だったのがこちらの記事でした。多様なメンバーが書く記事のなかにはあなたに響く言葉があるかもしれませんので、よければブログも読んでみてくださいね。　　　　　　　　　　　　　　　　　（みずの）

~受験生時代によく食べたもの~
　　マカダミアチョコレートポップジョイ＜カラメリゼ＞。

おはこ 編 （勉強方法と解答プロセス：p.162）

1．休み時間の行動と取り組み方針

　2次試験の合格基準は「全体で60％以上、かつ1科目でも40％未満の点数がないこと」なので、4科目で安定して得点を積み上げる必要がある。そのため、休み時間は次の科目へ向けてペースを維持することに集中した。事例Ⅰの開始前と同じく、パンとスポーツドリンクを口にし、お手洗いを済ませ、事例Ⅱのまとめシートを眺めて待つ。

2．80分間のドキュメント

【手順0】開始前（～0分）

　参考書などをカバンにしまうよう指示が出た後は、自分のチェックポイント（「素直に読む」「ストーリーを考える」「与件文を使い因果を明確にして書く」）を頭のなかで確認する。事例Ⅰでは設問解釈に時間をかけすぎたので気をつけよう。

【手順1】準備（～1分）

　まずは与件文と設問にざっと目を通す。近年事例Ⅱで定番の図表関係は、人口構成比と爪の写真と価格表か。数年前の「デシル分析」のような図表でなくてよかった……。

【手順2】設問解釈（～20分）

　各設問の題意と制約条件をチェックし、事例全体のストーリーを探る。

第1問　SWOT分析をストレートに問う設問だ。他の設問との整合性がとれるよう、最後に書く。「2019年10月末時点」という制約条件に注意すること。

第2問　題意は「情報発信」だ。ターゲットを示す制約条件「デザインを重視する既存顧客」は事例Ⅱでは特に重要なので、線で囲み目立たせる。「客単価を高めるために」が設問のゴール（効果）。客単価は「商品単価×買上点数×来店頻度」に分解されるから、3つの切り口で考えてみよう。

第3問　「顧客数が大幅に減少することを予想し、その分を補うため」とあるから、客数増がゴール（効果）だ。顧客数の脇に「新規客と既存客」とメモする。

（設問1）　題意は「協業相手」「顧客層」「理由」だ。「減少するであろう顧客分を補うため」がゴール（効果）で、その施策が「新規顧客のトライアル」（誰に）、「協業相手と組んで」（どのように）という構図だ。人口構成比のグラフからターゲットを発見するようだ。

（設問2）　題意は「提案」。「リピートにつなげるため」がゴール（効果）だ。「店内での接客」の脇に「インタラクティブ・マーケティング」「情報の発信と受信」とメモする。「価格プロモーション以外」とは販売方法やサービスのことだろうか。

　以上より、本事例はSWOT分析をもとに既存顧客の客単価向上と新規顧客獲得による客数増を通じて、売上増加を目指すというストーリーのようだ。

【手順3】与件文読解（～45分）

　SWOT、全体戦略、マーケティングに関するワードと、接続詞や時制、わざわざ表現

をチェックし、社長の声に耳を傾ける。相手を観察することが大切。

1段落目　段落のテーマは外部環境について。「他地域からも来街客」「高級住宅地」「ファミリー向け宅地」「行事が盛んな土地柄」に下線を引く。

2段落目　社長とＹさんが持つ強みについて。「特に在職中から季節感の表現に定評」「衣装やアクセサリーの組み合わせを提案」「30〜50代の女性顧客に、顧客の要望を聞きながら」「衣装の提案を行う接客が高く評価」「持ち前の絵心」に下線を引く。

3段落目　店舗について。店舗は商店街の中心部から遠く狭いようだが、「顧客からは落ち着く雰囲気だと高い評価」。接続詞「また」のあとにわざわざ「Ｙさんが商店街の貸衣装チェーン店で勤務していた」とある。いずれかの設問のヒントだろう。

4段落目　サービス内容について。わざわざ具体的に書かれた「1時間半」「2時間」という施術時間が気になる。ただし書きの「ネイル写真を持参する場合も多くなっている」もヒントだろう。

5段落目　外部環境について。段落ごとにテーマが明確な与件文で、理解しやすい。

6段落目　客数が増加していった初期の成功例についてだ。第3問の参考になる。「つまり固定客を獲得できれば」「特に初来店の際に」のわざわざ表現はヒント。「社長やＹさんが前の勤務先で培った提案力」は強み。「なお」以下はターゲットに関するヒント。

7段落目　小型ショッピングモール内の新たな競合の出店を受けて、「Ｂ社社長とＹさんは大幅に減少する顧客数を補うための施策について思案」と2人の思いが明記されている。設問ページの上部余白に書き写しておく。

【手順4】解答作成（〜79分）

社長の思いに向けて、与件文を使って因果関係を明確にしてまとめる。

第2問　切り口は商品単価と来店頻度とする。商品単価は「Ｂ社の価格体系」表のオプション利用を促して高められる。来店頻度は、爪の成長に伴う定期的な来店を促して向上できそうだ。しかし、書き出しがしっくりこなくて時間を浪費してしまった。

第3問（設問1）　制約条件に従って、「協業相手」「顧客層」「理由」の3文でまとめる。

（設問2）　接客を通じてできることは、自社の強みの「発信」と顧客の要望の「受信」だ。和服に合わせたデザインがSNS上で話題になった成功例と、与件文で何度も強調された社長とＹさんの提案力を使ってまとめよう。

第1問　残り5分になってしまった。第2問、第3問の解答と与件文の下線を頼りにSWOTをまとめてゆく。与件文の言葉をできる限り生かして書く。

【手順5】見直し（〜80分）

見直す時間はほとんどない。誤字脱字、汚い文字、「。」や「、」を調整して終了。

3．終了時の手ごたえ・感想

第2問の書き出しに悩みすぎて、時間切れになるところだった。1つの設問にこだわりすぎてはいけない。

〜受験生時代によくやったこと〜　──────────

フリクションボールの芯を替える（すぐインク切れになっていた）。

合格者再現答案＊（おはこ 編）　　　　　　　　　　事例Ⅱ

第1問 （配点20点）

①S　　　40字

持	ち	前	の	絵	心	で	身	に	付	け	た	技	術	力	、	前	職	で	培
っ	た	季	節	感	の	表	現	力	や	組	合	せ	提	案	力	が	あ	る	。

②W　　　40字

店	舗	が	商	店	街	の	中	心	部	か	ら	離	れ	た	場	所	に	あ	り、
顧	客	の	定	期	的	な	来	店	に	支	障	が	あ	る	。				

③O　　　40字

X	市	は	県	内	で	も	有	数	の	住	宅	地	で	、	宅	地	開	発	で
入	居	し	た	多	数	の	フ	ァ	ミ	リ	ー	層	が	い	る	。			

④T　　　40字

駅	と	商	店	街	の	間	に	大	手	チ	ェ	ー	ン	店	が	、	商	店	街
周	辺	に	自	宅	サ	ロ	ン	が	多	数	存	在	し	て	い	る	。		

【メモ・浮かんだキーワード】 他の設問との整合性

【当日の感触等】 時間がなくなり、他の設問との整合性はチェックしきれなかった。与件文のヒントを生かしたので、大きく外してはいないはずだ。

【ふぞろい流採点結果】 ①5/5点　②3/5点　③1/5点　④5/5点

第2問 （配点30点）　　100字

行	う	べ	き	情	報	発	信	は	、	①	顧	客	に	聞	い	た	要	望	に
合	っ	た	ジ	ェ	ル	ネ	イ	ル	の	写	真	を	ア	ッ	プ	し	た	写	真
共	有	ア	プ	リ	を	紹	介	し	、	オ	プ	シ	ョ	ン	の	利	用	を	促
す	こ	と	、	②	施	術	か	ら	半	月	ほ	ど	経	過	し	た	時	期	に、
次	回	来	店	の	日	程	を	伝	え	る	こ	と	、	で	あ	る	。		

【メモ・浮かんだキーワード】 誰に、何を、どのように、効果、既存顧客、商品単価、来店頻度

【当日の感触等】 書き出しに悩んで時間を使いすぎたうえに、文章が不自然になってしまった。

【ふぞろい流採点結果】 21/30点

第3問（配点50点）
（設問1）　　　　　　　　　　100字

協	業	相	手	は	、	Ｙ	さ	ん	の	勤	務	先	だ	っ	た	商	店	街	の
貸	衣	装	チ	ェ	ー	ン	店⁵	で	あ	る	。	顧	客	層	は	、	地	域	の
季	節	の	行	事	や	卒	業	式	に	参	加	す	る	機	会	の	多	い⁴	、
10	代	の	子	供	を	持	つ²	40	代⁴	の	女	性	で	あ	る	。	理	由	は、
技	術	力	や	季	節	感	の	表	現	力¹	を	い	か	せ	る	為	。		

【メモ・浮かんだキーワード】　誰に、何を、どのように、効果、新規顧客
【当日の感触等】　Ｙさんの貸衣装チェーン店での勤務経験や、行事が盛んな土地柄、Ｙさんの卒業式などに列席する女性へ提案を行う接客、Ｂ社長の季節感の表現力など、与件文のヒントがうまくはまった。
【ふぞろい流採点結果】　16/25点

（設問2）　　　　　　　　　　100字

提	案	は	、	①	ジ	ェ	ル	ネ	イ	ル	の	写	真²	を	写	真	共	有	ア
プ	リ	で	見	せ	、	顧	客	の	要	望	に	合	う⁴	デ	ザ	イ	ン	を	提
案³	す	る	こ	と	、	②	顧	客	に	来	店	し	や	す	い	曜	日	や	時
間	を	聞	き	、	時	間	が	か	か	る	施	術	に	来	店	し	や	す	い
日	程	を	伝	え	る	こ	と	、	で	あ	る	。							

【メモ・浮かんだキーワード】　誰に、何を、どのように、効果、情報発信と受信
【当日の感触等】　設問の「オウム返し」で書き出しを作ることで文章構造に悩む時間を減らす方針だったが、本問はさすがに不自然か。理由を明記していないのもまずかった。
【ふぞろい流採点結果】　7/25点　※理由の明示がないため2点減点

【ふぞろい評価】　58/100点　　【実際の得点】　61/100点
　第3問（設問2）では設問要求に沿って解答できず得点を積み重ねることができませんでしたが、それ以外の設問では設問要求に丁寧に対応できているため、全体では合格レベルの得点を確保できています。

> **Column**
> ### 中小企業診断士試験は本当に大変！　妄想力で乗り切ろう！
> 　中小企業診断士の試験って本当に大変ですよね。1次試験は7科目もあるし、2次試験ははっきりとした正解もわからないし。くじけそうになることも多いと思います。そこでお勧めなのが「妄想」。「中小企業診断士になったらプロのコンサルタントとして起業するんだ！」「診断士として副業して、スキルの幅を広げるぞ！」「資格を生かしてコンサルファームに転職する！」「勤務先の経営陣に建設的な意見を言ってみせる！」などなど、自分が活躍する将来を妄想しましょう。少し現実離れしているくらいでちょうどよいです。何のために今大変な思いをしているのか、時には忘れがちですが、くじけそうなときほどそれを思い出して、自分を奮い立たせましょう！　　　　　　　　（たかし）

～合格発表の朝の気持ち～
　「落ちた落ちた」と思っておくほうが気が楽。

▶ **事例Ⅲ（生産・技術）** ◀

令和元年度　中小企業の診断及び助言に関する実務の事例Ⅲ（生産・技術）

【企業概要】

　C社は、輸送用機械、産業機械、建設機械などに用いられる金属部品の製造業を顧客に、金属熱処理および機械加工を営む。資本金6千万円、従業員数40名、年商約5億円の中小企業である。組織は、熱処理部、機械加工部、設計部、総務部で構成されている。

　金属熱処理とは、金属材料に加熱と冷却をして、強さ、硬さ、耐摩耗性、耐食性などの性質を向上させる加工技術である。多くの金属製品や部品加工の最終工程として、製品品質を保証する重要な基盤技術である。金属材料を加熱する熱処理設備など装置産業の色彩が強く、設備投資負担が大きく、また素材や形状による温度管理などの特殊な技術の蓄積が必要である。このため、一般に金属加工業では、熱処理は内製せず熱処理業に外注する傾向が強い。C社は創業当初から、熱処理専業企業として産業機械や建設機械などの部品、ネジや歯車など他社の金属製品を受け入れて熱処理を行ってきた。

　その後、熱処理加工だけでなく、その前工程である部品の機械加工も含めた依頼があり、設計部門と機械加工部門をもった。設計部門は、発注先から指示される製品仕様をC社社内の機械加工用に図面化するもので、現在2名で担当している。機械加工は、多品種少量の受注生産で、徐々に受注量が増加し、売上高の増加に貢献している。

　約10年前、所属する工業会が開催した商談会で、金属熱処理業を探していた自動車部品メーカーX社との出会いがあり、自動車部品の熱処理を始めた。その後X社の増産計画により、自動車部品専用の熱処理工程を増設し、それによってC社売上高に占めるX社の割合は約20％までになっている。さらに現在、X社の内外作区分の見直しによって、熱処理加工に加え、前加工である機械加工工程をC社に移管する計画が持ち上がっている。

【生産の概要】

　C社の工場は、熱処理工場と機械加工工場がそれぞれ独立した建屋になっている。熱処理工場は、熱処理方法が異なる熱処理炉を数種類保有し、バッチ処理されている。機械加工工場では、多品種少量の受注ロット生産に対応するため、加工技能が必要なものの、切削工具の交換が容易で段取り時間が短い汎用の旋盤、フライス盤、研削盤がそれぞれ複数台機能別にレイアウトされている。

　熱処理は、加熱条件や冷却条件等の設定指示はあるものの、金属材料の形状や材質によって加熱・冷却温度や速度などの微調整が必要となる。そのため金属熱処理技能検定試験に合格し技能士資格をもつベテラン作業者を中心に作業が行われ品質が保持されている。また、機械加工も汎用機械加工機の扱いに慣れた作業者の個人技能によって加工品質

が保たれている。

　生産プロセスは、受注内容によって以下のようになっている。

　　・機械加工を伴う受注：材料調達→機械加工→熱処理加工→出荷検査

　　・熱処理加工のみの受注：部品受入→熱処理加工→出荷検査

　生産計画は、機械加工部と熱処理部それぞれで立案されるが、機械加工を伴う受注については熱処理加工との工程順や日程などを考慮して調整される。両部門とも受注生産であることから、納期を優先して月ごとに日程計画を作成し、それに基づいて日々の作業が差立てされる。納期の短い注文については、顧客から注文が入った時点で日程計画を調整、修正し、追加される。機械加工受注品に使用される材料の調達は、日程計画が確定する都度発注し、加工日の1週間前までに納品されるように材料商社と契約しており、材料在庫は受注分のみである。

【自動車部品機械加工の受託生産計画】

　C社では、自動車部品メーカーX社から生産の移管を求められている自動車部品機械加工の受託生産について検討中である。

　その内容は、自動車部品専用の熱処理設備で加工しているX社の全ての部品の機械加工であり、C社では初めての本格的量産機械加工になる。受託する金属部品は、寸法や形状が異なる10種類の部品で、加工工程は部品によって異なるがそれぞれ5工程ほどの機械加工となり、その加工には、旋盤、フライス盤、研削盤、またはマシニングセンタなどの工作機械が必要になる。この受託生産に応える場合、機械加工部門の生産量は現在の約2倍になると予想され、現状と比較して大きな加工能力を必要とする。

　また、この機械加工の受託生産の実施を機会に、X社で運用されている後工程引取方式を両社間の管理方式として運用しようとする提案がX社からある。具体的運用方法は、X社からは3カ月前に部品ごとの納品予定内示があり、1カ月ごとに見直しが行われ、納品3日前にX社からC社に届く外注かんばんによって納品が確定する。これら納品予定内示および外注かんばんは、通信回線を使用して両社間でデータを交換する計画である。

　外注かんばんの電子データ化などのシステム構築は、X社の全面支援によって行われる予定となっているが、確定受注情報となる外注かんばんの社内運用を進めるためには、C社内で生産管理の見直しが必要になる。この後工程引取方式は、X社自動車部品の機械加工工程および自動車部品専用の熱処理工程に限定した運用範囲とし、その他の加工品については従来同様の生産計画立案と差立方法で運用する計画である。

　生産設備面では、現在の機械加工部門の工程能力を考慮すると加工設備の増強が必要であり、敷地内の空きスペースに設備を増設するために新工場の検討を行っている。C社社長は、この新工場計画について前向きに検討を進める考えであり、次のような方針を社内に表明している。

　1．X社の受託生産部品だけの生産をする専用機化・専用ライン化にするのではなく、

将来的にはX社向け自動車部品以外の量産の機械加工ができる新工場にする。

2．これまでの作業者のスキルに頼った加工品質の維持ではなく、作業標準化を進める。

3．一人当たり生産性を極限まで高めるよう作業設計、工程レイアウト設計などの工程計画を進め、最適な新規設備の選定を行う。

4．近年の人材採用難に対応して、新工場要員の採用は最小限にとどめ、作業方法の教育を実施し、早期の工場稼働を目指す。

現在C社社内では、各部の関係者が参加する検討チームを組織し、上記のC社社長方針に従って検討を進めている。

第1問（配点20点）

C社の事業変遷を理解した上で、C社の強みを80字以内で述べよ。

第2問（配点20点）

自動車部品メーカーX社からの機械加工の受託生産に応じる場合、C社における生産面での効果とリスクを100字以内で述べよ。

第3問（配点40点）

X社から求められている新規受託生産の実現に向けたC社の対応について、以下の設問に答えよ。

（設問1）

C社社長の新工場計画についての方針に基づいて、生産性を高める量産加工のための新工場の在り方について120字以内で述べよ。

（設問2）

X社とC社間で外注かんばんを使った後工程引取方式の構築と運用を進めるために、これまで受注ロット生産体制であったC社では生産管理上どのような検討が必要なのか、140字以内で述べよ。

第4問（配点20点）

新工場が稼働した後のC社の戦略について、120字以内で述べよ。

Column　ふぞろいな勉強方法

　私は新品のノートを使うとき、最初はきれいに書きますが、だんだんと字が汚くなっていくタイプです。また、勉強スケジュールを立てても1週間程度経つと予定が崩れて逆にモチベーションが下がるタイプです。そのような人間にとって、「ファイナルペーパーをきれいに作ろう！」や「スケジュールを立てて計画的に勉強しよう！」といったよくみる勉強法はできないと感じたので、「採点後の答案用紙にコメントをつけて保管しておく」、「1日に1回はテキストを開く」といったできそうなルールのみ設定していました。

　2次試験の勉強を始めるとさまざまな勉強法が目に入ることになると思います。「（決定版）2次試験の勉強法はこれだ！」のようなタイトルの記事を読んで自分の勉強法と違ったら焦りますね。勉強法に絶対の正解はないので、さまざまな人の情報から自分に合ったものを選択していくことが大切ではないかと思っています。　　　　　　　（しょーた）

Column　己を知れば、百戦殆うからず？

　中小企業診断士の取得を目指す皆様の勉強手法はさまざまだと思います。特に2次試験は「正解」が公表されない試験なので、どのように勉強をしたらよいかわからず戸惑われている方も多いのではないでしょうか。

　がむしゃらに勉強するのもよいですが、自分にはどのような勉強方法が合っているのだろう？　と考えてみても面白いかもしれません。たとえば、VAKタイプなどご存じでしょうか？　詳細は割愛しますが、視覚（Visual）・聴覚（Auditory）・触覚（Kinesthetic）どれが優位に働いているかというもので、勉強の際にも得意なインプットが分かれます。Vタイプの方は視覚の感覚が強いので、図表やチャートで内容を覚えやすいです。Aタイプは聴覚の感覚が強いので、音読など音声での勉強などが有効かもしれません。Kはわかりづらいですが、勉強会という体験や、実際に「書く」という体験でインプットされやすかったりします。ここで出したのは一例ですが、こんな風に「己を知る」ことができれば、効率はよいですし、ちょっと勉強が楽しくなったりします。よければ考えてみてください。　　　　　　　（ミナト）

80分間のドキュメント　事例Ⅲ

かーな 編（勉強方法と解答プロセス：p.152）

1．昼休みの行動と取り組み方針

　午後眠くならないように、お昼は軽めに食べて、5分ほど外を歩いて、15分ほど席で仮眠。事例Ⅲは、「自社特有のルールが原因で問題が起きている」パターンが多いから、生産計画などの自社ルールに注意しよう。

2．80分間のドキュメント

【手順0】開始前（～0分）

　コーヒーを1口飲んで、集中力を高める。

【手順1】準備（～1分）

　受験番号を記入しながら解答用紙をチェック。全5問、特に変わったことはないか。

【手順2】与件文冒頭確認と設問解釈（～5分）

与件文　金属熱処理および機械加工か。イメージできる分野でよかった。

第1問　「事業変遷」に下線を引いて「むかし～今」とメモ。「強み」にマーク、「80字」の下に③とメモ。

第2問　自動車部品メーカーからの受託生産に応じる場合、ということは、現在はマスに向けた大量生産なのかな。「生産面」「効果」「リスク」をマーク。その横に「効果は①②、リスクは①②」とメモ。

第3問（設問1）　新工場の在り方について？　在り方って何だ。初めて聞いたかも。

（設問2）　外注かんばんを使った後工程引取方式。ややこしい話になりそうだな。これまでの生産体制→変更→そのための検討という流れだから、これまでの体制をしっかり押さえれば糸口がつかめるかも。「検討事項は①②③。これにより～を図る」とメモ。

第4問　戦略？　戦略って何？　「売上拡大　差別化　新規と既存」と、とりあえず思いつくものをメモ。

【手順3】与件文読解（～15分）

2段落目　設備投資や特殊な技術は、参入障壁かつC社の強みといえそう。「創業当初から」は時制なので四角で囲む。

3段落目　冒頭の「その後」を四角で囲み、読み進める。全部重要な情報じゃないか。

4段落目　これが設問文に出てきた自動車部品メーカーか。「約10年前」と「現在」を四角で囲む。

5段落目　熱処理工場と機械加工工場が独立した建屋になっている、というのは、C社の弱みになるのかな。現段階だと「弱み候補」くらいの位置づけ。

6段落目　ここはどちらかというと強みの話だな。品質保持が属人化しているのは、弱み

とも言えそう。

[8段落目]　生産計画、過去問だとここにC社特有のルールがあって「悪さ」をしているパターンが多いが、なんだか今年は明らかな欠点が見つからない。思わず「ルールだけど、まあまあよさそう」とメモ。

[11、12段落目]　外注かんばん⁉　そもそもかんばん方式って何だっけ、と思い出し、外注かんばんとは「発注票」とメモ。生産管理の見直しが必要になるとのこと、「他の受注とのバランス」「限定した運用範囲で大丈夫？」など、思いついたことをメモ。

[13、14段落目]　社長が方針を社内に表明している……これも初めての光景では。否定を意味する「ではなく」の後に来る内容に注目しよう。

【手順4】解答作成（～75分）

[第1問]　まずは確実に得点できそうな設問から。「事業変遷を理解した上で」だから、取りこぼしのないように、創業当初から強みを確認していこう。80字だから最低でも3要素は入れたい。

[第2問]　生産面での効果とリスクか。効果は、X社部品のノウハウ蓄積、効率化によるコスト削減などかな。リスクは、その反動でX社以外の既存顧客に迷惑をかけたりしないか心配だ。全体的に考えがまとまらないので、解答骨子のメモだけ作成し、解答欄にバツをつけて「あとで」と書き込む。記入箇所間違い防止のためだ。

[第3問]（設問1）　きた。新工場の「在り方」。設問文に「～のための」と目的も書いてあるから、具体的な方策を列挙するか。とはいえ、最後から2番目の段落で述べられている社長の方針を丸写しするような形になるな。「さすがに、ほかにも何かあるんじゃないか？」と思い、11段落目にあった通信回線の話をねじ込む。

[第3問]（設問2）　これまでの受注ロット生産と導入しようとしている外注かんばん方式、何が違う？　それによって、何を検討するかが決まるはず。生産管理は「計画」と「統制」だ。「計画」でいうと、納品予定内示や確定時期が、五月雨式から一定のリズムになる一方、最終納品数確定は納品3日前で以前と比べて短くなる。その分、在庫を多く持たなくてはいけない。「統制」も似たようなことで、大小さまざまな注文を柔軟にこなしながら最終的に帳尻を合わせればOKというスタイルから、日々安定的に、確実に作らなくてはいけなくなったから、やはり管理手法は変える必要があるな。問題はこれを140字以内で過不足なく書けるかだよな……。

[第2問]　第4問に時間をかけたいので、先ほどの解答骨子メモをもとに、書ける範囲で書いてしまおう。

[第4問]　「戦略」という設問の意図がよくわからない。戦いを略（はぶ）くという基本に立ち返って、「勝てるところで確実に勝つ」という趣旨を背骨にしたらどうだろう。旧工場と新工場、それぞれの良さを生かせる経営がよいのでは。

【手順5】見直し（～80分）

正直、第1問以外はこれでよいのか不安だらけだ。誤字脱字だけはないようにしよう。

3．終了時の手ごたえ・感想

事例Ⅲは得意だと思っていたけど、難しかった。これが現時点の実力なんだろう。

~合格発表の朝の気持ち~
結果を知りたいけど知りたくないけど知りたい。

合格者再現答案＊（かーな 編）　　　　　事例Ⅲ

第１問（配点20点）　80字

強	み	は	①	参	入	障	壁	と	な	る	多	大	な	設	備	の	保	有[1]	②
温	度	管	理	等	の	特	殊	な	技	術	の	蓄	積[3]	③	設	計	部	門[2]	と
機	械	加	工	部	門[3]	が	あ	る	こ	と	に	よ	る	一	貫	生	産	体	制[3]
④	技	能	士	資	格	を	も	つ	ベ	テ	ラ	ン	作	業	者[4]	の	存	在	。

【メモ・浮かんだキーワード】　４Ｍ、参入障壁、希少性
【当日の感触等】　詰め込み羅列型で多面的に書いたので、そこそこ得点できたのでは。
【ふぞろい流採点結果】　16/20点

第２問（配点20点）　100字

効	果	は	①	少	品	種	多	量	生	産	に	よ	る	効	率	化[5]	と	コ	ス
ト	削	減	②	Ｘ	社	か	ら	の	受	注	案	件	の	ノ	ウ	ハ	ウ	蓄	積[6]
が	で	き	る	事	で	、	リ	ス	ク	は	Ｘ	社	優	先[4]	に	な	る	と	他
の	顧	客	の	案	件	で	Q	C	D	が	乱	れ	、	信	頼	を	失	う	恐
れ	が	あ	る	事	。														

【メモ・浮かんだキーワード】　効果とリスクに整合性があるように気をつける
【当日の感触等】　「QCDが乱れ」って、自分でもわかるくらい「逃げ」の言い回しだよな。
　　しかし、ここは先を急ごう。
【ふぞろい流採点結果】　14/20点

第３問（配点40点）
（設問１）　　　　120字

新	工	場	を	将	来	的	に	多	岐	に	渡	る	量	産	加	工	の	基	幹
工	場	と	す	る	た	め	、	①	最	適	な	新	設	備[4]	を	Ｓ	Ｌ	Ｐ[2]	を
検	討	の	上	導	入	し	②	作	業	の	標	準	化	と	マ	ニ	ュ	ア	ル
化[4]	、	作	業	員	教	育[3]	を	進	め	て	多	能	工[2]	に	よ	る	柔	軟	な
生	産	を	可	能	に	し	③	通	信	回	線	等	の	Ｉ	Ｔ	化	を	促	進
し	て	社	内	外	と	の	情	報	共	有	の	迅	速	化	を	図	る	。	

【メモ・浮かんだキーワード】　具体策＋狙い、将来
【当日の感触等】　与件文の丸写し以上に良い解答が思いつかなかったため、ほぼ丸写し。
【ふぞろい流採点結果】　12/20点

（設問2）　　　　　　140字

外	注	か	ん	ば	ん	を	使	っ	た	後	工	程	引	き	取	り	方	式²	は
納	品	の	確	定	が	納	品	3	日	前	に	な	る	た	め	、	予	め	計
画	的	に	生	産	し	て	在	庫	を	保	有	す	る	必	要	が	あ	り	、
①	全	社	の	生	産	計	画	の	一	元	化⁵	②	生	産	計	画	の	見	直
し	時	期	③	生	産	日	程	の	管	理	方	法⁴	④	材	料	と	製	品	の
在	庫	管	理	方	法⁴	④	電	子	デ	ー	タ	な	ど	の	シ	ス	テ	ム	の
活	用	方	法	を	検	討	す	る	必	要	が	あ	る	。					

【メモ・浮かんだキーワード】　従来と今後の違い、生産管理
【当日の感触等】　要素を詰め込んだから、そこそこ得点できているはず？　自信はない。
【ふぞろい流採点結果】　15/20点

第4問（配点20点）　　120字

戦	略	は	、	新	工	場	で	は	量	産	加	工⁴	の	売	上	拡	大⁴	と	継
続	的	な	受	注	を	背	景	に	、	コ	ス	ト	削	減	に	よ	り	安	定
し	た	利	益	を	稼	ぎ	、	旧	工	場	で	は	特	殊	な	技	術	を	継
承	し	て	多	品	種	少	量	の	受	注	生	産	を	続	け	て	利	益	率
向	上	と	主	要	顧	客	依	存	の	リ	ス	ク	回	避²	を	図	る	。	

【メモ・浮かんだキーワード】　戦略→強みを生かす
【当日の感触等】　うまくまとまっていると思うが、出題者の意図と方向性が違うと、全然点
　数が入らないかも。
【ふぞろい流採点結果】　10/20点

【ふぞろい評価】　67/100点　　　【実際の得点】　68/100点
　第4問では、従来の強みの活用と営業面の施策に関する言及がなかったため得点が伸びま
せんでした。しかし、それ以外の設問では多面的にキーワードを盛り込むことができており、
得点を積み上げたことで高得点につながっています。

Column

どういうこと!?　周りの受験生に惑わされるな！

　2次試験当日、事例Ⅰの試験が始まる前に私の斜め前の受験生が、使用が禁止されてい
る関数電卓を机の上に出していました。「ん？　あの人大丈夫か!?」「試験官に注意される
のでは？」と、なぜか私が少しドキドキしてしまいました（笑）。そして、事例Ⅰが始まる
直前になんとっ……!!　その受験生は関数電卓をカバンにしまい、普通の電卓を机の上に出
しました。「なんでやねん!!」私は関西人じゃないのに心の中で叫びました。受験生にはい
ろんな人がいます。電卓を必要以上に強く叩く人、消しゴムを何度も使って机を頻繁にガ
タガタさせる人など、こういった受験生が近くに座ると集中が途切れて、イライラしたり、
惑わされる場合があります。このような状況に遭遇しても惑わされることがないように、
あらかじめ想定しておけば落ち着いて試験に臨めるのではないでしょうか。　（うえちゃん）

〜試験前に行ったゲン担ぎやジンクス〜
　前日、試験会場近くの神社に参拝。

事例Ⅲ

テリー 編（勉強方法と解答プロセス：p.154）

1．昼休みの行動と取り組み方針

　提出した答案は今さら直せないので、気持ちを切り替えよう。とりあえず昼ごはんを食べる。事例Ⅲは、特にイメージが湧きにくいため、運営管理の1次知識の土俵に持ち込むことが大切。オーソドックスなパターンなら、最初の問題はC社の強み、第2問目以降は現場のオペレーション改善、最後の問題は強みを生かして、機会にぶつけること。例年どおりだといいなと思いつつ、とにかく目の前の事例に集中！

2．80分間のドキュメント

【手順1】準備（～1分）

　これまでの事例と同様の手順で準備する。さすがにホチキスを外すのは慣れたな。

【手順2】与件文冒頭＆最終段落の確認、設問解釈（～15分）

[与件文]　C社の概要（業種・規模）にさっと目を通し、最終段落に目を移す。文量が多いため精読はせず。「新工場」に関するC社長の方針がいくつかあるなと認識。これが今後の機会になるのだろうか。これもどこかの設問で問われるのだろう。

[第1問]　例年どおりの問われ方で安心する。「事業変遷を理解した上」なので、創業当初から現在までを意識する。80字と字数が少ないので、最後のほうで解答しよう。

[第2問]　「生産面」ってQCDのことかな。効果とリスクは、バランスよく50字ずつになるようにしよう。書き出しは、「効果は～、」と書く。

[第3問]（設問1）「新工場計画」は与件文をしっかりと読もう。生産性を高める量産加工に波線を引く。「新工場の在り方」って、抽象的でつかみどころがない。とりあえずSLP、標準化と余白にメモ。

[第3問]（設問2）「外注かんばんを使った後工程引取方式」ってJITのことか。ノーチェックな問題がキター！　生産管理上の検討内容なので、生産統制や生産計画とメモ。まったく解答の方向性もわからず、字数も多いため、最後にまわそう。

[第4問]　C社の戦略か。きっと成長につながる機会が書かれているはず。「新工場が稼働した後」なので、すでに強みは形成されている状態だな。それ以外に補強するべき経営資源があれば解答に含めよう。

[設問見直し]　第1問と第4問はセットで考えよう。強み×機会はお決まりのパターン。第3問（設問1）と（設問2）は、それぞれ独立した問題だから、別個に取り組もう。

【手順3】与件文読解（～30分）

[1、2段落目]　金属熱処理と機械加工って、やはりイメージが湧かない。「C社は創業当初から、熱処理専業企業」に下線を引く。

[3段落目]　「設計部門と機械加工部門をもった」に下線。第1問の事業変遷は、このことか。

[4段落目]　X社の話が出てきた。「売上高に占めるX社の割合は約20％までになっている」

に下線。X社の比率を下げ、新たに販売先を開拓していくのがC社の課題か。

⑤段落目　「複数台機能別にレイアウト」に下線。新工場にも適用する⁉

⑥段落目　「技能士資格をもつベテラン作業者」はC社の強みか。「作業者の個人技能によって加工品質が保たれている」は、事例Ⅲによくある現場オペレーションの課題だ。余白に課題とメモし、第3問（設問1）で解決か。

⑦、⑧段落目　生産プロセスは、イメージしづらい。「それぞれで立案」「都度発注」「材料在庫は受注分のみ」に下線を引く。余白に「バラバラは統制」「在庫切れが生じないように」とメモ。在庫のメリット・デメリットを思い出す。

⑨、⑩段落目　「初めての本格的量産機械加工」に下線。「マシニングセンタ」って何だっけ。NC？　ATC？　うーん、思い出せない……。「生産量は現在の約2倍になる」「大きな加工能力を必要」は、第3問（設問2）の効果っぽい。数字表現は、要注意。

⑪、⑫段落目　この段落は、第3問（設問2）だな。「納品3日前に（中略）納品が確定」ってかなり直前すぎないか。内示が3カ月前だから対応できるのか。「C社内で生産管理の見直しが必要」に下線。8段落目にもあったが「差立方法」って何だ……。

⑬、⑭段落目　いよいよ新工場計画の中身だな。C社長の方針は、しっかりとチェックしよう。「将来的にはX社向け自動車部品以外の量産の機械加工」は、第4問だな。

【手順4】解答骨子メモ＆解答作成（〜77分）

第2問　効果は特定できたが、リスクって何だろう。よくわからないから、効果の内容の裏返しを考えてみよう。増強しても受注量がなければ、設備が遊ぶってことかな。

第3問（設問1）　方針は生産性の向上だから、作業の標準化は必須だろう。あとは工場のレイアウトかな。運営管理の1次知識を使って、ここは乗り切ろう。

第4問　新工場が稼働した後だから、すでに機械加工能力は有しているはず。成長機会が見出せないが、X社以外の受注増を目指すのは当然かな。あとは、経営資源の補強だけど、営業部隊はいないのか。従業員の構成人数の内訳が書いてないのに、わざわざ設計部門は2名と書いているのは、きっと補強する対象だろう。社内対応策も含めよう。

第1問　熱処理専門から設計・機械加工までの流れはしっかり押さえておこう。ベテラン作業者の技能士資格は含めたいが、うまく字数に収まらない。でも、作業の標準化を今後進めていくから、強みというより課題になるので、含めず書いてみよう。

第3問（設問2）　字数も多いし、どこからまとめよう。これまでの受注生産体制からX社からの内示に基づく生産に切り替える必要がありそうだ。設問解釈で想定した生産統制の視点を中心に、材料在庫の現在の契約は見直しが必要そうだから、そこも書こう。

【手順5】見直し（〜80分）

時間内には書き切ることができた。誤字脱字をチェックして、汚い字を書き直す。

3．終了時の手ごたえ・感想

全体的な流れは、例年どおりだった。それなりに書けたはず。おそらく、周りの受験生も同じような状況だろう。事例Ⅱの失敗は少し取り戻せたか。次は、いよいよ最後だ。

〜2次試験に役立った本〜

　『現代文読解力の開発講座』（駿台文庫）

事例Ⅲ

合格者再現答案＊（テリー 編）　事例Ⅲ

第1問（配点20点）　　80字

強	み	は	、	加	工	技	術	力	が	あ	り	、	品	質	を	保	証	す	る
基	盤	技	術	を	有	し	、	温	度	管	理	等	の	**特**	**殊**	**技**	**術**	**を**	**蓄**
積³	。	ま	た	**設**	**計**	**部**	**門**²	と	**機**	**械**	**加**	**工**	**部**	**門**³	の	一	貫	体	制
を	**構**	**築**³	し	、	多	品	種	少	量	生	産	に	対	応	。				

【メモ・浮かんだキーワード】　なし

【当日の感触等】　事業変遷は理解して書けた。ベテラン作業者の技能士資格は盛り込めていないが、80字の字数制限内ではまとまっているはず。半分ぐらいは、点数が入るだろう。

【ふぞろい流採点結果】　11/20点

第2問（配点20点）　　100字

効	果	は	、	本	格	的	量	産	機	械	加	工	に	よ	り	、	生	産	量
が	現	在	の	2	倍	で	**大**	**き**	**な**	**加**	**工**	**能**	**力**	**を**	**有**	**す**	**る**³	こ	と。
リ	ス	ク	は	、	**X**	**社**	**以**	**外**	**の**	**受**	**注**	**が**	**少**	**な**	**い**	**と**⁴	、	設	備
の	稼	働	率	が	低	く	な	り	、	遊	休	設	備	に	な	っ	て	し	ま
う	こ	と	。																

【メモ・浮かんだキーワード】　なし

【当日の感触等】　リスクはいまひとつ特定できなかったが、効果とリスクのバランスはいい感じ。第1問同様、半分ぐらいは得点できているだろう。

【ふぞろい流採点結果】　7/20点

第3問（配点40点）

（設問1）　　　　　120字

生	産	性	を	高	め	る	た	め	、	X	社	だ	け	の	専	用	機	化	、
ラ	イ	ン	化	を	避	け	、	**S**	**L**	**P**²	を	用	い	て	**最**	**適**	**な**	**設**	**備**
導	**入**⁴	**を**	**選**	**定**	**し**³	、	複	数	台	**機**	**能**	**別**	**レ**	**イ**	**ア**	**ウ**	**ト**¹	に	す
る	。	ベ	テ	ラ	ン	作	業	者	の	作	業	方	法	を	、	I	E	を	使
っ	て	**標**	**準**	**化**	、	**マ**	**ニ**	**ュ**	**ア**	**ル**	**化**⁴	を	図	り	、	共	有	す	る
こ	と	で	**生**	**産**	**性**	**向**	**上**³	が	図	れ	た	向	上	を	目	指	す	。	

【メモ・浮かんだキーワード】　SLP、標準化、IE

【当日の感触等】　複数台機能別レイアウトをそのまま踏襲してしまったが、本当によかったのだろうか。少し不安だが、作業者の標準化は何度も学習してきた内容だから、ここは外していないだろう。

【ふぞろい流採点結果】　16/20点

（設問2）　　　140字

C	社	は	、	後	工	程	引	取	方	式	を	進	め	る	²	た	め	、	X	社
か	ら	の	内	示	に	基	づ	く	生	産	計	画	を	作	成	し	、	**納**	**期**	
を	**優**	**先**	**し**	**た**	月	ご	と	の	**計**	**画**	**を**	**見**	**直**	**し**	⁴	、	熱	処	理	加
工	と	機	械	加	工	で	バ	ラ	バ	ラ	に	**計**	**画**	**し**	**て**	**い**	**た**	も	の	
を	**統**	**制**	⁵	す	る	。	ま	た	日	程	計	画	が	確	定	し	た	都	度	発
注	し	て	い	た	**材**	**料**	**在**	**庫**	**の**	**発**	**注**	も	**見**	**直**	**し**	⁴	、	在	庫	切
れ	が	生	じ	な	い	よ	う	契	約	を	見	直	す	。						

【メモ・浮かんだキーワード】　生産統制、生産計画

【当日の感触等】　うまくまとめきれず、難しかった。字数も多いから、まったく点がないということはないだろう。

【ふぞろい流採点結果】　15/20点

第4問（配点20点）　　　120字

C	社	の	強	み	を	生	か	し	、	**増**	**強**	**さ**	**れ**	**た**	**機**	**械**	**加**	**工**	**設**
備	⁴	を	用	い	て	、	**X**	**社**	**以**	**外**	**の**	**輸**	**送**	**用**	、	**産**	**業**	**機**	**械**	、
建	**設**	**機**	**械**	**の**	**量**	**産**	**加**	**工**	**の**	**獲**	**得**	**を**	**目**	**指**	**す**	⁴	。	ま	た	現
在	2	名	で	担	当	し	て	い	る	設	計	部	門	を	強	化	す	る	こ
と	で	、	増	加	傾	向	に	あ	る	多	品	種	少	量	生	産	に	も	対
応	を	図	り	、	社	内	へ	の	対	応	策	も	強	化	す	る	。			

【メモ・浮かんだキーワード】　なし

【当日の感触等】　機会の特定ができなかったが、方向性は間違っていないだろう。社内対応策を書いてしまったが、ほかに何か書けただろうか。半分でもいいから、点数が欲しい。

【ふぞろい流採点結果】　8/20点

【ふぞろい評価】 57/100点　　　**【実際の得点】** 62/100点

　第2問では多くの受験生が効果として挙げていた「ノウハウ・技術力の蓄積」や「稼働率の向上」への言及がなく、第4問では既存の強みの記載がないことから得点が伸びませんでしたが、他の設問でリカバリーできており、全体として合格レベルの答案となっています。

じょーき 編（勉強方法と解答プロセス：p.156）

１．昼休みの行動と取り組み方針

　昨年と同じ会場で試験を受けられるメリットは大きい。昼食の調達場所に迷わないこともその１つだ。駅とは反対側に少し歩いたところにコンビニがある。朝のうちに買って持ち込むこともできたが、そうしなかったのは散歩をする理由を作るためでもある。昼食はおにぎり２つ、食後にはお守り代わりに正露丸を飲んだ。これも去年と同じだ。

　しかし、昼休みは60分しかない。他の事例間で40分あることを思うと、昼食の時間は20分しかない。買って持ち込んだほうがよかったかも、いまさらながらに思った。

　事例Ⅲに対する苦手意識は強い。とにかくイメージが湧かない。なんちゃら盤だのマシニングセンタだの、かつて１次試験で勉強した（今年は１次免除）が、よくわからない。それだけにオーソドックスな問題より、意味不明な問題が出てくれたほうが、周囲も揺さぶられる分ありがたい。

２．80分間のドキュメント

【手順１】準備（〜１分）

　この科目もバカ丁寧にホチキスを外す。周りで勢いよく破いていく人もいるが、自分はここで一息つくのがルーティーンなのだ。

【手順２】設問解釈（〜３分）

第１問　強みね。オーソドックスな感じかな。事業変遷をどう解答に織り込むかな。

第２問　効果とリスクね。文字数のバランスを考えつつ、結論は与件文の内容か QCD のどれかで締めたい。

第３問　新工場の在り方。社長の方針が書かれてるんやろう。（設問２）は生産管理上の検討事項を140字か。結構多いな。なんか一癖ありそうやな。

第４問　戦略ね。社長のビジョンくらい抽象的な感じでいこう。

【手順３】与件文読解（〜15分）

１段落目　部門編成は熱処理部、機械加工部、設計部、総務部か。

２段落目　「創業当初から、熱処理専業企業として」、第１問の事業変遷のパーツか。

３段落目　その後設計部門と機械加工部門を設置したのか。顧客からの依頼に基づいて設置したのは事業変遷のパーツかな。

６段落目　ベテランの腕は確か。その裏返しで属人的のようだ。

８段落目　「生産計画は、機械加工部と熱処理部それぞれで立案」、一貫した生産計画を立てるという典型的なパターンに持ち込めるかも。

９段落目　ここから別段落が始まる。よくわからんけど、話が変わるんやろう。

10、11段落目　「初めての本格的量産機械加工」、やはりこれまでとは何かが違うんやろう。旋盤以下、機械の名前はよくわからん。なので深追いしない。２次試験は機械の名前

〜２次試験に役立った本〜
　『生産マネジメント入門』（日本経済新聞社）

と用途を知っているかを問う試験ではないはず。要は「生産量が増えて、種類も多いから、今までどおりではいけない」ということさえつかめれば何とかなる……はず。

12段落目　後工程引取方式と従来同様の運用の両立？　そんなんできる？　というか「差立方法」ってどういう意味？

13、14段落目　社長の新工場への思い強すぎ……従業員は大変やな。

【手順4】解答骨子メモ作成（〜45分）

昼食の影響か、めっちゃ眠くて集中が途切れる……。模試でシミュレーションしたはずだが、本番は消耗が激しいのかも。おにぎり1つにしといたらよかったかな。

第1問　「事業変遷を理解した上で」をどう解答に落とし込むか。熱処理専業企業としての創業か。それ以外に何が。そもそも強みとは技術と何かあるのか。

第2問　「機械加工の受託生産」と第3問の「新規受託生産の実現」って別なんかな。きっと別なんよな。「効果」と「リスク」はバランスよく書いてリスクヘッジしよう。

第3問（設問1）　新工場の方針、14段落目にたくさん書いてあるだけに、まとめ方が難しそうだ。典型的な事例Ⅲの形式に持ち込んだらいけそうだ。

（設問2）　何これ？　設問文を5回読んでも全然意味わからんぞ。しかしこういう問題を望んでいたはず。出題者のペースに巻き込まれないようにせねば。何も考えずに機械的に設問文を読み取ろう。生産管理上の問題点を挙げつつ、目的は後工程引取方式の「構築」と「運用」を進めること。強引やけど、まずは仕組を構築して、その後運用していく、という流れに落とし込もう。

第4問　「戦略」やから、抽象的でもいいかも。セオリー的にはC社の強み（第1問）と新規受託生産で得られるノウハウを生かして経営リスクを分散することかな。

【手順5】解答作成（〜80分）

引き続き眠いが、残り時間への焦りが眠気を上回った感じがある。何とか乗り切ろう。

第1問　事業変遷を解答に無理矢理入れ込んだため、解答がまとまらない。結局強みは加工品質の高さしか書けなかった。嫌な予感。

第2問　1次知識と与件文の内容で。結論にQCDのDを添えよう。

第3問（設問1）　与件文の内容をふまえながら、SLPとか5Sとか、一味加えるのがコツのはず……5Sってレイアウトに関係あるか？　蛇足かも……嫌な予感。

（設問2）「構築」と「運用」で文が終わるように構成したが、自信はない。

第4問　すべてに目をつぶって、強みと今後得られるノウハウを生かす方向にした。

3．終了時の手ごたえ・感想

会社をまたいでの生産管理というのは過去にはないパターンで、出題の形式にも初見感があった。きっとみんな動揺しながら解答したことだろう。自分の答案も多少斜め上を行っているかもしれないが、大丈夫。今はそう信じよう……と暗示をかけたが実際まったく自信がない。変わった問題を望んでいたはずだが、いざ出てくると大いに戸惑った。午前中の「いけた気がする」という感覚から一転した。

〜模試の活用法〜

模試の何日も前から本番と同じような気持ちの作り方をする。

合格者再現答案＊（じょーき 編） ——————————————— 事例Ⅲ

第1問 （配点20点）　　80字

強	み	は	①	**熱**	**処**	**理**	**専**	**業**²	で	創	業	し	て	培	わ	れ	た	**技**	**能**
士	**資**	**格**	**保**	**有**	**者**⁴	の	高	い	**品**	**質**²	を	有	し	て	い	る	事	、	②
顧	客	の	依	頼	で	創	設	し	た	**機**	**械**	**加**	**工**	**部**	**門**³	で	も	同	じ
く	高	い	品	質	を	有	し	て	い	る	事	。							

【メモ・浮かんだキーワード】　2段落目〜3段落目をまとめる

【当日の感触等】　事業変遷を理解していることを織り込むのが難しい。無理に入れ込んだから文がめちゃめちゃ。結局強みは「高い品質」の1点しか書けていない。これはやってしまっている感あり。

【ふぞろい流採点結果】　11/20点

第2問 （配点20点）　　100字

効	果	は	、	①	受	注	量	増	加	で	**稼**	**働**	**率**	**向**	**上**⁵	、	②	機	械
加	工	部	門	の	**ノ**	**ウ**	**ハ**	**ウ**	**蓄**	**積**	・	**技**	**術**	**力**	**向**	**上**⁶	。	リ	ス
ク	は	、	熱	処	理	・	機	械	加	工	各	々	で	生	産	計	画	を	策
定	し	て	お	り	熱	処	理	で	バ	ッ	チ	処	理	し	て	い	る	事	か
ら	仕	掛	品	在	庫	は	増	加	し	**納**	**期**	**に**	**遅**	**延**³	す	る	事	。	

【メモ・浮かんだキーワード】　設備稼働率、ノウハウ蓄積、QCD

【当日の感触等】　効果はまだよいとして、リスクの部分はこれで合っているのかな？　与件文に寄り添ったつもりだが、製造現場のイメージがなさすぎてまったく手ごたえがない。

【ふぞろい流採点結果】　13/20点

第3問 （配点40点）

（設問1）　　120字

①	汎	用	機	械	加	工	機	の	扱	い	に	長	け	た	作	業	者	の	作
業	を	**マ**	**ニ**	**ュ**	**ア**	**ル**	**化**	し	て	**標**	**準**	**化**⁴	、	②	O	J	T	で
教	育	し³	て	既	存	社	員	を	戦	力	化	し	、	③	そ	の	上	で	**多**
能	**工**	**化**²	を	図	り	、	工	程	間	の	応	援	体	制	を	確	立	す	る。
④	**S**	**L**	**P**²	や	5	S	で	**最**	**適**	**な**	**工**	**程**	**レ**	**イ**	**ア**	**ウ**	**ト**	を	設
計	し³	、	生	産	性	を	高	め	る³	。									

【メモ・浮かんだキーワード】　マニュアル化⇒OJT⇒多能工化は定番

【当日の感触等】　与件文はややこしいことをうにゃうにゃと書いてるけど、聞かれている内容は定番のはず。あとは適当に思いついた知識を放り込むふぞろい的スタイル。これは（他の設問との比較では）きれいに書けたほうだと思う。

【ふぞろい流採点結果】　14/20点

〜模試の活用法〜 ——————————————————

最大多数が受験する模試を受験していないと本番で同様の問題が出たときに不利になりかねないこと。

（設問2）　　　　　　　140字

短	期	的	に	は	生	産	管	理	の	専	任	者	を	配	置	し	、	機	械
加	工	・	熱	処	理	の	一	**貫**	し	た	**生**	**産**	**計**	**画**	**を**	**策**	**定**⁵	し	、
生	**産**	**計**	**画**	**の**	**見**	**直**	**し**	**を**	**短**	**サ**	**イ**	**ク**	**ル**	**化**³	し	外	注	か	ん
ば	ん	**に**	**対**	**応**²	す	る	体	制	を	構	築	す	る	。	長	期	的	に	は
そ	の	他	の	加	工	品	に	つ	い	て	も	同	様	に	後	工	程	引	取
方	式	を	採	用	し	、	生	産	管	理	を	効	率	化	で	き	る	運	用
を	検	討	す	る	。														

【メモ・浮かんだキーワード】　生産管理の専任担当者配置は定番（と勝手に思っている）

【当日の感触等】　ここも聞かれていることは定番だとにらんだが、手ごたえは皆無。そもそも設問文で何を求められていたのかまったくわからない。「構築する」と「運用（を検討）する」を述語にした文を2つ書いたが、明後日のほうを向いている気がする。

【ふぞろい流採点結果】　10/20点

第4問（配点20点）　　　120字

戦	略	は	、	X	社	と	の	後	工	程	引	取	方	式	の	ノ	ウ	ハ	ウ
を	活	か	し	て	、	**X**	**社**	**向**	**け**	**自**	**動**	**車**	**部**	**品**	**以**	**外**	**の**	**受**	**注**
を	**拡**	**大**⁴	す	る	。	強	み	で	あ	る	**金**	**属**	**熱**	**処**	**理**	**・**	**機**	**械**	**加**
工	**技**	**術**	**の**	**高**	**さ**³	を	活	か	し	た	上	で	、	仕	掛	品	在	庫	を
低	く	保	ち	つ	つ	、	多	品	種	少	量	の	受	注	ロ	ッ	ト	生	産
に	対	応	し	、	他	社	と	の	**差**	**別**	**化**²	を	図	る	。				

【メモ・浮かんだキーワード】　他社との成功事例と、自社の強みを生かして、機会にぶつけるのは定番（と勝手に思っている）

【当日の感触等】　正直言って、これも何を求められているのか、よくわからなかった。しかし、同じようなことが直前に受けた予備校の模試でもあった。そのときの模範解答が上記のとおり「他社との好事例と自社の強みを生かして機会にぶつける」というものだったので、藁にもすがる思いでそう書いた。マーケットが多品種少量生産への対応を求めているのかどうか怪しい。与件文に書いてあった内容をもとにしたつもりだが、随分と都合よく解釈したような気がする。

【ふぞろい流採点結果】　9/20点

【ふぞろい評価】　57/100点　　　【実際の得点】　64/100点

どの設問でも題意を外すことなく解答が作成できており、また与件文との適切な対応づけができていることから、全体として合格レベルを維持しています。第4問で製造面以外の社内対応策に触れられていれば、点数がさらに伸びたものと思われます。

ホリホリ 編（勉強方法と解答プロセス：p.158）

1．昼休みの行動と取り組み方針

　事例Ⅱまでを終えて昨年よりは対応できたと落ち着いた気持ちで迎える昼休み。前席の受講生仲間が「ターゲットと提携先は何にしましたか？」と、試験が終わるまでに試験の感想を話さないようにしようという仲間内での約束を破ってきた……。解答内容がまったく異なったものの、あまり動揺しない性格なので、とてもリラックスできた。事例Ⅰと事例Ⅱの間に間食をしていたので、昼食はおにぎり1個とコーヒーで済ませることができ、眠気防止になった。その後、アイマスクをしながら、15分間ほど仮眠をして、心身ともにリラックスした。模試試験などで、事前に計画していたルーティーンであった。リフレッシュができたので、事例Ⅲも集中できそうだ。

2．80分間のドキュメント

【手順0】開始前（〜0分）

　引き続き、ラムネとチョコレートを食べながら糖分補給しファイナルペーパーを読んで、事例Ⅲの脳にすることに集中していた。事例Ⅲは「QCD＋全体最適！」を心のなかで言い聞かせながら、難問が出ても、与件文と設問文に沿った解答を心掛けること、事例Ⅲの戦略問題も「誰に→何を→どのように→効果」（以下、だなどこ）フレームで書くところをイメトレしていた。

【手順1】準備（〜3分）

　カウントアップタイマーを押して、受験番号を丁寧に書く。問題用紙、解答用紙のボリューム、配点をチェックし、段落づけと段落ごとに線を引く。与件文と設問の間の紙を切る（ここまで作業）。1段落目（複数部門があるな）と最終段落付近（最終段落付近に社内方針が詳細に書かれているのは珍しい？）の内容をおおむねチェックして、C社全体の方向性をつかむ。今年は図や表がないから、自分で書いてイメージしないといけないかもな〜。

【手順2】設問解釈（〜8分）

第1問　「事業変遷」なので、過去から現在のものか、変遷するうえで必要になったものか。強みの切り口は、営業面、設計面、技術面、生産面を想定する。

第2問　「生産面」での効果は、稼働率向上、強みの強化。リスクは、QCDの観点、ノウハウ不足を想定。また「X社からの機械加工の受託生産に応じる場合」という制約条件から、現在はリスクではないが、応じることによって発生するリスクと想定した。

第3問（設問1）「新工場計画についての方針に基づいて」という制約条件から、与件文に方針が書かれているだろう。「量産」を強調チェック、「生産性を高める」を効果チェック、「新工場の在り方」を要求チェックしよう。

第3問（設問2）　外注かんばんを使った後工程引取方式の知識が欠如していた……。「生産管理上」ということで、生産計画・統制を想定する。140字と字数が多いため、知識を

問われる場合は、分が悪い問題だと認識しよう。

第4問　戦略の最終問題のため、第1問から第4問に矢印を引き、第1問の解答に使ったキーワードを活用することを意識しよう。解答フレームは、だなどこ。「何を（な）」は強みの活用、「効果（こ）」は、課題解決、強みの強化を想定する。

【手順3】与件文読解と設問への対応づけ（〜30分）

【企業概要】　金属熱処理は、設備投資負担が大きくて特殊な技術の蓄積が必要だから、C社に外注されているのか。また、取引先の要望で、機械加工と設計部門を創設して、受注・売上を増やしたことが成功事例。工業会の商談会で、大手取引先のX社と出会う機会になったのも成功事例。

【生産の概要】　熱処理工場と機械加工工場の建屋は一緒がよくないか？　生産プロセスで、機械加工を伴う受注と熱処理加工のみの受注により異なっていることは、基準チェック（属人的に実施していること）。8段落目は、生産計画の詳細が書かれていて、多数の基準チェックをした。

【自動車部品機械加工の受託生産計画】　自動車部品メーカーX社からの生産移管を受けるにあたって、課題となる詳細が書かれている。特に8段落目と11段落目を比較した理解が必要だ。13、14段落目は、新工場計画を進めるうえでの方針と、C社社長の社内表明が書かれていて、第3問（設問1）の解答に使えるものが多い。第2、3問の問われ方が例年と異なるものの、対応づけはしやすい与件文の構成と思えた。

【手順4】解答作成（〜80分）

第3問は、時間かかりそうだから最後に解こう。

第1問　定番の強みなので、最初に解こう。強みを80字にまとめるには、字数が少ない。「事業変遷を理解した上」という制約条件から時系列ごとに書くことと、第4問にも活用できそうなキーワードを列挙しよう。

第2問　予め設問解釈時に想定したことなので解答しやすい。ただ、前半に文字数を使っていたため、リスクの部分は因果の果しか書けない……。

第4問　解答の方向性は理解できたものの、最初の構成では80字ほどになる……。見栄えは悪いものの、強みと結果の列挙にし、多くのキーワードを入れちゃおう。

第3問（設問2）　80字ほど解答してから、（設問1）のほうが解きやすいのに気づいて、一旦（設問1）を先に解答した。苦し紛れに、（設問1）と重複解答にした。まったく自信ない……。

第3問（設問1）　14段落目の社内方針の内容から前半の解答を作成した。それ以外は、活用できていない段落のキーワードを用いて、解答したものの、自信がない……。

3．終了時の手ごたえ・感想

第3問の手ごたえがまったくなかったので、これはA判定どころではなく、やってしまったかもしれないと呆然としてしまった。模試などでは、安定した得点を重ねていた事例だけに、本試験の怖さを痛感した……。

〜この資格を目指して変わったこと〜

勉強すること自体に抵抗感がなくなりました。知識をドンドン吸収したくなる病が発生⁉

合格者再現答案＊（ホリホリ 編）　　　　　事例Ⅲ

第1問（配点20点）　80字

強	み	は	①	**熱**	**処**	**理**	**専**	**業**	**企**	**業**[2]	と	し	て	創	業	し	加	工	技
術	力	強	化	②	**設**	**計**	**部**	**門**[2]	と	機	械	加	工	部	門[3]	設	置	③	工
業	会	所	属	で	X	社	と	取	り	引	き	し	安	定	受	注	④	**技**	**術**
資	**格**	**保**	**有**	**の**	**ベ**	**テ**	**ラ**	**ン**[4]	**で**	**加**	**工**	**品**	**質**	**保**	**持**[2]	。			

【メモ・浮かんだキーワード】　強みなので、営業力、技術力、開発力の切り口を想定

【当日の感触等】　80字なのでぎゅうぎゅう詰めになった感はあるけど、書きたいものは書けた。6割は取れてほしい。

【ふぞろい流採点結果】　13/20点

第2問（配点20点）　100字

生	産	面	の	効	果	は	①	量	産	に	よ	り	設	備	・	作	業	者	の
稼	**働**	**率**	**向**	**上**[5]	②	寸	法	や	形	状	の	異	な	る	部	品	や	新	た
な	工	作	機	械	に	よ	る	**加**	**工**	**ノ**	**ウ**	**ハ**	**ウ**	**獲**	**得**[6]	③	X	社	関
係	性	強	化	で	安	定	受	注	。	リ	ス	ク	は	①	**納**	**期**	**遅**	**れ**[3]	②
OJ	T	教	育	や	**加**	**工**	**技**	**術**	**者**	**の**	**不**	**足**[4]	③	加	工	品	質	低	下。

【メモ・浮かんだキーワード】　効果は、稼働率向上、技術力向上、関係性強化を想定。リスクは、QCDを想定

【当日の感触等】　効果とリスクとも、3つずつ書いたので、6割は取れてほしいな。ただ書きたかったコストに触れられなかった……。

【ふぞろい流採点結果】　17/20点

第3問（配点40点）

（設問1）　120字

在	り	方	は	**生**	**産**	**性**	**を**	**高**	**め**	**る**[3]	為	①	作	業	方	法	を	ベ	テ
ラ	ン	に	よ	る	**OJ**	**T**	**教**	**育**[3]	し	、	作	業	方	法	の	標	準	化[4]	・
文	書	化	②	製	品	別	等	レ	イ	ア	ウ	ト	の	最	適	化[3]	③	最	適
な	**新**	**規**	**設**	**備**	**選**	**定**[4]	の	為	、	工	業	会	の	精	通	し	て	い	る
企	業	か	ら	助	言	を	受	け	る	④	多	品	種	少	量	の	受	注	生
産	体	制	の	為	、	**多**	**能**	**工**	**化**[2]	で	汎	用	機	械	操	作	者	増	員。

【メモ・浮かんだキーワード】　なし

【当日の感触等】　14段落目の裏返し解答と強みの活用を書いた。こんな対応でよいのか不安になった。

【ふぞろい流採点結果】　16/20点

〜この資格を目指して変わったこと〜
時間の使い方。隙間時間でも何かできることを探してやるようになった。

（設問2）　　　　　140字

対	応	策	は	①	機	械	加	工	部	と	熱	処	理	部	の	生	産	計	画
を	ま	と	め	⁵、	納	期	順	で	短	サ	イ	ク	ル	に	生	産	計	画	作
成³	②	納	品	予	定	内	示	や	外	注	か	ん	ば	ん	の	デ	ー	タ	を
材	料	商	社	に	共	有	化	で	自	動	発	注⁴	③	生	産	統	制⁴	し	仕
掛	品	抑	制	④	設	計	部	門	増	員	し	多	品	種	少	量	の	受	注
生	産	体	制	で	納	期	遅	延	抑	制¹	⑤	製	品	別	等	レ	イ	ア	ウ
ト	の	最	適	化	⑥	OJ	T	教	育	で	作	業	方	法	標	準	化	。	

【メモ・浮かんだキーワード】　生産計画・統制、短サイクル化、納期順

【当日の感触等】　まったく理解できなかった。とりあえず解答に使用していない段落活用と、（設問1）との重複解答でなんとか文字数を埋めた……。

【ふぞろい流採点結果】　17/20点

第4問（配点20点）　　　　120字

多	品	種	少	量	の	受	注	生	産	に	対	応	す	る	為	、	加	工	技
術	力	、	設	計	力	、	技	術	資	格	保	有	者	に	よ	る	高	い	加
工	品	質	を	活	用	し	、	工	業	会	の	協	力	で	、	高	付	加	価
値	製	品	を	提	供²	す	る	戦	略	。	結	果	①	工	業	会	に	所	属
す	る	X	社	以	外	の	取	引	先	を	開	拓⁴	し	売	上	拡	大⁴	②	X
社	依	存	回	避²	③	新	工	場	の	稼	働	率	向	上²	。				

【メモ・浮かんだキーワード】　課題解決、強みの活用

【当日の感触等】　強みの列挙が雑すぎたかな。80字ぐらいになってしまったので、結果を列挙した……。第3問も自信ないので事例Ⅲで大きく不安を感じた。

【ふぞろい流採点結果】　12/20点

【ふぞろい評価】　75/100点　　　【実際の得点】　69/100点

　どの設問でも因果を意識しながら短い文章で多面的にキーワードを盛り込むことができており、結果として高得点につながっています。第1問で熱処理加工の特殊な技術と設備に言及すれば、さらに得点が伸びたものと思われます。

Column

自分で決めて、やり抜く

　2年目の2次試験、私の勉強スタイルは非効率で泥臭いものでした。そんな私に苦言を呈する人もいて、本当にこれでいいのだろうか、自分のやり方は間違っているのではないだろうか、と悩んだ時期がありました。そんなとき、前年に合格された方からズバッと言われた言葉がこちらです。「自分でやるって決めたんだったら、他の人に何を言われても、やり抜いてほしい！」　この言葉が思いっきり心に刺さり、そこからは誰に何を言われても揺るがず、自分で立てた計画に沿って勉強を進めました。試験後は、すがすがしい気持ちで、これで落ちていても悔いはないと思えました。

(マリ)

～この資格を目指して変わったこと～

　自分の属している業界以外の動きにもアンテナが高くなった気がする。

まっつ 編 （勉強方法と解答プロセス：p.160）

1. 昼休みの行動と取り組み方針

　事例Ⅰ、事例Ⅱはともに合格点前後という手ごたえだったので、事例Ⅲは何があっても50点を獲得したい。そして事例Ⅳでいつもどおり得点できれば合格できるはずだ。思えば昨年2次試験で散った最大の理由は、事例Ⅲで終了時刻を実際より10分遅い時刻と勘違いする痛恨のミスを犯したこと。そしてその原因は午前中が思いどおりの展開となったことで、緊張が一気に解け、気が緩んだからだ。「今年は適度に緊張したままの状態で午後の試験に臨み、絶対にリベンジする！」と考えながら、朝コンビニで買ってきたパンを教室で食べる。食べ終わった後は、リフレッシュのため音楽を聴きながら15分ほど散歩をする。試験開始20分前には教室に戻り、お守りを握りしめてリラックス。

2. 80分間のドキュメント

【手順0】開始前（〜0分）

　事例Ⅲの脳にするために、生産管理、作業者、作業方法、情報のあるべき姿を頭のなかでおさらいする。また、整理が難しい問題は深入りせずに自分がわかることだけ解答することを改めて自分に言い聞かせる。

【手順1】準備（〜1分）

　まずは解答用紙に目をやると、560字とほぼ例年どおりのマス目で特に変わったことはなし。次に問題用紙の試験終了時間を確認して頭に叩き込む。そして業種と規模を確認して与件文の段落割りを行う。「今年は図表なしか？」と思っていると14段落目の箇条書きが目に留まる。とても気になるがとりあえず今は先に進もう。

【手順2】設問解釈（〜10分）

[第1問]　設問要求は「強み」、制約条件は「事業変遷を理解すること」、階層は「戦略」、構文は「強みは〜」、方向性は「最終問題で活用する」といったところだな。

[第2問]　設問要求は「効果とリスク」、制約条件は「生産面」、階層は「戦術」、構文は「効果は〜。リスクは〜。」、生産計画は他の設問で問われているので、方向性は効果・リスクともに「生産工程」「作業内容」「作業者」が本命だ。

[第3問]（設問1）　設問要求は「新工場の在り方」、制約条件は「生産性を高める」、階層は「戦術」、構文は「新工場の在り方は〜」、方向性は「課題」「要件」だろうか？

[第3問]（設問2）　設問要求は「必要な検討」、制約条件は「生産管理上」、階層は「施策」、構文は「必要な検討は〜」、方向性は「生産計画」「生産統制」だろう。ところで「外注かんばん」とは外注先に出すかんばんのことか？　JIT？

[第4問]　設問要求は「新工場が稼働した後の戦略」、制約条件は「なし」、階層は「戦略」、構文は「今後の戦略は〜。」、方向性は「誰に、何を、どのように、効果」だろう。おそらく第1問だけではなく第3問（設問1）も活用する必要がありそうだ。

【手順3】与件文と設問の紐づけ（〜25分）

2段落目　熱処理加工工程という難しい工程を行える技術力、ノウハウがC社の強みということだな。第1問と第4問に紐づける。

3段落目　熱処理加工工程だけではなく前工程も持つことで多品種少量の受注生産を行っているようだ。工程と強みの記述なので、第1問、第2問、第4問に紐づける。

4段落目　「X社の割合は約20％までになっている」は今後の課題だろうか？　第4問に紐づけしよう。それ以外の記述に関しては第3問に紐づける。

5段落目　現工場の状況なので第3問（設問1）に紐づける。

6段落目　作業者と強みについての記述なので、第1問、第2問、第4問に紐づける。

8段落目　生産計画に関する記述なので第3問（設問2）に紐づけてよいだろう。

10段落目　工程と生産量に関しての記述は第2問に紐づけ、ラインや工作機械の記述は第3問（設問1）に紐づける。

11、12段落目　後工程引取方式と外注かんばんの記述は第3問（設問2）に紐づけて問題ないだろう。

13、14段落目　社長の表明をすべて第3問（設問1）に紐づけ、作業者に関する記述は第2問に紐づける。さらに「X社向けの自動車部品以外の〜」の記述を工場稼働後の課題と認識し、第4問に紐づける。

【手順4】解答作成（〜78分）

第2問　生産面でなければ書きやすいのだが……。とりあえず「作業者」と「作業方法」について与件文から読み取れる改善点を書こう。リスクについては、初めての本格機械加工工程導入と生産量が2倍になることで発生する事象を書こう。難しい……。

第3問（設問1）　設問要求は「どういう工場にするか？」という意味だろう。ここは生産性向上に関する社長の表明に対応していく方向でよいはずだ。深入りしないでわかる範囲で書こう。

第3問（設問2）　とても難しいが生産管理上の検討なので、ここは定石どおり生産計画と生産統制について書こう。あとは調達に関しても記載する必要があるだろう。

第1問　この問題は与件文にある強みを素直に書くべきだ。ここで時間を節約しよう。

第4問　元々の強みと新工場設立で得た強みを活用する方向だろう。あとは社長の表明どおり、X社以外の機械加工を受注する展開とし、売上依存抑制にも触れよう。

【手順5】見直し（〜80分）

解答の誤字脱字を確認後にペンを置き、終了の声がかかるのを待つ。

3．終了時の手ごたえ・感想

難しかった……。ただ第2問と第3問の解答は相当割れるはずだ。目標の50点は取れたと信じよう。昨年の二の舞は演じないと意気込んだ事例Ⅲだったが、最後まで冷静に対応できた。この1年は無駄ではなかった。悔いはない。

〜ストレート受験生あるある〜
　1次試験前にどの程度2次筆記試験の勉強に手を出すか悩む。

合格者再現答案＊（まっつ 編）　　　　　　　　　　事例Ⅲ

第1問（配点20点）　80字

強	み	は	①	温	度	管	理	の	**特**	**殊**	**な**	**技**	**術**[3]	を	持	ち	、	他	社
の	金	属	製	品	の	熱	処	理	が	実	施	可	能	な	体	制	を	有	す
る	事	。	②	**技**	**能**	**資**	**格**	**を**	**持**	**つ**	**作**	**業**	**者**[4]	と	、	汎	用	機	械
加	工	機	を	扱	え	る	作	業	者	に	よ	る	**加**	**工**	**品**	**質**[2]	。		

【メモ・浮かんだキーワード】　第4問で活用するはず

【当日の感触等】　特に問題ないだろう。6割は確保したはずだ。

【ふぞろい流採点結果】　9/20点

第2問（配点20点）　100字

効	果	は	、	X	社	の	要	望	に	応	え	る	事	で	、	**作**	**業**	**標**	**準**
化	と	**作**	**業**	**方**	**法**	**の**	**教**	**育**[6]	が	行	わ	れ	、	組	織	と	し	て	の
加	工	品	質	が	維	持	で	き	る	点	。	リ	ス	ク	は	**初**	**め**	**て**	**の**
工	**程**	**導**	**入**	と	、	**受**	**注**	**量**	**が**	**2**	**倍**	**に**	**な**	**る**	**事**[4]	で	、	生	産
現	**場**	**が**	**混**	**乱**[4]	す	る	点	。											

【メモ・浮かんだキーワード】　生産工程、作業方法、作業者

【当日の感触等】　効果は自信がないが、自身の解答プロセスを信じて解答した。リスクは
QCDすべて問題が発生する可能性があるが、100字にまとめるのはかなり困難なので一言
で表現した。因果関係はおかしくないので6割は取れたはずだ……。

【ふぞろい流採点結果】　14/20点

第3問（配点40点）

（設問1）　　　　120字

新	工	場	の	在	り	方	は	①	**熱**	**処**	**理**	**工**	**場**	と	**機**	**械**	**加**	**工**	**工**
場	を	同	じ	敷	地	内	ス	ペ	ー	ス	に	配	置	す	る	**事**[1]	。	②	導
入	設	備	は	汎	用	機	と	し[4]	、	機	能	別	レ	イ	ア	ウ	ト[1]	で	配
置	し[3]	、	多	品	種	少	量	の	生	産	に	対	応	す	る	事	。	③	作
業	者	の	**多**	**能**	**工**	**化**[2]	を	図	り	、	多	工	程	持	ち	と	し	、	柔
軟	な	生	産	体	制	に	整	備	す	る	事	。							

【メモ・浮かんだキーワード】　課題、要件

【当日の感触等】　新工場をどうするかについてそれなりに書いているので0点ということは
ないはず。6割は取れたはずだ。

【ふぞろい流採点結果】　11/20点

（設問2）　　　　140字

必	要	な	検	討	は	①	生	産	計	画	を	3	ヶ	月	毎	に	、	**熱**	**処**
理	**工**	**程**	と	**機**	**械**	**加**	**工**	**工**	**程**	を	ま	と	め	て	作	成⁵	し	、	電
子	デ	ー	タ	の	連	携	に	合	わ	せ	て	、	1	ヶ	月	、	3	日	毎
に	更	新³	す	る	事	。	②	材	料	の	調	達	は	、	計	画	の	更	新
に	合	わ	せ	て	1	ヶ	月	毎	に	発	注	し	、	生	産	に	間	に	合
わ	せ	る	事⁴	。	③	進	捗	・	現	品	・	余	力	管	理	を	徹	底⁴	し	、
生	産	計	画	を	遵	守	す	る	事	。									

【メモ・浮かんだキーワード】　生産計画の作成頻度と更新、生産統制

【当日の感触等】　試験官が本当に書かせたいことに到達しているとは思えないが、生産管理上の検討事項は記載した。ここは4割取れていればOKだ。

【ふぞろい流採点結果】　16/20点

第4問（配点20点）　　120字

戦	略	は	、	強	み	の	特	殊	技	術	や	**加**	**工**	**品**	**質**¹	を	活	用	し
た	**熱**	**処**	**理**	**工**	**程**³	と	、	**本**	**格**	**的**	**機**	**械**	**加**	**工**	**工**	**程**⁴	に	よ	る
複	数	工	程	で	、	細	か	い	顧	客	要	望	に	対	応	可	能	な	体
制	と	し	、	X	社	以	外	の	部	品	メ	ー	カ	ー	に	対	し	、	事
業	**展**	**開**	**を**	**行**	**う**⁴	事	。	こ	れ	に	よ	り	、	X	社	へ	の	依	存
を	抑	制²	し	、	健	全	で	低	リ	ス	ク	な	事	業	運	営	が	可	能	。

【メモ・浮かんだキーワード】　誰に、何を、どのように、効果

【当日の感触等】　120字ではこんなところだろう。6割取れてもいいはずだ。

【ふぞろい流採点結果】　14/20点

【ふぞろい評価】　64/100点　　【実際の得点】　62/100点

　第1問で一貫生産体制に関する言及がなかったことと、第3問（設問1）で多くの受験生が書いていた「作業の標準化・マニュアル化」への言及がなかったことから点数を落としていますが、それ以外の設問でバランスよくキーワードを盛り込むことで合格点を維持しています。

Column

診断士は勉強が楽しいと気がつく資格

　診断士試験の合格者と飲むときがあり「診断士の勉強を始めて、勉強ってこんなに面白かったんだ～って気がつくよね！」という話で盛り上がることが多いです。日本人は社会人になってから勉強をする時間が諸外国と比べて少ないと聞いたことがありますが、座学は受験勉強以来していなかった人も多いのではないでしょうか？　そんなときに、7科目もの教科を勉強するのは未知との遭遇でとても心がときめくものです。診断士合格後に勉強に目覚め、ほかの資格（公認会計士、キャリアコンサルタント、ファイナンシャル・プランニング技能士など）の勉強を始める方も多いですよ。　　　　　　　　　　（いけぽん）

おはこ 編（勉強方法と解答プロセス：p.162）

1．昼休みの行動と取り組み方針

　昼休みといってもほかの休み時間より20分長いだけだ。相変わらず自分のペース維持だけに気を配る。午後に眠くならないよう、昼食はサンドイッチだけで軽めに済ませた。また、疲れを引きずらないようストレッチをしてリフレッシュした。1日がかりの試験だから、うまくいくときといかないときが入れ替わり立ち替わりやってくる。一喜一憂せず淡々と得点を積み重ねることに集中せよ。

2．80分間のドキュメント

【手順0】開始前（～0分）

　開始前はいつもどおり、自分のチェックポイントを頭のなかで確認する。事例Ⅱでは、こだわりすぎて時間をかけすぎた設問があったので、午後は気をつけよう。

【手順1】準備（～1分）

　いつもどおり、与件文と設問文にざっと目を通す。

【手順2】設問解釈（～20分）

　まずは各設問文の題意と制約条件をチェックし、事例全体のストーリーを探る。

　第1問　題意は「強み」。「事業変遷を理解した上で」との制約条件があるから、C社の過去の強みをまとめればよい。他の設問と整合性がとれるよう、最後に書く。

　第2問　題意は「効果とリスク」だ。それぞれ1文ずつ、因果を明確に書く。「生産面での」という制約条件があるので、売上など営業面は書かないよう注意すること。

　第3問　「X社から求められている新規受託生産の実現」が第3問全体のゴールだ。

　（設問1）　題意の「新工場の在り方」とはどういうことだろうか。制約条件の「新工場計画についての方針」は与件文を確認。「生産性を高める量産加工のための」は（設問1）のゴール（効果）だ。「120字」と長いので、3～4つの視点を盛り込みたい。

　（設問2）　題意は「どのような検討が必要」か。「後工程引取方式」は自分のまとめシートでは省略してしまい準備が手薄なテーマだから、与件文を頼りに考えるしかない。「構築と運用を進めるために」が（設問2）のゴール（効果）。切り口としても使えそうだ。「生産管理上」とあるので、生産計画と生産統制の切り口もありうる。140字もあるから、与件文の情報を丁寧に盛り込もう。

　第4問　題意は「戦略」。「新工場が稼働した後の」という制約条件から、将来の戦略を書けばよい。強みを機会にぶつけること、誰に、何を、どのように。

　以上より、本事例はC社の現在までの強みを分析したうえで、X社からの新規受託生産の生産面の課題を検討し、新工場稼働後の戦略を見出すストーリーのようだ。

【手順3】与件文読解（～45分）

　SWOT、全体戦略、生産・技術に関するワードと、接続詞や時制、わざわざ表現をチェッ

クし、出題者からのヒントを探る。

☐2段落目　「装置産業の色彩が強く」「特殊な技術の蓄積が必要」な金属熱処理を「専業」で行ってきたとある。これは強みとなりそうだ。

☐3段落目　機械加工は、設計部門が「現在2名で担当」し、「多品種少量の受注生産」を行っている点をチェックする。

☐4段落目　自動車部品メーカーとの取引は「C社売上高に占めるX社の割合は約20%までになっている」とある。これは、依存度を高めたくないという方向性だろうか。

☐5、6段落目　熱処理工場と機械加工工場では「技能士資格をもつベテラン作業者」「汎用機械加工機の扱いに慣れた作業者」によって品質を確保している。

☐8段落目　生産計画は「機械加工部と熱処理部それぞれで立案」している。情報共有がしにくいかもしれない。「受注生産」の特徴を思い出したいが、パッと出てこない。

☐10、11段落目　「初めての本格的量産機械加工」は、経験やノウハウがないことを示しているのだろうか。接続詞「また」の前後に書かれた、加工能力の増強（10段落目）と後工程引取方式の運用（11段落目）が受託生産計画のポイントのようだ。

☐12段落目　「その他の加工品については従来同様の」運用となるから、混乱しそうだ。

☐13、14段落目　C社社長は「新工場計画について前向きに検討」している。新工場建設の機会にさらなる成長を目指し、具体的な方針が4つ示されている。

【手順4】解答作成（～79分）

☐第2問　生産面での効果は、「機械加工部門の生産量は現在の約2倍」になり、加工能力を整備できて今後の成長につながること。リスクについては「初めての本格的量産機械加工」のため蓄積した強みを生かせないこと、もしくはX社への依存度が高まることが考えられる。「生産面」との制約条件から、前者を選択する。

☐第3問（設問1）　13段落目の社長の方針を「生産性を高める量産加工」につながる形で整理する。項目2は方法（Method）、項目3は設備（Machine）、項目4は人（Man）だ。項目1が4M（人、設備、原材料、方法）に当てはめにくいので悩ましい。美しくないが、項目2～4だけで整理してしまう。（設問2）はわからないので後回しにする。

☐第4問　戦略だから、ドメイン（誰に、何を、どのように）の切り口で書く。社長は新工場の方針1で「X社向け」以外への活用を示しているから、X社以外をターゲットに量産機械加工を提案する戦略がよい。ターゲットはすでに接点のある取引先が現実的だ。

☐第1問　またやってしまったが、時間がない。2～6段落目から、「特殊な技術の蓄積」と「作業者の個人技能」、つまり方法と人の切り口で書く。

☐第3問（設問2）　残り5分もない。11段落目の内容をまとめる。

【手順5】見直し（～80分）

見直し時間はほとんどない。誤字脱字や汚い字を直して終了。

3．終了時の手ごたえ・感想

時間的に厳しく出来はわからないが、与件文から離れずに書き切った。

～2年目受験生あるある～
「この過去問3回目だよ」と思いながら、いざ解くと間違える。

合格者再現答案＊（おはこ 編）　　事例Ⅲ

第1問（配点20点）　80字

強	み	は	、	①	熱	処	理	や	機	械	加	工³	に	必	要	な	装	置¹	と
特	殊	な	技	術	の	蓄	積³	が	あ	る	こ	と	、	②	熱	処	理	の	技
能	士	資	格	を	も	つ	ベ	テ	ラ	ン	作	業	者⁴	や	機	械	加	工	機
の	扱	い	に	慣	れ	た	作	業	者	が	い	る	こ	と	で	あ	る	。	

【メモ・浮かんだキーワード】　内部と外部、ハードとソフト、人・設備・方法

【当日の感触等】　第2問で使う「装置や技術」は指摘できたが、第4問で使う一貫生産体制について言及できなかった。

【ふぞろい流採点結果】　11/20点

第2問（配点20点）　100字

効	果	は	、	機	械	加	工	部	門	の	生	産	量	が	現	在	の	約	2
倍	に	な	る	と	予	想	さ	れ	る	た	め	、	そ	れ	に	応	え	る	加
工	能	力	を	整	備³	で	き	る	こ	と	。	リ	ス	ク	は	、	初	め	て
の	本	格	的	量	産	機	械	加	工	の	た	め	、	こ	れ	ま	で	蓄	積
し	た	装	置	や	特	殊	な	技	術	を	生	か	せ	な	い⁴	こ	と	。	

【メモ・浮かんだキーワード】　生産面と営業面

【当日の感触等】　与件文を使って因果を重視してまとめたが、効果もリスクも1つずつで多面的でない点が気になる。

【ふぞろい流採点結果】　7/20点

第3問（配点40点）

（設問1）　　120字

新	工	場	の	在	り	方	は	、	①	作	業	設	計	、	工	程	レ	イ	ア
ウ	ト	設	計³	な	ど	に	よ	り	量	産	機	械	加	工	に	最	適	な	設
備⁴	を	備	え	て	い	る	こ	と	、	②	作	業	方	法	の	教	育³	を	実
施	し	、	作	業	者	の	技	能	が	向	上	し	て	い	る	こ	と	、	③
作	業	標	準	化⁴	を	進	め	、	加	工	品	質	の	バ	ラ	ツ	キ	が	抑
え	ら	れ	て	い	る	こ	と¹	、	で	あ	る	。							

【メモ・浮かんだキーワード】　人・設備・方法

【当日の感触等】　社長の方針2〜4をもとにまとめたが、方針1を組み込めなかった点が気がかりだ。

【ふぞろい流採点結果】　13/20点

（設問2）　　　　　140字

必	要	な	検	討	は	、	①	機	械	加	工	部	と	熱	処	理	部	そ	れ
ぞ	れ	で	立	案	し	て	い	た	**生**	**産**	**計**	**画**	**を**	**合**	**わ**	**せ**	**て**	**計**	**画**⁵
で	き	る	よ	う	に	す	る	こ	と	、	②	納	期	を	優	先	し	て	月
ご	と	に	作	成	し	て	い	た	日	程	計	画	を	、	**3**	**日**	**前**	**の**	**納**
品	**確**	**定**	**で**	**対**	**応**³	で	き	る	よ	う	に	す	る	こ	と	、	③	日	程
計	画	の	確	定	後	に	発	注	し	て	い	た	**材**	**料**	**の**	**調**	**達**	**を**	、
確	**定**	**前**	**に**	**発**	**注**⁴	で	き	る	よ	う	に	す	る	こ	と	で	あ	る	。

【メモ・浮かんだキーワード】　なし

【当日の感触等】　時間不足で切り口を明確にできず、与件文を整理しただけになってしまった。過不足があるかもチェックできていない。多少点数が入ればよいのだが……。

【ふぞろい流採点結果】　12/20点

第4問（配点20点）　　120字

戦	略	は	、	量	産	品	の	**熱**	**処**	**理**³	か	ら	機	械	加	工	ま	で	一
貫	**で**	**対**	**応**	**で**	**き**	**る**	**体**	**制**²	を	い	か	し	て	、	こ	れ	ま	で	熱
処	理	や	機	械	加	工	を	受	注	し	て	き	た	輸	送	用	機	械	、
産	業	機	械	、	建	設	機	械	な	ど	の	金	属	加	工	製	造	業	の
顧	客	に	対	し	、	**新**	**た**	**に**	**量**	**産**	**の**	**機**	**械**	**加**	**工**	**品**	**を**	**提**	**案**⁴
し	**受**	**注**	**を**	**増**	**や**	**す**⁴	こ	と	で	あ	る	。							

【メモ・浮かんだキーワード】　ドメイン（誰に、何を、どのように）、強みを機会に

【当日の感触等】　多品種少量の加工を受注してきた既存顧客に量産機械加工のニーズがあるか、与件文からはわからなかったが、すでに接点のある顧客へのアプローチが現実的と考えた。

【ふぞろい流採点結果】　13/20点

【ふぞろい評価】　56/100点　　【実際の得点】　54/100点

　第2問で効果・リスクいずれも多面的な解答ができなかったため、得点が伸びませんでした。そのほかの設問ではところどころキーワードの抜けはあるものの、重要なキーワードは漏らしていないことから6割近くをキープしており、結果的にリカバリーできています。

▶事例Ⅳ（財務・会計） ◀

令和元年度　中小企業の診断及び助言に関する実務の事例Ⅳ
（財務・会計）

　D社は、1940年代半ばに木材および建材の販売を開始し、現在は、資本金2億円、従業員70名の建材卸売業を主に営む企業である。同社は、連結子会社（D社が100％出資している）を有しているため、連結財務諸表を作成している。

　同社は3つの事業部から構成されている。建材事業部では得意先である工務店等に木材製品、合板、新建材などを販売しており、前述の連結子会社は建材事業部のための配送を専門に担当している。マーケット事業部では、自社開発の建売住宅の分譲およびリフォーム事業を行っている。そして、同社ではこれらの事業部のほかに、自社所有の不動産の賃貸を行う不動産事業部を有している。近年における各事業部の業績等の状況は以下のとおりである。

　建材事業部においては、地域における住宅着工戸数が順調に推移しているため受注が増加しているものの、一方で円安や自然災害による建材の価格高騰などによって業績は低迷している。今後は着工戸数の減少が見込まれており、地域の中小工務店等ではすでに厳しい状況が見られている。また、建材市場においてはメーカーと顧客のダイレクトな取引（いわゆる中抜き）も増加してきており、これも将来において業績を圧迫する要因となると推測される。このような状況において、同事業部では、さらなる売上の増加のために、地域の工務店等の取引先と連携を深めるとともに質の高い住宅建築の知識習得および技術の向上に努めている。また、建材配送の小口化による配送コストの増大や非効率な建材調達・在庫保有が恒常的な収益性の低下を招いていると認識している。現在、よりタイムリーな建材配送を実現するため、取引先の了解を得て、受発注のみならず在庫情報についてもEDI（Electronic Data Interchange、電子データ交換）を導入することによって情報を共有することを検討中である。

　マーケット事業部では、本社が所在する都市の隣接地域において建売分譲住宅の企画・設計・施工・販売を主に行い、そのほかにリフォームの受注も行っている。近年、同事業部の業績は低下傾向であり、とくに、当期は一部の分譲住宅の販売が滞ったことから事業部の損益は赤字となった。経営者は、この事業部について、多様な広告媒体を利用した販売促進の必要性を感じているだけでなく、新規事業開発によってテコ入れを図ることを検討中である。

　不動産事業部では所有物件の賃貸を行っている。同事業部は本社所在地においてマンション等の複数の物件を所有し賃貸しており、それによって得られる収入はかなり安定的で、全社的な利益の確保に貢献している。

　D社の前期および当期の連結財務諸表は以下のとおりである。

~使ったペンの種類・本数~
　シャーペン3本（黒、赤、青）。ナノダイヤのカラー芯は、あくまで脇役に徹する絶妙な濃さです。

連結貸借対照表

(単位：百万円)

	前期	当期		前期	当期
＜資産の部＞			＜負債の部＞		
流動資産	2,429	3,093	流動負債	2,517	3,489
現金預金	541	524	仕入債務	899	1,362
売上債権	876	916	短期借入金	750	1,308
棚卸資産	966	1,596	その他の流動負債	868	819
その他の流動資産	46	57	固定負債	1,665	1,421
固定資産	3,673	3,785	長期借入金	891	605
有形固定資産	3,063	3,052	その他の固定負債	774	816
建物及び構築物	363	324	負債合計	4,182	4,910
機械設備	9	7	＜純資産の部＞		
その他の有形固定資産	2,691	2,721	資本金	200	200
無形固定資産	10	12	利益剰余金	1,664	1,659
投資その他の資産	600	721	その他の純資産	56	109
			純資産合計	1,920	1,968
資産合計	6,102	6,878	負債・純資産合計	6,102	6,878

事例
Ⅳ

連結損益計算書

(単位：百万円)

	前期	当期
売上高	4,576	4,994
売上原価	3,702	4,157
売上総利益	874	837
販売費及び一般管理費	718	788
営業利益	156	49
営業外収益	43	55
営業外費用	37	33
経常利益	162	71
特別利益	2	7
特別損失	7	45
税金等調整前当期純利益	157	33
法人税等	74	8
親会社に帰属する当期純利益	83	25

～こだわりの試験テクニック～

設問の大事なキーワードは、マーカーを引くのではなく、線で囲む。

第1問 （配点25点）
（設問1）

　D社の前期および当期の連結財務諸表を用いて比率分析を行い、前期と比較した場合のD社の財務指標のうち、①悪化していると思われるものを2つ、②改善していると思われるものを1つ取り上げ、それぞれについて、名称を(a)欄に、当期の連結財務諸表をもとに計算した財務指標の値を(b)欄に記入せよ。なお、(b)欄の値については、小数点第3位を四捨五入し、カッコ内に単位を明記すること。

（設問2）

　D社の当期の財政状態および経営成績について、前期と比較した場合の特徴を50字以内で述べよ。

第2問 （配点25点）

　D社のセグメント情報（当期実績）は以下のとおりである。

（単位：百万円）

	建材事業部	マーケット事業部	不動産事業部	共通	合計
売　上　高	4,514	196	284	—	4,994
変　動　費	4,303	136	10	—	4,449
固　定　費	323	101	30	20	474
セグメント利益	−112	−41	244	−20	71

注：セグメント利益は経常段階の利益である。売上高にセグメント間の取引は含まれていない。

（設問1）

　事業部および全社（連結ベース）レベルの変動費率を計算せよ。なお、％表示で小数点第3位を四捨五入すること。

（設問2）

　当期実績を前提とした全社的な損益分岐点売上高を(a)欄に計算せよ。なお、（設問1）の解答を利用して経常利益段階の損益分岐点売上高を計算し、百万円未満を四捨五入すること。

　また、このような損益分岐点分析の結果を利益計画の資料として使うことには、重大な問題がある。その問題について(b)欄に30字以内で説明せよ。

（設問3）

　次期に目標としている全社的な経常利益は250百万円である。不動産事業部の損益は不変で、マーケット事業部の売上高が10％増加し、建材事業部の売上高が不変であることが見込まれている。この場合、建材事業部の変動費率が何％であれば、目標利益が達成できるか、(a)欄に答えよ。(b)欄には計算過程を示すこと。なお、（設問1）の解答を利用し、最終的な解答において％表示で小数点第3位を四捨五入すること。

事例
Ⅳ

~~~~

〜こだわりの試験テクニック〜

　切り取ったメモ用紙を6つ折りにして、5設問の骨子作成に使う。

第3問（配点30点）

　D社は、マーケット事業部の損益改善に向けて、木材の質感を生かした音響関連の新製品の製造販売を計画中である。当該プロジェクトに関する資料は以下のとおりである。

〈資料〉

　大手音響メーカーから部品供給を受け、新規機械設備を利用して加工した木材にこの部品を取り付けることによって製品を製造する。

・新規機械設備の取得原価は20百万円であり、定額法によって減価償却する（耐用年数5年、残存価値なし）。
・損益予測は以下のとおりである。

（単位：百万円）

	第1期	第2期	第3期	第4期	第5期
売上高	20	42	60	45	35
原材料費	8	15	20	14	10
労務費	8	12	12	11	6
減価償却費	4	4	4	4	4
その他の経費	5	5	5	5	5
販売費	2	3	4	3	2
税引前利益	−7	3	15	8	8

・キャッシュフロー予測においては、全社的利益（課税所得）は十分にあるものとする。また、運転資本は僅少であるため無視する。なお、利益（課税所得）に対する税率は30％とする。

（設問1）

　各期のキャッシュフローを計算せよ。

（設問２）

　当該プロジェクトについて、(a)回収期間と(b)正味現在価値を計算せよ。なお、資本コストは5％であり、利子率5％のときの現価係数は以下のとおりである。解答は小数点第3位を四捨五入すること。

	1年	2年	3年	4年	5年
現価係数	0.952	0.907	0.864	0.823	0.784

（設問３）

　〈資料〉記載の機械設備に替えて、高性能な機械設備の導入により原材料費および労務費が削減されることによって新製品の収益性を向上させることができる。高性能な機械設備の取得原価は30百万円であり、定額法によって減価償却する（耐用年数5年、残存価値なし）。このとき、これによって原材料費と労務費の合計が何％削減される場合に、高性能の機械設備の導入が〈資料〉記載の機械設備より有利になるか、(a)欄に答えよ。(b)欄には計算過程を示すこと。なお、資本コストは5％であり、利子率5％のときの現価係数は（設問２）記載のとおりである。解答は、％表示で小数点第3位を四捨五入すること。

第4問（配点20点）

（設問１）

　D社は建材事業部の配送業務を分離し連結子会社としている。その(a)メリットと(b)デメリットを、それぞれ30字以内で説明せよ。

（設問２）

　建材事業部では、EDIの導入を検討している。どのような財務的効果が期待できるか。60字以内で説明せよ。

　標的顧客、顧客機能、経営資源の変化により戦略や組織が変わってくることを必ず意識する。

80分間のドキュメント　事例Ⅳ

かーな 編（勉強方法と解答プロセス：p.152）

1．休み時間の行動と取り組み方針
　もはや休み時間はずっと放心していたいような疲労感だけど、あと1事例だし、後悔はしたくない。一度教室の外に出て、ストレッチをして、席に戻って公式の最終確認をする。

2．80分間のドキュメント
【手順0】開始前（〜0分）
　電卓が問題なく動くことを再度確認して、問題配布を待つ。
【手順1】準備（〜1分）
　最後の事例だ。心のなかで「よろしくお願いします」。
【手順2】与件文冒頭確認と設問にざっと目を通す（〜5分）
与件文　え、連結子会社？　一昨年出題されたから今年はないだろうと高をくくっていた。まずい。少しでも動揺を抑えるため、「貸借対照表（以下、B／S）も損益計算書（以下、P／L）もドッキングする」とメモ。
第1問　「連結財務諸表」の文字にヒヤっとするが、やることはお決まりの分析だ。
第2問　セグメント別のP／Lか。変動費率、CVP……落ち着いて解けば正解できそうだ。（設問2）の「重大な問題」って何だろう。「在庫か？　セグメントか？」と、とりあえず思いついたことをメモ。
第3問　きたか、キャッシュフロー。難易度の見極めに気をつけよう。
第4問　記述で配点20点。ここは少しでも多く点を稼ぎたいけど、EDI？　EDIって何だっけ？　EDIを知らないと答えられないってことは部分点も取れないかも……。
【手順3】与件文確認（〜10分）
2段落目　落ち着け、及第点を確実に。3つの事業部、これはさっき設問文で見たとおり。
3段落目　建材事業部は調子が悪いのか。コスト増、今後の売上減見込みで、確かに厳しいな。ん？　EDIの説明が本文に書いてある！　あああよかったあ心臓に悪いよ。
4段落目　マーケット事業部も赤字って。大丈夫なのかこの会社。
5段落目　不動産事業部が収益を稼いでいるのか。確かに、第2問のセグメント別の数字を改めて見たら儲かってるの不動産事業部だけじゃないか。でも売上高は9割が建材事業部だし。辛くないかこの会社。
【手順4】経営分析（〜20分）
第1問　まずは落ち着いて考えよう。ミスを防ぐため、B／S、P／Lとも当期の列をマルで囲む。いつもの手順どおり、P／Lの収益性から検証する。収益性が悪化したのはわ

かり切っているから、あとはどの段階の指標を使うかだ。与件文では売上原価と、販促などの販管費っぽいことにも触れていたから、売上高営業利益率にしよう。

　次にB／Sだ。業績が悪化して借入金も増えるだろうから、安全性も悪化だろう。ここはあまり深く考えずに、過去問でも多かった（と思う）自己資本比率を選択。

　以上2点が悪化した点で、残りは良化した点、残っている指標は効率性だ。売上高は増加しているから、効率性で問題ないはず。設備投資はしていないから有形固定資産は減価償却だけしているようだ。B／Sの数字とも整合する。あれ、ちょっと待てよ。P／Lが1年分、B／Sが2年分ある場合、B／Sは2年分の数字を平均して計算に使うんだったよな。両方2年分ある場合は両方平均するの？　いや、それもおかしい。どうしよう。わからない。でも多分配点は1〜2点だ。どっちでもいいから、書いてしまおう。

【手順5】第2問以降の計算および答案作成（〜70分）

|第2問|　（〜30分）

　第2問は落ち着いて解けば正解できる。計算ミスだけ気をつけて、淡々と解いていこう。

（設問1）　変動費率を素直に計算すればいいんだな。簡単簡単。

（設問2）　これも基礎的なCVP問題だ。単位に気をつけて慎重に解けば大丈夫。重大な問題は、そりゃ建材事業部とマーケット事業部が全然儲かっていないことじゃないか。

（設問3）　これも、よくある、条件を1つひとつ確認しながら計算するCVP問題だな。多少面倒だけど、着実に手順を踏めば正解できるはず。

|第4問|　（〜45分）

　CFの前に、記述問題を片付けておこう。

（設問1）　デメリットは「親会社としての監督責任と管理コスト」などを思いつくが、メリットがわからない。5分くらい悩み、とにかく解答欄を埋めるだけ埋める。

（設問2）　財務的効果だから、ざっくり売上高が増えるか、コストが減る話を書けばよいだろう。結びは「〜により収益性向上が期待できる」にしよう。

|第3問|　（〜70分）

　いよいよCFだ。昨日の夜も復習したし、まったく解けないことはないはず。

（設問1）「全体的利益（課税所得）は十分にあるものとする」は、「すべての期に法人税がかかってますよ」という解釈でいいんだよな？　表を書いて、丁寧に慎重に計算する。

（設問2）　これも、奇をてらった問題ではない。丁寧に、慎重に。

（設問3）　これは、難しすぎる。深入りするより全体の見直しに時間を使おう。

【手順6】見直し（〜80分）

　確認の意味を込めて、計算をもう一度、ひと通りやってみる。第4問（設問1）は相変わらずわからないまま、終了の合図を聞いた。

3．終了時の手ごたえ・感想

　簡単すぎた気がして逆に不安……。ミスはしていないと思うけど、そもそも計算に必要な要素を見落としていたらジエンドだな。あーなんかもうわかんないや。帰ろかえろ。

〜受験予備校生あるある（通学）〜
　あれっ、2次試験講義の受験生の顔ぶれが変わってる⁉　あの人はどうなったんだろうか……。

合格者再現答案＊（かーな 編）　　　事例Ⅳ

第1問 （配点25点）

（設問1）

	（a）	（b）
①	売上高営業利益率[1]	0.98（%）[1]
	自己資本比率	28.61（%）
②	有形固定資産回転率[2]	1.63（回）

（設問2）　　50字

原	価	率	悪	化	と	販	管	費	負
担	増	、	こ	れ	に	よ	る	借	入
金	増[1]	に	よ	り	収	益	性[1]	と	安
全	性	が	悪	化[1]	し	、	売	上	増[1]
で	効	率	性	が	良	化[1]	し	た	。

【メモ・浮かんだキーワード】　収益性・効率性・安全性

【当日の感触等】　あまり複雑に考えず、いつもどおり収益性・効率性・安全性を1つずつ。

【ふぞろい流採点結果】　（設問1）4/12点　　　（設問2）5/13点

第2問 （配点25点）

（設問1）

建材事業部	マーケット事業部	不動産事業部	全社
95.33[2]　%	69.39[2]　%	3.52[2]　%	89.09[2]　%

（設問2）　　　　　（b）30字

（a）	4,345[4]　百万円

（b）	建材事業部とマーケット事業部が経常赤字だから。

（設問3）

（a）	91.94　　　%

（b）	不動産事業部の損益は不変なのでセグメント利益は244百万円。 **マーケット事業部は売上高10%増でセグメント利益は196×1.1－136×1.1－101＝－35百万円**[2] よって建材事業部で必要な利益は250－244－（－36）＝41百万円 建材事業部の変動費率をaとすると、（323＋41）／（1－a）＝4,514（売上高不変）[1]が成り立つ。 これを解いて a＝0.91936…→91.94%

【メモ・浮かんだキーワード】　変動費率、損益分岐点

【当日の感触等】　落ち着いて手順を踏めば解ける問題。とにかくミスのないようにしよう。

【ふぞろい流採点結果】　（設問1）8/8点　　　（設問2）4/8点　　　（設問3）3/9点

第3問（配点30点）

（設問1）

（単位：百万円）

第1期	第2期	第3期	第4期	第5期
△0.9[2]	6.1[2]	14.5[2]	9.6[2]	9.6[2]

（設問2）

（a）	3.03[5]	年
（b）	12.63[5]	百万円

（設問3）

（a）	%
（b）	高性能な機械設備の減価償却費は（30－0）÷5＝6百万円／年[1]

【メモ・浮かんだキーワード】　減価償却費

【当日の感触等】　難しすぎる。諦めて1点でもいいから部分点を狙おう。

【ふぞろい流採点結果】（設問1）10/10点　　（設問2）10/10点　　（設問3）1/10点

第4問（配点20点）

（設問1）

（a）　　　　　30字

D	社	単	体	決	算	か	ら	子	会	社	損	益	の	マ	イ	ナ	ス	影	響
を	除	け	る	事	。														

（b）　　　　　30字

親	会	社	と	し	て	監	督	責	任[1]	や	管	理	コ	ス	ト	が	か	か	る[3]
事	。																		

（設問2）　　　　　60字

受	発	注[1]	や	在	庫	情	報	共	有[2]	に	よ	り	資	材	調	達	が	効	率
化[1]	し	、	在	庫	減	に	よ	る	管	理	費	用	低	下[3]	で	、	収	益	性
向	上[2]	が	期	待	で	き	る	。											

【メモ・浮かんだキーワード】　監査責任、管理コスト

【当日の感触等】（設問1）の（a）は自分でも何言ってるかわからん。

【ふぞろい流採点結果】（設問1）4/10点　　（設問2）9/10点

【ふぞろい評価】58/100点　　【実際の得点】60/100点

　　第1問の経営分析や、第2問（設問3）、第3問（設問3）などの応用論点の計算問題で大きく失点してしまいましたが、基本的論点の計算問題で得点を確実に積み上げ、大崩れを防ぐことができました。

テリー 編（勉強方法と解答プロセス：p.154）

1．休み時間の行動と取り組み方針

　いよいよ最後の事例か。思ったほど、疲れはないようだ。とりあえず、ラムネとグミを食べ、栄養補給。これを乗り越えれば試験勉強は一旦終了だ。事例Ⅳは、最後の最後まで諦めない意識を持つことが大事。答えがわからなくても、白紙では提出しないように爪痕は残そうと思う。焦らず解ける問題から冷静にいこう。

2．80分間のドキュメント

【手順0】開始前（～0分）

　事例Ⅳは、ほかの事例と違って解答プロセスが違うため、手順を確認。よく間違えるポイントと対策指針を頭に入れる。エラーは起こしても、事故（失点）にならなければ問題なし。設問がいくつかある問題は、特に（設問1）をミスらないよう注意深くいこう。

【手順1】準備（～1分）

　最後のホチキス外しと設問ページの分離。

【手順2】設問確認＆与件文（～3分）

　D社の概要（業種・規模）を確認。おっと、連結財務諸表……。平成29年度の問題が頭をよぎる。設問全体を確認。経営分析は、前期比較か。CVP分析に、NPV計算。最後は記述問題。連結はさておき、オーソドックスな問題だな。

　D社は、建材販売・住宅販売・不動産事業の3つか。「連結子会社は～配送を専門」に下線。「円安」「建材の価格高騰」に下線。売上高総利益率が悪いのか。「配送コストの増大や非効率な建材調達・在庫保有が恒常的な収益性の低下」に下線。棚卸資産回転率はきっと悪いのだろう。「分譲住宅の販売が滞った」に下線。これも棚卸資産回転率の悪化か。不動産事業は、会社への利益貢献も大きく順調だな。頭に入りやすい事例でよかった。まずは、経営分析から解答して、あとは解ける問題から取り組んでいこう。

【手順3】経営分析（～15分）

第1問　悪化が2つと、改善が1つか。収益性は、与件文から売上高総利益率が悪そうなので、数値でも確認しよう。効率性は、数値も悪い棚卸資産回転率で間違いないだろう。残り1つの改善は、安全性の指標か。あれっ、どの指標を計算しても数値は悪化している。自分の計算ミスか。ムムッ、いきなりつまずいた……。解答がわからない……。でもこれ以上時間をかけても仕方がない。絶対違うが自己資本比率にして、時間があったら見直そう。記述は、収益性、効率性、安全性の観点から述べるのがセオリーなのに、安全性がわからない。ここは、3つの事業に着目しながら、収益性、効率性でまとめることにしよう。あ～、めちゃくちゃモヤモヤするな。今年の経営分析はどうなっているんだ。

～受験予備校生あるある（通信）～
　孤独さは独学とあまり変わらないので動画の先生に妙に親近感を覚える。

【手順4】第2問以降の計算および答案作成（～75分）

第2問 （～30分）

（設問1）　単純な計算問題だが（設問2）、（設問3）に関係するから、慎重にいこう。

（設問2）　公式に当てはめれば、損益分岐点売上高は簡単だ。でも間違えないように、公式を書いてから、電卓を叩こう。計算過程を見える化することが、ミスを防ぐポイント。記述は何を求めているのだろう。30字しかないし、深く考えず、ササっと書こう。

（設問3）　一見難しそうだが、丁寧に読み解けばいけそうかも。（設問1）の解答を利用するのか。でも、さすがにどの変動費率かは書かれていないな。求めるのは、建材事業部の変動費率だから、変動費を割り出して、売上で割ればいいはず。

第4問 （～45分）

次は、第4問からいくか。時間をいくら費やしても仕方がないから、思うままにいこう。

（設問1）　財務的視点から、などの制約もなさそう。何書いても点数は入るはず。

（設問2）　与件文にEDI導入のことは書いてあったな。財務的効果って何だろう。収益性改善のための導入だから、結論は収益性改善で書いておこう。

第3問 （～75分）

経営分析の改善指標以外、ここまでは順調にきている。第3問も慌てず慎重にいこう。

（設問1）　各期のCF計算か。ここを間違えると、（設問2）、（設問3）も自動的に間違えるから、絶対に外さないでいこう。「営業利益×（1－税率）＋減価償却費」を、たまに営業利益×税率＋減価償却費で間違えるから、しっかりと公式を書いてから解こう。第1期の利益はマイナスか。節税効果は、「全社的利益（課税所得）は十分にあるものとする」とあるから、考慮して計算だな。ほかの期も、しっかり公式を書いて計算しよう。

（設問2）　回収期間とNPV計算か。NPVの計算から解こう。各期のキャッシュフローに現価係数を掛けて、投資額を引けば大丈夫だ。回収期間って、現在価値に割り引かないんだったか。あれ、どっちだったかな……。急に自信がなくなる。NPVで現在価値に割り引いたから、この数値を使って解答しよう。

（設問3）　これは、難しいな。正直どこから手をつけようか。でも白紙では提出しないと決めているから、わかる範囲で書こう。減価償却費は変化し、取得原価の差は10百万円か。間違ってもいいから、各期の増減CFを計算して、ここは部分点狙いだ。

【手順5】見直し（～80分）

経営分析の改善点に戻る。絶対に解答があるはず。あっ、有形固定資産回転率はまだ計算していない。あっ、値が改善している。今年は効率性が2つ？　いやっこれしかない。

3．終了時の手ごたえ・感想

事例Ⅳは、一番手ごたえがあった事例。終わりよければすべてよしと、前向きに思う。再現答案を作るまでが試験の締めくくり。今日はカフェにこもろう。

事例Ⅳ

~独学受験生あるある~

受験生業界用語（＝意味が定義されず当たり前のように使われている）に疎外感を覚えることが多い。

合格者再現答案＊（テリー 編）　　　　　　　　　　　　事例Ⅳ

第1問（配点25点）

（設問1）

	（a）	（b）
①	売上高総利益率[2]	16.76（％）[2]
	棚卸資産回転率[1]	3.13（回）[1]
②	有形固定資産回転率[2]	1.64（回）[2]

（設問2）　　　50字

建	材	の	高	騰[3]	に	よ	り	収	益
性	が	悪	く[1]	、	分	譲	住	宅	の
販	売	停	滞	に	よ	り	効	率	性
が	低	い[1]	が	、	不	動	産	事	業
は	売	上	、	利	益	が	好	調[3]	。

【メモ・浮かんだキーワード】　収益性・効率性・安全性

【当日の感触等】　経営分析は、効率性が2つになってしまった。安全性は何だったのだろう……。

【ふぞろい流採点結果】　（設問1）10/12点　　　（設問2）8/13点

第2問（配点25点）

（設問1）

建材事業部	マーケット事業部	不動産事業部	全社
95.33[2]　％	69.39[2]　％	3.52[2]　％	89.09[2]　％

（設問2）　　　　　　　（b）30字

（a）	4,345[4]　百万円

（b）	各	事	業	の	貢	献	利	益	が	不	明	確[2]	の	た	め	、	誤	っ	た	事
	業	判	断	を	下	し	て	し	ま	う	。									

（設問3）

（a）	91.49[4]　　　％

（b）	マーケット事業部のセグメント利益を求める。196×1.1－（196×1.1×0.6939[1]）－101＝－35.00484[2]　次に会社全体の経常利益250百万となる際の建材事業部のセグメント利益を求める。250＋20－244＋35.00484＝61.00484。建材事業部の売上は変わらないため、セグメント利益61.00484百万となる変動率費Xを求めると、4,514－4,514X－303＝61.00484[1]　X＝0.91493025　よって、求める変動費率は91.49％[1]

【メモ・浮かんだキーワード】　なし

【当日の感触等】　かなり簡単だが、これでいいのだろうか。

【ふぞろい流採点結果】　（設問1）8/8点　　　（設問2）6/8点　　　（設問3）9/9点

第3問（配点30点）

（設問1）

（単位：百万円）

第1期	第2期	第3期	第4期	第5期
−0.9[2]	6.1[2]	14.5[2]	9.6[2]	9.6[2]

（設問2）

（a）	3.35[3]　　年
（b）	12.63[5]　百万円

（設問3）

（a）	18.57　　　%
（b）	**減価償却費は、高性能設備に変更すると2百万増加**[1]する。求める削減率をXとすると、各年で削減されるコストは以下の通りになる。（16X−2）×0.952＋（27X−2）×0.907＋（32X−2）×0.864＋（25X−2）×0.823＋（16X−2）×0.784＝100.488X−8.66 この値が**高性能設備に取り替える差額10百万**[1]よりも多くなるXを求める。 100.488X−8.66＞10　X＝0.18569381　よって18.57%

【メモ・浮かんだキーワード】　なし
【当日の感触等】　（設問3）は難しい。白紙だけの提出は避けたから、部分点が入るといいな。
【ふぞろい流採点結果】　（設問1）10/10点　　（設問2）8/10点　　（設問3）2/10点

第4問（配点20点）

（設問1）

（a）　　　　　　　30字

柔	軟	な	配	送	が	可	能	で	、	小	口	配	送	に	も	対	応	で	き
る[1]	こ	と	。																

（b）　　　　　　　30字

配	送	コ	ス	ト	の	増	加	に	よ	り	収	益	性	が	悪	く	、	会	社
全	体	の	利	益	に	悪	影	響	。										

（設問2）　　　　　60字

タ	イ	ム	リ	ー	な	配	送[2]	が	実	現	さ	れ	、	配	送	コ	ス	ト	の
削	減	が	図	れ	、	不	必	要	な	在	庫	が	減	る[3]	た	め	、	収	益
性	の	向	上[2]	に	つ	な	が	り	、	収	益	体	質	改	善	が	可	能	。

【メモ・浮かんだキーワード】　連結会計
【当日の感触等】　（設問1）はまったく解答が浮かばなかった。何かしら書けば、点が入るはず。
【ふぞろい流採点結果】　（設問1）1/10点　　（設問2）7/10点

【ふぞろい評価】　69/100点　　【実際の得点】　64/100点

　第4問（設問1）で大きく失点しましたが、他の問題は満遍なく得点できました。計算過程や記述問題に落ち着いて対応することで部分点を積み上げ、合格ラインを確保しています。

~独学受験生あるある~

　知っておくべき情報をちゃんと知れているのかが不安。

じょーき 編（勉強方法と解答プロセス：p.156）

1．休み時間の行動と取り組み方針

　事例Ⅲの途中で見舞われた眠気を退治すべく仮眠を取ろうと思うも、眠れそうにない。諦めて散歩をしながら眠気を覚ますことにした。

　最後は得意科目だ。100点を取りに行くつもりで勉強してきた。昨年は何とか間に合わせた程度だったがA（60点）だった。今年は『事例Ⅳ（財務・会計）の全知識＆全ノウハウ』と『意思決定会計講義ノート』を2周ずつ取り組んだ。「試験当日の極限状態に耐え得る訓練を」という教えに従って、徹夜で計算問題を解いたりもした。おかげで自分のミスのパターンを35個網羅できて、ファイナルペーパーに織り込んである。大丈夫、いける。

2．80分間のドキュメント

【手順1】準備（～1分）

　ホチキスは丁寧に外す。この作業に、気持ちを落ち着ける効果があるのだ。

　最初から順番に解く、詰まったら次に行く。このスタイルは事例Ⅳでも不変だ。

【手順2】与件文読解＆問題確認（～5分）

　与件文をざっと通読して、設問文もひと通り読む。問題の意味が頭に入ってこないが、いつものこと。この後、手を動かしながら解いていけば徐々に理解できていく。

【手順3】経営分析（～20分）

[第1問]　収益性、効率性、安全性の3つの観点で答える。それも『事例Ⅳの全知識＆全ノウハウ』で挙げられていた主要な11の指標だけを使う。まず目についたのは棚卸資産、仕入債務、短期借入金。これらは大幅増といえるくらいの変化。悪化した指標に棚卸資産回転率と自己資本比率を使おう。いや待て、収益性は売上総利益以下すべて悪化だ、改善した指標には使えない。となれば何を褒めるか。効率性しかないのか。与件文には一応所有物件の賃貸が全社的な利益確保に貢献しているとあった。そうなれば棚卸資産の増加をどこかで使わないといけないから、安全性は当座比率にしよう。収益性は与件文からは総利益ベースでよいような気もするが、販管費の増加を含めて営業利益率で。

【手順2】第2問以降の計算および答案作成（～80分）

[第2問]　（～50分）

（設問1）　変動費率の計算。「小数点第3位を四捨五入」、しっかりチェック。それにしても与えられている数字を計算するだけの問題をわざわざ4回もさせるか？　何か裏がありそうだが……。何度読み直しても何も出てこない。表の下に書いてある「注」の意味はよくわからないので一旦無視しよう。（注：これが（設問3）で命取りとなる）。

（設問2）　損益分岐点売上高、これも簡単な計算か。「百万円未満を四捨五入」ね。問題点は、部門別に変動費率を求めさせてから全社的などんぶり勘定で求めてきた点がヒントか。

（設問3）　経常利益ベースで目標利益を使うパターンは、営業外損益を固定費勘定することが鍵のはず（注：試験後に誤りと気づく）。計算過程を聞かれる問題はこれでもかというくらい細かく書いてやろう。そうすれば仮にどこかで間違っていても部分点がもらえるはずだ。解答欄を目一杯使うため、真ん中に線を引いて、小さい字で隙間なく埋めていく。それでも最後枠に収まらず、大きく消して書き直す羽目に。時間のロスが極めて大きい。

第4問　（～60分）

　第2問終了時点で残り30分！　さすがにこれはまずい！　第3問は計算に時間がかかりそう。先に第4問に行こう。

（設問1）　連結子会社のメリットはカンパニー制組織のメリットを想定して書こう。最近流行かなと思っている「ガバナンス」は盛り込んでおこう。

（設問2）　EDI導入は受発注情報と在庫情報の管理で導入されるものと与件文にあった。財務的効果ということは第1問で挙げた課題をクリアしないと一貫性が保てないがどうしよう。そうなるとここの書き方次第では、第1問の要素も書き換えないといけなくなる。そんなドツボにはまる余力は今の自分にはない。よし、一旦思いつくまま字数を埋めよう。

第3問　（～80分）

　時間がない。しかし、焦って間違えてしまっては元も子もない。そういうときの対処法は決まっている。スペースを大きく使って、数字を大きめに書いて、計算過程も丁寧に書く。それでいて手を速く動かす。過去の失敗パターンからの学びだ。

（設問1）　費目が多くて惑わせてくるが、基本的な問題だ。表の下にある注釈を見落としたり、税率を勘違いしたりする間違いパターンは網羅している。気をつけて解けば大丈夫。

（設問2）　回収期間。割引回収期間とは違う。単純にCFの数字で計算する。もう1つは正味現在価値でこれには割引率を用いる。これも過去の間違いパターンで網羅している。

（設問3）　残り15分。15分あればきっと解ける。削減される原材料費と労務費の率をX％と置いて、単純な計算を重ねたら解けるはず。いや、『意思決定会計講義ノート』で見た問題の類題かもしれない。それなら単純な計算を重ねるだけでは答えが出ないかもしれない。そうなると時間のロスが大きい。そもそもこの問題を解き切る人は少ないだろう。そうなるとすでに解いた問題の見直しに時間を充てるほうが賢明か。特に第3問の（設問1）と（設問2）は一筆書きが如く駆け抜けただけに計算ミスがあるかも。どうする……（この後どっちつかずの逡巡が試験終了まで続く）。

3．終了時の手ごたえ・感想

　第2問の書き直しに最後15分の逡巡、ロスが極めて大きかった。時間にゆとりをもって第3問に入れていたら（設問3）を解き切れたはずなのになあ。事例Ⅲでの手ごたえのなさをここで取り返したかったが……4事例すべてで力を出し切るのは難しいものだ。

～勉強会あるある～
　「その解答いいですね～！」で、なんとなく終わってしまう。勉強会やるなら、互いに指摘しあえる仲間を。

合格者再現答案＊（じょーき 編） ———————— 事例Ⅳ

第1問 （配点25点）
（設問1）

	（a）	（b）
①	売上高営業利益率[1]	0.98（％）[1]
	当座比率[2]	41.27（％）[2]
②	有形固定資産回転率[2]	1.64（回）[2]

（設問2）　　50字

所	有	物	件	の	賃	貸	収	入	が
安	定	的[3]	で	効	率	性	改	善[1]	。
建	材	価	格	高	騰[3]	・	配	送	コ
ス	ト	増	大[2]	で	収	益	性[1]	、	在
庫	増[2]	で	短	期	安	全	性	悪	化[1]	。

【メモ・浮かんだキーワード】 収益性・効率性・安全性

【当日の感触等】 収益性・効率性・安全性、3点すべて盛り込んだし、無難にクリアできたはず。

【ふぞろい流採点結果】 （設問1）10/12点 　　（設問2）13/13点

第2問 （配点25点）
（設問1）

建材事業部	マーケット事業部	不動産事業部	全社
95.33[2] ％	69.39[2] ％	3.52[2] ％	89.09[2] ％

（設問2）　　　　　　（b）30字

（a）	4,143 百万円									
（b）	部	門	毎	の	売	上	高	や	変	動	費	率	の	差	を	無	視[2]	し	て	合
	計	値	の	み	を	捉	え	る	点	。

（設問3）

（a）	91.98 ％
（b）	○次期の建材事業部の変動費をＸ（百万円）とする。 ○次期の売上高：建材事業部4,514＋マーケット事業部196×1.1[2]＋不動産事業部284＝5,013.6（百万円） ○次期の変動費：建材事業部Ｘ＋マーケット事業部136×1.1＋不動産事業部10＝Ｘ＋159.6（百万円） ○次期の固定費＋目標利益：今期の固定費474－営業外収益55＋営業外費用33＋時期の目標経常利益250＝702（百万円） ○以上からＸ＝4,152（百万円）　4,152÷4,514＝91.98（％）

【メモ・浮かんだキーワード】 営業外損益を固定費に織り込む（注：この問題においては誤り）

【当日の感触等】 試験会場では「完璧な答案を書けた」と思っていた。しかし、その日の夜に注にあった「セグメント利益は経常段階の利益」が「営業外損益を考慮しなくていい」という意味と理解し愕然とする。うむ、損益計算書の経常利益とも数字が合っている。完全にやってしまった。

【ふぞろい流採点結果】 （設問1）8/8点 　　（設問2）2/8点 　　（設問3）2/9点

～ふぞろいを読んで衝撃を受けたこと～
特別企画の内容を、そのまま試したら点数が上がった！

第3問（配点30点）

（設問1）
(単位：百万円)

第1期	第2期	第3期	第4期	第5期
-0.9^2	6.1^2	14.5^2	9.6^2	9.6^2

（設問2）

（a）	3.03^5　年
（b）	12.63^5　百万円

（設問3）

（a）	　％
（b）	高性能機械の導入で原材料費及び労務費をX％削減できるとする。

【メモ・浮かんだキーワード】　CFを割り引くか割り引かないか
【当日の感触等】　（設問3）を解き切れず残念。悔しい。
【ふぞろい流採点結果】　（設問1）10/10点　　（設問2）10/10点　　（設問3）0/10点

事例 IV

第4問（配点20点）

（設問1）

（a）　30字

|独|立|採|算|の|採|用|で|利|益|目|標|が|明|確|と|な|り[3]|、|独|
|自|の|施|策|も|打|て|る|。|

（b）　30字

|D|社|本|体|か|ら|の|ガ|バ|ナ|ン|ス|が|働|き|に|く|く[1]|、|全|
|社|的|な|対|応|が|遅|れ|る|。|

（設問2）　60字

在	庫	情	報	の	共	有[2]	か	ら	在	庫	水	準	を	適	正	化	で	き	る
為	効	率	性[1]	・	安	全	性	改	善[1]	。	受	発	注	業	務	の	効	率	化
で	人	件	費	を	削	減[3]	し	て	収	益	性	改	善[2]	。

【メモ・浮かんだキーワード】　カンパニー制組織、ガバナンス
【当日の感触等】　第1問で挙げた指標との関連性は無視してしまった。解答の一貫性とは……。
【ふぞろい流採点結果】　（設問1）4/10点　　（設問2）8/10点

【ふぞろい評価】　67/100点　　【実際の得点】　63/100点
　難問の第3問（設問3）に加えて設問解釈ミスにより第2問の計算問題で失点していますが、経営分析で高得点を稼ぎ、臨機応変な現場対応で基本的な計算問題を確実に正解したことで、合格ラインを確保しています。

～ふぞろいを読んで衝撃を受けたこと～
　事例IIIの戦略問題はSWOT分析とセットで考える問題だということ。

ホリホリ 編（勉強方法と解答プロセス：p.158）

1．休み時間の行動と取り組み方針

　事例Ⅲのできなさに落胆するものの、受験生仲間と話すことで、気持ちを落ち着かせることができた。大半はできなかったようだ。後戻りもできないので事例Ⅳに集中するだけだ！　という気持ちで、エネルギー補給用のゼリーを片手に、ファイナルペーパーを読む。

2．80分間のドキュメント

【手順0】開始前（～0分）

　ファイナルペーパー以外に、エラー内容→原因→対策を記載した独自のエラー集を中心に読み込んでいた。事例Ⅳはタイムマネジメント（配点×0.6を基準に時間配分）とエラー対策（設問を解くたびに検算と、最後に全部検算して、最低3回は見直し）が、鉄則だ。

【手順1】準備（～7分）

　カウントアップタイマーを押して、受験番号を丁寧に書く。問題用紙、解答用紙のボリューム、配点をチェックし、段落づけと段落ごとに線を引く。設問の大枠チェックを行う（制約条件と要求は黄色マーカー。強調、小数点、以上、以下、超、未満、切上げ、繰り返しワードは青ペンで丸。時制チェックは青ペンで四角）。

　準備に7分もかけるのは賛否両論であるが、事前に設問文を読んでおくことで、各設問を解くとき、再度問題を読み込むときの理解スピードが速く、結果的に、計算ミスや理解ミスを防いでいる。落ち着いてタイムマネジメントと検算を意識して解いていこう。

【手順2】経営分析（～27分）

　配点25点なので、25点×0.6＋5＝20分（経営分析だけ＋5）

[第1問]　今回の設問は過去問の傾向どおりだ。オーソドックスに収益性、効率性、安全性の代表的な指標を3つずつ比較しよう。与件文の3段落目に建材事業部の詳細が書いてある。2行目の「建材の価格高騰」は、売上原価が高くなっていたら、売上高総利益率が怪しいな。9行目の「在庫保有」は、棚卸回転率と当座比率が怪しいな。4段落目の3行目の「分譲住宅の販売不振」は、棚卸資産回転率と当座比率が怪しいな。4行目の「損益は赤字」は、収益性に影響が出てそう。5段落目の不動産事業部の利益は、他事業部をカバーしているのか。与件文の想定を明確にするために、連結貸借対照表と連結損益計算書を見る。棚卸資産が売上高の伸びよりも大きく上昇し、当座比率も大きく低下。売上原価も売上高の伸長よりも大きく上昇。さらに、売上高原価率を計算して悪化していることを結論づけた。販管費も悪化しているが、第2問の建材事業部の変動費の大きさが顕著なことから、売上高総利益率としよう。記述に、「在庫」と「賃料収入」を記載したいため、当座比率と有形固定資産回転率を選ぼう。次の問題の前に検算しよう。

　人間味のある解答きた！（某予備校の解答はプロ過ぎて真似できやしない……）

【手順3】第2問以降の計算および答案作成（〜72分）

配点20点なので、20点×0.6＝12分

第4問 （〜38分）

知識で記述できそうな第4問から埋めていこう。

（設問1）　（a）と（b）は、思いついた知識を2つずつ書こう。

（設問2）　3段落目の与件文のキーワードを入れてみよう。収益性と安全性が改善する内容にすれば、第1問の経営分析と関連できそうだ。想定よりも1分短縮できた。

第2問 （〜57分）

配点25点なので、25点×0.6＝15分

次は、第3問よりも配点は低いが、確実に得点を積み重ねられそうな第2問だ。

（設問1）　変動費÷売上高と素直に解いていいのか？　一瞬手が止まるが、それしかない。

（設問2）　（a）「経営利益段階」なので固定費の調整が必要そうだ。（b）セグメント情報の注意書きによると、売上高にセグメント間の取引は含まれていない点と、表の共通固定費が振り分けられていない点が気になる。

（設問3）　最初の準備時間に、計算が複雑そうではないと思ったので、単純計算で解こう。

想定時間を過ぎているものの、再度第2問全体の検算をした。想定よりも4分超過しているが、第4問で1分短縮しているため、第2問までで3分超過している。

第3問 （〜72分）

配点30点なので、30点×0.6＝18分であるが、最後の検算などで8分残したいため、第3問を15分で解かないといけないのか。最悪（設問3）は部分点狙いにしよう。

（設問1）　準備時間に、「減価償却費」「全社的利益は十分」がキーになると印をつけておいたので、それらをもとに、白紙の問題用紙に大きく、各期キャッシュフローの計算過程を書きながら解いた。また、別の公式で検算し、間違いがないことを確認しよう。

（設問2）　（a）と（b）は、単純な計算問題だろうから、丁寧に解こう。

（設問3）　（a）と（b）をひと通り読んだが、もう時間がない。とりあえず数値を書いた。（b）単位を右上に書いて、年間の減価償却費だけ書こう。

【手順4】再計算＆誤字脱字の確認（〜80分）

試験終了まで残り8分ほど。第3問（設問3）を解きたい衝動を抑えつつ、第1問から電卓や暗算により、計算ミスをしていないか再度確認しよう（検算3回目）。

3．終了時の手ごたえ・感想

想定していたプロセスどおりに解答できたことと、難問が少なかったため、周りの受験生もできたに違いない。そうなら計算ミスが怖い……。また、追い込み時期も夜のディスカッションをしていたので、体力はまだ残っていた点は驚いた……。去年の試験終了時は落胆しかなかったが今年は健闘できたと、今までの努力を褒めたいと思えた。

〜ふぞろいを読んで衝撃を受けたこと〜

体言止めで解答とか「事」「為」って漢字でよいのとか、案外アバウトだなと気が楽になった。

合格者再現答案＊（ホリホリ 編）————— 事例Ⅳ

第1問 （配点25点）

（設問1）

	（a）	（b）
①	売上高総利益率[2]	16.76（％）[2]
①	当座比率[2]	41.27（％）[2]
②	有形固定資産回転率[2]	1.64（回）[2]

（設問2）　　50字

建	材	の	価	格	高	騰[3]	や	非	効
率	な	建	材	調	達	・	在	庫	保
有[2]	で	収	益	性	・	安	全	性	低
下[1]	。	賃	貸	収	入	で	安	定	利
益[3]	に	よ	り	効	率	性	向	上[1]	。

【メモ・浮かんだキーワード】 収益性、効率性、安全性

【当日の感触等】 与件文に沿った内容で書けたので7割以上は取れてほしい。

【ふぞろい流採点結果】 （設問1）12/12点　　（設問2）11/13点

第2問 （配点25点）

（設問1）

建材事業部	マーケット事業部	不動産事業部	全社
95.33[2]　％	69.39[2]　％	3.52[2]　％	89.09[2]　％

（設問2）　　　　（b）30字

（a）	4,142　百万円

（b）	共	通	固	定	費	配	賦	額	の	各	事	業	部	分	が	不	明	確	で	貢
	献	度	が	明	確	で	な	い[2]	点	。										

（設問3）

（a）	91.49[4]　　　％

（b）
マーケット事業部の売上高＝196×1.1＝215.6　　　　　　　（単位：百万円）
マーケット事業部の変動費＝136×1.1＝149.6
マーケット事業部のセグメント利益＝−35[2]　よって、合計のセグメント利益＝77
全社的な経常利益250には、建材事業部に必要なセグメント利益＝250−77−112＝61
建材事業部に必要な変動費＝4,514−323−61＝4,130[1]
建材事業部の変動費率＝4,130÷4,514＝91.49％[1]

【メモ・浮かんだキーワード】 なし

【当日の感触等】 変動費率？ 第2問全体的に、こんなにシンプルに答えてよいのか逆に不安になった。

【ふぞろい流採点結果】 （設問1）8/8点　　（設問2）2/8点　　（設問3）8/9点

~私が陥ったスランプ~ ————————
勉強する気が0になったことが……。そんなときは勉強しません（笑）。

第3問（配点30点）

（設問1）
（単位：百万円）

第1期	第2期	第3期	第4期	第5期
−0.9[2]	6.1[2]	14.5[2]	9.6[2]	9.6[2]

（設問2）

（a）	3.03[5]　　　年
（b）	12.63[5]　百万円

（設問3）

（a）	16.00　　　％
（b）	高性能の機械設備の年間の減価償却費＝30÷5＝6[1]　　　　　（単位：百万円）

【メモ・浮かんだキーワード】　税引後CFの算出公式

【当日の感触等】（設問1）と（設問2）ともにシンプルな解き方だったので不安になった。見直しのときに別解を書こうとしたが、多数派でないので深読みはやめてそのままにした。（設問3）は減価償却費だけ書いて、事例Ⅳ全体の見直しに入った。

【ふぞろい流採点結果】（設問1）10/10点　　（設問2）10/10点　　（設問3）1/10点

第4問（配点20点）

（設問1）

（a）　　　　　　　30字

利	益	責	任	の	明	確	化[3]	、	専	門	担	当	に	よ	る	ノ	ウ	ハ	ウ
蓄	積[3]	。																	

（b）　　　　　　　30字

配	送	小	口	化	で	コ	ス	ト	増	大	、	市	場	環	境	の	影	響	を
受	け	や	す	い	。														

（設問2）　　　　　　　60字

効	率	的	な	建	材	調	達[1]	で	収	益	性	向	上[2]	、	在	庫	情	報	の
共	有	化[2]	で	在	庫	削	減[3]	し	、	資	金	不	足	に	よ	る	短	期	借
入	金	を	減	少	さ	せ	て	安	全	性	向	上[1]	。	D	社	利	益	増	加。

【メモ・浮かんだキーワード】　なし

【当日の感触等】（設問1）は知識解答、（設問2）は与件文を活用し、第1問の経営分析の改善する方向で書いた。昨年と比較して、事例Ⅳは易化したようだが、計算ミスが怖い。設問ごとのタイムマネジメントと検算のルーティーンをできたことはよかった。

【ふぞろい流採点結果】（設問1）5/10点　　（設問2）9/10点

【ふぞろい評価】76/100点　　【実際の得点】71/100点

　　第2問（設問2）（a）での計算間違いで失点しましたが、他の問題は満遍なく得点できました。特に第1問の経営分析で、合格ラインを上回る優れた答案を書いたことが高得点につながっています。

~試験開始直後にすること（深呼吸、瞑想、表紙を破る等）~ ─────────────
　必死で表紙を破いている人たちを眺める。

まっつ 編（勉強方法と解答プロセス：p.160）

1．休み時間の行動と取り組み方針

　事例Ⅱで高得点を叩き出すことはできなかったものの、いつもまったくダメな事例Ⅰが結構よい手ごたえだったので、ここまではプランどおりといえよう。最後の関門に備えて多めの糖分補給をしながら経営分析の定型フレーズ集を確認する。ここまでくればジタバタせずにいつもどおりやるだけだ。事例Ⅳはそれなりに対策を講じてきたから怯える必要はないだろう。

2．80分間のドキュメント

【手順0】開始前（～0分）

　事例Ⅳの脳にするために考えることは3点。経営分析で変化球が来た場合は深く考え込まずに先に進むこと、計算手順が複雑な問題は極限状態での正解が難しいため状況によっては取り組まないこと、設問や与件文に書いてある制約条件を見逃さないこと。これらを徹底すれば必ず60点取れるはずだ。

【手順1】準備（～1分）

　まずは解答用紙の確認。どうやら計算結果だけを記載する問題が多そうだ。

【手順2】問題確認（～5分）

　問題を軽く確認。第1問はオーソドックスな経営分析だ。第2問は事業部別のCVP分析だな。第3問は投資の意思決定。いつもより設問の記載量が少ないから与件文にも制約条件が書いてあるかもしれない、要注意だ。第4問は連結子会社のメリット・デメリットとEDIの効果か。この問題はおそらく独立して解けるはずだぞ。よし、例年どおりの事例Ⅳだぞ、解答順は難易度もふまえて第1問→第4問→第2問→第3問としよう。

【手順3】経営分析（～25分）

第1問　いつもどおり最初に損益計算書に目を通すと「連結」という文字が目に飛び込んできた。ところが「被支配株主に帰属する当期純利益」が見当たらない。与件文を確認して「100％出資」の記載を見つける。子会社の状況がよくわからないので一瞬焦るが、今は問われていないことに気づき、分析を再開した。まず収益性に関してはどれも低下しているが、売上高総利益率の下がり幅が大きいため第1候補となる。次に貸借対照表を見ると棚卸資産、仕入債務、短期借入金の増加が非常に目立つ。反対に有形固定資産と固定負債が減少しているが、どれも決め手に欠けるため、それらの指標にチェックを入れ与件文を確認することに。「配送・在庫コストの増加」「分譲住宅の販売不振」などの記述が見られるため、悪化した指標の1つは売上高総利益率でよさそうだ。改善した指標は「所有物件の賃貸で収入が安定」と与件文に記載されているので、有形固定資産回転率でよいだろう。問題は悪化した指標としての安全性なのだが、この貸借対照表の状況で棚卸資産に

まったく触れないことがスッキリしないので、流動比率とした。おそらく短期の支払能力であることは間違いないだろう。これで0点にされることはないだろうから、ここは時間を使わず自分の考えに従おう。

【手順4】第2問以降の計算および答案作成（～70分）

第4問 （～35分）

（設問1）「配送業務を連結子会社に任せていること」が制約条件なので、メリットは「意思決定が迅速になる」「部門特化でノウハウの習熟を早める」といった観点でよいだろう。また、デメリットは「事業全体の全体最適が難しい」辺りだろうか？

（設問2）　EDIを導入すると取引先の受発注情報と在庫情報が共有できるので、調達・配送・在庫コストの削減が図れそうだ。財務的効果は収益性が向上するという方向性でよいだろう。

第2問 （～55分）

（設問1）　変動費率を求めるだけ？　簡単すぎないか？

（設問2）　固定費を限界利益率で割るだけでよいはず？　あれ、重大な問題ってなんだ？　あえて聞くのだから、分析が不正確になることじゃないかな……。けど理由がわからない。

（設問3）　これも簡単だな。あれ？　四捨五入すると目標利益が達成できないな……。この場合はどうするのが正しいんだ？　うーん、まぁ計算過程を書いているし、目標利益を達成できる小数点第2位までの最低値を書けばさすがに0点にはならないだろう。

第3問 （～70分）

（設問1）　CFか。全社的利益が十分にあるのだから税引前利益がマイナスでも法人税が発生するものとして計算してよいはずだ。この問題もひねりは見当たらないな……。

（設問2）（設問1）が合っていればこの問題も間違いなく正解のはずだけど不安だな……。

（設問3）　ちょっと計算手順が複雑だな。時間はあと10分か……。よし、この問題は捨ててほかの問題をすべて再計算しよう。何か気づけていないことがありそうだ。

【手順5】見直し（～80分）

全解答の誤字脱字や計算間違いをチェックしてペンを置き試験が終わるのを待つ。

3．終了時の手ごたえ・感想

終わってみれば事例Ⅳも60点前後といった感じになってしまった。今年の事例Ⅳは簡単だった印象なので60点ではA判定にならないかもしれない。まぁいまさら何を考えても、今年の2次筆記試験はこれで終わりだ。合格のボーダーライン上にいる手ごたえはあるし、今日は事前準備もその場での意思決定もやれることはやったという充実感もある。「今日はビールを飲みながら、ラグビー日本代表の試合を見よう！」と帰路についた。

～試験開始直後にすること（深呼吸、瞑想、表紙を破る等）～
受験番号の記入。不安で3回くらい見直した。

合格者再現答案＊（まっつ 編）　　　　事例Ⅳ

第1問（配点25点）

（設問1）

	（a）	（b）
①	売上高総利益率[2]	16.76（％）[2]
	流動比率[1]	88.65（％）[1]
②	有形固定資産回転率[2]	1.64（回）[2]

（設問2）　　50字

特	徴	は	、	分	譲	住	宅	の	販
売	不	振	と	運	転	資	本	増	加
で	収	益	性[1]	と	安	全	性	が	低
下[1]	、	不	動	産	の	売	上	貢	献[3]
で	効	率	性	が	向	上	し	た	事。

【メモ・浮かんだキーワード】　収益性・効率性・安全性

【当日の感触等】　2つ目の悪化した指標の解答は割れたはず。自分の根拠を信じて流動比率を選択。どちらにしろ7割は取れているはずだ。

【ふぞろい流採点結果】　（設問1）10/12点　　　（設問2）6/13点

第2問（配点25点）

（設問1）

建材事業部	マーケット事業部	不動産事業部	全社
95.33[2]　％	69.39[2]　％	3.52[2]　％	89.09[2]　％

（設問2）　　　　（b）30字

（a）	4,343[2]　百万円								
（b）	問	題	は	、	負	の	セ	グ	メ	ン	ト	利	益	を	計	算	に	含	め	る[2]
	と	分	析	が	不	正	確[2]	な	事	。

（設問3）

（a）	91.50[2]　　　％
（b）	4,514（1−x）＋（196−136）1.1[2]＋274−474≧250[1]　　x≧91.494％[1]

【メモ・浮かんだキーワード】　CVP分析

【当日の感触等】　今年はひねりがない？　見落としがあるかもしれないが5割は取れたはず。

【ふぞろい流採点結果】　（設問1）8/8点　　　（設問2）6/8点　　　（設問3）6/9点

第3問（配点30点）

（設問1）

（単位：百万円）

第1期	第2期	第3期	第4期	第5期
−0.9[2]	6.1[2]	14.5[2]	9.6[2]	9.6[2]

（設問2）

（a）	3.03[5]	年
（b）	12.63[5]	百万円

（設問3）

（a）	％
（b）	

【メモ・浮かんだキーワード】　減価償却費・除却損

【当日の感触等】　（設問3）は取り組まずほかの問題の見直しに使った。（設問1）と（設問2）は正解しているはずだ。低く見積もっても6割は取れているはず。

【ふぞろい流採点結果】　（設問1）10/10点　　　（設問2）10/10点　　　（設問3）0/10点

第4問（配点20点）

（設問1）

（a）　　　　　　　　30字

| メ | リ | ッ | ト | は | 、 | 配 | 送 | 業 | 務 | に | 特 | 化[3] | す | る | 事 | で | 効 | 率 | 性 |
| を | 最 | 大 | 化 | で | き | る[1] | 事 | 。 | | | | | | | | | | | |

（b）　　　　　　　　30字

| デ | メ | リ | ッ | ト | は | 、 | 全 | 事 | 業 | 部 | に | よ | る | 全 | 体 | 最 | 適 | が | 困 |
| 難 | な | 事[3] | 。 | | | | | | | | | | | | | | | | |

（設問2）　　　　　　　　60字

期	待	効	果	は	、	取	引	先	の	受	発	注[1]	・	在	庫	情	報	を	タ
イ	ム	リ	ー[2]	に	受	信	す	る	事	で	、	D	社	の	調	達	、	在	庫	、
配	送	コ	ス	ト	が	削	減[3]	で	き	、	収	益	性	が	向	上[2]	す	る	事	。

【メモ・浮かんだキーワード】　効率性の最大化、全体最適できない、収益性・安全性の向上

【当日の感触等】　（設問1）が一般論になってしまったがそれでも6割は取れたはず。

【ふぞろい流採点結果】　（設問1）7/10点　　　（設問2）8/10点

【ふぞろい評価】　71/100点　　　【実際の得点】　66/100点

　難問の第3問（設問3）は失点したものの、わからない問題を後回しにするといったタイムマネジメントをしたことで、他の問題で満遍なく得点を稼ぎ、合格ラインを確保できています。

おはこ 編（勉強方法と解答プロセス：p.162）

1．休み時間の行動と取り組み方針

　3事例とも時間切れになりそうだったが、書き上げることができた。正解かはわからないが、与件文を使い、因果を明確にすることにこだわって書けた。事例Ⅳでも自分のペースで淡々と解くことが大切。最終事例に向け廊下でストレッチをして疲労回復に努めた。

2．80分間のドキュメント

【手順0】開始前（〜0分）

　開始前はいつもどおり、自分のチェックポイントを頭のなかで確認する。事例Ⅳもストーリー重視だから、開始直後に電卓を叩く音が聞こえてきても気にしないこと。計算問題はしっかり練習してきた。計算過程をこまめにメモして、ミスが出ないようにしよう。

【手順1】準備（〜1分）

　与件文と設問文にざっと目を通す。

【手順2】問題確認（〜10分）

第1問 テーマはもちろん経営分析。具体的な題意は、悪化している指標2つと改善している指標1つだ。与件文と設問文からストーリーを読み取ってから指標を考える。

第2問 テーマはセグメント別の損益分岐点分析だ。取り組みやすそう。

第3問 「マーケット事業部の損益改善」がテーマだ。設備投資の経済性計算は時間がかかるから、最後に回す。

第4問 「連結子会社」と「EDI」についての記述問題だ。「連結子会社」の知識に不安。

【手順3】与件文読解（〜25分）

　事例Ⅳでは収益性、効率性、安全性に関連しそうなワードと、接続詞や時制、わざわざ表現をチェックし、ヒントを探る。

2、3段落目 建材事業部関連では、まず連結子会社が「配送を専門に担当」していることをチェックする。「建材の価格高騰」や「中抜き」などの外部環境、「取引先と連携」や「知識習得および技術の向上」の売上増加策、「建材配送の小口化による配送コストの増大」や「非効率な建材調達・在庫保有」といった収益性低下の原因にも下線を引く。EDI関連の「よりタイムリーな建材配送を実現するため」「受発注のみならず在庫情報についても」「情報を共有」などもヒントだ。

4段落目 マーケット事業部では、「とくに、当期は一部の分譲住宅の販売が滞った」とあり、在庫がかさんだことによる棚卸資産回転率悪化が考えられる。また、経営者は「広告媒体を利用した販売促進」と「新規事業開発によってテコ入れ」を検討中のようだ。

5段落目 不動産事業部は「収入はかなり安定的で、全社的な利益の確保に貢献」しており、好調なようだ。

【手順４】経営分析（〜40分）

第1問　設問と与件文から、悪化している指標は売上高総利益率と棚卸資産回転率、改善している指標は有形固定資産回転率と仮説を立てる。しかし、効率性の指標が重複してしまったので、取り上げるべき安全性の指標がないか計算しながらヒントを探ることにする。

　まず収益性は、「建材の価格高騰」「配送コスト」など売上原価が上昇しているので、売上高総利益率を選択する。効率性は、所有物件が「全社的な利益の確保に貢献」している不動産事業部を指摘するのが適切だろう。とすると、安全性はマーケット事業部の不振と関連しているのではないか。安全性に関する勘定科目を見ると、仕入債務と短期借入金が大幅に増加している。おそらく、建売分譲住宅の設計や施工の資金を借入金で賄っているのだろう。とすると、流動比率か当座比率を示せばよいのではないか。

【手順５】第２問以降の計算および答案作成（〜80分）

第2問（設問１）　変動費率の計算は基礎的な計算問題だから、絶対にミスをしない。

（設問２）　全社的な損益分岐点売上高も同じく、計算ミスをしないこと。「重大な問題」は、共通固定費を含めるため正確さに欠けるという答えが頭に浮かぶが、少しずれる気がする。

（設問３）　変化する条件を整理しながら、目標利益達成売上高を求めればよさそうだ。しかし、計算が混乱して進まない。このままでは時間を浪費するので、後回しにする。

第4問（設問１）　メリットは配送に「専門化」することで、建材配送の小口化やよりタイムリーな建材配送につなげることだ。デメリットは、EDIで「情報を共有することを検討中」とあるのがヒントだろう。30字でまとめるのが難しい。

（設問２）　EDI導入は文脈上、収益性低下に対する施策のようなので、「財務的」効果は収益性向上でよいだろう。

第3問（設問１）　各期のCFは基礎的な計算問題だ。損益予測の表は税引前利益までだが、計算に必要なのは税引後利益だ。計算ミスに注意すること。

（設問２）　「回収期間」と「正味現在価値」も基礎的な計算問題だからミスは許されない。

（設問３）　設備投資の経済性の比較だ。あまり得意でない論点なので落ち着いて整理しようとするが、進まない。残り時間が10分を切り、試行錯誤するには時間がない。先にほかの問題を見直して、時間があれば第２問（設問３）と本問を粘ることにしよう。

３．終了時の手ごたえ・感想

　5時間20分の試験が終了した。事例Ⅳの空欄２問が心残りだが、自分のペースで４事例を書き切った。曖昧な解答や、他の設問と記述が重複した解答もあったが、事例のストーリーを念頭に置いて、与件文を使い因果を意識して解答したつもりだ。正解かはわからないが、方針を貫けたのはよかった。

〜私の時短勉強法〜
　テキスト７回読み。

合格者再現答案＊（おはこ　編）　　　　　　事例Ⅳ

第１問（配点25点）
（設問１）

	（a）	（b）
①	売上高総利益率[2]	16.76（％）[2]
	流動比率[1]	88.65（％）[1]
②	有形固定資産回転率[2]	1.64（回）[2]

（設問２）　　50字

建	材	の	価	格	高	騰[3]	な	ど	で
収	益	性	が	悪	化[1]	、	分	譲	住
宅	の	販	売	不	振	で	短	期	安
全	性	が	悪	化[1]	、	不	動	産	賃
貸	が	好	調[3]	で	効	率	性	高	い[1]

【メモ・浮かんだキーワード】　収益性・効率性・安全性、与件文から導く

【当日の感触等】　３つの指標を３つの事業部に割り振れたので、大丈夫だろう。

【ふぞろい流採点結果】（設問１）10/12点　　　（設問２）9/13点

第２問（配点25点）
（設問１）

建材事業部	マーケット事業部	不動産事業部	全社
95.33[2]　％	69.39[2]　％	3.52[2]　％	89.09[2]　％

（設問２）　　　　　（b）30字

（a）	4,343[2]　百万円

（b）	共	通	固	定	費	を	含	む	数	値	の	た	め	業	績	へ	の	貢	献	度
	を	正	確	に	表	さ	な	い[2]	こ	と	。									

（設問３）

（a）	％
（b）	まず、全社の変動費率Ｘを算出する。 （474＋250）÷（1−x）＝（4,514＋**196×1.1**[2]＋284）より、x＝14.44％（以下白紙）

【メモ・浮かんだキーワード】　損益分岐点分析

【当日の感触等】　「共通固定費」の理由付けはニュアンスが少し違うが、思いつかない。

【ふぞろい流採点結果】（設問１）8/8点　　　（設問２）4/8点　　　（設問３）2/9点

第3問（配点30点）

（設問1）

（単位：百万円）

第1期	第2期	第3期	第4期	第5期
△0.9^2	6.1^2	14.5^2	9.6^2	9.6^2

（設問2）

（a）	3.03^5　　年
（b）	32.63　百万円

（設問3）

（a）	%
（b）	

【メモ・浮かんだキーワード】　キャッシュフロー、設備投資の経済性計算
【当日の感触等】　（設問1）と（設問2）は落とせない。（設問3）は混乱してわからなくなった……。
【ふぞろい流採点結果】　（設問1）10/10点　　（設問2）5/10点　　（設問3）0/10点

第4問（配点20点）

（設問1）
（a）　　　　　　　30字

配	送	に	専	門	化	す	る	こ	と	で^3	、	建	材	配	送	の	小	口	化
に	対	応	で	き	る^1	。													

（b）　　　　　　　30字

親	会	社	と	の	情	報	共	有	不	足^2	で	、	非	効	率	な	建	材	調
達	・	在	庫	保	有	と	な	る	。										

（設問2）　　　　　　　60字

効	果	は	、	受	発	注^1	と	在	庫	情	報	を	取	引	先	と	共	有^2	す
る	こ	と	で	、	よ	り	タ	イ	ム	リ	ー	な	建	材	配	送^2	を	実	現
し	、	収	益	性	が	向	上^2	す	る	こ	と	で	あ	る	。				

【メモ・浮かんだキーワード】　専門化、情報共有
【当日の感触等】　30字の短さに苦戦したが、なんとかまとまった。
【ふぞろい流採点結果】　（設問1）6/10点　　（設問2）7/10点

【ふぞろい評価】　61/100点　　　【実際の得点】　62/100点
　　第2問（設問3）、第3問（設問3）は失点したものの、多くの受験生が解答できている問題を確実に拾うことで満遍なく得点でき、結果的に合格ラインを確保しています。

~合格してから知って驚いたこと~
　　合格してからの勉強のほうが大変。

第3節 もっと知りたい！ 当日までにやったこと

　年に一度しかない2次試験では、合格に向けて効率的かつ効果的な勉強が求められます。しかし、何が正しい勉強法かはわかりにくく、今のやり方を続けて合格できるかという不安と常に戦うことになります。インターネットや口コミでさまざまな勉強法を聞いて、心が揺れ動くことも少なくありません。

　本節では、「80分間のドキュメントと再現答案」を紹介した合格者が、2次試験当日までにどんな準備をしてきたのかを掘り下げます。バックグラウンドの異なる6人の勉強方法はまさに「ふぞろい」。6つのテーマを通じて、これからの勉強のヒントを探してみてください。

1．過去問

> Q　過去問を解いて、自己採点をした後、どうしたらいいのかわかりません。効果的な勉強方法はありますか？

か ー な：私は、過去問を解いて振り返るという一連の流れで、セルフ勉強会をしてた。まずは『ふぞろい』や受験生支援ブログを見て、いろんな人の解説を読んでいくの。それで、気づいたことやポイントを、過去問用ノートにまとめていったよ。こんな感じだよ。

■かーなの過去問ノート

全　　員：きれいにまとめたなー！

か ー な：特に、**自分がなぜ間違えたか、次回は何をすればそれが防げるか、を厳しく追求して書いて**いたんだよね。後から見てわかりやすいように、①解法②1次試験の知識③使えそうなフレーズ④その他で色分けしてまとめていたよ。

じょーき：俺は過去問解いたらすぐに捨ててたから、そんなきれいなノート残ってないわ。

でもスマホには一応残ってるで。**自分に足りなかったポイントを全部、スマホのメモに書きためた**だけやけど。

全　　員：シンプル！

じょーき：自分がわかればいいからね。正直、ノートにきれいにまとめるのとか得意じゃないし、これでも十分使えるってことを伝えたい。

■じょーきのメモ

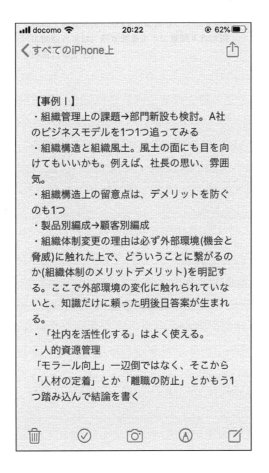

お は こ：僕も、**足りなかった知識やミスしたところを毎回ファイナルペーパーに反映**していったよ（詳しくは「5. ファイナルペーパー」参照）。過去問を解くたびにファイナルペーパーが更新されて、より充実したものになっていくんだ。

か ー な：私のノートも、結局同じことだよ。私はファイナルペーパーを作ってないから、試験当日もこのノートを持っていくつもりで、内容を書き足していったよ。

お は こ：みんな、自分に足りなかったポイントを集めてまとめる作業をしてたんだね。僕は、発見した弱点については重点的に復習をしたよ。たとえば、設問解釈だけひたすら練習するなど、**苦手を克服するためのトレーニング**をしていたよ。

～合格してから知って驚いたこと～　——————————————————
　　周りの合格者にできる人が多いこと。

まっつ：俺は過去問を解くとき、**1 回目と 2 回目以降とで、やり方を変えていた**よ。

テリー：具体的には？

まっつ：**1 回目は、答案作成のプロセスを検討しながら、時間をかけて自分なりのベス
　　　　ト答案を作る**。そして、**2 回目以降は、その答案とどれだけ近いかをチェック**
　　　　していたんだ。もし 1 回目よりよいものが書けたら、前回の答案と差し替える。
　　　　その際、プロセスとの整合性や本番80分で書けるかを重要視していたかな。

テリー：なるほど。しっかり PDCA を回しているね。

ホリホリ：みんな、自分 1 人でそこまでできるのすごくない？　俺は初年度の反省から、
　　　　過去問を解いたら勉強仲間に見てもらって、ひたすらディスカッションをして
　　　　いたよ。多いときは週 6 で集まってた。

全　　員：週 6 ⁉

ホリホリ：**解答に入れる要素の優先順位、解答フレーム、因果関係がつながっているかな
　　　　ど、本音で話して、意見を言い合う**んだ。自分では気づけないことも多いから、
　　　　そのディスカッションに参加するために過去問を解いていたようなものだね。

かーな：そんな仲間がいたなんて……うらやましすぎる。

ホリホリ：実際、2 次試験の点数が 1 回目と 2 回目で82点も上がったのは、ディスカッショ
　　　　ンのおかげだと思うよ。あと、俺もみんなと同じように、**自分に足りなかった
　　　　観点や抜けていた知識は、ディスカッション後にファイナルペーパーに書き足
　　　　していった**よ。

テリー：82点アップは驚異の記録だね。自分は、両方やってたかな。ストレート受験生
　　　　ということで、**当初から量より質を重視してた**ね。過去問を解いた後の振り返
　　　　りに時間をかけて、PDCA を回してたよ。その過程で、**勉強仲間に自分が書
　　　　いた答案を見てもらって意見をもらったり、予備校の模範解答と比較して、自
　　　　分に足りない部分を中心にファイナルペーパーにストック**していったんだ。

■テリーのノート

気づきの点	改善点
○競争戦略→差別化・集中 　（コストリーダーはほぼない） ○組織とからむ　構造面と行動面の両方	○Ⅳはとにかく書きまくる ○設問要求や解釈の力をつける→過去問で⑤

おはこ：セルフ振り返り派とディスカッション派のいいとこどりだ！　そんなストレー
　　　　ト受験生いるんだ……！

〈ふぞろいメンバーのまとめ〉

ひたすら 1人で見直す派	勉強仲間と ディスカッション派	1人で見直す＆ 仲間に意見をもらう派
かーな、じょーき、おはこ、まっつ	ホリホリ	テリー

> A　自分に足りない知識や観点を知って、書き留めることでPDCAを回そう。

2．設問解釈

> Q　設問解釈は大事だとわかっているのですが、本当に必要なのでしょうか？　また、実際にできるようになるにはどんな勉強をすればよいのでしょうか？

お は こ：なるほど。実は僕たちもお互いにどんな方法で設問解釈をしていたかを話したことがなかったね。みんなはどうやって設問解釈していたの？

かーな：ん？　私は**「理由」とか「提案」とかにチェック入れるくらい**だよ。

じょーき：俺もそんな感じかなー。みんなはほかに何かすんの？

テリー：いやいや、するよ、めちゃくちゃやることあるじゃん。

まっつ：そうだね。俺は事例Ⅰが苦手だったんだけど、その原因は**「何を問われているのか理解できていないこと」「与件文に引っ張られること」**じゃないかって考えたんだ。それを回避するために、設問解釈はかなり丁寧にやったよ。

じょーき：へぇー、どんな感じでやってたん？

まっつ：まず設問から、**「設問要求」「制約条件」「リンクワード」「解答の構成」「階層」「時制」「解答の方向性」を当てはめる**んだ。令和元年度事例Ⅰの問題を例に説明してみようか。ちょっと下の設問を見てもらえる？

> A社長がトップに就任する以前のA社は、苦境を打破するために、自社製品のメンテナンスの事業化に取り組んできた。それが結果的にビジネスとして成功しなかった最大の理由は何か。100字以内で答えよ。

まっつ：この設問に対して、さっきの7項目を当てはめるとこんな風になるんだ。

項目	内容
設問要求	ビジネスとして成功しなかった最大の理由
制約条件	A社長がトップに就任する以前、自社製品のメンテナンス事業
リンクワード	A社長がトップに就任する以前、自社製品のメンテナンス事業
解答の構成	最大の理由は、〜〜なためである。
階層	方針〜戦略
時制	過去（A社長がトップに就任する以前）
解答の方向性	ニーズがない、差別化できない、強みが生かせない、顧客がいない

ま っ つ：ここまでやると、この時点で解答がある程度組み立てられる。こんな感じかな？　「最大の理由は、○○でニーズがなく、○○で差別化できず、○○で強みが生かせず、○○で顧客がおらず、△△なため」。それで、**この骨子を使って、○○や△△を与件文に探しにいくと、大体2論点くらいに落ち着く**んだよね。

全　　員：へぇ〜！　なるほどー。

ま っ つ：重要なのは、**「解答の方向性」がどれだけ、精度高く、たくさん思い浮かべることができるか**なんだよね。多いほうが与件文に存在する確率が増えるから。

ホリホリ：うんうん。**「解答の方向性」って切り口のこと**だよね？　そこは俺も同じ。

お は こ：そうだね。僕も、**設問の単語から切り口や知識について多く連想**していたよ。

テ リ ー：自分も大体同じかな。ところでさ「リンクワード」って何のことなの？

ま っ つ：うん、リンクワードというのは、その内容が与件文に書いてあるはずのワードのことなんだよね。そして、俺の考えでは、さっき話した○○や△△という記述が、この周辺に記述されている可能性が高いはずなんだ。

ホリホリ：わかるわかる。そうなんだよねー。じゃあさ、「階層」っていうのは何？

ま っ つ：階層も俺が独自で考えていたことなんだけど、解答のレベル感を強制的に意識させるものなんだ。「方針」「戦略」「施策」「対応策」といった感じで、上から下に降りていくイメージだね。まず「方針」は外部環境などで決まる企業の方向性のこと。次に「戦略」は事例企業の内部資源をどう生かすかのことだね。さらに「施策」は「戦略」を具体的に述べることで、最後に「改善策」は現場をどう変えていくかという内容で考えていたんだ。

か ー な：ふぅーん。そんなにいろんなことやってるの？　大変ねぇ……。

お は こ：じゃあ、まっつの設問解釈に関する勉強方法はどんな感じだったの？

ま っ つ：さっきのような表に各項目を書いていく感じで、**過去問の設問解釈だけに取り組んでいた**んだ。けど、メインはやはり「解答の方向性」だね。**普段インプットしている1次知識を瞬時に引き出す訓練**といった感じかな！

テ リ ー：なるほど。自分も、まっつと同じで、**設問だけをまとめたペーパーで解答の方向性や1次知識を想起**していたなぁ。

〜2次試験勉強を始める前に戻れるなら〜
　1次の勉強に集中し過ぎず、早めに2次の勉強会に参加する。

じょーき：みんなすげぇな。俺にはそんなんできひんわ！

まっつ：いや、逆に聞きたいんだけどさ、じょーきとかーなは、設問解釈なしで、どうやって事例に取り組んでたの？

じょーき：え？　だってさ、設問でいろいろ考えると雑念を抱えちゃうやん？　そういう**ノイズを抱えたまま与件文を読みたくない**ねんなあ。素直な気持ちでA社を診断したいと言えばいいんかな？

かーな：そうそう！　わかるわかる。早く話を聞かせて！　みたいな感じだよね？

ホリホリ：え、それってすごくない？　何の整理もしないでいきなり与件文を見るなんて。

おはこ：うーん。きれいに割れたね……。整理すると、**設問解釈に時間をかける派は、ある程度筋道を立てないと、与件文に流される**ってことだよね？

ホリホリ：そうだね。それに何を聞かれているのかよくわからないし。

おはこ：なるほど。一方で**設問解釈に時間をかけない派は、余計な情報を入れないで与件文を読まないと、曲がった解釈をしちゃいそう**ってことだよね？

かーな：そうなるね。その浮いた時間を解答作成に使いたい。

テリー：それって読解力が高くないとできないよね？　そっちのほうがよっぽど難しいよ。

〈ふぞろいメンバーのまとめ〉

きっちり設問解釈派		ざっくり設問解釈派
マイルール設定	切り口重視	
テリー、まっつ	ホリホリ、おはこ	かーな、じょーき

> A　設問解釈は、設問文から解答の方向性や切り口を想起し、与件文の内容を想定する受験生が多い。一方で、読解力が高く、ざっくり読むだけという受験生もいる。どちらのやり方を選択した場合でも、与件文をムダなく読むことが目的。そのために必要な勉強方法は、インプットした1次知識を多面的に素早くアウトプットするトレーニングであると考えられる。

3．特別な勉強法

> Q　今の勉強法を続けても合格できるのか自信が持てないのですが、合格者は何か特別な勉強法を実施していたのでしょうか？

ホリホリ：みんなは、何か特別な勉強はしていたかな？

テ リ ー：自分は、**過去問を論点ごとに解いて、解答骨子作成までを40分間で行うトレーニング**をしてた。たとえば、事例Ⅰでいうと、**組織構造や人事施策の問題だけを複数年度分解いて**、事例の特徴や問われ方のパターンをつかんでいたかな。解答骨子作成までを40分間で行っていた理由は、80分間も時間が取れない日や、80分間を取れても集中できない日に、効率的に勉強するためだよ。

じょーき：ストレート受験生で、それに取り組もう！　って思い至っただけでも感心するわ。俺は1年目は1次試験でいっぱいいっぱいやったわ。

ま っ つ：俺は、『ふぞろい』の合格答案やA答案を書き写すことで、**合格者が書く解答を体にしみ込ませていた**よ。あとは、漢字2文字からの文章連想をしてたなー。

か ー な：漢字2文字からの文章連想？　どういうこと⁉

ま っ つ：**漢字2文字で、事前に書き写していた文章が思い浮かぶようにするトレーニング**だよ！

■まっつの漢字2文字からの文章連想

全　　　員：おおおー！

お は こ：僕は、**事例Ⅳの計算問題を1次試験直後に大量に印刷**しておいたよ。あとは小学生の計算ドリルのように、**毎日欠かさず解いていった**。仕事で疲れててもドリル1枚くらいなら取り組めるでしょ。

ホリホリ：俺も「**真夜中の事例Ⅳ**」という勝手なタイトルをつけて、寝る直前に事例Ⅳの1問分を解いてたよ。酔拳みたいにフラフラになりながら解いてたなー。

お は こ：わかるー！　計算問題だから余計に眠気が襲ってくるよね。ちなみにこれは勉強法ではないけど、解いた問題用紙などを机の上に積み上げていき、山が高くなっていくのを見て達成感を楽しんだよ。

か ー な：私は、**中小企業白書を読んで、「コラムに出てくるこの企業は、事例だったらどう聞かれるのかな〜」とひたすら妄想**した。**出題の意図を考える訓練**になったよ。

　〜受験勉強中の睡眠時間〜

　　6時間は最低限確保するようにしてました。深夜まで勉強しても、知識の定着が悪いと思ってました。

テ リ ー：なるほどー！

か ー な：あと、題して「**メリット・デメリット作文**」をやってたよ。これは、**自由研究 みたいな感じで、自分でテーマを探していき、自分で答えを調べて書いていく** ので、勉強しながらためになったよ。

■かーなのメリット・デメリット作文

> 投資のメリデメ
> メリットは、①原則資金の変換義務がないこ と②経営について詳細なアドバイスを受けら れる可能性があることである。
> デメリットは、①出資比率によっては会社の 経営権を失う恐れがあること②配当金は損金 算入できないことである。
>
> クラウドファンディング（購入型）のメリデ メ
> メリットは、①銀行の融資や社債と比べて利 子を返さなくていいこと②プロダクト毎に柔 軟な資金調達ができること③需要の調査を兼 ねて行えること。
> デメリットは、製品情報を公開するため他社 に模倣される恐れがあること。

じょーき：俺は、作文ではないんやけど、**新聞のコラムを40字に要約してたよ。ほかの人 の要約をSNSで確認できたから、自分の要約と比較して、多数派に入れたか？ キーワードは盛り込めたか？** って確認してたわ。あと、**与件文の読み飛ばし が多かったから、開き直って現代文の大学受験用問題集を解いてたよ。**

全 　 員：面白いー！

ホリホリ：俺は、**解答を書く前まで（最大35分間）で、設問解釈（単語単位で想定できる ことをメモ）、与件文のチェック（時制、繰り返し出ているキーワードなどを つなげたり）、対応づけ（段落の横に第何問で使うかメモ）、詳細分析（解答骨 子）を行うトレーニング**を、勉強仲間と平日週２回集まってやってたよ。**一緒 に35分間で解いた後、みんながチェックした項目を自分は見落としていない か、想定すべき知識を連想できていたかなどを、ひたすらディスカッション**し ていた。平成19〜30年度の12年分をみんなと吐くまでディスカッションしてた ね。

～1日の最大勉強時間～
5時間20分（模試の日）。

■ホリホリの与件文チェック

全　　員：（吐くまでディスカッション……）

〈ふぞろいメンバーのまとめ〉

かーな	テリー	じょーき
①白書からの事例妄想 ②メリット・デメリット作文	①過去問の論点ごとに演習 ②解答骨子作成までの40分トレーニング	①新聞コラムの40字要約 ②現代文の大学受験用問題集
ホリホリ	まっつ	おはこ
①真夜中の事例Ⅳ ②解答骨子（詳細分析）までのディスカッション	①合格答案の書き写し ②漢字2文字からの文章連想	①事例Ⅳデイリーテスト ②（解いた問題用紙の山積み）

> A　メンバー全員が特別な勉強方法を実践していた。内容はふぞろいだが、目的は共通しており「弱点を補うため」だった。まずは自分の弱点を見つけて、今回取り上げられた勉強法を参考にしてみよう。

4．勉強の効率化

> Q　まとまった時間が取れなくて勉強がはかどりません。効率を上げるにはどうしたらよいでしょうか？

テリー：**参考書や問題集などは、必ずテーマを決めて使った**よ。たとえば、『中小企業診断士2次試験合格者の頭の中にあった全知識』と『同全ノウハウ』は、事例

～1日の最大勉強時間～
12時間。

ごとの**切り口のページを中心に読んだ**かな。事例Ⅳでは、『30日完成！　事例Ⅳ合格点突破計算問題集』を**基礎的な問題を押さえるために**2回転ぐらい解き、予備校の事例Ⅳ問題集を**最後の仕上げ**に使ったよ。ふぞろいな合格答案や一発合格道場などのブログは、**紹介されている解答プロセスを参考に自分流にアレンジ**してたね。

まっつ：なるほど、**目的を意識してる**ね。俺の場合は『事例Ⅳの全知識＆全ノウハウ』を隅々まで読み込んだよ。個人的には、**ここに書いてあることをすべて理解できていないと、本試験で事例Ⅳに立ち向かうことはできない**と思う。あと、『意思決定会計講義ノート』（以下、イケカコ）は難しいけど面白かった。時間に余裕がある人や事例Ⅳが得意な人向けだけどね。

じょーき：「イケカコ」は俺もやったよ。点数を伸ばすというより、難しい問題でもひるまない自信を身につける、**メンタル強化**の意味合いのほうが強いと思う。

おはこ：スマホは活用した？

かーな：私は「SmaTan」というアプリを使ったよ。**専用のノートに問題と答えを手書きしてアプリに取り込む**と、**スマホで暗記カードのように学習**できるの。

まっつ：俺はメリット・デメリットや各論点などを覚えるのに「私の暗記カード」というアプリを使ってた。**こういうのは自分で作成する工程が大切**だと思うよ。

おはこ：僕はPDF資料に赤シートをかぶせられるアプリ「i－暗記シート」を使った。ファイナルペーパーの暗記箇所を赤文字で作って、**電車内で覚えた**よ。

テリー：暗記用の赤シートは懐かしいね。

■スマホアプリの活用（左から、かーな、まっつ、おはこのスマホ画面）

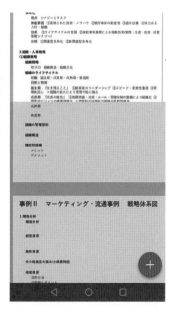

〜試験当日昼食時のテンション〜

　あれ書いておけばよかった、これが書けなかった。

お は こ：あと、**クラウドストレージに勉強の資料をすべて保存**して、スマホで読めるようにした。2次試験過去問などは**電子書籍端末**にも入れておいたよ。

じょーき：おはこ、デジタルツールマスターやな！

お は こ：うん。**おすすめは中小企業白書の電子版**。中小企業庁のサイトにあるPDF版とは別に、電子書籍ストアで電子版が無料で手に入る。これは画面サイズに合わせて表示されるから、**スマホで隙間時間に読み進められるよ**。

か ー な：それは知らなかった！

ま っ つ：スケジュール管理も効率化に不可欠だよ。俺は**WBS（Work Breakdown Structure）**で勉強の基本スケジュールを立て、タスク達成の進捗率を見える化した。**ポイントは、勉強時間ではなく達成率を管理すること**。ソフトウェア開発用の有料ソフトを使用していたけど、フリーで使用できるソフトも多いはずだよ。スマホで使いやすいのは、まだ俺も知らないんだけどね。

お は こ：理系のまっつらしい。**僕は週1回、紙にやることを書き出したよ**。

ホリホリ：そこはアナログなんだ。俺は「Studyplus」を使っていた。勉強仲間の知り合いだけでなく、**「かなり勉強している人」をフォロー**して、「自分も頑張らないと！」と鼓舞したよ。

全　　員：出た！　ストイック！

〈ふぞろいメンバーのまとめ〉

かーな	テリー	じょーき
スマホ活用	目的を意識した学習	目的を意識した学習
ホリホリ	**まっつ**	**おはこ**
スマホ活用	目的を意識した学習、スマホ活用、スケジュール管理	スマホ活用

A　効率化のポイントは、①目的を意識した学習②スマホの活用③スケジュール管理。自分に合った方法を見つけてみよう。

5．ファイナルペーパー

Q　「ファイナルペーパーを作ったほうがいい」と聞いたのですが、皆さんは作っていましたか？　作っていたとしたら、どんなファイナルペーパーを作っていましたか？

〜試験当日昼食時のテンション〜
「午前は例年どおりの問題だな、午後仕掛けてくるのかな」と冷静だったのを覚えています。

か　ー　な：ファイナルペーパーって**「試験当日、超直前に要点を見直すためのまとめペーパー」**とでもいえばいいのかな。みんなどうしてたの？

ま　っ　つ：俺は結構、力を入れて作ったよ！　理系だし、かっちりと表に当てはめないと気持ち悪いんだよね。

■ファイナルペーパーの作り方　まっつの例

観点	項目	説明	分類
組織文化とは	2次試験では	外部環境の変化により、ビジネスモデルを変更する必要がある。 →組織形態の変更だけでなく、組織文化の変革も必要	持続的
キーワード		停滞⇔機動力、硬直⇔柔軟、依存、醸成、改革、刷新	
組織文化の変革	経営トップの認識	過去の成功体験の依存をせずに、改革が必要な認識を持たせる	
	経営トップのリーダーシップ	経営トップが手本となり、全社的に取組む	
	経営ミドル層の意識改革	実務上の変革の推進者	
	評価・報酬	経営トップによる表彰、評価・報酬に連動させ、会社全体にオープンにする	
	抵抗勢力への対処	変革への反対者をプロジェクトの中心メンバーとする	
	目的とPDCAサイクル	定期的に変革の目的と、経過をチェックする	
学習する組織	ビジョンの共有	組織と個人のビジョンを共有させる	
	意識向上	従業員一人一人が自己を高める意識を持つ	
	組織文化の変革	固定観念を捨てる	

お　は　こ：僕も表っぽい形式で作ったよ。こうしておくと、**普段の勉強で暗記強化にも使えて、すごく便利**なんだよね。

じょーき：すげぇ……俺がこれと同じものを作ろうと思ったら、それだけで1週間はかかるわ！　ほかの人はどうしてたん？

テ　リ　ー：自分は**文章形式**で、**精神論とか、試験当日に忘れちゃいけない心得とか、80分の使い方とか、そういったことも含めて書き留めておいた**よ。当日メンタルエラーを起こして、勉強してきたことを発揮できずに終わってしまうのが怖くて。

■ファイナルペーパーの作り方　テリーの例

```
■事例Ⅰ ファイナルペーパー
・共通作業事項（事例Ⅰ〜事例Ⅲ）
※前提条件として、タイムスケジュールを想定　残り時間45分になったら、解答欄に書き込む
　作業2〜3分　設問要求解釈5分　与件文10分　設問紐付け15分　書き込み40分　見直し5分
※時間を、○時00分始まりにするとタイムスケジュールを意識しやすい。
※問題の難易度を把握し、優先順位をつけて、取り組むこと。必ずしも1問目からやる必要はない。
①受験番号・名前を記載
②ホッチキスを外し、設問要求だけを定規で破り、分離。
③与件文の第1段落を読む（業種・会社規模を把握）
④与件文の最終段落を読む（事例の方向性・課題・社長の思い等を把握）
```

ホリホリ：俺もそんな感じ。勉強会の先輩から引き継いだものに、自分で気づいた内容をどんどん書き足していって、ファイナルペーパーに仕上げていったよ。

じょーき：これまたすげぇ……やっぱりみんなしっかりしてるなあ。

ま　っ　つ：じょーきは手軽さ重視だもんね。

じょーき：そうそう、**過去問を解いて気づいたことを、その場でスマホのテキストメモに**

　　　　書きためてた（「１．過去問」参照）。最終的にはＡ４用紙20ページくらいの量
　　　になったけど（笑）。

お は こ：じょーきはこの形式でもどこにどういった内容が書いてあるのかすぐ思い出せ
　　　　　るんだよね？　それだったらいいよね。

じょーき：いや、どこに何が書いてあるかなんて、もちろん覚えてないで！

全　　員：（せっかくまとめているのに、もったいない……）

じょーき：試験の合間に見直して、次の事例に頭を切り替えることができたら、それでい
　　　　　いかなーと。

ま っ つ：確かに、事例ごとに頭を切り替えるのは重要だよね。

か ー な：それにしても、みんなちゃんとファイナルペーパー作って真面目だよね。

ホリホリ：かーなの「過去問ノート」からも真面目さが伝わってくるよ。俺は過去問を解
　　　　　いて勉強仲間とディスカッションしたことを書き留めたものがファイナルペー
　　　　　パーになっているわけだし、それを１人でやっていたってすごいと思うよ。

か ー な：ファイナルペーパーと思って作っていたわけではないけど、試験当日にも見直
　　　　　せるようにしておこうと思って作っていたのは確かだね。

お は こ：なるほど。**ファイナルペーパーを作っていない人もいるけど、それに準じるも
　　　　　のはちゃんと持っていた**っていうことだね。

テ リ ー：**試験直前に「これさえ見直せば大丈夫！」って思えるものがファイナルペー
　　　　　パー**だと思うし、持っていくだけでも気持ちが落ち着くよね。

ま っ つ：俺は形式にこだわったけど、気軽に書き足していけることを重視した人もいる
　　　　　わけだもんね。**個人の属性に合っていればどんな形式でもいい**んだなと思った。

じょーき：ん？　まっつ、俺のことちょっと馬鹿にしてるやろ？（笑）

〈ふぞろいメンバーのまとめ〉

作っていた		作っていなかった （ただし、代替物あり）
表形式	文章形式	
まっつ、おはこ	ホリホリ、テリー	かーな、じょーき

> **A**　ファイナルペーパーを作るか作らないか、作るにしてもどういった形式かは人そ
> 　れぞれ。ただし、試験当日の休憩時間に「これさえ見直せば大丈夫」というツー
> 　ルは、あったほうが試験当日にあれこれ悩まなくてよい。

～試験当日昼食時のテンション～

　１次試験当日は午後腹痛に陥ったため、２次の昼食（おにぎり・バナナ）も疑心暗鬼に。

6．アクシデント対策

> **Q**　せっかくこれまで勉強してきたのに、試験当日に自分の力が発揮できずに終わってしまわないか不安です。当日に向けて、何か事前に対策していたことはありますか？

テ リ ー：試験当日は、予期せぬアクシデントがつきもの！　みんなはどのように事前の対策してた？

か ー な：私は、特別な対策はしてなかったなぁー。あえていうなら、**当日の持ち物チェックは事前にしてた**かな。あとは、**栄養と睡眠をしっかりと取って、体力の温存を心掛けていた**よ。

ま っ つ：持ち物チェックは大事だよね。当日あれがない、これがないって、焦りたくないもんね。俺は、多くの人が受けてると思うけど、**模試でシミュレーションしたこと**かな。当日のスケジュール確認はもちろんだけど、**前日の寝るところからってのがポイントかな**。模試は、貴重な機会だよね。

全 　 員：まっつ、すごいな〜。

テ リ ー：そうだねー、模試は1回受けるだけでも、絶対意味あるよね。

じょーき：俺は、事例Ⅳの対策になるけど、事例Ⅳは3つの事例を解いた後で、相当疲れた状態で解くから、エラーが起こりやすい。だから、**究極に疲れた状態（徹夜）で、問題を解いたこと**もあるな。

ま っ つ：俺も、じょーきと同じで、仕事で疲れたときや、もう寝たいときに、あえて事例Ⅳの問題を解いてたよ。

か ー な：ほんとに……（ちょっと引く）。まっつもじょーきも、ちょっと変わってる……（苦笑）。私には、絶対無理……。ほかに、何か対策してた人いる？

ホリホリ：俺は、精神論になっちゃうけど、ファイナルペーパーに「熟考するな！」って書いてたかな。あれこれ迷うぐらいなら、スパッと解答することも時には必要だね。**勉強会のディスカッションで現場対応力を養ったよ！**

お は こ：ホリホリらしいな〜（笑）。ホリホリは、ほかにもネタがありそう。

ホリホリ：そうだなぁ、勉強会を、みんなが使える共有スペースでやってたから、周りがうるさいなかでも、気にすることなく、集中して解ける能力が身についたかな。

じょーき：やっぱりネタ持ってるやん（笑）。でも、**周りを気にせず集中するのって、大事なことだよね。自分は自分って割り切ることも大切**やし。

テ リ ー：自分は、**事前に当日起こりそうなエラーやリスク要因を、できるだけ洗い出してた**かな。こんなことや、あんなことが起こったらどうしようとか、書き出したことに対して、どう対応するかファイナルペーパーに書いていたかな。

じょーき：テリーって意外に、心配性なんやなぁ。

〜試験終了後のテンション〜
　ようやく終わったぁぁぁぁぁ！　今日こそ飲むぞ！　いや待てっ、当日中に再現答案を……（我に返る）。

おはこ：僕も、テリーと一緒で、ファイナルペーパーに書いていたなー。**普段の演習か
　　　　ら、自分の弱点を常に意識してたよ。**

まっつ：ちなみにどんなことをファイナルペーパーに書いてたの？　すごく気になる。

おはこ：「国語的に素直に読め」「事例のストーリーを考えよ」「因果で書け」「与件文を
　　　　勝手に言い換えるな」「過去問のセオリーを忘れて今年の問題に寄り添え」な
　　　　ど、**ついつい忘れがちなことを書いて、当日も見返してたかな。**

テリー：自分は、「当日緊張して与件文が頭に入ってこない」「周りのみんなが賢く見え
　　　　て、自信がなくなる」「緊張しすぎて、制約条件を読み飛ばす」「解答欄を間違
　　　　えて書いてしまう」「時間が足らなくなって思考停止する」「知らない問題や設
　　　　問要求によりパニックになって頭が真っ白になる」「1問にこだわってしまい、
　　　　優先順位を見失う」など。

じょーき：めっちゃ書き出してる〜。やっぱり、心配性テリーやな〜（笑）。

テリー：自分って心配性なんかなぁ。でもね、**書き出すだけじゃ意味がないと思ってる
　　　　よ。実際に、これに気をつけようとか、あれに気をつけようとかっていくら注
　　　　意しても、エラーすることってあるでしょ。だから、実際の行動レベルに対策
　　　　を落とし込むことが大事。**たとえば、「制約条件を読み飛ばさないように注意
　　　　しよう」って意識するだけでなく、制約条件を初めに解答用紙に書くといった、
　　　　注意レベルから作業レベルの対策にすることが重要だと思っている。

かーな：へー。そこまで徹底すれば、少々のアクシデントがあっても、**平常心で試験に
　　　　臨めそうだね。事前の対策って、やってみる価値ありそう**だね。

〈ふぞろいメンバーのまとめ〉

事前対策していた派	事前対策していない派
おはこ、じょーき、テリー、ホリホリ、まっつ	かーな

> A　試験当日、自分の力を最大限発揮するために、事前対策をするかは人それぞれ。
> 　ただし、不安を払拭するために、事前に対策を考えておくことが有効。一度、事
> 　前チェックしてみよう。

あとがき

親愛なる『ふぞろいな再現答案6』の読者の皆さま

　このたびは本書をご購入いただき、ありがとうございます。皆さまの受験勉強の参考になったでしょうか。この本は、答案分析編とあわせて『ふぞろいな合格答案』のエピソード13とエピソード14のエッセンスを別途編集したものです。この『ふぞろいな合格答案』シリーズは、われわれプロジェクトメンバーだけでなく、多くの受験生および診断士受験生を応援している方々のご協力をいただき、世に出すことができました。この場をお借りして、読者の皆さま、ご協力いただいた多くの方々に厚く御礼申し上げます。

　さていきなりですが質問です。皆さまの叶えたい夢は何ですか？　そしてその夢に向けて10年後はどのようになっていたいですか？　現状を深くとらえず、制約条件を外してワクワクしながら一度考えてみてください。いろいろと思い描くものがあると思います。きっとその中には「中小企業診断士として活躍している」ことも含まれているでしょう。

　では、その理想の10年後になるため、5年後、3年後、1年後はどのような姿になっていたいですか？　そしてワクワクする10年後から逆算すると、今は何に取り組んでいく必要がありますか？　もちろん「試験合格に向けて勉強をする」ことが具体的取組みとして挙げられていると思います。

　求める成果を手にするには、そこに向けて「何に取り組むか」がもちろん大切です。しかし一方で「どんな気持ちで取り組むか」という、感情面も看過できません。言い換えると、なぜ中小企業診断士になりたいのか、どんな中小企業診断士になりたいのか、試験合格が自分の夢実現とどうつながるのか、こういった思考や感情は、成果に向けた行動を加速させる大きなエネルギーとなるからです。

　中小企業診断士合格への道のりは決して平坦ではなく、つらく険しいものです。だからこそ疲れたときには自分を奮い立たせ、迷ったときには判断軸や行動指針となるものが必要です。それはきっと自身の思考や感情に向き合い、ワクワクする夢やビジョンの実現を思い描いたときにこそ生まれます。思わず自分の感情が揺れ動いてしまうような未来の姿をぜひ言葉にし、自身の中で形にしてみることをおすすめします。

　本書をお手に取った皆さまの夢の実現の一助になればと、この『ふぞろいな再現答案6』は製作されました。本書もまだまだ発展途上な部分もあるかと思います。皆さまの温かい叱咤激励や、ご意見・ご要望を頂戴できれば幸甚です。

　最後になりましたが、中小企業診断士試験に臨む皆さまがいつもどおりの力を発揮し、見事合格されますことを当プロジェクトメンバー一同祈念しております。

ふぞろいな合格答案プロジェクトメンバーを代表して
仲光　和之

【編集・執筆】

仲光 和之	梶原 夏海	箱山 玲	塩谷 大樹	玉川 信

◆ふぞろいな合格答案エピソード13

植村 貴紀	堀越 直樹	鈴木 ゆい	伊藤 嘉紘	海野 雄馬
松永 俊樹	中井 丈喜	道本 浩司	池田 聡史	林 遼
村上 麻里	山下 はるか	齋藤 昌平	岡田 恵理子	岡村 和華
本間 大地	松本 崇	川崎 信太郎	箱山 玲	徳嶋 宏喜
江口 勉	梶原 夏海	谷崎 雄大		

◆ふぞろいな合格答案エピソード14

嶋屋 雄太	加茂 智	塩谷 大樹	黒澤 優	露崎 幸
菊池 一男	木村 直樹	田附 将太	福田 浩之	矢野 康平
椎名 孝典	玉川 信	鈴広 雅紀	猪師 康弘	竹居 三貴子
吉冨 久美子	本武 正弘	志田 遼太郎	赤坂 優太	平川 奈々
大久保 裕之	湊 祥	中村 文香		

2022 年 5 月 10 日　第 1 刷発行
2022 年 9 月 5 日　第 2 刷発行

ふぞろいな**再現答案6**【2020～2021年版】

ⓒ編著者　ふぞろいな合格答案プロジェクトチーム

発行者　脇坂康弘

〒113-0033　東京都文京区本郷 3-38-1
TEL. 03 (3813) 3966
FAX. 03 (3818) 2774
URL　https://www.doyukan.co.jp

発行所　株式会社 同友館